THE ANCIENT LIBRA_.

Vocabulary Guides of Classical Works
Featuring Material Arranged in English Word Order for Easy Translation

Caesar's *Gallic War*

A Fully Parsed Vocabulary Guide
for the AP Latin Exam □

Books I (1-7) | IV (24-36) | V (24-48) | VI (13-20)

Fully Parsed Vocabulary Lists
with Notes and a Suggested Word Order alongside Original Text

The Ancient Library © 2016

ISBN 10: 1-523-91956-6
ISBN 13: 978-1-523-91956-7

* A.P. is a registered trademark of the College Entrance Examination Board, which was not involved in the production of, and does not yet endorse, this product.

Table of Contents

Preface iv

Explanation of the Guide's Chapter Subdivisions for Caesar's "Gallic War" iv

How to Use This Guide v

Chart One (Words Omitted from the Vocabulary Lists) vi

Abbreviations vii

Book One (Ch. 1-7) 1

    1.1   1
    1.2   4
    1.3   6
    1.4   9
    1.5   11
    1.6   13
    1.7   15

Book Four (Ch. 24-36) 19

    4.24   19
    4.25   21
    4.26   23
    4.27   25
    4.28   27
    4.29   29
    4.30   31
    4.31   32
    4.32   34
    4.33   36
    4.34   38
    4.35   40
    4.36 (Sentence One)   42

Book Five (Ch. 24-48) 43

    5.24   43
    5.25   46
    5.26   48
    5.27   50
    5.28   54
    5.29   57
    5.30   60
    5.31   61
    5.32   64
    5.33   65
    5.34   68
    5.35   69

5.36	72
5.37	74
5.38	76
5.39	78
5.40	80
5.41	82
5.42	85
5.43	86
5.44	89
5.45	93
5.46	95
5.47	97
5.48	99

Book Six (Ch. 13-20) — 103

6.13	103
6.14	107
6.15	109
6.16	110
6.17	112
6.18	114
6.19	115
6.20	117

Current and Forthcoming Titles from THE ANCIENT LIBRARY — 120

Sample Excerpt from "Vergil's *Aeneid*, A Fully Parsed Vocabulary Guide for the AP Latin Exam" — 121

Preface

The process of translating classical literature is an intensely laborious process which requires a considerable investment of one's time, a large portion of which is invariably consumed by searching through dictionaries and commentaries rather than working closely with the original text itself. Indeed, independent readers as well as those undertaking intermediate and advanced instruction often find their enthusiasm for the Classics diminished by the expenditure of so many long hours spent thumbing through dictionaries and secondary material or consulting a bewildering array of online resources in order to translate a few short lines of text. To be sure, any worthwhile intellectual endeavor demands commitment, discipline, and an investment of time; the study of the Classics is certainly no exception and there are no shortcuts in acquiring expertise with the great works of antiquity. It is hoped, however, that this Guide will afford readers the opportunity of not only focusing increased attention on the primary text but also translating material more efficiently and with greater accuracy at a more rewarding pace.

Developed by a former university professor with considerable experience grading the A.P. Latin Literature Exam and approving instructors' syllabi for the A.P. Vergil course, the unique format of this Guide essentially walks readers through the translation process by rearranging original material in English word order and presenting all vocabulary words from left-to-right in the order in which they should be read to arrive at a proper English translation.

Such an approach allows readers to better understand the syntactical relationships between grammatical components within each sentence while simultaneously eliminating the need to invest a disproportionate amount of valuable time with various readers, commentaries, dictionaries and a host of online resources to look up definitions, identify principal parts, parse difficult forms, and disentangle complex grammatical constructions. Indeed, readers will find this Guide to be a truly comprehensive resource which contains everything required to translate the original text successfully: (1) Caesar's ORIGINAL TEXT; (2) a SUGGESTED WORD ORDER for proper translation; (3) a complete list of vocabulary words in the VOCABULARY SECTION; (4) helpful GRAMMATICAL and HISTORICAL NOTES; and (5) a FULLY PARSED summary of all inflected vocabulary forms.

Explanation of the Guide's Chapter Subdivisions for Caesar's "Gallic War"

The conventional method of referring to sections in Caesar's "Gallic War" is by using two numbers, the first (either a Roman or Arabic numeral) indicates the Book while the second (an Arabic numeral) denotes the Chapter Paragraph (e.g., IV.35 or 4.35 refers to "Book Four, Chapter Thirty-five"); a third (Arabic) number may be used to specify subsections within the Chapter Paragraph, though these unfortunately do not appear in all editions and frequently lack uniformity in that a single numerical subheading may consist of anything from several lengthy sentences to a short subordinate clause. This Guide follows the convention with respect to citing Book and Chapter Paragraph, but abandons the arbitrarily-placed third numeral in favor of a more convenient system whereby each individual sentence within the passage is regarded as a discrete entity and appropriately labeled with its own boldfaced capital letter (thus, the citation "1.3.B" refers to "Book One, Chapter Three, Sentence B"); note that these sentence divisions are uniformly parallel between Caesar's ORIGINAL TEXT and the Guide's SUGGESTED WORD ORDER, and that they also correspond to the similarly-labeled VOCABULARY and FULLY PARSED sections.

How to Use This Guide

This Vocabulary Guide is divided into sections identified by Book and Chapter number, each of which contains the following:

(1) Caesar's ORIGINAL TEXT appears at the beginning of each section, so that the reader might consult the original Latin material and compare with the Guide's SUGGESTED WORD ORDER which immediately follows.

> (2) The SUGGESTED WORD ORDER section rearranges all Latin words in the original work into standard English word order as a prose guide for proper translation. | Bold capital letters (e.g., "**(A)**, **(B)**," etc.) label each individual sentence within the section (or divide longer sentences at natural breaking points); these parallel the sentence subdivisions in the ORIGINAL TEXT and correspond to the ensuing VOCABULARY and FULLY PARSED sections. | Supplementary letters and words are inserted in [BRACKETS] either to explain abbreviated verb forms (e.g., "*consuerant* [i.e., *consueverant*]" in 4.24.D) or to facilitate a smoother translation (e.g., "*is dies erat V [i.e., quintus] d[ies] a[nte] Kal[endas] Apr[ilis]*" for the original "*is dies erat a. d. V. Kal. Apr.*" in 1.6.G); note that whenever prose rearrangement requires that the enclitic *-que* be separated from its host word, the conjunction is always appropriately reintroduced as [*et*]. | Though the Latin A.P. Exam does not use macrons, this section includes them whenever they appear on Ablative and Locative forms for easier identification. | This section underlines and notes[1] clauses, phrases, verb forms, etc. which require explanation in the GRAMMATICAL and HISTORICAL NOTES.

(3) The VOCABULARY SECTION features lists of vocabulary words presented left-to-right following the SUGGESTED WORD ORDER one should follow for translation into English rather than in the order in which they appear in the original text. | Bold capital letters in the left margin beside each section correspond to the labeled sentences of Caesar's ORIGINAL TEXT and the SUGGESTED WORD ORDER. | All English definitions provided are appropriate for the translation requirements of that particular instance within the passage. | The initial word of each vocabulary entry is in **BOLD**, and entries are separated by a forward slash (e.g., "**vir**, viri (m) - man / **primus**, a, um - first"). | So that readers may begin translating at any point, vocabulary for each sentence is presented anew in each section regardless of whether it has already been introduced previously; subsequent listings of the same word within an individual section, however, are designated "*iterum*" whenever they bear the same meaning as the most recent identical entry (e.g., "**vir** *iterum*" to be understood for an aforelisted "**vir**, viri (m) - man" in that same section). | Entries are presented without macrons in standard Latin-English dictionary format (except in the case of Second Conjugation verbs which include a macron with their second principal part, e.g., "**habeo**, habēre (2), habui, habitus - hold"). | All principal parts are provided for verbs along with an Arabic numeral to denote conjugation pattern (e.g., "**duco**, ducere (3), duxi, ductus - lead" indicates assignment to the Third Conjugation), although regular First Conjugation verbs simply list their first principal part with the numeral "(1)" to indicate that they should be conjugated as *amo, amare, amavi, amatus* (e.g., "**voco** (1) - call" forms its principal parts as *voco, vocare, vocavi, vocatus*); Arabic numerals are not included with defective (e.g., "**inquam** - say, speak") or irregular verbs and their compounds (e.g., "**absum**, abesse, afui - be away, distant"). | To conserve space, the majority of pronouns, all uncompounded forms of the verb *esse*, and several commonly-occurring adverbs and conjunctions are omitted from the vocabulary lists (see Chart One, page vi); note that a section entitled "Quick Reference, COMMON PRONOUNS" appears at the bottom of every page as a convenient resource.

(4) The GRAMMATICAL and HISTORICAL NOTES correspond to the underlined components[1] in the SUGGESTED WORD ORDER. Grammatical entries consist largely of glosses for Ablative Absolutes, Gerundives, and other awkward or difficult phrases as well as identifications of most Ablative constructions (especially those without prepositions) and explanations of Subjunctive verb forms; the Historical notes provide information about topics such as the "Roman Calendar" (e.g., see note **15** for Section 1.6.G).

(5) The FULLY PARSED section contains a full grammatical description of all inflected vocabulary forms; bolded notations in the left margin indicating Book, Chapter and Sentence (e.g., "**1.7.B**") correspond to the labeled sentences of Caesar's ORIGINAL TEXT and the SUGGESTED WORD ORDER as well as the VOCABULARY SECTION.

Chart One (Words Omitted from the Vocabulary Lists)

The Vocabulary Lists are unencumbered by those ubiquitous words with which it is assumed an intermediate reader is readily familiar, including most pronouns (including demonstrative, personal and relative pronoun forms); all uncompounded forms of the verb *esse*; and the following commonly-occurring words:

    hic, haec, hoc (dem. adj. and pron.) - this; he, she, it
    ille, illa, illud (dem. adj. and pron.) - that; that one (i.e., "famous, well-known"); he, she, it
    ipse, ipsa, ipsum (intensv. adj. and pron.) - (one's own) self; very
    is, ea, id (dem. adj. and pron.) - this, that; (of) such (a kind); he, she, it
    qui, quae, quod (rel. pron.) - who, which; that

    ac (conj) - and, and moreover
    at (conj) - but (often marks a change in the narrative)
    atque (conj) - and, and also, and even (often *ac* before consonants)
    aut (conj) - or (*aut...aut*, "either...or")
    et (adv) - also, even, too
    et (conj) - and (*et...et*, "both...and")
    itaque (conj) - accordingly, and so, therefore
    nam (conj) - but, for, since
    ne (adv) - no, not
    ne (conj) - lest, that not
    neque (conj) - nor, (and) not (often *nec* before consonants; *neque...neque*, "neither...nor")
    neu or **ne-ve** (conj) - and not, nor
    non (adv) - by no means, not (at all)
    sed (conj) - but
    ut or **uti** (conj) - as, in order that, so that, that
    vel (conj) - or (*vel...vel*, "either...or")

    -ne (encl. interrog. part.) - Often untranslatable, denotes a QUESTION; in INDIRECT QUESTIONS? "whether"
    -que (encl. conj) - and, or

Note that a section entitled "Quick Reference, COMMON PRONOUNS" appears at the bottom of every page to assist readers with pronoun systems omitted from the VOCABULARY SECTIONS; to conserve space, only singular definitions are provided with the assumption that readers will extrapolate plural meanings where appropriate.

Individuals appearing in the text are identified briefly either (in the case of the native tribesmen) by tribal affiliation and status or (in the case of the Romans) by their relevant magistracy; the many entries for Caesar, however, are limited to "**Caesar**, Caesaris (m) - Caius Iulius Caesar" in the interest of brevity.

Abbreviations

abl.	ablative	intnsv.	intensive
absol.	absolute	i.o.	indirect object
acc.	accusative	leg.	legate
actv.	active	lit.	literally
adj.	adjective	loc.	locative
adv.	adverb	m., or masc.	masculine
aed.	aedile	mod.	modern
BC	era, "before Christ"	n., or neut.	neuter
comp.	comparative	nom.	nominative
conj.	conjunction	num.	numeral
cos.	consul	part.	particle
dat.	dative	perf.	perfect
defect.	defective	person.	personal
dem.	demonstrative	pl.	plural
dep.	deponent	pluperf.	pluperfect
depend.	dependent	poss.	possessive
d.o.	direct object	pr.	praetor
e.g.	Latin, *exempli gratiā* (i.e., "for example")	prcpl.	participle
encl.	enclitic	pred.	predicate
esp.	especially	prep.	preposition
etc.	Latin, *et cetera* (i.e., "and so forth")	pron.	pronoun
et al.	Latin, *et alii* (i.e., "and others")	prsnt.	present
f., or fem.	feminine	pssv.	passive
fut.	future	quaest.	quaestor
gen.	genitive	rel.	relative
i.e.	Latin, *id est* (i.e., "that is")	reflxv.	reflexive
impf.	imperfect	sc.	Latin, *scilicet* (i.e., "understand")
imper.	imperative	sing.	singular
impers.	impersonal	subj.	subject
indecl.	indeclinable	subjv.	subjunctive
indef.	indefinite	supl.	superlative
indic.	indicative	subord.	subordinate
indir.	indirect	subst.	substantive
infin.	infinitive	suff. cos	suffect consul
interrog.	interrogative	voc.	vocative

(1)	First Conjugation	1	First Person
(2)	Second Conjugation	2	Second Person
(3)	Third Conjugation	3	Third Person
(4)	Fourth Conjugation		

Book One

(Chapters 1-7)

<u>Caesar's ORIGINAL TEXT (Book One, Chapter 1)</u>: **(A)** Gallia est omnis divisa in partes tres, quarum unam incolunt Belgae, aliam Aquitani, tertiam qui ipsorum lingua Celtae, nostra Galli appellantur. **(B)** Hi omnes lingua, institutis, legibus inter se differunt. **(C)** Gallos ab Aquitanis Garumna flumen, a Belgis Matrona et Sequana dividit. **(D)** Horum omnium fortissimi sunt Belgae, propterea quod a cultu atque humanitate provinciae longissime absunt, minimeque ad eos mercatores saepe commeant atque ea quae ad effeminandos animos pertinent important, proximique sunt Germanis, qui trans Rhenum incolunt, quibuscum continenter bellum gerunt. **(E)** Qua de causa Helvetii quoque reliquos Gallos virtute praecedunt, quod fere cotidianis proeliis cum Germanis contendunt, cum aut suis finibus eos prohibent, aut ipsi in eorum finibus bellum gerunt. **(F)** Eorum una pars, quam Gallos obtinere dictum est, initium capit a flumine Rhodano; continetur Garumna flumine, Oceano, finibus Belgarum; attingit etiam ab Sequanis et Helvetiis flumen Rhenum; vergit ad septentriones. **(G)** Belgae ab extremis Galliae finibus oriuntur; pertinent ad inferiorem partem fluminis Rheni; spectant in septentrionem et orientem solem. **(H)** Aquitania a Garumna flumine ad Pyrenaeos montes et eam partem Oceani quae est ad Hispaniam pertinet; spectat inter occasum solis et septentriones.

SUGGESTED WORD ORDER (Book One, Chapter 1). **(A)** <u>Gallia omnis divisa est</u>[1] in tres partes, quarum Belgae incolunt unam [partem], Aquitani aliam [partem], [et ei] qui appellantur "Celtae" <u>linguā</u>[2] ipsorum, [sed] "Galli" nostrā [<u>linguā</u>],[3] [incolunt] tertiam [partem]. **(B)** Omnes hi differunt inter se <u>linguā</u>,[4] <u>institutīs</u>,[5] [et] <u>legibus</u>.[6] **(C)** Flumen Garumna dividit Gallos ab Aquitanīs, Matrona et Sequana [flumina dividunt eos] a Belgīs. **(D)** Belgae sunt fortissimi omnium horum, propterea quod absunt longissime a cultū atque humanitate <u>Provinciae</u>,[7] [et] mercatores minime saepe commeant ad eos atque important ea quae pertinent <u>ad animos effeminandos</u>,[8] [et] sunt proximi Germanis, qui incolunt trans Rhenum [et] cum quibus gerunt bellum continenter. **(E)** <u>De quā causā</u>[9] Helvetii quoque praecedunt reliquos Gallos <u>virtute</u>,[10] quod contendunt cum Germanīs fere <u>cotidianīs proeliīs</u>,[11] cum aut prohibent eos <u>suīs finibus</u>[12] aut ipsi gerunt bellum in finibus eorum. **(F)** Una pars eorum, quam <u>dictum est</u>[13] Gallos obtinere, capit initium a flumine Rhodanō [et] continetur <u>flumine Garumnā</u>,[14] <u>Oceanō</u>,[15] [et] <u>finibus</u>[16] Belgarum; etiam attingit flumen Rhenum ab Sequanīs et Helvetiīs, [et] vergit ad <u>septentriones</u>.[17] **(G)** Belgae oriuntur ab extremīs finibus Galliae [et] pertinent ad inferiorem partem fluminis Rheni; spectant in <u>septentrionem</u>[17] et orientem solem. **(H)** Aquitania pertinet a flumine Garumnā ad Pyrenaeos montes et eam partem Oceani quae est ad Hispaniam; spectat inter occasum solis et <u>septentriones</u>.[17]

1.1 VOCABULARY SECTIONS

(A) **Gallia**, ae (f) - Gaul / **omnis**, e - all, whole / **divido**, dividere (3), divisi, divisus - divide, separate / **in** (prep) - into (with Acc) / **tres**, tria (num. adj.) - three / **pars**, partis (f) - part, region / **Belgae**, arum (m) - the Belgae (a Gallic tribe) / **incolo**, incolere (3), incolui, incultus - dwell (in), inhabit / **unus**, a, um - one (single) / [**pars** *iterum*] / **Aquitani**, orum (m) - the Aquitani (a Gallic tribe) / **alius**, alia, aliud - another, other / [**pars** *iterum*] / **appello** (1) - call, name / **Celtae**, arum (m) - the Celts / **lingua**, ae (f) - language, speech / **Galli**, orum (m) - the Gauls / **noster**, nostra, nostrum - our / [**lingua** *iterum*] / [**incolo** *iterum*] / **tertius**, a, um - third / [**pars** *iterum*]

(B) **omnis**, e - all / **differo**, differre, distuli, dilatum - differ, vary / **inter** (prep) - among, between (with Acc) / **lingua**, ae (f) - language, speech / **institutum**, i (n) - custom, habit, practice / **lex**, legis (f) - law

(C) **flumen**, inis (n) - river / **Garumna**, ae (m) - the Garonne (river) / **divido**, dividere (3), divisi, divisus - divide, separate / **Galli**, orum (m) - the Gauls / **a** and **ab** (prep) - from (with Abl) / **Aquitani**, orum (m) - the Aquitani (a Gallic tribe) / **Matrona**, ae (m) - the Marne (river) / **Sequana**, ae (m) - the Seine (river) / [**flumen** *iterum*] / [**divido** *iterum*] / [**Galli** *iterum*] / **a** *iterum* / **Belgae**, arum (m) - the Belgae (a Gallic tribe)

(D) **Belgae**, arum (m) - the Belgae (a Gallic tribe) / **fortis**, e - brave, strong, valiant / **omnis**, e - all / **propterea** (adv) - therefore (with *quod*, "because") / **absum**, abesse, afui, afuturus - be away, distant (from) / **longe** (adv) - distant, far, remote / **a** (prep) - from (with Abl) / **cultus**, us (m) - (influence of) civilization, culture / **humanitas**, atis (f) - elegance,

---

<u>Quick Reference, COMMON PRONOUNS</u>: **hic**, haec, hoc (dem. pron.) - this; he, she, it | **ille**, illa, illud (dem. pron.) - that; that (famous) one (yonder); he, she, it | **ipse**, ipsa, ipsum (intnsv. pron.) - (one's own) self; very | **is**, ea, id (dem. pron.) - this, that; (of) such (a kind); he, she, it | **qui**, quae, quod (rel. pron.) - who, which; that

refinement / **Provincia**, ae (f) - province (lit., "the Province") / **mercator**, oris (m) - merchant, trader / **minime** (adv) - very little (with *saepe*, "seldom, very rarely") / **saepe** (adv) - often / **commeo** (1) - make frequent visits / **ad** (prep) - to, towards (with Acc) / **importo** (1) - bring in (from abroad), import / **pertineo**, pertinēre (2), pertinui, pertentus - bring about, tend toward (with *ad* and the Gerundive) / **ad** (prep) - for the purpose of (with Acc) / **animus**, i (m) - (moral) character, courage, (manly) virtue / **effemino** (1) - debauch, soften, weaken / **proximus**, a, um - closest, nearest to (with Dat) / **Germani**, orum (m) - the Germans / **incolo**, incolere (3), incolui, incultus - dwell (in), inhabit / **trans** (prep) - across, beyond (with Acc) / **Rhenus**, i (m) - the Rhine (river) / **cum** (prep) - with (with Abl) / **gero**, gerere (3), gessi, gestus - carry on, conduct, wage / **bellum**, i (n) - war / **continenter** (adv) - continuously, incessantly

(E) **de** (prep) - because of, for (with Abl) / **causa**, ae (f) - cause, reason / **Helvetii**, orum (m) - the Helvetians (a Gallic tribe) / **quoque** (adv) - also, too / **praecedo**, praecedere (3), praecessi, praecessus - excel, surpass / **reliquus**, a, um - the (other) remaining, the rest (of) / **Galli**, orum (m) - the Gauls / **virtus**, utis (f) - courage, strength / **quod** (conj) - because / **contendo**, contendere (3), contendi, contentus - fight, struggle / **cum** (prep) - with (with Abl) / **Germani**, orum (m) - the Germans / **fere** (adv) - almost, nearly / **cotidianus**, a, um - daily / **proelium**, i (n) - battle, skirmish / **cum** (conj) - when / **prohibeo**, prohibēre (2), prohibui, prohibitus - "keep (Acc) away from (Abl)" / **suus**, a, um - (one's) own / **finis**, is (m) - border; (pl) land, territory / **gero**, gerere (3), gessi, gestus - carry on, conduct, wage / **bellum**, i (n) - war / **in** (prep) - in (with Abl) / **finis** *iterum*

(F) **unus**, a, um - one (specific) / **pars**, partis (f) - part, portion, region / **dico**, dicere (3), dixi, dictus - assert, relate, say / **Galli**, orum (m) - the Gauls / **obtineo**, obtinēre (2), obtinui, obtentus - hold, occupy, possess / **capio**, capere (3), cepi, captus - take (with *initium*, "begins") / **initium**, i (n) - beginning, commencement, origin / **ab** (prep) - from (with Abl) / **flumen**, inis (n) - river / **Rhodanus**, i (m) - the Rhone (river) / **contineo**, continēre (2), continui, contentus - border, confine, enclose / **flumen** *iterum* / **Garumna**, ae (m) - the Garonne (river) / **Oceanus**, i (m) - the Atlantic (Ocean) / **finis**, is (m) - border; (pl) land, territory / **Belgae**, arum (m) - the Belgae (a Gallic tribe) / **etiam** (adv) - also, even / **attingo**, attingere (3), attigi, attactus - extend to, touch / **flumen** *iterum* / **Rhenus**, i (m) - the Rhine (river) / **ab** (prep) - by, on the side of (with Abl) / **Sequani**, orum (m) - the Sequani (a Gallic tribe) / **Helvetii**, orum (m) - the Helvetians (a Gallic tribe) / **vergo**, vergere (3) - incline, slope / **ad** (prep) - towards (with Acc) / **septentrio**, onis (m) - (constellation of) the Great Bear (i.e., "the north")

(G) **Belgae**, arum (m) - the Belgae (a Gallic tribe) / **orior**, oriri (4), ortus - begin, proceed / **ab** (prep) - from (with Abl) / **extremus**, a, um - farthest, outermost / **finis**, is (m) - border; (pl) land, territory / **Gallia**, ae (f) - Gaul / **pertineo**, pertinēre (2), pertinui, pertentus - extend to, reach / **ad** (prep) - to, towards (with Acc) / **inferior**, ius - lower / **pars**, partis (f) - part, portion, region / **flumen**, inis (n) - river / **Rhenus**, i (m) - the Rhine (river) / **specto** (1) - be situated, face, lie / **in** (prep) - towards (with Acc) / **septentrio**, onis (m) - (constellation of) the Great Bear (i.e., "the north") / **orior**, oriri (4), ortus - rise / **sol**, solis (m) - sun

(H) **Aquitania**, ae (f) - Aquitania (a region of southwestern Gaul) / **pertineo**, pertinēre (2), pertinui, pertentus - extend, reach / **ab** (prep) - from (with Abl) / **flumen**, inis (n) - river / **Garumna**, ae (m) - the Garonne (river) / **ad** (prep) - to, towards (with Acc) / **Pyrenaeus**, a, um - Pyrenaean (with *mons*, "the Pyrenees") / **mons**, montis (m) - mountain (range) / **pars**, partis (f) - part, portion, region / **Oceanus**, i (m) - the Atlantic (Ocean) / **ad** (prep) - near (with Acc) / **Hispania**, ae (f) - Spain / **specto** (1) - be situated, face, lie / **inter** (prep) - between (with Acc) / **occasus**, us (m) - setting / **sol**, solis (m) - sun / **septentrio**, onis (m) - (constellation of) the Great Bear (i.e., "the north")

GRAMMATICAL NOTES: **1**. *Gallia omnis divisa est* (Best construed as if *divisa* is a predicate adjective, "Gaul as a whole is divided"); **2-3**. *linguā* (Ablatives of Means); **4-6**. *linguā, institutīs, [et] legibus* (Ablatives of Respect, "in language, institutions, and laws"); **8**. *ad animos effeminandos* (Gerundive, "to weaken manly virtue"); **9**. *de quā causā* (lit., "for which reason"); **10**. *virtute* (Abl of Respect, "in courage"); **11**. *cotidianīs proeliīs* (Abl of Means, best read as "in daily battles"); **12**. *suīs finibus* (Abl of Separation); **13**. *dictum est* (impers., "it has been related"); **14-16**. *flumine Garumnā, Oceanō, [et] finibus* (Ablatives of Means). | **HISTORICAL NOTES**: **7**. Established in 121, the Roman province of *Gallia Transalpina* extended along the southern French coast and safeguarded

Quick Reference, COMMON PRONOUNS: **hic**, haec, hoc (dem. pron.) - this; he, she, it | **ille**, illa, illud (dem. pron.) - that; that (famous) one (yonder); he, she, it | **ipse**, ipsa, ipsum (intnsv. pron.) - (one's own) self; very | **is**, ea, id (dem. pron.) - this, that; (of) such (a kind); he, she, it | **qui**, quae, quod (rel. pron.) - who, which; that

the strategic overland route between northern Italy and Spain; long exposed to Greek culture and increasingly Romanized through the influence of its capital at Narbo (founded as a Roman colony in 118), the region was commonly referred to as "the Province" by Roman authors, a practice which this Guide will follow throughout. | **17.** The *septentriones* (lit., "the Seven Threshing Oxen") are the seven stars near the north pole forming the constellation known variably as the Wagon, Wain, or Great Bear (i.e., Ursa Major); the term was used to refer to specific northern regions or (often in the singular) simply to designate "the north." Note therefore that, from the author's vantage point as a Roman, the Belgae (*spectant in septentrionem et orientem solem*) are situated in the northeast, while Aquitania (*spectat inter occasum solis et septentriones*) lies to the northwest.

FULLY PARSED

(1.1.A): **Gallia** (fem nom sing); **omnis** (fem nom sing); **divisa est** (perf pssv indic 3 sing; fem nom); **tres** (fem acc pl); **partes** (fem acc pl); **quarum** (fem gen pl); **Belgae** (masc nom pl); **incolunt** (prsnt actv indic 3 pl); **unam** (fem acc sing); **[partem]** (fem acc sing); **Aquitani** (masc nom pl); **aliam** (fem acc sing); **[partem]** (fem acc sing); **[ei]** (masc nom pl); **qui** (masc nom pl); **appellantur** (prsnt pssv indic 3 pl); **Celtae** (masc nom pl); **linguā** (fem abl sing); **ipsorum** (masc gen pl); **Galli** (masc nom pl); **nostrā** (fem abl sing); **[linguā]** (fem abl sing); **[incolunt]** (prsnt actv indic 3 pl); **tertiam** (fem acc sing); **[partem]** (fem acc sing).

(1.1.B): **omnes** (masc nom pl); **hi** (masc nom pl); **differunt** (prsnt actv indic 3 pl); **se** (3 pers. reflxv. pron., masc acc pl); **linguā** (fem abl sing); **institutīs** (neut abl pl); **legibus** (fem abl pl).

(1.1.C): **flumen** (neut nom sing); **Garumna** (masc nom sing); **dividit** (prsnt actv indic 3 sing); **Gallos** (masc acc pl); **Aquitanīs** (masc abl pl); **Matrona** (masc nom sing); **Sequana** (masc nom sing); **[flumina]** (neut nom pl); **[dividunt]** (prsnt actv indic 3 pl); **[Gallos]** (masc acc pl); **Belgīs** (masc abl pl).

(1.1.D): **Belgae** (masc nom pl); **sunt** (prsnt actv indic 3 pl); **fortissimi** (masc nom pl; supl. of *fortis*); **omnium** (masc gen pl); **horum** (masc gen pl); **absunt** (prsnt actv indic 3 pl); **longissime** (supl. of *longe*); **cultū** (masc abl sing); **humanitate** (fem abl sing); **Provinciae** (fem gen sing); **mercatores** (masc nom pl); **commeant** (prsnt actv indic 3 pl); **eos** (masc acc pl); **important** (prsnt actv indic 3 pl); **ea** (neut acc pl); **quae** (neut nom pl); **pertinent** (prsnt actv indic 3 pl); **animos** (masc acc pl); **effeminandos** (Gerundive; fut pssv prcpl, masc acc pl); **sunt** (prsnt actv indic 3 pl); **proximi** (masc nom pl); **Germanis** (masc dat pl); **qui** (masc nom pl); **incolunt** (prsnt actv indic 3 pl); **Rhenum** (masc acc sing); **quibus** (masc abl pl); **gerunt** (prsnt actv indic 3 pl); **bellum** (neut acc sing).

(1.1.E): **quā** (fem abl sing); **causā** (fem abl sing); **Helvetii** (masc nom pl); **praecedunt** (prsnt actv indic 3 pl); **reliquos** (masc acc pl); **Gallos** (masc acc pl); **virtute** (fem abl sing); **contendunt** prsnt actv indic 3 pl); **Germanīs** (masc abl pl); **cotidianīs** (neut abl pl); **proeliīs** (neut abl pl); **prohibent** (prsnt actv indic 3 pl); **eos** (masc acc pl); **suīs** (masc abl pl); **finibus** (masc abl pl); **ipsi** (masc nom pl); **gerunt** (prsnt actv indic 3 pl); **bellum** (neut acc sing); **finibus** (masc abl pl); **eorum** (masc gen pl).

(1.1.F): **una** (fem nom sing); **pars** (fem nom sing); **eorum** (masc gen pl); **quam** (fem acc sing); **dictum est** (impers., perf pssv indic 3 sing; neut nom); **Gallos** (masc acc pl); **obtinere** (prsnt actv infin); **capit** (prsnt actv indic 3 sing); **initium** (neut acc sing); **flumine** (neut abl sing); **Rhodanō** (masc abl sing); **continetur** (prsnt pssv indic 3 sing); **flumine** (neut abl sing); **Garumnā** (masc abl sing); **Oceanō** (masc abl sing); **finibus** (masc abl pl); **Belgarum** (masc gen pl); **attingit** (prsnt actv indic 3 sing); **flumen** (neut acc sing); **Rhenum** (masc acc sing); **Sequanīs** (masc abl pl); **Helvetiīs** (masc abl pl); **vergit** (prsnt actv indic 3 sing); **septentriones** (masc acc pl).

(1.1.G): **Belgae** (masc nom pl); **oriuntur** (dep., prsnt pssv indic 3 pl); **extremīs** (masc abl pl); **finibus** (masc abl pl); **Galliae** (fem gen sing); **pertinent** (prsnt actv indic 3 sing); **inferiorem** (fem acc sing; comp. of *inferus*); **partem** (fem acc sing); **fluminis** (neut gen sing); **Rheni** (masc gen sing); **spectant** (prsnt actv indic 3 pl); **septentrionem** (masc acc sing); **orientem** (dep., prsnt actv prcpl, masc acc sing); **solem** (masc acc sing).

Quick Reference, COMMON PRONOUNS: **hic**, haec, hoc (dem. pron.) - this; he, she, it | **ille**, illa, illud (dem. pron.) - that; that (famous) one (yonder); he, she, it | **ipse**, ipsa, ipsum (intnsv. pron.) - (one's own) self; very | **is**, ea, id (dem. pron.) - this, that; (of) such (a kind); he, she, it | **qui**, quae, quod (rel. pron.) - who, which; that

(1.1.H): **Aquitania** (fem nom sing); **pertinet** (prsnt actv indic 3 sing); **flumine** (neut abl sing); **Garumnā** (masc abl sing); **Pyrenaeos** (masc acc pl); **montes** (masc acc pl); **eam** (fem acc sing); **partem** (fem acc sing); **Oceani** (masc gen sing); **quae** (fem nom sing); **est** (prsnt actv indic 3 sing); **Hispaniam** (fem acc sing); **spectat** (prsnt actv indic 3 sing); **occasum** (masc acc sing); **solis** (masc gen sing); **septentriones** (masc acc pl).

* * * * * * * * * * * * * * * * * *

<u>Caesar's ORIGINAL TEXT (Book One, Chapter 2)</u>: **(A)** Apud Helvetios longe nobilissimus fuit et ditissimus Orgetorix. **(B)** Is M. Messalla et M. Pisone consulibus regni cupiditate inductus coniurationem nobilitatis fecit et civitati persuasit, ut de finibus suis cum omnibus copiis exirent: perfacile esse, cum virtute omnibus praestarent, totius Galliae imperio potiri. **(C)** Id hoc facilius eis persuasit, quod undique loci natura Helvetii continentur: una ex parte flumine Rheno latissimo atque altissimo, qui agrum Helvetium a Germanis dividit; altera ex parte monte Iura altissimo, qui est inter Sequanos et Helvetios; tertia lacu Lemanno et flumine Rhodano, qui provinciam nostram ab Helvetiis dividit. **(D)** His rebus fiebat ut et minus late vagarentur et minus facile finitimis bellum inferre possent; qua ex parte homines bellandi cupidi magno dolore adficiebantur. **(E)** Pro multitudine autem hominum et pro gloria belli atque fortitudinis angustos se fines habere arbitrabantur, qui in longitudinem milia passuum CCXL, in latitudinem CLXXX patebant.

SUGGESTED WORD ORDER (Book One, Chapter 2). **(A)** Orgetorix fuit longe nobilissimus et ditissimus [vir] apud Helvetios. **(B)** M[arcō] Messallā et M[arcō] Pisone consulibus,[1] is, inductus <u>cupiditate</u>[2] regni, fecit coniurationem nobilitatis et persuasit civitati ut <u>exirent</u>[3] de suīs finibus cum omnibus [suīs] copiīs, [et dixit] esse perfacile potiri imperiō totius Galliae, cum <u>praestarent</u>[4] omnibus <u>virtute</u>.[5] **(C)** Persuasit eis id facilius <u>hōc</u>,[6] quod Helvetii continentur undique <u>naturā</u>[7] loci: ex unā parte, latissimō atque altissimō <u>flumine Rhenō</u>,[8] qui dividit Helvetium agrum a Germanīs; ex alterā parte, altissimō <u>Iurā monte</u>,[9] qui est inter Sequanos et Helvetios; [et ex] tertiā [parte], <u>lacū Lemannō</u>[10] et <u>flumine Rhodanō</u>,[11] qui dividit nostram <u>Provinciam</u>[12] ab Helvetiīs. **(D)** <u>Hīs rēbus</u>[13] fiebat et ut <u>vagarentur</u>[14] minus late et <u>possent</u>[15] inferre bellum finitimis minus facile; <u>ex quā parte</u>[16] adficiebantur <u>magnō dolore</u>,[17] [quod erant] homines cupidi <u>bellandi</u>.[18] **(E)** Autem arbitrabantur se habere angustos fines, qui patebant CCXL <u>milia</u>[19] passuum in longitudinem [et] CLXXX in latitudinem, pro [suā] multitudine hominum et atque pro [suā] gloriā fortitudinis belli.

1.2 <u>**VOCABULARY SECTIONS**</u>

(A) **Orgetorix**, igis (m) - Orgetorix (Helvetian chieftain) / **longe** (adv) - by far, certainly / **nobilis**, e - distinguished, noble / **dives**, itis - rich, wealthy / [**vir**, viri (m) - man] / **apud** (prep) - among (with Acc) / **Helvetii**, orum (m) - the Helvetians (a Gallic tribe)

(B) **M. Messalla**, ae (m) - Marcus Valerius Messalla Niger (cos. 61 BC) / **M. Piso**, Pisonis (m) - Marcus Pupius Piso Frugi Calpurnianus (cos. 61 BC) / **consul**, consulis (m) - consul / **induco**, inducere (3), induxi, inductus - induce, move / **cupiditas**, atis (f) - desire / **regnum**, i (n) - (sovereign) power, rule / **facio**, facere (3), feci, factus - form, make / **coniuratio**, onis (f) - conspiracy / **nobilitas**, atis (f) - nobility / **persuadeo**, persuadēre (2), persuasi, persuasus - persuade (with Dat) / **civitas**, atis (f) - community, tribe / **exeo**, exire, exii, exitus - depart, leave, march out / **de** (prep) - from (with Abl) / **suus**, a, um - (one's) own / **finis**, is (m) - border; (pl) land, territory / **cum** (prep) - with (with Abl) / **omnis**, e - all, whole / [**suus** *iterum*] / **copiae**, arum (f) - (armed) forces, might / [**dico**, dicere (3), dixi, dictus - declare, say] / **perfacilis**, e - very easy / **potior**, potiri (4), potitus - acquire, take possession of (with Abl) / **imperium**, i (n) - dominion, sovereignty / **totus**, a, um - all, entire, whole / **Gallia**, ae (f) - Gaul / **cum** (conj) - since / **praesto**, praestare (1), praestiti, praestitus - excel, surpass (with Dat) / **omnis**, e - all, every / **virtus**, utis (f) - courage, strength, valor

(C) **persuadeo**, persuadēre (2), persuasi, persuasus - "persuade (Dat) of something (Acc)" / **facile** (adv) - easily / **quod** (conj) - because / **Helvetii**, orum (m) - the Helvetians (a Gallic tribe) / **contineo**, continēre (2), continui, contentus - border, confine / **undique** (adv) - on every side / **natura**, ae (f) - disposition, nature / **locus**, i (m) - place, region / **ex** (prep) - from, on (with Abl) / **unus**, a, um - one / **pars**, partis (f) - direction, side / **latus**, a, um - broad, wide /

<u>Quick Reference, COMMON PRONOUNS</u>: **hic**, haec, hoc (dem. pron.) - this; he, she, it | **ille**, illa, illud (dem. pron.) - that; that (famous) one (yonder); he, she, it | **ipse**, ipsa, ipsum (intnsv. pron.) - (one's own) self; very | **is**, ea, id (dem. pron.) - this, that; (of) such (a kind); he, she, it | **qui**, quae, quod (rel. pron.) - who, which; that

altus, a, um - deep / **flumen**, inis (n) - river / **Rhenus**, i (m) - the Rhine (river) / **divido**, dividere (3), divisi, divisus - divide, separate / **Helvetius**, a, um - Helvetian / **ager**, agri (m) - territory / **a** and **ab** (prep) - from (with Abl) / **Germani**, orum (m) - the Germans / **ex** *iterum* / **alter**, altera, alterum - the other (of two), second / **pars** *iterum* / **altus**, a, um - high, lofty / **Iura**, ae (m) - Mt. Iura (with *mons*, "the Iura mountain range") / **mons**, montis (m) - mountain (range) / **inter** (prep) - between (with Acc) / **Sequani**, orum (m) - the Sequani (a Gallic tribe) / **Helvetii** *iterum* / [**ex** (prep) - from, on (with Abl)] / **tertius**, a, um - third / [**pars** *iterum*] / **lacus**, us (m) - lake / **Lemannus**, i (m) - Lemannus (Leman, the "Lake of Geneva") / **flumen** *iterum* / **Rhodanus**, i (m) - the Rhone (river) / **divido** *iterum* / **noster**, nostra, nostrum - our / **Provincia**, ae (f) - province (lit., "the Province") / **ab** *iterum* / **Helvetii** *iterum*

(D)　**res**, rei (f) - circumstance / **fio**, fieri, factus sum (defect.) - come about, happen (impers. Pssv, "it happened that...") / **vagor**, vagari (1), vagatus - roam, wander / **minus** (adv) - less / **late** (adv) - extensively, widely / **possum**, posse, potui - be able / **infero**, inferre, intuli, inlatus - bring against, wage (with *bellum*, "attack (with Dat)") / **bellum**, i (n) - war / **finitimi**, orum (m) - neighbors / **minus** *iterum* / **facile** (adv) - easily / **ex** (prep) - for, on account of (with Abl) / **pars**, partis (f) - fate, lot, portion (with *ex quā*, "for which cause, reason") / **adficio**, adficere (3), adfeci, adfectus - affect, distress / **magnus**, a, um - great, powerful / **dolor**, oris (m) - indignation, resentment / [**quod** (conj) - because, since] / **homo**, hominis (m) - man / **cupidus**, a, um - desirous of, (excessively) eager (with Gen) / **bello** (1) - fight, wage war

(E)　**autem** (conj) - moreover / **arbitror**, arbitrari (1), arbitratus - believe, suppose / **habeo**, habēre (2), habui, habitus - hold, possess / **angustus**, a, um - (too) confined, narrow / **finis**, is (m) - border; (pl) land, territory / **pateo**, patere (3), patui - extend, stretch out / **CCXL** - 240 / **milia**, ium (n) - thousands / **passus**, us (m) - pace (i.e., 5 Roman ft.; 1000 *passus* to a Roman mile) / **in** (prep) - in (with Acc) / **longitudo**, inis (f) - length / **CLXXX** - 180 / **in** *iterum* / **latitudo**, inis (f) - breadth, width / **pro** (prep) - for, in proportion to (with Abl) / [**suus**, a, um - (one's) own] / **multitudo**, inis (f) - number (i.e., "large population") / **homo**, hominis (m) - man; (pl) people / **pro** *iterum* / [**suus** *iterum*] / **gloria**, ae (f) - renown, reputation / **fortitudo**, inis (f) - courage, resolution / **bellum**, i (n) - war

GRAMMATICAL NOTES: 1. *M[arcō] Messallā et M[arcō] Pisone consulibus* (Abl Absol, "in the consulship of Marcus Messalla and Marcus Piso"); 2. *cupiditate* (Abl of Means); 3. *exirent* (Subjunctive in a Substantive Clause of Purpose, "that they should depart, to march out"); 4. *praestarent* (Subjunctive in a *cum* Clause, "since they surpassed"); 5. *virtute* (Abl of Respect, "in courage"); 6. *hōc* (Abl of Cause, "because of this"); 7. *naturā* (Abl of Means); 8-11. *flumine Rhenō ... Iurā monte ... lacū Lemannō ... flumine Rhodanō* (Ablatives of Means); 13. *hīs rēbus* (Abl of Cause, "because of these circumstances"); 14-15. *vagarentur ... possent* (Subjunctives in a Substantive Clause of Result, "that they wandered ... [and] that they were able"); 16. *ex quā parte* ("for which reason"); 17. *magnō dolore* (Abl of Means or Manner, "with a great resentment"); 18. *bellandi* (Gerund, "of waging war"); 19. *milia* (Acc of Extent of Space). | **HISTORICAL NOTE**: 12. On "the Province" see 1.1.D (note 7).

FULLY PARSED

(1.2.A): **Orgetorix** (masc nom sing); **fuit** (perf actv indic 3 sing); **nobilissimus** (masc nom sing; supl. of *nobilis*); **ditissimus** (masc nom sing; supl. of *dives*); [**vir**] (masc nom sing); **Helvetios** (masc acc pl).

(1.2.B): **M[arcō]** (masc abl sing); **Messallā** (masc abl sing); **M[arcō]** (masc abl sing); **Pisone** (masc abl sing); **consulibus** (masc abl pl); **is** (masc nom sing); **inductus** (perf pssv prcpl, masc nom sing); **cupiditate** (fem abl sing); **regni** (neut gen sing); **fecit** (perf actv indic 3 sing); **coniurationem** (fem acc sing); **nobilitatis** (fem gen sing); **persuasit** (perf actv indic 3 sing); **civitati** (fem dat sing); **exirent** (impf actv subjv 3 pl); **suīs** (masc abl pl); **finibus** (masc abl pl); **omnibus** (fem abl pl); [**suīs**] (fem abl pl); **copiīs** (fem abl pl); [**dixit**] (perf actv indic 3 sing); **esse** (prsnt actv infin); **perfacile** (neut acc sing); **potiri** (dep., prsnt pssv infin); **imperiō** (neut abl sing); **totius** (fem gen sing); **Galliae** (fem gen sing); **praestarent** (impf actv subjv 3 pl); **omnibus** (masc dat pl); **virtute** (fem abl sing).

(1.2.C): **persuasit** (perf actv indic 3 sing); **eis** (masc dat pl); **id** (neut acc sing); **facilius** (comp. of *facile*); **hōc** (neut abl sing); **Helvetii** (masc nom pl); **continentur** (prsnt pssv indic 3 pl); **naturā** (fem abl sing); **loci** (masc gen sing); **unā** (fem abl sing); **parte**

Quick Reference, COMMON PRONOUNS: **hic**, haec, hoc (dem. pron.) - this; he, she, it | **ille**, illa, illud (dem. pron.) - that; that (famous) one (yonder); he, she, it | **ipse**, ipsa, ipsum (intnsv. pron.) - (one's own) self; very | **is**, ea, id (dem. pron.) - this, that; (of) such (a kind); he, she, it | **qui**, quae, quod (rel. pron.) - who, which; that

(fem abl sing); **latissimō** (masc abl sing; supl. of *latus*); **altissimō** (masc abl sing; supl. of *altus*); **flumine** (neut abl sing); **Rhenō** (masc abl sing); **qui** (masc nom sing); **dividit** (prsnt actv indic 3 sing); **Helvetium** (masc acc sing); **agrum** (masc acc sing); **Germanīs** (masc abl pl); **alterā** (fem abl sing); **parte** (fem abl sing); **altissimō** (masc abl sing; supl. of *altus*); **Iurā** (masc abl sing); **monte** (masc abl sing); **qui** (masc nom sing); **est** (prsnt actv indic 3 sing); **Sequanos** (masc acc pl); **Helvetios** (masc acc pl); **tertiā** (fem abl sing); **[parte]** (fem abl sing); **lacū** (masc abl sing); **Lemannō** (masc abl sing); **flumine** (neut abl sing); **Rhodanō** (masc abl sing); **qui** (masc nom sing); **dividit** (prsnt actv indic 3 sing); **nostram** (fem acc sing); **Provinciam** (fem acc sing); **Helvetiīs** (masc abl pl).

(1.2.D): **hīs** (fem abl pl); **rēbus** (fem abl pl); **fiebat** (impers.; impf actv indic 3 sing); **vagarentur** (dep., impf pssv subjv 3 pl); **possent** (impf actv subjv 3 pl); **inferre** (prsnt actv infin); **bellum** (neut acc sing); **finitimis** (masc dat pl); **quā** (fem abl sing); **parte** (fem abl sing); **adficiebantur** (impf pssv indic 3 pl); **magnō** (masc abl sing); **dolore** (masc abl sing); **[erant]** (impf actv indic 3 pl); **homines** (masc nom pl); **cupidi** (masc nom pl); **bellandi** (Gerund; fut pssv prcpl, neut gen sing).

(1.2.E): **arbitrabantur** (dep., impf pssv indic 3 pl); **se** (3 pers. reflxv. pron., masc acc pl); **habere** (prsnt actv infin); **angustos** (masc acc pl); **fines** (masc acc pl); **qui** (masc nom pl); **patebant** (prsnt actv indic 3 pl); **milia** (neut acc pl); **passuum** (masc gen pl); **longitudinem** (fem acc sing); **latitudinem** (fem acc sing); **[suā]** (fem abl sing); **multitudine** (fem abl sing); **hominum** (masc gen pl); **[suā]** (fem abl sing); **gloriā** (fem abl sing); **fortitudinis** (fem gen sing); **belli** (neut gen sing).

* * * * * * * * * * * * * * * * * *

Caesar's ORIGINAL TEXT (Book One, Chapter 3): **(A)** His rebus adducti et auctoritate Orgetorigis permoti constituerunt ea quae ad proficiscendum pertinerent comparare, iumentorum et carrorum quam maximum numerum coemere, sementes quam maximas facere, ut in itinere copia frumenti suppeteret, cum proximis civitatibus pacem et amicitiam confirmare. **(B)** Ad eas res conficiendas biennium sibi satis esse duxerun: in tertium annum profectionem lege confirmant. **(C)** Ad eas res conficiendas Orgetorix deligitur. **(D)** Is sibi legationem ad civitates suscepit. **(E)** In eo itinere persuadet Castico, Catamantaloedis filio, Sequano, cuius pater regnum in Sequanis multos annos obtinuerat et a senatu populi Romani amicus appellatus erat, ut regnum in civitate sua occuparet, quod pater ante habuerat; **(F)** itemque Dumnorigi Aeduo, fratri Diviciaci, qui eo tempore principatum in civitate obtinebat ac maxime plebi acceptus erat, ut idem conaretur persuadet eique filiam suam in matrimoinium dat. **(G)** Perfacile factu esse illis probat conata perficere, propterea quod ipse suae civitatis imperium obtenturus esset: non esse dubium, quin totius Galliae plurimum Helvetii possent; se suis copiis suoque exercitu illis regna conciliaturum confirmat. **(H)** Hac oratione adducti inter se fidem et iusiurandum dant, et regno occupato per tres potentissimos ac firmissimos populos totius Galliae sese potiri posse sperant.

SUGGESTED WORD ORDER (Book One, Chapter 3). **(A)** Adducti hīs rēbus[1] et permoti auctoritate[2] Orgetorigis, constituerunt comparare ea quae pertinerent[3] ad proficiscendum,[4] coemere quam maximum numerum iumentorum et carrorum, facere quam maximas sementes ut copia frumenti suppeteret[5] in itinere, [et] confirmare pacem et amicitiam cum proximīs civitatibus. **(B)** Duxerunt biennium esse satis sibi[6] ad eas res conficiendas;[7] confirmant profectionem lege[8] in tertium annum. **(C)** Orgetorix deligitur ad eas res conficiendas.[7] **(D)** Is suscepit legationem sibi[6] ad civitates. **(E)** In eō itinere, persuadet Castico, Sequano [viro], filio Catamantaloedis, cuius pater obtinuerat regnum in Sequanīs multos annos[9] et appellatus erat "amicus Romani populi"[10] a senatū, ut occuparet[11] regnum in suā civitate, quod pater habuerat ante; **(F)** [et] item persuadet Dumnorigi, Aeduo [viro], fratri Diviciaci, qui eō tempore[12] obtinebat principatum in civitate ac erat maxime acceptus plebi, ut conaretur[13] idem [et] dat suam filiam ei in matrimonium. **(G)** Probat illis [ut] perficere conata, esse perfacile factū,[14] propterea quod ipse obtenturus esset[15] imperium suae civitatis; [dixit] non esse dubium,[16] quin Helvetii plurimum possent totius Galliae; [et] confirmat se conciliaturum [i.e., conciliaturum esse] regna illis suīs copiīs[17] [et] suō exercitū.[18] **(H)** Adducti hāc oratione,[19] dant fidem et ius iurandum[20] inter se, et sperant, regnō occupatō,[21] sese posse potiri totius Galliae per tres potentissimos ac firmissimos populos.

1.3   VOCABULARY SECTIONS

(A)   **adduco**, adducere (3), adduxi, adductus - induce, persuade / **res**, rei (f) - consideration / **permoveo**, permovēre (2),

Quick Reference, COMMON PRONOUNS: **hic**, haec, hoc (dem. pron.) - this; he, she, it | **ille**, illa, illud (dem. pron.) - that; that (famous) one (yonder); he, she, it | **ipse**, ipsa, ipsum (intnsv. pron.) - (one's own) self; very | **is**, ea, id (dem. pron.) - this, that; (of) such (a kind); he, she, it | **qui**, quae, quod (rel. pron.) - who, which; that

permovi, permotus - rouse, sway / **auctoritas**, atis (f) - authority, influence, prestige / **Orgetorix**, igis (m) - Orgetorix (Helvetian chieftain) / **constituo**, constituere (3), constitui, constitutus - resolve / **comparo** (1) - prepare / **pertineo**, pertinēre (2), pertinui, pertentus - be suitable, pertinent (i.e., "necessary") / **ad** (prep) - for the purpose of (with Acc) / **proficiscor**, proficisci (3), profectus - depart, set out / **coemo**, coemere (3), coemi, coemptus - buy up, purchase / **quam** (adv) - as (with supl., "as ... as possible") / **maximus**, a, um - greatest, largest / **numerus**, i (m) - number / **iumentum**, i (n) - beast-of-burden, draught animal / **carrus**, i (m) - (four-wheeled) cart, wagon / **facio**, facere (3), feci, factus - gather (in), harvest / **quam** *iterum* / **maximus** *iterum* / **sementis**, is (f) - planting (of crops), sowing (of seed) / **copia**, ae (f) - abundance, supply / **frumentum**, i (n) - corn, grain / **suppeto**, suppetere (3), suppetivi, suppetitus - be available, on hand / **in** (prep) - on (with Abl) / **iter**, itineris (n) - journey, march / **confirmo** (1) - confirm, establish / **pax**, pacis (f) - peace / **amicitia**, ae (f) - friendship / **cum** (prep) - with (with Abl) / **proximus**, a, um - closest, nearest / **civitas**, atis (f) - community, tribe

(B) **duco**, ducere (3), duxi, ductus - consider, think / **biennium**, i (n) - (period of) two years / **satis** (adv) - enough, quite sufficient / **ad** (prep) - for the purpose of (with Acc) / **res**, rei (f) - affair, matter / **conficio**, conficere (3), confeci, confectus - accomplish, finish, prepare / **confirmo** (1) - confirm, establish / **profectio**, onis (f) - (date of) departure / **lex**, legis (f) - decree, law / **in** (prep) - in, for (with Acc) / **tertius**, a, um - third / **annus**, i (m) - year

(C) **Orgetorix**, igis (m) - Orgetorix (Helvetian chieftain) / **deligo**, deligere (3), delegi, delectus - choose, designate, select / **ad** (prep) - for the purpose of (with Acc) / **res**, rei (f) - affair, matter / **conficio**, conficere (3), confeci, confectus - accomplish, finish, prepare

(D) **suscipio**, suscipere (3), suscepi, susceptus - receive, take up (with reflxv., "undertake (Acc) on one's own behalf") / **legatio**, onis (f) - embassy, (diplomatic) mission / **ad** (prep) - to (with Acc) / **civitas**, atis (f) - community, tribe

(E) **in** (prep) - on (with Abl) / **iter**, itineris (n) - journey, trip / **persuadeo**, persuadēre (2), persuasi, persuasus - persuade (with Dat) / **Casticus**, i (m) - Casticus (Sequanian chieftain) / **Sequanus**, a, um - Sequanian, of the Sequani (tribe) / [**vir**, viri (m) - man] / **filius**, i (m) - son / **Catamantaloedis**, is (m) - Catamantaloedis (ruler of the Sequani) / **pater**, patri (m) - father / **obtineo**, obtinēre (2), obtinui, obtentus - hold, occupy, possess / **regnum**, i (n) - (sovereign) power, rule / **in** (prep) - among (with Abl) / **Sequani**, orum (m) - the Sequani (a Gallic tribe) / **multus**, a, um - many, several / **annus**, i (m) - year / **appello** (1) - call, name, proclaim / **amicus**, i (m) - ally, friend / **Romanus**, a, um - Roman / **populus**, i (m) - people, nation / **a** (prep) - by (with Abl) / **senatus**, us (m) - senate / **occupo** (1) - seize, take possession of / **regnum** *iterum* / **in** (prep) - in (with Abl) / **suus**, a, um - (one's) own / **civitas**, atis (f) - community, tribe / **pater** *iterum* / **habeo**, habēre (2), habui, habitus - hold, possess / **ante** (adv) - before, previously

(F) **item** (adv) - also, likewise / **persuadeo**, persuadēre (2), persuasi, persuasus - persuade (with Dat) / **Dumnorix**, igis (m) - Dumnorix (Aeduan chieftain) / **Aeduus**, a, um - Aeduan, of the Aedui (tribe) / [**vir**, viri (m) - man] / **frater**, fratri (m) - brother / **Diviciacus**, i (m) - Diviciacus (brother of Dumnorix) / **tempus**, oris (n) - (period of) time / **obtineo**, obtinēre (2), obtinui, obtentus - hold, possess / **principatus**, us (m) - chieftaincy, leading position (of power) / **in** (prep) - in (with Abl) / **civitas**, atis (f) - community, tribe / **maxime** (adv) - especially, very / **acceptus**, a, um - acceptable, pleasing to (with Dat) / **plebs**, plebis (f) - (common) people, populace / **conor**, conari (1), conatus - attempt / **idem**, eadem, idem - same / **do**, dare (1), dedi, datus - give (with Acc and *in matrimonium*, "give (Acc) in marriage") / **suus**, a, um - (one's) own / **filia**, ae (f) - daughter / **in** (prep) - in (with Acc) / **matrimonium**, i (n) - marriage

(G) **probo** (1) - demonstrate, prove / **perficio**, perficere (3), perfeci, perfectus - accomplish, bring about / **conata**, orum (n) - undertaking, venture / **perfacilis**, e - very easy / **facio**, facere (3), feci, factus - arrange, do, perform / **propterea** (adv) - therefore (with *quod*, "because") / **obtineo**, obtinēre (2), obtinui, obtentus - acquire, obtain / **imperium**, i (n) - dominion, sovereignty / **suus**, a, um - (one's) own / **civitas**, atis (f) - community, tribe / **dubius**, a, um - doubtful, uncertain / **quin** (conj) - but that / **Helvetii**, orum (m) - the Helvetians (a Gallic tribe) / **plurimum** (adv) - especially, most / **possum**, posse, potui - be powerful / **totus**, a, um - entire, whole / **Gallia**, ae (f) - Gaul / **confirmo** (1) - assert solemnly, pledge /

<u>**Quick Reference, COMMON PRONOUNS**</u>: **hic**, haec, hoc (dem. pron.) - this; he, she, it | **ille**, illa, illud (dem. pron.) - that; that (famous) one (yonder); he, she, it | **ipse**, ipsa, ipsum (intnsv. pron.) - (one's own) self; very | **is**, ea, id (dem. pron.) - this, that; (of) such (a kind); he, she, it | **qui**, quae, quod (rel. pron.) - who, which; that

concilio (1) - acquire, procure / **regnum**, i (n) - (sovereign) power, rule / **suus** *iterum* / **copiae**, arum (f) - (armed) forces, might / **suus** *iterum* / **exercitus**, us (m) - army

(H) **adduco**, adducere (3), adduxi, adductus - induce, persuade / **oratio**, onis (f) - speech / **do**, dare (1), dedi, datus - give, offer / **fides**, ei (f) - pledge (of loyalty), promise / **ius iurandum**, i (n) - (binding) oath / **inter** (prep) - among, between (with Acc) / **spero** (1) - hope / **regnum**, i (n) - (sovereign) power, rule / **occupo** (1) - seize, take possession of / **possum**, posse, potui - be able / **potior**, potiri (4), potitus - acquire, take possession of (with Gen) / **totus**, a, um - entire, whole / **Gallia**, ae (f) - Gaul / **per** (prep) - by means of, through the effort of (with Acc) / **tres**, tria (num. adj.) - three / **potens**, entis - mighty, powerful / **firmus**, a, um - enduring, steadfast, strong / **populus**, i (m) - people, nation

GRAMMATICAL NOTES: **1.** *hīs rēbus* (Abl of Means or Cause, "because of these considerations"); **2.** *auctoritate* (Abl of Means or Cause, "on account of the influence"); **3.** *pertinerent* (Subjunctive in a Relative Clause of Characteristic, "which were necessary..."); **4.** *ad proficiscendum* (Gerund, "for departing"); **5.** *suppeteret* (Subjunctive in a Clause of Purpose, "would be available"); **6.** *sibi* (Dat of Advantage or Interest); **7.** *ad eas res conficiendas* (Gerundive, "for the accomplishment of these matters"); **8.** *lege* (Abl of Means); **9.** *multos annos* (Acc of Extent of Time); **11.** *occuparet* (Subjunctive in a Substantive Clause of Purpose, "to gain possession of"); **12.** *eō tempore* (Abl of Time When); **13.** *conaretur* (Subjunctive in an Indirect Command, "to attempt"); **14.** *probat ... factū* ("he proves to them [that] to bring about this venture would be a very easy thing to do" with Supine *factū* as Abl of Respect, lit., "in the doing," i.e., "to do"); **15.** *obtenturus esset* (Active Periphrastic with Subjunctive *esset* since the Subordinate Clause follows secondary sequence in Indirect Speech, "was about to acquire"); **16.** *non esse dubium* ("he was not in doubt"); **17.** *suīs copiīs* (Abl of Means); **18.** *suō exercitū* (Abl of Means); **19.** *hāc oratione* (Abl of Means or Cause, "because of this speech"); **20.** *ius iurandum* (this compound noun pairs "**ius**, iuris (n) - law, surety" with the Gerundive of "**iuro** (1) - swear" which decline in tandem); **21.** *regnō occupatō* (Abl Absol, "upon the sovereign power having been seized"). | **HISTORICAL NOTE**: **10.** The title *Amicus [Socius-que] Romani Populi* (i.e., "Friend [and Ally] of the Roman People") was awarded by the Senate to those chieftains and rulers who facilitated regional Roman interests in return for support and, in some cases, actual protection; though frequently assigned to client kings ruling large established realms, the honorific title was often given to individuals as a reward for specific services and according to Caesar had apparently been bestowed on Catamantaloedis as well as other Gallic leaders such as Piso of Aquitania's (unnamed) noble forebear (4.12) and Ollovico, whose son Teutomatus ruled the Nitiobriges and aided Vercingetorix against Caesar (7.31).

FULLY PARSED _____

(1.3.A): **adducti** (perf pssv prcpl, masc nom pl); **hīs** (fem abl pl); **rēbus** (fem abl pl); **permoti** (perf pssv prcpl, masc nom pl); **auctoritate** (fem abl sing); **Orgetorigis** (masc gen sing); **constituerunt** (perf actv indic 3 pl); **comparare** (prsnt actv infin); **ea** (neut acc pl); **quae** (neut nom pl); **pertinerent** (impf actv subjv 3 pl); **proficiscendum** (Gerund; fut pssv prcpl, neut acc sing); **coemere** (prsnt actv infin); **maximum** (masc acc sing); **numerum** (masc acc sing); **iumentorum** (neut gen pl); **carrorum** (masc gen pl); **facere** (prsnt actv infin); **maximas** (fem acc pl); **sementes** (fem acc pl); **copia** (fem nom sing); **frumenti** (neut gen sing); **suppeteret** (impf actv subjv 3 sing); **itinere** (neut abl sing); **confirmare** (prsnt actv infin); **pacem** (fem acc sing); **amicitiam** (fem acc sing); **proximīs** (fem abl pl); **civitatibus** (fem abl pl).

(1.3.B): **duxerunt** (perf actv indic 3 pl); **biennium** (neut acc sing); **esse** (prsnt actv infin); **sibi** (3 pers. reflxv. pron., masc dat pl); **eas** (fem acc pl); **res** (fem acc pl); **conficiendas** (Gerundive; fut pssv prcpl, fem acc pl); **confirmant** (prsnt actv indic 3 pl); **profectionem** (fem acc sing); **lege** (fem abl sing); **tertium** (masc acc sing); **annum** (masc acc sing).

(1.3.C): **Orgetorix** (masc nom sing); **deligitur** (prsnt pssv indic 3 sing); **eas** (fem acc pl); **res** (fem acc pl); **conficiendas** (Gerundive; fut pssv prcpl, fem acc pl).

(1.3.D): **is** (masc nom sing); **suscepit** (perf actv indic 3 sing); **legationem** (fem acc sing); **sibi** (3 pers. reflxv. pron., masc dat sing); **civitates** (fem acc pl).

_____

Quick Reference, COMMON PRONOUNS: **hic**, haec, hoc (dem. pron.) - this; he, she, it | **ille**, illa, illud (dem. pron.) - that; that (famous) one (yonder); he, she, it | **ipse**, ipsa, ipsum (intnsv. pron.) - (one's own) self; very | **is**, ea, id (dem. pron.) - this, that; (of) such (a kind); he, she, it | **qui**, quae, quod (rel. pron.) - who, which; that

(1.3.E): **eō** (neut abl sing); **itinere** (neut abl sing); **persuadet** (prsnt actv indic 3 sing); **Castico** (masc dat sing); **Sequano** (masc dat sing); **[viro]** (masc dat sing); **filio** (masc dat sing); **Catamantaloedis** (masc gen sing); **cuius** (masc gen sing); **pater** (masc nom sing); **obtinuerat** (pluperf actv indic 3 sing); **regnum** (neut acc sing); **Sequanīs** (masc abl pl); **multos** (masc acc pl); **annos** (masc acc pl); **appellatus erat** (pluperf pssv indic 3 sing; masc sing); **amicus** (masc nom sing); **Romani** (masc gen sing); **populi** (masc gen sing); **senatū** (masc abl sing); **occuparet** (impf actv subjv 3 sing); **regnum** (neut acc sing); **suā** (reflxv. pron., fem abl sing); **civitate** (fem abl sing); **quod** (neut acc sing); **pater** (masc nom sing); **habuerat** (pluperf actv indic 3 sing).

(1.3.F): **persuadet** (prsnt actv indic 3 sing); **Dumnorigi** (masc dat sing); **Aeduo** (masc dat sing); **[viro]** (masc dat sing); **fratri** (masc dat sing); **Diviciaci** (masc gen sing); **qui** (masc nom sing); **eō** (neut abl sing); **tempore** (neut abl sing); **obtinebat** (impf actv indic 3 sing); **principatum** (masc acc sing); **civitate** (fem abl sing); **erat** (impf actv indic 3 sing); **acceptus** (masc nom sing); **plebi** (fem dat sing); **conaretur** (dep., impf pssv subjv 3 sing); **idem** (neut acc sing); **dat** (prsnt actv indic 3 sing); **suam** (fem acc sing); **filiam** (fem acc sing); **ei** (masc dat sing); **matrimonium** (neut acc sing).

(1.3.G): **probat** (prsnt actv indic 3 sing); **illis** (masc dat pl); **perficere** (prsnt actv infin); **conata** (neut acc pl); **esse** (prsnt actv infin); **perfacile** (neut acc sing); **factū** (Supine; neut abl sing); **ipse** (masc nom sing); **obtenturus esset** (Active Periphrastic; fut actv prcpl, masc nom sing *obtenturus* paired with impf actv subjv 3 sing *esset*); **imperium** (neut acc sing); **suae** (fem gen sing); **civitatis** (fem gen sing); **[dixit]** (perf actv indic 3 sing); **esse** (prsnt actv infin); **dubium** (neut acc sing); **Helvetii** (masc nom pl); **possent** (impf actv subjv 3 pl); **totius** (fem gen sing); **Galliae** (fem gen sing); **confirmat** (prsnt actv indic 3 sing); **se** (3 pers. reflxv. pron., masc acc sing); **conciliaturum** (i.e., *conciliaturum esse*, fut actv infin; masc acc sing); **regna** (neut acc pl); **illis** (masc dat pl); **suīs** (fem abl pl); **copiīs** (fem abl pl); **suō** (masc abl sing); **exercitū** (masc abl sing).

(1.3.H): **adducti** (perf pssv prcpl, masc nom pl); **hāc** (fem abl sing); **oratione** (fem abl sing); **dant** (prsnt actv indic 3 pl); **fidem** (fem acc sing); **ius iurandum** (neut acc sing); **se** (3 pers. reflxv. pron., masc acc pl); **sperant** (prsnt actv indic 3 pl); **regnō** (neut abl sing); **occupatō** (perf pssv prcpl, neut abl sing); **sese** (3 pers. reflxv. pron., masc acc sing); **posse** (prsnt actv infin); **potiri** (dep., prsnt pssv infin); **totius** (fem gen sing); **Galliae** (fem gen sing); **tres** (masc acc pl); **potentissimos** (masc acc pl; supl. of *potens*); **firmissimos** (masc acc pl; supl. of *firmus*); **populos** (masc acc pl).

* * * * * * * * * * * * * * * * * *

<u>Caesar's **ORIGINAL TEXT** (Book One, Chapter 4)</u>: **(A)** Ea res est Helvetiis per indicium enuntiata. **(B)** Moribus suis Orgetorigem ex vinclis causam dicere coegerunt. **(C)** Damnatum poenam sequi oportebat ut igni cremaretur. **(D)** Die constituta causae dictionis Orgetorix ad iudicium omnem suam familiam, ad hominum milia decem, undique coegit et omnes clientes obaeratosque suos; quorum magnum numerum habebat, eodem conduxit: per eos, ne causam diceret, se eripuit. **(E)** Cum civitas ob eam rem incitata armis ius suum exsequi conaretur, multitudinemque hominum ex agris magistratus cogerent, Orgetorix mortuus est; neque abest suspicio, ut Helvetii arbitrantur, quin ipse sibi mortem consciverit.

<u>**SUGGESTED WORD ORDER** (Book One, Chapter 4)</u>. **(A)** Ea res enuntiata est Helvetiis per indicium. **(B)** Coegerunt Orgetorigem dicere causam ex vinclīs, <u>suīs moribus</u>.[1] **(C)** Oportebat poenam sequi [eum] <u>damnatum</u>,[2] ut <u>cremaretur</u>[3] <u>ignī</u>.[4] **(D)** <u>Diē constitutā</u>[5] <u>dictionis causae</u>,[6] Orgetorix coegit omnem suam familiam undique ad iudicium, ad decem milia hominum, et eodem conduxit omnes suos clientes [et] obaeratos, quorum habebat magnum numerum; eripuit se per eos, ne <u>diceret</u>[7] causam. **(E)** Cum civitas, incitata ob eam rem, <u>conaretur</u>[8] exsequi suum ius <u>armīs</u>[9] [et] magistratus <u>cogerent</u>[10] multitudinem hominum ex agrīs, Orgetorix mortuus est; suspicio neque abest, ut Helvetii arbitrantur, quin ipse <u>consciverit</u>[11] mortem sibi.

1.4 <u>**VOCABULARY SECTIONS**</u>

(A) **res**, rei (f) - affair, matter / **enuntio** (1) - betray, disclose / **Helvetii**, orum (m) - the Helvetians (a Gallic tribe) / **per** (prep) - by means of, through (with Acc) / **indicium**, i (n) - evidence, information, testimony (of an informer)

<u>Quick Reference, **COMMON PRONOUNS**</u>: **hic**, haec, hoc (dem. pron.) - this; he, she, it | **ille**, illa, illud (dem. pron.) - that; that (famous) one (yonder); he, she, it | **ipse**, ipsa, ipsum (intnsv. pron.) - (one's own) self; very | **is**, ea, id (dem. pron.) - this, that; (of) such (a kind); he, she, it | **qui**, quae, quod (rel. pron.) - who, which; that

(B) **cogo**, cogere (3), coegi, coactus - compel, force / **Orgetorix**, igis (m) - Orgetorix (Helvetian chieftain) / **dico**, dicere (3), dixi, dictus - plead (with *causa*, "defend oneself, make one's case") / **causa**, ae (f) - case, (legal) defense / **ex** (prep) - from, in (with Abl) / **vinclum**, i (n) - bond, chain / **suus**, a, um - (one's) own / **mos**, moris (m) - custom, practice

(C) **oportet**, oportēre (2), oportuit (impers.) - "it is fitting, proper for (with Acc and Infin)" / **poena**, ae (f) - penalty, punishment / **sequor**, sequi (3), secutus - attend, overtake (with *poena*, "be inflicted on") / **damno** (1) - condemn, convict / **cremo** (1) - burn, consume by fire / **ignis**, is (m) - fire

(D) **dies**, ei (f) - day / **constituo**, constituere (3), constitui, constitutus - be established, set / **dictio**, onis (f) - delivery, presentation / **causa**, ae (f) - case, (legal) defense / **Orgetorix**, igis (m) - Orgetorix (Helvetian chieftain) / **cogo**, cogere (3), coegi, coactus - collect, summon / **omnis**, e - all / **suus**, a, um - (one's) own / **familia**, ae (f) - clansmen, household (vassals) / **undique** (adv) - from every quarter, on all sides / **ad** (prep) - for, to (with Acc) / **iudicium**, i (n) - trial / **ad** (prep) - about (with Acc) / **decem** (indecl. num.) - ten / **milia**, ium (n) - thousands / **homo**, hominis (m) - man / **eodem** (adv) - in the same place, thither / **conduco**, conducere (3), conduxi, conductus - assemble, gather / **omnis**, e - all / **suus** *iterum* / **cliens**, entis (m) - client, retainer / **obaerati**, orum (m) - debtors / **habeo**, habēre (2), habui, habitus - have, possess / **magnus**, a, um - great / **numerus**, i (m) - number / **eripio**, eripere (3), eripui, ereptus - deliver, free / **per** (prep) - by means of, through (with Acc) / **dico**, dicere (3), dixi, dictus - plead (with *causa*, "defend oneself, make one's case") / **causa** *iterum*

(E) **cum** (conj) - after / **civitas**, atis (f) - community, tribe / **incito** (1) - agitate, incense, stir up / **ob** (prep) - on account of (with Acc) / **res**, rei (f) - affair, matter / **conor**, conari (1), conatus - attempt, try / **exsequor**, exsequi (3), exsecutus - enforce, insist upon / **suus**, a, um - (one's) own / **ius**, iuris (n) - authority, (legal) right / **arma**, orum (n) - (force of) arms / **magistratus**, us (m) - magistrate / **cogo**, cogere (3), coegi, coactus - collect, summon / **multitudo**, inis (f) - multitude, number / **homo**, hominis (m) - man / **ex** (prep) - from (with Abl) / **ager**, agri (m) - field / **Orgetorix**, igis (m) - Orgetorix (Helvetian chieftain) / **morior**, mori (3), mortuus - die / **suspicio**, onis (f) - suspicion / **absum**, abesse, afui, afuturus - be absent / **Helvetii**, orum (m) - the Helvetians (a Gallic tribe) / **arbitror**, arbitrari (1), arbitratus - believe, suppose / **quin** (conj) - that / **conscisco**, consciscire (4), conscivi, conscitus - resolve upon (with *mortem sibi*, "commit suicide") / **mors**, mortis (f) - death

GRAMMATICAL NOTES: 1. *suīs moribus* (Abl of Respect, "according to their customs"); 2. *damnatum* (Participle with Conditional Force, "if condemned"); 3. *cremaretur* (Subjunctive in a Clause of Result in apposition with *poenam*, "that he would be burned alive"); 4. *ignī* (Abl of Means); 5. *diē constitutā* (Abl of Time When, "on the established day"); 6. *dictionis causae* ("for the presentation of the case"); 7. *diceret* (Subjunctive in a Negative Clause of Purpose, "in order that he might not have to present [his] case at trial"); 8. *conaretur* (Subjunctive in a *cum* Clause, "attempted"); 9. *armīs* (Abl of Means); 10. *cogerent* (Subjunctive in a *cum* Clause, "summoned"); 11. *consciverit* (Subjunctive in a Clause of Result, "that he had resolved upon").

FULLY PARSED _____

(1.4.A): **ea** (fem nom sing); **res** (fem nom sing); **enuntiata est** (perf pssv indic 3 sing; fem nom); **Helvetiis** (masc dat pl); **indicium** (neut acc sing).

(1.4.B): **coegerunt** (perf actv indic 3 pl); **Orgetorigem** (masc acc sing); **dicere** (prsnt actv infin); **causam** (fem acc sing); **vinclīs** (neut abl pl); **suīs** (masc abl pl); **moribus** (masc abl pl).

(1.4.C): **oportebat** (impers., impf actv indic 3 sing); **poenam** (fem acc sing); **sequi** (dep., prsnt pssv infin); **[eum]** (masc acc sing); **damnatum** (perf pssv prcpl, masc acc sing); **cremaretur** (impf pssv subjv 3 sing); **ignī** (masc abl sing).

(1.4.D): **diē** (fem abl sing); **constitutā** (perf pssv prcpl, fem abl sing); **dictionis** (fem gen sing); **causae** (fem gen sing); **Orgetorix** (masc nom sing); **coegit** (perf actv indic 3 sing); **omnem** (fem acc sing); **suam** (fem acc sing); **familiam** (fem acc sing); **iudicium**

Quick Reference, COMMON PRONOUNS: **hic**, haec, hoc (dem. pron.) - this; he, she, it | **ille**, illa, illud (dem. pron.) - that; that (famous) one (yonder); he, she, it | **ipse**, ipsa, ipsum (intnsv. pron.) - (one's own) self; very | **is**, ea, id (dem. pron.) - this, that; (of) such (a kind); he, she, it | **qui**, quae, quod (rel. pron.) - who, which; that

(neut acc sing); **milia** (neut acc pl); **hominum** (masc gen pl); **conduxit** (perf actv indic 3 sing); **omnes** (masc acc pl); **suos** (masc acc pl); **clientes** (masc acc pl); **obaeratos** (masc acc pl); **quorum** (masc gen pl); **habebat** (impf actv indic 3 sing); **magnum** (masc acc sing); **numerum** (masc acc sing); **eripuit** (perf actv indic 3 sing); **se** (3 pers. reflxv. pron., masc acc sing); **eos** (masc acc pl); **diceret** (impf actv subjv 3 sing); **causam** (fem acc sing).

(1.4.E): **civitas** (fem nom sing); **incitata** (perf pssv prcpl, fem nom sing); **eam** (fem acc sing); **rem** (fem acc sing); **conaretur** (dep., impf pssv subjv 3 sing); **exsequi** (dep., prsnt pssv infin); **suum** (neut acc sing); **ius** (neut acc sing); **armīs** (neut abl pl); **magistratus** (masc nom pl); **cogerent** (impf actv subjv 3 pl); **multitudinem** (fem acc sing); **hominum** (masc gen pl); **agrīs** (masc abl pl); **Orgetorix** (masc nom sing); **mortuus est** (dep., perf pssv indic 3 sing; masc nom); **suspicio** (fem nom sing); **abest** (prsnt actv indic 3 sing); **Helvetii** (masc nom pl); **arbitrantur** (dep., prsnt pssv indic 3 pl); **ipse** (masc nom sing); **consciverit** (perf actv subjv 3 sing); **mortem** (fem acc sing); **sibi** (3 pers. reflxv. pron., masc dat sing).

* * * * * * * * * * * * * * * * * *

<u>Caesar's **ORIGINAL TEXT** (Book One, Chapter 5)</u>: **(A)** Post eius mortem nihilo minus Helvetii id, quod constituerant, facere conantur, ut e finibus suis exeant. **(B)** Ubi iam se ad eam rem paratos esse arbitrati sunt, oppida sua omnia, numero ad duodecim, vicos ad quadringentos, reliqua privata aedificia incendunt; **(C)** frumentum omne, praeterquam quod secum portaturi erant, comburunt, ut domum reditionis spe sublata paratiores ad omnia pericula subeunda essent; trium mensum molita cibaria sibi quemque domo efferre iubent. **(D)** Persuadent Rauracis et Tulingis et Latobrigis finitimis suis, uti eodem usi consilio oppidis suis vicisque exustis una cum eis proficiscantur, Boiosque, qui trans Rhenum incoluerant et in agrum Noricum transierant Noreiamque oppugnarant, receptos ad se socios sibi adsciscurt.

SUGGESTED WORD ORDER (Book One, Chapter 5). **(A)** Post mortem eius, Helvetii nihilominus conantur facere id quod constituerant, ut <u>exeant</u>[1] e suīs finibus. **(B)** Ubi iam arbitrati sunt se esse paratos ad eam rem, incendunt omnia sua oppida, <u>numerō</u>[2] ad duodecim, [et] ad quadringentos vicos [et] reliqua privata aedificia. **(C)** Comburunt omne frumentum, praeterquam quod <u>portaturi erant</u>[3] cum sē, ut <u>essent</u>[4] paratiores <u>ad omnia pericula subeunda</u>,[5] spē reditionis [ad] domum sublatā;[6] [et] iubent quemque efferre molita cibaria <u>trium mensum</u>[7] sibi [ex] <u>domō</u>.[8] **(D)** Persuadent suis finitimis, Rauracis et Tulingis et Latobrigis, usi eōdem consiliō, <u>suīs oppidīs</u> [et] <u>vicīs exustīs</u>,[9] uti <u>proficiscantur</u>[10] unā cum eīs; [et] <u>adsciscunt Boios, receptos ad se, socios sibi</u>,[11] qui incoluerant trans Rhenum et transierant in Noricum agrum [et] oppugnarant [i.e., oppugnaverant] <u>Noreiam</u>.[12]

1.5 VOCABULARY SECTIONS

(A) **post** (prep) - after (with Acc) / **mors**, mortis (f) - death / **Helvetii**, orum (m) - the Helvetians (a Gallic tribe) / **nihilominus** (adv) - nevertheless / **conor**, conari (1), conatus - attempt, try / **facio**, facere (3), feci, factus - accomplish, perform / **constituo**, constituere (3), constitui, constitutus - determine, resolve / **exeo**, exire, exii, exitus - depart, leave, march forth / **e** (prep) - from (with Abl) / **suus**, a, um - (one's) own / **finis**, is (m) - border; (pl) land, territory

(B) **ubi** (conj) - when / **iam** (adv) - already, now / **arbitror**, arbitrari (1), arbitratus - believe, suppose / **paratus**, a, um - ready, well-prepared / **ad** (prep) - for (with Acc) / **res**, rei (f) - affair, matter / **incendo**, incendere (3), incendi, incensus - burn, set fire to / **omnis**, e - all / **suus**, a, um - (one's) own / **oppidum**, i (n) - town, stronghold / **numerus**, i (m) - number / **ad** (prep) - about (with Acc) / **duodecim** (indecl. num.) - twelve / **ad** *iterum* / **quadringenti**, ae, a (num. adj.) - four hundred / **vicus**, i (m) - hamlet, village / **reliquus**, a, um - the (other) remaining / **privatus**, a, um - private / **aedificium**, i (n) - building

(C) **comburo**, comburere (3), combussi, combustus - burn up / **omnis**, e - all / **frumentum**, i (n) - corn, grain / **praeterquam** (adv) - except / **porto** (1) - carry, take / **cum** (prep) - with (with Abl) / **paratus**, a, um - ready, well-prepared / **ad** (prep) - for (with Acc) / **omnis**, e - all / **periculum**, i (n) - danger, peril, risk / **subeo**, subire, subii, subitus - endure, undergo / **spes**, ei (f) - hope / **reditio**, onis (f) - going back, return (journey) / [**ad** (prep) - for (with Acc)] / **domus**,

<u>Quick Reference, **COMMON PRONOUNS**</u>: **hic**, haec, hoc (dem. pron.) - this; he, she, it | **ille**, illa, illud (dem. pron.) - that; that (famous) one (yonder); he, she, it | **ipse**, ipsa, ipsum (intnsv. pron.) - (one's own) self; very | **is**, ea, id (dem. pron.) - this, that; (of) such (a kind); he, she, it | **qui**, quae, quod (rel. pron.) - who, which; that

us (f) - home (Acc denotes motion, "homeward") / **tollo**, tollere (3), sustuli, sublatus - remove / **iubeo**, iubēre (2), iussi, iussus - command / **quisque**, quaeque, quidque (indef. pron.) - each, every (one) / **effero**, efferre, extuli, elatus - carry out, take away / **molo**, molere (3), molui, molitus - grind (in a mill) / **cibaria**, orum (n) - meal, provisions, victuals / **tres**, tria (num. adj.) - three / **mensis**, is (m) - month / [**ex** (prep) - from (with Abl)] / **domus** *iterum*

(D) **persuadeo**, persuadēre (2), persuasi, persuasus - persuade (with Dat) / **suus**, a, um - (one's) own / **finitimi**, orum (m) - neighbors / **Rauraci**, orum (m) - the Rauraci (a Gallic tribe) / **Tulingi**, orum (m) - the Tulingi (a German tribe) / **Latobrigi**, orum (m) - the Latobrigi (a Gallic tribe) / **utor**, uti (3), usus - accept, adopt (with Abl) / **idem**, eadem, idem - same / **consilium**, i (n) - plan, resolution / **suus** *iterum* / **oppidum**, i (n) - town, stronghold / **vicus**, i (m) - hamlet, village / **exuro**, exurere (3), exussi, exustus - burn up, destroy / **proficiscor**, proficisci (3), profectus - depart, set out / **una** (adv) - at the same time, together / **cum** (prep) - with (with Abl) / **adscisco**, adsciscere (3), adscivi, adscitus - accept, receive (with *socius*, "take (Acc) as an ally") / **Boii**, orum (m) - the Boii (a Gallic tribe) / **recipio**, recipere (3), recepi, receptus - admit, welcome / **ad** (prep) - among (with Acc) / **socius**, i (m) - ally / **incolo**, incolere (3), incolui, incultus - dwell, live / **trans** (prep) - across, beyond (with Acc) / **Rhenus**, i (m) - the Rhine (river) / **transeo**, transire, transii, transitus - cross over / **in** (prep) - into (with Acc) / **Noricus**, a, um - belonging to Noricum, Norican / **ager**, agri (m) - land, territory / **oppugno** (1) - attack, besiege / **Noreia**, ae (f) - Noreia (capital of Noricum)

GRAMMATICAL NOTES: **1**. *exeant* (Subjunctive in a Clause of Purpose in apposition with *id*, "that they would depart"); **2**. *numerō* (Abl of Respect, "in number"); **3**. *portaturi erant* (Active Periphrastic, "were going to carry"); **4**. *essent* (Subjunctive in a Clause of Result, "so that there would be"); **5**. *ad omnia pericula subeunda* (Gerundive, "to endure all dangers"); **6**. *spē reditionis [ad] domum sublatā* (Abl Absol, "with the hope of a return homeward removed"); **7**. *trium mensum* (Gen of Measure of Time, "for three months"); **8**. *domō* (Abl of Separation, "from home"); **9**. *suīs oppidīs [et] vicīs exustīs* (Abl Absol, "with their towns and villages burned"); **10**. *proficiscantur* (Subjunctive in a Clause of Purpose, "that they would set out"); **11**. *adsciscunt Boios, receptos ad se, socios sibi* (an insanely awkward passage, best read as "they take the Boii, having been welcomed among them [lit., 'to themselves'], as their own allies [lit., 'as allies for themselves']"). | **HISTORICAL NOTE**: **12**. Noreia was the chief town of Noricum, a region located between the Danube and the Alps settled predominantly by the Celtic Norici or Taurisci tribes.

FULLY PARSED _____

(1.5.A): **mortem** (fem acc sing); **eius** (masc gen sing); **Helvetii** (masc nom pl); **conantur** (dep., prsnt pssv indic 3 pl); **facere** (prsnt actv infin); **id** (neut acc sing); **quod** (neut acc sing); **constituerant** (pluperf actv indic 3 pl); **exeant** (prsnt actv subjv 3 pl); **suīs** (masc abl pl); **finibus** (masc abl pl).

(1.5.B): **arbitrati sunt** (dep., perf pssv indic 3 pl; masc nom); **se** (3 pers. reflxv. pron., masc acc pl); **esse** (prsnt actv infin); **paratos** (masc acc pl); **eam** (fem acc sing); **rem** (fem acc sing); **incendunt** (prsnt actv indic 3 pl); **omnia** (neut acc pl); **sua** (neut acc pl); **oppida** (neut acc pl); **numerō** (masc abl sing); **quadringentos** (masc acc pl); **vicos** (masc acc pl); **reliqua** (neut acc pl); **privata** (neut acc pl); **aedificia** (neut acc pl).

(1.5.C): **comburunt** (prsnt actv indic 3 pl); **omne** (neut acc sing); **frumentum** (neut acc sing); **quod** (neut acc sing); **portaturi erant** (Active Periphrastic; fut actv prcpl, masc nom pl *portaturi* paired with impf actv indic 3 pl *erant*); **sē** (3 pers. reflxv. pron., masc acc pl); **essent** (impf actv subjv 3 pl); **paratiores** (masc nom pl; comp. of *paratus*); **omnia** (neut acc pl); **pericula** (neut acc pl); **subeunda** (Gerundive; fut pssv prcpl, neut acc pl); **spē** (fem abl sing); **reditionis** (fem gen sing); **domum** (fem acc sing); **sublatā** (perf pssv prcpl, fem abl sing); **iubent** (prsnt actv indic 3 pl); **quemque** (masc acc sing); **efferre** (prsnt actv infin); **molita** (perf pssv prcpl, neut acc pl); **cibaria** (neut acc pl); **trium** (masc gen pl); **mensum** (masc gen pl); **sibi** (3 pers. reflxv. pron., masc dat sing); **domō** (fem abl sing).

(1.5.D): **persuadent** (prsnt actv indic 3 pl); **suis** (masc dat pl); **finitimis** (masc dat pl); **Rauracis** (masc dat pl); **Tulingis** (masc dat pl); **Latobrigis** (masc dat pl); **usi** (dep., prsnt pssv infin); **eōdem** (neut abl sing); **consiliō** (neut abl sing); **suīs** (neut abl pl); **oppidīs** (neut abl pl); **vicīs** (masc abl pl); **exustīs** (perf pssv prcpl, masc abl pl); **proficiscantur** (dep., prsnt pssv subjv 3 pl); **eīs** (masc abl

_____

Quick Reference, COMMON PRONOUNS: **hic**, haec, hoc (dem. pron.) - this; he, she, it | **ille**, illa, illud (dem. pron.) - that; that (famous) one (yonder); he, she, it | **ipse**, ipsa, ipsum (intnsv. pron.) - (one's own) self; very | **is**, ea, id (dem. pron.) - this, that; (of) such (a kind); he, she, it | **qui**, quae, quod (rel. pron.) - who, which; that

pl); **adsciscunt** (prsnt actv indic 3 pl); **Boios** (masc acc pl); **receptos** (perf pssv prcpl, masc acc pl); **se** (3 pers. reflxv. pron., masc acc pl); **socios** (masc acc pl); **sibi** (3 pers. reflxv. pron., masc dat pl); **qui** (masc nom pl); **incoluerant** (pluperf actv indic 3 pl); **Rhenum** (masc acc sing); **transierant** (pluperf actv indic 3 pl); **Noricum** (masc acc sing); **agrum** (masc acc sing); **oppugnarant** (i.e., *oppugnaverant*, pluperf actv indic 3 pl); **Noreiam** (fem acc sing).

* * * * * * * * * * * * * * * * * *

<u>Caesar's **ORIGINAL TEXT (Book One, Chapter 6)**</u>: **(A)** Erant omnino itinera duo, quibus itineribus domo exire possent: **(B)** unum per Sequanos, angustum et difficile, inter montem Iuram et flumen Rhodanum, vix qua singuli carri ducerentur; mons autem altissimus impendebat, ut facile perpauci prohibere possent; **(C)** alterum per provinciam nostram, multo facilius atque expeditius, propterea quod inter fines Helvetiorum et Allobrogum, qui nuper pacati erant, Rhodanus fluit isque nonnullis locis vado transitur. **(D)** Extremum oppidum Allobrogum est proximumque Helvetiorum finibus Genava. Ex eo oppido pons ad Helvetios pertinet. **(E)** Allobrogibus esse vel persuasuros, quod nondum bono animo in populum Romanum viderentur, existimabant vel vi coacturos, ut per suos fines eos ire paterentur. **(F)** Omnibus rebus ad profectionem comparatis diem dicunt, qua die ad ripam Rhodani omnes conveniant. **(G)** Is dies erat a. d. V. Kal. Apr. L. Pisone A. Gabinio consulibus.

<u>**SUGGESTED WORD ORDER (Book One, Chapter 6)**</u>. **(A)** Erant omnino duo itinera, <u>quibus itineribus</u>[1] <u>possent</u>[2] exire [ex] <u>domō</u>.[3] **(B)** [Erat] unum [iter] per Sequanos, angustum et difficile, inter Iuram montem et flumen Rhodanum, quā singuli carri vix <u>ducerentur</u>;[4] autem altissimus mons impendebat ut perpauci [viri] <u>possent</u>[5] prohibere [eos] facile. **(C)** [Erat] alterum [iter] per nostram <u>Provinciam</u>,[6] facilius atque expeditius <u>multō</u>,[7] propterea quod Rhodanus fluit inter fines Helvetiorum et Allobrogum, qui nuper pacati erant, [et] is transitur <u>nonnullīs locīs</u>[8] <u>vadō</u>.[9] **(D)** Genava est extremum oppidum Allobrogum [et] proximum finibus Helvetiorum; ex eō oppidō, pons pertinet ad Helvetios. **(E)** Existimabant sese vel persuasuros [i.e., persuasuros esse] Allobrogibus, quod nondum <u>viderentur</u>[10] <u>bonō animō</u>[11] in Romanum populum, vel coacturos [i.e., coacturos esse] [eos] <u>vī</u>,[12] ut <u>paterentur</u>[13] eos ire per suos fines. **(F)** <u>Omnibus rēbus comparatīs ad profectionem</u>,[14] dicunt diem, <u>quā diē</u>[15] omnes <u>conveniant</u>[16] ad ripam Rhodani. **(G)** Is dies erat V [i.e., quintus] d[ies] a[nte] Kal[endas] Apr[ilis],[17] L[uciō] Pisone [et] A[ulō] Gabiniō consulibus.[18]

1.6 <u>**VOCABULARY SECTIONS**</u>

(A) **omnino** (adv) - altogether, only / **duo**, ae, o (num. adj.) - two / **iter**, itineris (n) - path, road / **possum**, posse, potui - be able / **exeo**, exire, exii, exitus - depart, go out (from) / [**ex** (prep) - from (with Abl)] / **domus**, us (f) - home

(B) **unus**, a, um - one / [**iter**, itineris (n) - path, road] / **per** (prep) - through (with Acc) / **Sequani**, orum (m) - the Sequani (a Gallic tribe) / **angustus**, a, um - confined, narrow / **difficilis**, e - arduous, difficult / **inter** (prep) - between (with Acc) / **Iura**, ae (m) - Mt. Iura (with *mons*, "the Iura mountain range") / **mons**, montis (m) - mountain (range) / **flumen**, inis (n) - river / **Rhodanus**, i (m) - the Rhone (river) / **qua** (adv) - at which place, where / **singuli**, ae, a - individual, single / **carrus**, i (m) - (four-wheeled) cart, wagon / **vix** (adv) - scarcely, with difficulty / **duco**, ducere (3), duxi, ductus - lead / **autem** (conj) - moreover / **altus**, a, um - high, lofty / **mons** *iterum* / **impendeo**, impendēre (2) - be at hand, overhang, threaten / **perpauci**, ae, a - very few / **possum**, posse, potui - be able / **prohibeo**, prohibēre (2), prohibui, prohibitus - avert, hinder, restrain / **facile** (adv) - easily

(C) **alter**, altera, alterum - another, the other (of two) / **per** (prep) - through (with Acc) / **noster**, nostra, nostrum - our / **Provincia**, ae (f) - province (lit., "the Province") / **facile** (adv) - easily / **expedite** (adv) - quickly, without impediment / **multus**, a, um - much (Abl *multō* as adv., "by far") / **propterea** (adv) - therefore (with *quod*, "because") / **Rhodanus**, i (m) - the Rhone (river) / **fluo**, fluere (3), fluxi, fluxus - flow / **inter** (prep) - between (with Acc) / **finis**, is (m) - border; (pl) land, territory / **Helvetii**, orum (m) - the Helvetians (a Gallic tribe) / **Allobroges**, um (m) - the Allobroges (a Gallic tribe) / **nuper** (adv) - lately, recently / **paco** (1) - pacify, subdue / **transeo**, transire, transii, transitus - cross over, pass across / **nonnullus**, a, um - several, some / **locus**, i (m) - place / **vadum**, i (n) - crossing, ford

<u>**Quick Reference, COMMON PRONOUNS**</u>: **hic**, haec, hoc (dem. pron.) - this; he, she, it | **ille**, illa, illud (dem. pron.) - that; that (famous) one (yonder); he, she, it | **ipse**, ipsa, ipsum (intnsv. pron.) - (one's own) self; very | **is**, ea, id (dem. pron.) - this, that; (of) such (a kind); he, she, it | **qui**, quae, quod (rel. pron.) - who, which; that

(D) **Genava**, ae (f) - Geneva / **extremus**, a, um - farthest, last / **oppidum**, i (n) - town, stronghold / **Allobroges**, um (m) - the Allobroges (a Gallic tribe) / **proximus**, a, um - closest, nearest / **finis**, is (m) - border; (pl) land, territory / **Helvetii**, orum (m) - the Helvetians (a Gallic tribe) / **ex** (prep) - from (with Abl) / **oppidum** *iterum* / **pons**, pontis (m) - bridge / **pertineo**, pertinēre (2), pertinui, pertentus - extend / **ad** (prep) - to, towards (with Acc) / **Helvetii** *iterum*

(E) **existimo** (1) - believe, suppose, think / **persuadeo**, persuadēre (2), persuasi, persuasus - persuade (with Dat) / **Allobroges**, um (m) - the Allobroges (a Gallic tribe) / **quod** (conj) - because, since / **nondum** (adv) - not yet / **video**, vidēre (2), vidi, visus - see (Pssv, "appear, seem") / **bonus**, a, um - favorable, good / **animus**, i (m) - disposition, inclination / **in** (prep) - concerning, towards (with Acc) / **Romanus**, a, um - Roman / **populus**, i (m) - people, nation / **cogo**, cogere (3), coegi, coactus - compel / **vis**, vis (f) - force, violence / **patior**, pati (3), passus - allow, permit / **eo**, ire, ii, itus - go / **per** (prep) - through (with Acc) / **suus**, a, um - (one's) own / **finis**, is (m) - border; (pl) land, territory

(F) **omnis**, e - all, every / **res**, rei (f) - affair, matter, plan / **comparo** (1) - make ready, prepare / **ad** (prep) - for (with Acc) / **profectio**, onis (f) - departure / **dico**, dicere (3), dixi, dictus - appoint, name, set / **dies**, ei (f) - day / **omnis** *iterum* / **convenio**, convenire (4), conveni, conventus - assemble, gather / **ad** (prep) - to, towards (with Acc) / **ripa**, ae (f) - bank, shore / **Rhodanus**, i (m) - the Rhone (river)

(G) **dies**, ei (m) - day / **V** or **quintus**, a, um - fifth / **dies** *iterum* / **ante** (prep) - before (with Acc) / **Kalendae**, arum (f) - the Kalends (i.e., the first day of every Roman month) / **Aprilis**, is (m) - (month of) April / **L. Piso**, Pisonis (m) - Lucius Calpurnius Piso Caesoninus (cos. 58 BC) / **A. Gabinius**, i (m) - Aulus Gabinius (cos. 58 BC) / **consul**, consulis (m) - consul

GRAMMATICAL NOTES: 1. *quibus itineribus* (Abl of Means); 2. *possent* (Subjunctive in a Relative Clause of Characteristic after *quibus itineribus*, "by which they were able"); 3. *domō* (Abl of Separation, "from home"); 4. *ducerentur* (Subjunctive in a Relative Clause of Characteristic after *quā*, "where individual wagons could scarcely be driven"); 5. *possent* (Subjunctive in a Clause of Result, "so that a few men would be able"); 7. *multō* (Abl of Degree of Difference, "by far"); 8. *nonnullīs locīs* (Ablative of Place Where, "in some places"); 9. *vadō* (Abl of Means); 10. *viderentur* (Subjunctive in a Causal *cum* Clause, "because they did not yet seem"); 11. *bonō animō* (Abl of Quality, "of a favorable disposition"); 12. *vī* (Abl of Means); 13. *paterentur* (Subjunctive in an Indirect Command, "to permit"); 14. *omnibus rēbus comparatīs ad profectionem* (Abl Absol, "with all things prepared for departure"); 15. *quā diē* (Abl of Time When, "on which day"); 16. *conveniant* (Subjunctive in a Relative Clause of Purpose, "they would all assemble"); 17. *V [i.e., quintus]. d[ies]. a[nte]. Kal[endas]. Apr[ilis]* ("the fifth day before the Kalends of April," i.e., 28 March 58 BC); 18. *L[uciō]. Pisone [et] A[ulō]. Gabiniō consulibus* (Abl Absol, "in the consulship of Lucius Piso and Aulus Gabinius"). | **HISTORICAL NOTES**: 6. On "the Province" see 1.1.D (note 7). | 17. The Romans reckoned dates by counting inclusively the number of days leading up to three fixed points in the monthly calendar: the Kalends (i.e., the first day of every month, on which the pontiffs publicly announced the new moon); the Nones (i.e., the seventh day of March, May, July and October but the fifth day of all other months); and the Ides (i.e., the official day of the full moon, which fell on the fifteenth for March, May, July and October but on the thirteenth for the remaining months). Caesar eventually reformed the calendar in 45 BC to an Egyptian-inspired solar year of 365 days, but here follows the traditional Roman lunar calendar of 355 days in which months had 29 days apiece except for February (28 days) and for March, May, July and October (31 days each). Thus, for example, "the fifth day before the Kalends of April" would be (counting inclusively both the fifth day before the Kalends as well as the Kalends itself) recorded as "V Kal. Apr." (28 March); similarly, the "the fourth day before the Ides of September" as "IV Id. Sept." Note that the name of the month usually appears as an adjective in agreement with *Kalendae, Nonae,* and *Idus*.

FULLY PARSED

(1.6.A): **erant** (impf actv indic 3 pl); **duo** (neut nom pl); **itinera** (neut nom pl); **quibus** (neut abl pl); **itineribus** (neut abl pl); **possent** (impf actv subjv 3 pl); **exire** (prsnt actv infin); **domō** (fem abl sing).

Quick Reference, COMMON PRONOUNS: **hic**, haec, hoc (dem. pron.) - this; he, she, it | **ille**, illa, illud (dem. pron.) - that; that (famous) one (yonder); he, she, it | **ipse**, ipsa, ipsum (intnsv. pron.) - (one's own) self; very | **is**, ea, id (dem. pron.) - this, that; (of) such (a kind); he, she, it | **qui**, quae, quod (rel. pron.) - who, which; that

(1.6.B): [**erat**] (impf actv indic 3 sing); **unum** (neut nom sing); [**iter**] (neut nom sing); **Sequanos** (masc acc pl); **angustum** (neut nom sing); **difficile** (neut nom sing); **Iuram** (masc acc sing); **montem** (masc acc sing); **flumen** (neut acc sing); **Rhodanum** (masc acc sing); **quā** (adv., fem abl sing of *qui*); **singuli** (masc nom pl); **carri** (masc nom pl); **ducerentur** (impf pssv subjv 3 pl); **altissimus** (masc nom sing; supl. of *altus*); **mons** (masc nom sing); **impendebat** (impf actv indic 3 sing); **perpauci** (masc nom pl); [**viri**] (masc nom pl); **possent** (prsnt actv indic 3 pl); **prohibere** (prsnt actv infin); [**eos**] (masc acc pl).

(1.6.C): [**erat**] (impf actv indic 3 sing); **alterum** (neut nom sing); [**iter**] (neut nom sing); **nostram** (fem acc sing); **Provinciam** (fem acc sing); **facilius** (comp. of *facile*); **expeditius** (comp. of *expedite*); **multō** (neut abl sing); **Rhodanus** (masc nom sing); **fluit** (prsnt actv indic 3 sing); **fines** (masc acc pl); **Helvetiorum** (masc gen pl); **Allobrogum** (masc gen pl); **qui** (masc nom pl); **pacati erant** (pluperf pssv indic 3 pl; masc nom); **is** (masc nom sing); **transitur** (prsnt pssv indic 3 sing); **nonnullīs** (masc abl pl); **locīs** (masc abl pl); **vadō** (neut abl sing).

(1.6.D): **Genava** (fem nom sing); **est** (prsnt actv indic 3 sing); **extremum** (neut nom sing); **oppidum** (neut nom sing); **Allobrogum** (masc gen pl); **proximum** (neut nom sing); **finibus** (masc dat pl); **Helvetiorum** (masc gen pl); **eō** (neut abl sing); **oppidō** (neut abl sing); **pons** (masc nom sing); **pertinet** (prsnt actv indic 3 sing); **Helvetios** (masc acc pl).

(1.6.E): **existimabant** (impf actv indic 3 pl); **sese** (3 pers. reflxv. pron., masc acc pl); **persuasuros** (i.e., *persuasuros esse*, fut actv infin; masc acc pl); **Allobrogibus** (masc dat pl); **viderentur** (impf pssv subjv 3 pl); **bonō** (masc abl sing); **animō** (masc abl sing); **Romanum** (masc acc sing); **populum** (masc acc sing); **coacturos** (i.e., *coacturos esse*, fut actv infin; masc acc pl); [**eos**] (masc acc pl); **vī** (fem abl sing); **paterentur** (dep., impf pssv subjv 3 pl); **eos** (masc acc pl); **ire** (prsnt actv infin); **suos** (masc acc pl); **fines** (masc acc pl).

(1.6.F): **omnibus** (fem abl pl); **rēbus** (fem abl pl); **comparatīs** (perf pssv prcpl, fem abl pl); **profectionem** (fem acc sing); **dicunt** (prsnt actv indic 3 pl); **diem** (fem acc sing); **quā** (fem abl sing); **diē** (fem abl sing); **omnes** (masc nom pl); **conveniant** (prsnt actv subjv 3 pl); **ripam** (fem acc sing); **Rhodani** (masc gen sing).

(1.6.G): **is** (masc nom sing); **dies** (masc nom sing); **erat** (impf actv indic 3 sing); **V** [i.e., **quintus**] (masc nom sing); **d[ies]** (masc nom sing); **Kal[endas]** (fem acc pl); **Apr[ilis]** (masc gen sing); **L[uciō]** (masc abl sing); **Pisone** (masc abl sing); **A[ulō]** (masc abl sing); **Gabiniō** (masc abl sing); **consulibus** (masc abl pl).

* * * * * * * * * * * * * * * * * * *

Caesar's **ORIGINAL TEXT (Book One, Chapter 7)**: **(A)** Caesari cum id nuntiatum esset, eos per provinciam nostram iter facere conari, maturat ab urbe proficisci, et quam maximis potest itineribus in Galliam ulteriorem contendit et ad Genavam pervenit. **(B)** Provinciae toti quam maximum potest militum numerum imperat (erat omnino in Gallia ulteriore legio una), pontem qui erat ad Genavam iubet rescindi. **(C)** Ubi de eius adventu Helvetii certiores facti sunt, legatos ad eum mittunt nobilissimos civitatis, cuius legationis Nammeius et Verucloetius principem locum obtinebant, qui dicerent sibi esse in animo sine ullo maleficio iter per provinciam facere, propterea quod aliud iter haberent nullum: rogare, ut eius voluntate id sibi facere liceat. **(D)** Caesar, quod memoria tenebat L. Cassium consulem occisum exercitumque eius ab Helvetiis pulsum et sub iugum missum, concedendum non putabat; neque homines inimico animo, data facultate per provinciam itineris faciendi, temperaturos ab iniuria et maleficio existimabat. **(E)** Tamen, ut spatium intercedere posset, dum milites quos imperaverat convenirent, legatis respondit diem se ad deliberandum sumpturum: si quid vellent, ad Id. April. reverterentur.

Quick Reference, COMMON PRONOUNS: **hic**, haec, hoc (dem. pron.) - this; he, she, it | **ille**, illa, illud (dem. pron.) - that; that (famous) one (yonder); he, she, it | **ipse**, ipsa, ipsum (intnsv. pron.) - (one's own) self; very | **is**, ea, id (dem. pron.) - this, that; (of) such (a kind); he, she, it | **qui**, quae, quod (rel. pron.) - who, which; that

SUGGESTED WORD ORDER (Book One, Chapter 7). **(A)** Cum id nuntiatum esset[1] Caesari, [ut] eos conari facere iter per nostram Provinciam,[2] maturat proficisci ab urbe et contendit in ulteriorem Galliam quam maximīs itineribus[3] potest et pervenit ad Genavam. **(B)** Imperat quam maximum numerum militum potest[4] toti Provinciae[2] (erat omnino una legio in ulteriore Galliā), [et] iubet pontem qui erat ad Genavam rescindi. **(C)** Ubi Helvetii facti sunt certiores de adventū eius, mittunt legatos, nobilissimos civitatis, ad eum; cuius legationis Nammeius et Verucloetius obtinebant principem locum, qui dicerent[5] [ut] esse in animō sibi[6] facere iter per Provinciam[2] sine ullō maleficiō, propterea quod haberent[7] nullum aliud iter, [et] rogare ut liceat[8] sibi facere id voluntate eius.[9] **(D)** Caesar putabat non concedendum [i.e., concedendum esse],[10] quod tenebat [in] memoriā consulem L[ucium] Cassium occisum [i.e., occisum esse] [et] exercitum eius pulsum [i.e., pulsum esse] et missum [i.e., missum esse] sub iugum[11] ab Helvetiīs; neque existimabat homines inimicō animō,[12] facultate datā itineris faciendi per Provinciam,[13] temperaturos [i.e., temperaturos esse] ab iniuriā et maleficiō. **(E)** Tamen, ut spatium posset[14] intercedere dum milites quos imperaverat convenirent,[15] respondit legatis se sumpturum [i.e., sumpturum esse] diem ad deliberandum;[16] si vellent quid, reverterentur[17] ad Id[us] April[is].[18]

1.7 VOCABULARY SECTIONS

(A) **cum** (conj) - after, when / **nuntio** (1) - report / **Caesar**, Caesaris (m) - Caius Iulius Caesar / **conor**, conari (1), conatus - attempt / **facio**, facere (3), feci, factus - make, undertake / **iter**, itineris (n) - journey, march / **per** (prep) - through (with Acc) / **noster**, nostra, nostrum - our / **Provincia**, ae (f) - province (lit., "the Province") / **maturo** (1) - hasten, rush / **proficiscor**, proficisci (3), profectus - depart, set out / **ab** (prep) - from (with Abl) / **urbs**, is (f) - city (i.e., "Rome") / **contendo** contendere (3), contendi, contentus - hasten, press on / **in** (prep) - into (with Acc) / **ulterior**, ius - further / **Gallia**, ae (f) - Gaul / **quam** (adv) - as (with Supl., "as ... as possible") / **maximus**, a, um - greatest / **iter** *iterum* / **possum**, posse, potui - be able, possible / **pervenio**, pervenire (4), perveni, perventus - arrive / **ad** (prep) - at, near (with Acc) / **Genava**, ae (f) - Geneva

(B) **impero** (1) - enlist, levy (with Acc of Thing and Dat of Provider) / **quam** (adv) - as (with Supl., "as ... as possible") / **maximus**, a, um - greatest / **numerus**, i (m) - number / **miles**, itis (m) - soldier / **possum**, posse, potui - be able, possible / **totus**, a, um - entire, whole / **Provincia**, ae (f) - province (lit., "the Province") / **omnino** (adv) - altogether, only / **unus**, a, um - one / **legio**, onis (f) - legion / **in** (prep) - in (with Abl) / **ulterior**, ius - further / **Gallia**, ae (f) - Gaul / **iubeo**, iubēre (2), iussi, iussus - command / **pons**, pontis (m) - bridge / **ad** (prep) - at, near (with Acc) / **Genava**, ae (f) - Geneva / **rescindo**, rescindere (3), rescidi, rescissus - break, tear down

(C) **ubi** (conj) - as soon as, when / **Helvetii**, orum (m) - the Helvetians (a Gallic tribe) / **facio**, facere (3), feci, factus - make, render (with *certus*, "inform") / **certus**, a, um - certain, informed / **de** (prep) - about, concerning (with Abl) / **adventus**, us (m) - approach, arrival / **mitto**, mittere (3), misi, missus - send / **legatus**, i (m) - ambassador, envoy / **nobilis**, e - distinguished, noble / **civitas**, atis (f) - community, tribe / **ad** (prep) - to, towards (with Acc) / **legatio**, onis (f) - embassy, mission / **Nammeius**, i (m) - Nammeius (Helvetian chieftain) / **Verucloetius**, i (m) - Verucloetius (Helvetian chieftain) / **obtineo**, obtinēre (2), obtinui, obtentus - hold / **princeps**, ipis - foremost, most eminent / **locus**, i (m) - position, rank / **dico**, dicere (3), dixi, dictus - assert, say / **in** (prep) - in (with Abl) / **animus**, i (m) - mind (note, *esse in animō sibi*, "to have it in mind, to intend") / **facio**, facere (3), feci, factus - make, undertake / **iter**, itineris (n) - journey, march / **per** (prep) - through (with Acc) / **Provincia**, ae (f) - province (lit., "the Province") / **sine** (prep) - without (with Abl) / **ullus**, a, um - any / **maleficium**, i (n) - harm, mischief / **propterea** (adv) - therefore (with *quod*, "because") / **habeo**, habēre (2), habui, habitus - have, possess / **nullus**, a, um - no, none / **alius**, alia, aliud - another, other / **iter**, itineris (n) - passage, route / **rogo** (1) - ask, request / **licet**, licēre (2), licuit, licitum est (impers.) - "it is permitted" / **facio** *iterum* / **voluntas**, atis (f) - consent, goodwill, permission

(D) **Caesar**, Caesaris (m) - Caius Iulius Caesar / **puto** (1) - believe, think / **concedo**, concedere (3), concessi, concessus - allow, grant / **quod** (conj) - because / **teneo**, tenēre (2), tenui, tentus - hold, keep (with *in memoriā*, "to keep in memory, remember") / **memoria**, ae (f) - memory / **consul**, consulis (m) - consul / **L. Cassius**, i (m) - Lucius Cassius Longinus (cos. 107 BC) / **occido**, occidere (3), occidi, occisus - kill, slay / **exercitus**, us (m) - army / **pello**, pellere (3), pepuli, pulsus - put to flight, rout / **mitto**, mittere (3), misi, missus - send / **sub** (prep) - under (with Acc) / **iugum**, i (n) - yoke /

Quick Reference, COMMON PRONOUNS: **hic**, haec, hoc (dem. pron.) - this; he, she, it | **ille**, illa, illud (dem. pron.) - that; that (famous) one (yonder); he, she, it | **ipse**, ipsa, ipsum (intnsv. pron.) - (one's own) self; very | **is**, ea, id (dem. pron.) - this, that; (of) such (a kind); he, she, it | **qui**, quae, quod (rel. pron.) - who, which; that

ab (prep) - by (with Abl) / **Helvetii**, orum (m) - the Helvetians (a Gallic tribe) / **existimo** (1) - suppose, think / **homo**, hominis (m) - man / **inimicus**, a, um - hateful, hostile / **animus**, i (m) - attitude, (state of) mind / **facultas**, atis (f) - opportunity / **do**, dare (1), dedi, datus - give / **iter**, itineris (n) - journey, march / **facio**, facere (3), feci, factus - make, undertake / **per** (prep) - through (with Acc) / **Provincia**, ae (f) - province (lit., "the Province") / **tempero** (1) - abstain, refrain / **ab** (prep) - from (with Abl) / **iniuria**, ae (f) - damage, injury / **maleficium**, i (n) - harm, mischief

(E) **tamen** (adv) - nevertheless / **spatium**, i (n) - interval, period (of time) / **possum**, posse, potui - be able, avail / **intercedo**, intercedere (3), intercessi, intercessus - intervene, pass / **dum** (conj) - until, while / **miles**, itis (m) - soldier / **impero** (1) - enlist, levy / **convenio**, convenire (4), conveni, conventus - assemble, gather / **respondeo**, respondēre (2), respondi, responsus - reply, respond / **legatus**, i (m) - ambassador, envoy / **sumo**, sumere (3), sumpsi, sumptus - set aside (for use), take / **dies**, ei (m) - period (of time) / **ad** (prep) - for the purpose of (with Acc) / **delibero** (1) - deliberate, take counsel / **si** (conj) - if / **volo**, velle, volui - want / **quis**, qua, quid (indef. pron.) - any, some / **revertor**, reverti (3), reversus - return / **ad** (prep) - near, on (with Acc) / **Idus**, Iduum (f) - the Ides / **Aprilis**, is (m) - (month of) April

<u>GRAMMATICAL NOTES</u>: **1**. *nuntiatum esset* (Subjunctive in a *cum* Clause, "when it had been reported"); **3**. *maximīs itineribus* (Abl of Means, best understood within the phrase *quam maximīs itineribus potest* as "by the longest (forced) marches as was possible"); **4**. *quam maximum numerum militum potest* ("the greatest number of soldiers as was possible"); **5**. *dicerent* (Subjunctive in Relative Clause of Purpose, "who were saying..."); **6**. *esse in animō sibi* (lit., "to have it in mind for oneself," i.e., "to intend"); **7**. *haberent* (Subjunctive in a Subordinate Clause in Indirect Speech, "because they had"); **8**. *liceat* (Subjunctive in a Clause of Purpose with *sibi*, "that it be permitted for them"); **9**. *voluntate eius* (Abl of Manner, "with his consent"); **10**. *concedendum [esse]* (Passive Periphrastic as an Infinitive in Indirect Speech, "it ought not to be allowed"); **12**. *inimicō animō* (Abl of Quality, "of a hostile disposition"); **13**. *facultate datā itineris faciendi per Provinciam* (Abl Absol with Gerundive *faciendi*, "with an opportunity having been given of making a journey through the Province"); **14**. *posset* (Subjunctive in a Clause of Purpose, "in order that an interval of time might pass"); **15**. *convenirent* (Subjunctive in a *dum* Temporal Clause, "while the soldiers...assembled"); **16**. *ad deliberandum* (Gerund of Purpose, "for deliberating"); **17**. *si vellent ... reverterentur* (Future Less Vivid Condition with Imperfect Subjunctives following secondary sequence in Indirect Speech, "if they wanted something, they should return"); **18**. *ad Id[us] April[is]* ("on the Ides of April," i.e., 13 April 58 BC). | <u>HISTORICAL NOTES</u>: **2**. On "the Province" see 1.1.D (note **7**). | **11**. A typical feature of Roman warfare was to force vanquished foes to pass *sub iugum* (i.e., "under the yoke"), a symbolic act whereby captives passed underneath an ox's "yoke" (fashioned by fixing a spear horizontally atop two others placed upright in the ground to form a rude passageway) to signify their defeat and subjugation to Rome; in this instance, however, the shameful experience was inflicted upon Lucius Cassius' surviving troops by the Gauls themselves. | **18**. On the Roman Calendar, see 1.6.G (note **17**).

<u>**FULLY PARSED**</u>

(1.7.A): **id** (neut nom sing); **nuntiatum esset** (pluperf pssv subjv 3 sing; neut nom); **Caesari** (masc dat sing); **eos** (masc acc pl); **conari** (dep., prsnt pssv infin); **facere** (prsnt actv infin); **iter** (neut acc sing); **nostram** (fem acc sing); **Provinciam** (fem acc sing); **maturat** (prsnt actv indic 3 sing); **proficisci** (dep., prsnt pssv infin); **urbe** (fem abl sing); **contendit** (prsnt actv indic 3 sing); **ulteriorem** (fem acc sing); **Galliam** (fem acc sing); **maximīs** (neut abl pl); **itineribus** (neut abl pl); **potest** (prsnt actv indic 3 sing); **pervenit** (prsnt actv indic 3 sing); **Genavam** (fem acc sing).

(1.7.B): **imperat** (prsnt actv indic 3 sing); **maximum** (masc acc sing); **numerum** (masc acc sing); **militum** (masc gen pl); **potest** (prsnt actv indic 3 sing); **toti** (fem dat sing); **Provinciae** (fem dat sing); **erat** (impf actv indic 3 sing); **una** (fem nom sing); **legio** (fem nom sing); **ulteriore** (fem abl sing); **Galliā** (fem abl sing); **iubet** (prsnt actv indic 3 sing); **pontem** (masc acc sing); **qui** (masc nom sing); **erat** (impf actv indic 3 sing); **Genavam** (fem acc sing); **rescindi** (prsnt pssv infin).

(1.7.C): **Helvetii** (masc nom pl); **facti sunt** (perf pssv indic 3 pl; masc nom); **certiores** (masc nom pl; comp. of *certus*); **adventū** (masc abl sing); **eius** (masc gen sing); **mittunt** (prsnt actv indic 3 pl); **legatos** (masc acc pl); **nobilissimos** (masc acc pl; supl. of *nobilis*); **civitatis** (fem gen sing); **eum** (masc acc sing); **cuius** (fem gen sing); **legationis** (fem gen sing); **Nammeius** (masc nom sing); **Verucloetius** (masc nom sing); **obtinebant** (impf actv indic 3 pl); **principem** (masc acc sing); **locum** (masc acc sing); **qui**

<u>Quick Reference, COMMON PRONOUNS</u>: **hic**, haec, hoc (dem. pron.) - this; he, she, it | **ille**, illa, illud (dem. pron.) - that; that (famous) one (yonder); he, she, it | **ipse**, ipsa, ipsum (intnsv. pron.) - (one's own) self; very | **is**, ea, id (dem. pron.) - this, that; (of) such (a kind); he, she, it | **qui**, quae, quod (rel. pron.) - who, which; that

(masc nom pl); **dicerent** (impf actv subjv 3 pl); **esse** (prsnt actv infin); **animō** (masc abl sing); **sibi** (3 pers. reflxv. pron., masc dat pl); **facere** (prsnt actv infin); **iter** (neut acc sing); **Provinciam** (fem acc sing); **ullō** (neut abl sing); **maleficiō** (neut abl sing); **haberent** (impf actv subjv 3 pl); **nullum** (neut acc sing); **aliud** (neut acc sing); **iter** (neut acc sing); **rogare** (prsnt actv infin); **liceat** (impers., prsnt actv subjv 3 sing); **sibi** (3 pers. reflxv. pron., masc dat pl); **facere** (prsnt actv infin); **id** (neut acc sing); **voluntate** (fem abl sing); **eius** (masc gen sing).

(1.7.D): **Caesar** (masc nom sing); **putabat** (impf actv indic 3 sing); **concedendum** (i.e., *concedendum esse*, a Passive Periphrastic; fut pssv prcpl, neut acc sing *concedendum* paired with prsnt actv infin *esse*); **tenebat** (impf actv indic 3 sing); **memoriā** (fem abl sing); **consulem** (masc acc sing); **L[ucium]** (masc acc sing); **Cassium** (masc acc sing); **occisum** (i.e., *occisum esse*, perf pssv infin; masc acc sing); **exercitum** (masc acc sing); **eius** (masc gen sing); **pulsum** (i.e., *pulsum esse*, perf pssv infin; masc acc sing); **missum** (i.e., *missum esse*, perf pssv infin; masc acc sing); **iugum** (neut acc sing); **Helvetiīs** (masc abl pl); **existimabat** (impf actv indic 3 sing); **homines** (masc acc pl); **inimicō** (masc abl sing); **animō** (masc abl sing); **facultate** (fem abl sing); **datā** (perf pssv prcpl, fem abl sing); **itineris** (neut gen sing); **faciendi** (Gerundive; fut pssv prcpl, neut gen sing); **Provinciam** (fem acc sing); **temperaturos** (i.e., *temperaturos esse*, an Active Periphrastic; fut actv prcpl, masc acc pl *temperaturos* paired with prsnt actv infin *esse*); **iniuriā** (fem abl sing); **maleficiō** (neut abl sing).

(1.7.E): **spatium** (neut nom sing); **posset** (impf actv subjv 3 sing); **intercedere** (prsnt actv infin); **milites** (masc nom pl); **quos** (masc acc pl); **imperaverat** (pluperf actv indic 3 pl); **convenirent** (impf actv subjv 3 pl); **respondit** (perf actv indic 3 sing); **legatis** (masc dat pl); **se** (3 pers. reflxv. pron., masc acc sing); **sumpturum** (i.e., *sumpturum esse*, an Active Periphrastic; fut actv prcpl, masc acc sing *sumpturum* paired with prsnt actv infin *esse*); **diem** (masc acc sing); **deliberandum** (Gerund; fut pssv prcpl, neut acc sing); **vellent** (impf actv subjv 3 pl); **quid** (neut acc sing); **reverterentur** (dep., impf pssv subjv 3 pl); **Id[us]** (fem acc pl); **April[is]** (masc gen sing).

* * * * * * * * * * * * * * * * * *

Quick Reference, COMMON PRONOUNS: **hic**, haec, hoc (dem. pron.) - this; he, she, it | **ille**, illa, illud (dem. pron.) - that; that (famous) one (yonder); he, she, it | **ipse**, ipsa, ipsum (intnsv. pron.) - (one's own) self; very | **is**, ea, id (dem. pron.) - this, that; (of) such (a kind); he, she, it | **qui**, quae, quod (rel. pron.) - who, which; that

Book Four

(Chapters 24-35)

<u>Caesar's **ORIGINAL TEXT (Book Four, Chapter 24)**</u>: **(A)** At barbari, consilio Romanorum cognito praemisso equitatu et essedariis, quo plerumque genere in proeliis uti consuerunt, reliquis copiis subsecuti nostros navibus egredi prohibebant. **(B)** Erat ob has causas summa difficultas, quod naves propter magnitudinem nisi in alto constitui non poterant, militibus autem ignotis locis, impeditis manibus, magno et gravi onere armorum oppressis simul et de navibus desiliendum et in fluctibus consistendum et cum hostibus erat pugnandum, **(C)** cum illi aut ex arido aut paulum in aquam progressi omnibus membris expeditis, notissimis locis, audacter tela coicerent et equos insuefactos incitarent. **(D)** Quibus rebus nostri perterriti atque huius omnino generis pugnae imperiti, non eadem alacritate ac studio quo in pedestribus uti proeliīs consuerant utebantur.

SUGGESTED WORD ORDER (Book Four, Chapter 24). **(A)** At barbari, <u>consiliō Romanorum cognitō</u>,¹ [et] <u>equitatū et essedariīs praemissō</u>,² quō genere plerumque consuerunt [i.e., consueverunt] uti in proeliīs, subsecuti [cum] reliquīs copiīs prohibebant nostros [milites] egredi [de] <u>navibus</u>.³ **(B)** Erat summa difficultas ob has causas, quod naves non poterant constitui propter magnitudinem [eorum], nisi in altō; autem <u>desiliendum erat</u>⁴ <u>militibus</u>⁵ de navibus, oppressīs magnō et gravī onere armorum, <u>manibus impeditīs</u>⁶ [et] <u>locīs ignotīs</u>,⁷ et simul <u>consistendum</u>⁸ [i.e., consistendum erat] in fluctibus et <u>pugnandum</u>⁹ [i.e., pugnandum erat] cum hostibus; **(C)** cum illi [hostes], <u>locīs notissimīs</u>¹⁰ [et] <u>omnibus membrīs expeditīs</u>,¹¹ <u>coicerent</u>¹² tela audacter et <u>incitarent</u>¹³ insuefactos equos aut ex aridō aut progressi paulum in aquam. **(D)** <u>Quibus rēbus</u>¹⁴ perterriti atque omnino imperiti huius generis pugnae, nostri [milites] non utebantur eādem alacritate ac studiō <u>quō</u>¹⁵ consuerant [i.e., consueverant] uti in pedestribus proeliīs.

4.24 VOCABULARY SECTIONS

(A) **barbarus**, i (m) - barbarian, native (tribesman) / **consilium**, i (n) - plan, stratagem / **Romani**, orum (m) - the Romans / **cognosco**, cognoscere (3), cognovi, cognitus - discover, perceive / **equitatus**, us (m) - cavalry / **essedarius**, i (m) - (armed) charioteer / **praemitto**, praemittere (3), praemisi, praemissus - send forward / **genus**, eris (n) - kind (of tactic) / **plerumque** (adv) - generally / **consuesco**, consuescere (3), consuevi, consuetus - be accustomed / **utor**, uti (3), usus - employ, use (with Abl) / **in** (prep) - in (with Abl) / **proelium**, i (n) - battle / **subsequor**, subsequi (3), subsecutus - follow / [**cum** (prep) - with (with Abl)] / **reliquus**, a, um - the (other) remaining, the rest (of) / **copiae**, arum (f) - (armed) forces / **prohibeo**, prohibēre (2), prohibui, prohibitus - hinder, prevent, restrain / **noster**, nostra, nostrum - our / [**miles**, itis (m) - soldier] / **egredior**, egredi (3), egressus - disembark / [**de** (prep) - from (with Abl)] / **navis**, is (f) - ship

(B) **summus**, a, um - greatest, utmost / **difficultas**, atis (f) - difficulty / **ob** (prep) - on account of (with Acc) / **causa**, ae (f) - cause, reason / **quod** (conj) - because / **navis**, is (f) - ship / **possum**, posse, potui - be able / **constituo**, constituere (3), constitui, constitutus - draw up (ashore) / **propter** (prep) - because of (with Acc) / **magnitudo**, inis (f) - (vast) size / **nisi** (conj) - except / **in** (prep) - in (with Abl) / **altum**, i (n) - (deep) water / **autem** (conj) - moreover / **desilio**, desilire (4), desilui, desultus - jump (down) / **miles**, itis (m) - soldier / **de** (prep) - from (with Abl) / **navis** *iterum* / **opprimo**, opprimere (3), oppressi, oppressus - burden, weigh down / **magnus**, a, um - great / **gravis**, e - heavy, ponderous / **onus**, eris (n) - weight / **arma**, orum (n) - arms, weapons / **manus**, us (f) - hand / **impedio**, impedire (4), impedivi, impeditus - entangle, obstruct / **locus**, i (m) - (local) place, region / **ignotus**, a, um - unfamiliar, unknown / **simul** (adv) - at the same time / **consisto**, consistere (3), constiti, constitus - post oneself, take a stand / **in** *iterum* / **fluctus**, us (m) - wave / **pugno** (1) - fight / **cum** (prep) - with (with Abl) / **hostis**, is (m) - enemy

(C) **cum** (conj) - when / **hostis**, is (m) - enemy / **locus**, i (m) - (local) place, region / **notus**, a, um - familiar, well-known / **omnis**, e - all, every / **membrum**, i (n) - (bodily) limb / **expeditus**, a, um - free, unencumbered / **coicio**, coicere (3), coieci, coiectus - hurl, throw (together) / **telum**, i (n) - missile, spear / **audacter** (adv) - boldly / **incito** (1) - spur on / **insuefactus**, a, um - experienced, well-trained / **equus**, i (m) - horse / **ex** (prep) - from (with Abl) / **aridum**, i (n) - (dry) land / **progredior**, progredi (3), progressus - advance, proceed / **paulum** (adv) - a little way, somewhat / **in** (prep) - into (with Acc) / **aqua**, ae (f) - water

<u>Quick Reference, COMMON PRONOUNS</u>: **hic**, haec, hoc (dem. pron.) - this; he, she, it | **ille**, illa, illud (dem. pron.) - that; that (famous) one (yonder); he, she, it | **ipse**, ipsa, ipsum (intnsv. pron.) - (one's own) self; very | **is**, ea, id (dem. pron.) - this, that; (of) such (a kind); he, she, it | **qui**, quae, quod (rel. pron.) - who, which; that

(D) res, rei (f) - circumstance, event / **perterreo**, perterrēre (2), perterrui, perterritus - (thoroughly) terrify / **omnino** (adv) - altogether, wholly / **imperitus**, a, um - inexperienced, unacquainted with (with Gen) / **genus**, eris (n) - kind, sort / **pugna**, ae (f) - battle, fight / **noster**, nostra, nostrum - our / [**miles**, itis (m) - soldier] / **utor**, uti (3), usus - make use of, practice (with Abl) / **idem**, eadem, idem - same / **alacritas**, atis (f) - ardor, enthusiasm / **studium**, i (n) - eagerness, zeal / **consuesco**, consuescere (3), consuevi, consuetus - be accustomed / **utor** *iterum* / **in** (prep) - in (with Abl) / **pedester**, pedestris, pedestre - on land (i.e., "infantry") / **proelium**, i (n) - battle

GRAMMATICAL NOTES: **1**. *consiliō Romanorum cognitō* (Abl Absol, "the plan of the Romans having been perceived"); **2**. *equitatū et essedariīs praemissō* (Abl Absol, "with cavalry and charioteers having been sent forward"); **3**. *navibus* (Abl of Place from Which); **4**. *desiliendum erat* (Passive Periphrastic, "it was necessary for [Dat of Agent] to jump down"); **5**. *militibus* (Dat of Agent with Passive Periphrastics *desiliendum, consistendum* and *pugnandum erat*); **6**. *manibus impeditīs* (Abl Absol, "with their hands having become entangled"); **7**. *locīs ignotīs* (Abl Absol, "with the local places being unfamiliar"); **8**. *consistendum* (Passive Periphrastic, "it was necessary for [Dat of Agent] to take a stand"); **9**. *pugnandum* (Passive Periphrastic, "it was necessary for [Dat of Agent] to fight"); **10**. *locīs notissimīs* (Abl Absol, "with the local places being well-known"); **11**. *omnibus membrīs expeditīs* (Abl Absol, "with all their limbs free"); **12-13**. *coicerent... incitarent* (Subjunctives in a *cum* Clause, "they hurled ... [and] spurred on"); **14**. *quibus rēbus* (Abl of Means or Cause, "by which circumstances"); **15**. *quō* (Abl object of *uti*).

FULLY PARSED

(4.24.A): **barbari** (masc nom pl); **consiliō** (neut abl sing); **Romanorum** (masc gen pl); **cognitō** (perf pssv prcpl, neut abl sing); **equitatū** (masc abl sing); **essedariīs** (masc abl pl); **praemissō** (perf pssv prscpl, masc abl sing); **quō** (neut abl sing); **genere** (neut abl sing); **consuerunt** (i.e., *consueverunt*, perf actv indic 3 pl); **uti** (dep., prsnt pssv infin); **proeliīs** (neut abl pl); **subsecuti** (dep.; perf pssv prcpl, masc nom pl); **reliquīs** (fem abl pl); **copiīs** (fem abl pl); **prohibebant** (impf actv indic 3 pl); **nostros** (masc acc pl); [**milites**] (masc acc pl); **egredi** (dep., prsnt pssv infin); **navibus** (fem abl pl).

(4.24.B): **erat** (impf actv indic 3 sing); **summa** (fem nom sing); **difficultas** (fem nom sing); **has** (fem acc pl); **causas** (fem acc pl); **naves** (fem nom pl); **poterant** (impf actv indic 3 pl); **constitui** (prsnt pssv infin); **magnitudinem** (fem acc sing); [**eorum**] (fem gen pl); **altō** (neut abl sing); **desiliendum erat** (Passive Periphrastic; fut pssv prcpl, neut nom sing *desiliendum* paired with impf actv indic 3 sing *erat*); **militibus** (masc dat pl); **navibus** (fem abl pl); **oppressīs** (perf pssv prcpl, masc dat pl); **magnō** (neut abl sing); **gravī** (neut abl sing); **onere** (neut abl sing); **armorum** (neut gen pl); **manibus** (fem abl pl); **impeditīs** (perf pssv prcpl, masc dat pl); **locīs** (masc abl pl); **ignotīs** (masc abl pl); **consistendum** (i.e., *consistendum erat*, a Passive Periphrastic; fut pssv prcpl, neut nom sing *consistendum* paired with impf actv indic 3 sing *erat*); **fluctibus** (masc abl pl); **pugnandum** (i.e., *pugnandum erat*, a Passive Periphrastic; fut pssv prcpl, neut nom sing *pugnandum* paired with impf actv indic 3 sing *erat*); **hostibus** (masc abl pl).

(4.24.C): **illi** (masc nom pl); [**hostes**] (masc nom pl); **locīs** (masc abl pl); **notissimīs** (masc abl pl; supl. of *notus*); **omnibus** (neut abl pl); **membrīs** (neut abl pl); **expeditīs** (neut abl pl); **coicerent** (impf actv subjv 3pl); **tela** (neut acc pl); **incitarent** (impf actv subjv 3pl); **insuefactos** (masc acc pl); **equos** (masc acc pl); **aridō** (neut abl sing); **progressi** (dep., perf pssv prcpl, masc nom pl); **aquam** (fem acc sing).

(4.24.D): **quibus** (fem abl pl); **rēbus** (fem abl pl); **perterriti** (perf pssv prcpl, masc nom pl); **imperiti** (perf pssv prcpl, masc nom pl); **huius** (neut gen sing); **generis** (neut gen sing); **pugnae** (fem gen sing); **nostri** (masc nom pl); [**milites**] (masc nom pl); **utebantur** (dep., impf pssv indic 3 pl); **eādem** (fem abl sing); **alacritate** (fem abl sing); **studiō** (neut abl sing); **quō** (neut abl sing); **consuerant** (i.e., *consueverant*, pluperf actv indic 3 pl); **uti** (dep., prsnt pssv infin); **pedestribus** (neut abl pl); **proeliīs** (neut abl pl).

* * * * * * * * * * * * * * * * * * *

Quick Reference, COMMON PRONOUNS: **hic**, haec, hoc (dem. pron.) - this; he, she, it | **ille**, illa, illud (dem. pron.) - that; that (famous) one (yonder); he, she, it | **ipse**, ipsa, ipsum (intnsv. pron.) - (one's own) self; very | **is**, ea, id (dem. pron.) - this, that; (of) such (a kind); he, she, it | **qui**, quae, quod (rel. pron.) - who, which; that

Caesar's ORIGINAL TEXT (Book Four, Chapter 25): **(A)** Quod ubi Caesar animadvertit, naves longas, quarum et species erat barbaris inusitatior et motus ad usum expeditior, paulum removeri ab onerariis navibus et remis incitari et ad latus apertum hostium constitui atque inde fundis, sagittis, tormentis hostes propelli ac submoveri iussit; quae res magno usui nostris fuit. **(B)** Nam et navium figura et remorum motu et inusitato genere tormentorum permoti barbari constiterunt ac paulum modo pedem rettulerunt. **(C)** Atque nostris militibus cunctantibus, maxime propter altitudinem maris, qui decimae legionis aquilam ferebat, contestatus deos, ut ea res legioni feliciter eveniret, "desilite," inquit, "milites, nisi vultis aquilam hostibus prodere; ego certe meum rei publicae atque imperatori officium praestitero." **(D)** Hoc cum voce magna dixisset, se ex navi proiecit atque in hostes aquilam ferre coepit. **(E)** Tum nostri cohortati inter se, ne tantum dedecus admitteretur, universi ex navi desiluerunt. **(F)** Hos item ex proximis primi navibus cum conspexissent, subsecuti hostibus adpropinquaverunt.

SUGGESTED WORD ORDER (Book Four, Chapter 25). **(A)** Quod ubi Caesar animadvertit, iussit longas naves (quarum et species erat inusitatior barbaris[1] et motus [erat] expeditior ad usum) removeri paulum ab onerariīs navibus et incitari remīs[2] et constitui ad apertum latus hostium atque inde hostes propelli ac summoveri fundīs,[3] sagittīs[4] [et] tormentīs;[5] quae res fuit magno usui[6] nostris [militibus].[7] **(B)** Nam barbari, permoti et figurā[8] navium et motū[9] remorum et inusitatō genere[10] tormentorum, constiterunt ac rettulerunt pedem modo paulum. **(C)** Atque nostrīs militibus cunctantibus[11] maxime propter altitudinem maris, qui ferebat aquilam[12] decimae legionis, contestatus deos ut ea res eveniret[13] feliciter legioni, inquit "Desilite, milites, nisi vultis prodere aquilam[12] hostibus; certe ego praestitero meum officium rei publicae atque imperatori." **(D)** Cum dixisset[14] hoc magnā voce,[15] proiecit se ex navī atque coepit ferre aquilam[12] in hostes. **(E)** Tum nostri [milites] cohortati inter se ne tantum dedecus admitteretur,[16] [et] universi desiluerunt ex navī. **(F)** Cum [milites] ex proximīs navibus primi conspexissent[17] hos, subsecuti item appropinquarunt [i.e., appropinquaverunt] hostibus.

4.25 VOCABULARY SECTIONS

(A) **ubi** (conj) - once, when / **Caesar**, Caesaris (m) - Caius Iulius Caesar / **animadverto**, animadvertere (3), animadverti, animadversus - notice / **iubeo**, iubēre (2), iussi, iussus - command, order / **longus**, a, um - long (with *navis*, "warship") / **navis**, is (f) - ship / **species**, ei (f) - appearance, sight / **inusitatus**, a, um - extraordinary, unusual / **barbarus**, i (m) - barbarian, native (tribesman) / **motus**, us (m) - motion / **expeditus**, a, um - easy, maneuverable / **ad** (prep) - for (with Acc) / **usus**, us (m) - (actual) usage / **removeo**, removēre (2), removi, remotus - move back, withdraw / **paulum** (adv) - a little way / **ab** (prep) - from (with Abl) / **onerarius**, a, um - freight-bearing (with *navis*, "transport ship") / **navis** *iterum* / **incito** (1) - accelerate, urge on / **remus**, i (m) - oar / **constituo**, constituēre (3), constitui, constitutus - array, draw up / **ad** (prep) - against, near (with Acc) / **apertus**, a, um - exposed / **latus**, eris (n) - flank, side / **hostis**, is (m) - enemy / **inde** (adv) - thence / **hostis** *iterum* / **propello**, propellere (3), propuli, propulsus - drive away / **summoveo**, summovēre (2), summovi, summotus - remove / **funda**, ae (f) - sling / **sagitta**, ae (f) - arrow / **tormentum**, i (n) - (bolt-hurling) artillery piece / **res**, rei (f) - event (i.e., "maneuver") / **magnus**, a, um - considerable, great / **usus**, us (m) - advantage, benefit / **noster**, nostra, nostrum - our / [**miles**, itis (m) - soldier]

(B) **barbarus**, i (m) - barbarian, native (tribesman) / **permoveo**, permovēre (2), permovi, permotus - agitate, discourage, move deeply / **figura**, ae (f) - shape / **navis**, is (f) - ship / **motus**, us (m) - motion / **remus**, i (m) - oar / **inusitatus**, a, um - unusual / **genus**, eris (n) - kind, sort / **tormentum**, i (n) - (bolt-hurling) artillery piece / **consisto**, consistere (3), constiti, constitus - halt, stand (still) / **refero**, referre, rettuli, relatus - retreat, withdraw (with *pes*, "go back, retrace one's steps") / **pes**, pedis (m) - foot (steps) / **modo** (adv) - merely, only / **paulum** (adv) - a little while

(C) **noster**, nostra, nostrum - our / **miles**, itis (m) - soldier / **cunctor**, cunctari (1), cunctatus - delay, hesitate, hang back / **maxime** (adv) - especially, particularly / **propter** (prep) - because of (with Acc) / **altitudo**, altitudinis (f) - depth / **mare**, is (n) - sea / **fero**, ferre, tuli, latus - bear, carry / **aquila**, ae (f) - eagle (standard) / **decimus**, a, um - tenth / **legio**, onis (f) - legion / **contestor**, contestari (1), contestatus - appeal to, invoke / **deus**, i (m) - god / **res**, rei (f) - action, deed / **evenio**, envenire (4), eveni, eventus - betide, happen (with *feliciter*, "benefit") / **feliciter** (adv) - favorably, well / **legio** *iterum* / **inquam** (defect.) - say, speak (prsnt actv indic 3 sing, *inquit*) / **desilio**, desilire (4), desilui, desultus - jump (down) / **miles** *iterum* / **nisi** (conj) - unless / **volo**, velle, volui - want, wish / **prodo**, prodere (3), prodidi, proditus -

---

Quick Reference, COMMON PRONOUNS: **hic**, haec, hoc (dem. pron.) - this; he, she, it | **ille**, illa, illud (dem. pron.) - that; that (famous) one (yonder); he, she, it | **ipse**, ipsa, ipsum (intnsv. pron.) - (one's own) self; very | **is**, ea, id (dem. pron.) - this, that; (of) such (a kind); he, she, it | **qui**, quae, quod (rel. pron.) - who, which; that

betray, hand over, surrender / **aquila** *iterum* / **hostis**, is (m) - enemy / **certe** (adv) - certainly, undoubtedly / **praesto**, praestare (1), praestiti, praestitus - fulfil, perform / **meus**, a, um - my / **officium**, i (n) - duty, obligation / **res**, ei (f) - state (with *publica*, "republic") / **publicus**, a, um - public / **imperator**, oris (m) - commander, general

(D)   **cum** (conj) - when / **dico**, dicere (3), dixi, dictus - say, speak / **magnus**, a, um - great, loud / **vox**, vocis (f) - voice / **proicio**, proicere (3), proieci, proiectus - cast, throw / **ex** (prep) - from (with Abl) / **navis**, is (f) - ship / **coepio**, coepere (3), coepi, coeptus - begin / **fero**, ferre, tuli, latus - bear, carry / **aquila**, ae (f) - eagle (standard) / **in** (prep) - against (with Acc) / **hostis**, is (m) - enemy

(E)   **tum** (adv) - then / **noster**, nostra, nostrum - our / [**miles**, itis (m) - soldier] / **cohortor**, cohortari (1), cohortatus - exhort, urge / **inter** (prep) - among, between (with Acc) / **tantus**, a, um - so great, such / **dedecus**, oris (n) - disgrace, shame / **admitto**, admittere (3), admisi, admissus - allow, let be done (may also suggest "for one to incur blameworthy guilt") / **universus**, a, um - all together, massed (as one) / **desilio**, desilire (4), desilui, desultus - jump (down) / **ex** (prep) - from (with Abl) / **navis**, is (f) - ship

(F)   **cum** (conj) - after, when / [**miles**, itis (m) - soldier] / **ex** (prep) - from (with Abl) / **proximus**, a, um - closest, nearest / **navis**, is (f) - ship / **primus**, a, um - first (i.e., "in the first place") / **conspicio**, conspicere (3), conspexi, conspectus - observe, see / **subsequor**, subsequi (3), subsecutus - follow / **item** (adv) - also, likewise / **appropinquo** (1) - approach, draw near (with Dat) / **hostis**, is (m) - enemy

<u>**GRAMMATICAL NOTES**</u>: **1**. *barbaris* (Dat of Reference); **2-5**. *remīs...fundīs... sagittīs...tormentīs* (Ablatives of Means); **6**. *magno usui* (Dat of Purpose, "a considerable benefit"); **7**. *nostris [militibus]* (Dat of Interest, "for our soldiers"); **8-10**. *figurā...motū...inusitatō genere* (Ablatives of Means); **11**. *nostrīs militibus cunctantibus* (Abl Absol, "while our soldiers were hanging back"); **13**. *eveniret* (Subjunctive in an Indirect Command, "that it might benefit the legion"); **14**. *dixisset* (Subjunctive in a *cum* Clause, "when he had said"); **15**. *magnā voce* (Abl of Manner, "with a loud voice"); **16**. *admitteretur* (Subjunctive in a Negative Indirect Command, "lest such shame be incurred"); **17**. *conspexissent* (Subjunctive in a *cum* Clause, "when soldiers from the nearest ships first had seen"). | <u>**HISTORICAL NOTE**</u>: **12**. Among the many military reforms attributed to Caius Marius (cos. 107, 104-100, 86 BC) was the subordination of the legion's existing *signa militaria* (i.e., "military standards") to new laurel-wreathed silver or gold *aquilae* (i.e., "eagles"); each borne by an *aquilifer*, the new legionary standards were integral in executing maneuvers and critical to morale as their loss disgraced (and led to the possible disbandment of) the legion.

<u>**FULLY PARSED**</u>

(4.25.A): **quod** (neut acc sing); **Caesar** (masc nom sing); **animadvertit** (prsnt actv indic 3 sing); **iussit** (perf actv indic 3 sing); **longas** (fem acc pl); **naves** (fem acc pl); **quarum** (fem gen pl); **species** (fem nom sing); **erat** (impf actv indic 3 sing); **inusitatior** (fem nom sing; comp. of *inusitatus*); **barbaris** (masc dat pl); **motus** (masc nom sing); [**erat**] (impf actv indic 3 sing); **expeditior** (masc nom sing; comp. of *expeditus*); **usum** (masc acc sing); **removeri** (prsnt pssv infin); **onerariīs** (fem abl pl); **navibus** (fem abl pl); **incitari** (prsnt actv infin); **remīs** (masc abl pl); **constitui** (prsnt pssv infin); **apertum** (neut acc sing); **latus** (neut acc sing); **hostium** (masc gen pl); **hostes** (fem nom pl); **propelli** (prsnt pssv infin); **summoveri** (prsnt pssv infin); **fundīs** (fem abl pl); **sagittīs** (fem abl pl); **tormentīs** (neut abl pl); **quae** (fem nom sing); **res** (fem nom sing); **fuit** (perf actv indic 3 sing); **magno** (masc dat sing); **usui** (masc dat sing); **nostris** (masc dat pl); [**militibus**] (masc dat pl).

(4.25.B): **barbari** (masc nom pl); **permoti** (perf pssv prcpl, masc nom pl); **figurā** (fem abl sing); **navium** (fem gen pl); **motū** (masc abl sing); **remorum** (masc gen pl); **inusitatō** (neut abl sing); **genere** (neut abl sing); **tormentorum** (neut gen pl); **constiterunt** (perf actv indic 3 pl); **rettulerunt** (perf actv indic 3 pl); **pedem** (masc acc sing).

(4.25.C): **nostrīs** (masc abl pl); **militibus** (masc abl pl); **cunctantibus** (dep., prsnt actv prcpl, masc abl pl); **altitudinem** (fem acc sing); **maris** (neut gen sing); **qui** (masc nom sing); **ferebat** (impf actv indic 3 sing); **aquilam** (fem acc sing); **decimae** (fem gen sing); **legionis** (fem gen sing); **contestatus** (dep., perf pssv prcpl, masc nom sing); **deos** (masc acc pl); **ea** (fem nom sing); **res** (fem

<u>**Quick Reference, COMMON PRONOUNS**</u>: **hic**, haec, hoc (dem. pron.) - this; he, she, it | **ille**, illa, illud (dem. pron.) - that; that (famous) one (yonder); he, she, it | **ipse**, ipsa, ipsum (intnsv. pron.) - (one's own) self; very | **is**, ea, id (dem. pron.) - this, that; (of) such (a kind); he, she, it | **qui**, quae, quod (rel. pron.) - who, which; that

nom sing); **eveniret** (impf actv subjv 3 sing); **legioni** (fem dat sing); **inquit** (prsnt actv indic 3 sing); **desilite** (prsnt actv imper 2 pl); **milites** (masc voc pl); **vultis** (prsnt actv indic 2 pl); **prodere** (prsnt actv infin); **aquilam** (fem acc sing); **hostibus** (masc dat pl); **ego** (1 pers. pron., masc nom sing); **praestitero** (fut perf actv indic 1 sing); **meum** (neut acc sing); **officium** (neut acc sing); **rei** (fem dat sing); **publicae** (fem dat sing); **imperatori** (masc dat sing).

(4.25.D): **dixisset** (pluperf actv subjv 3 sing); **hoc** (neut acc sing); **magnā** (fem abl sing); **voce** (fem abl sing); **proiecit** (perf actv indic 3 sing); **se** (3 pers. reflxv. pron., masc acc sing); **navī** (fem abl sing); **coepit** (perf actv indic 3 sing); **ferre** (prsnt actv infin); **aquilam** (fem acc sing); **hostes** (masc acc pl).

(4.25.E): **nostri** (masc nom pl); **[milites]** (masc nom pl); **cohortati** (dep., perf pssv prcpl, masc nom pl); **se** (3 pers. reflxv. pron., masc acc pl); **tantum** (neut nom sing); **dedecus** (neut nom sing); **admitteretur** (impf pssv subjv 3 sing); **universi** (masc nom pl); **desiluerunt** (perf actv indic 3 pl); **navī** (fem abl sing).

(4.25.F): **[milites]** (masc nom pl); **proximīs** (fem abl pl); **navibus** (fem abl pl); **primi** (masc nom pl); **conspexissent** (pluperf actv subjv 3 pl); **hos** (masc acc pl); **subsecuti** (dep., perf pssv prcpl, masc nom pl); **appropinquarunt** (i.e., *appropinquaverunt*, perf actv indic 3 pl); **hostibus** (masc dat pl).

* * * * * * * * * * * * * * * * * *

Caesar's ORIGINAL TEXT (Book Four, Chapter 26): **(A)** Pugnatum est ab utrisque acriter. Nostri tamen, quod neque ordines servare neque firmiter insistere neque signa subsequi poterant atque alius alia ex navi quibuscumque signis occurrerat se adgregabat, magnopere perturbabantur; **(B)** hostes vero, notis omnibus vadis, ubi ex litore aliquos singulares ex navi egredientes conspexerant, incitatis equis impeditos adoriebantur, plures paucos circumsistebant, alii ab latere aperto in universos tela coniciebant. **(C)** Quod cum animadvertisset Caesar, scaphas longarum navium, item speculatoria navigia militibus compleri iussit et, quos laborantes conspexerat, his subsidia submittebat. **(D)** Nostri, simul in arido constiterunt, suis omnibus consecutis, in hostes impetum fecerunt atque eos in fugam dederunt; neque longius prosequi potuerunt, quod equites cursum tenere atque insulam capere non potuerant. **(E)** Hoc unum ad pristinam fortunam Caesari defuit.

SUGGESTED WORD ORDER (Book Four, Chapter 26). **(A)** Pugnatum est acriter ab utrīsque; tamen nostri [milites], quod poterant neque servare ordines neque insistere firmiter neque subsequi signa atque [quod] alius ex aliā navī[1] adgregabat se quibuscumque signis occurrerat, magnopere perturbabantur; **(B)** vero hostes, omnibus vadīs notīs,[2] ubi ex litore conspexerant aliquos singulares egredientes ex navī, equīs incitatīs[3] adoriebantur impeditos, plures circumsistebant paucos, alii coniciebant tela in universos ab apertō latere. **(C)** Quod cum Caesar animadvertisset,[4] iussit scaphas longarum navium [et] item speculatoria navigia compleri militibus[5] et submittebat subsidia his, quos conspexerat laborantes. **(D)** Simul constiterunt in aridō, nostri [milites] fecerunt impetum in hostes omnibus suīs [sodalibus] consecutīs[6] atque dederunt eos in fugam; neque potuerunt prosequi longius, quod equites non potuerant tenere cursum atque capere insulam. **(E)** Hoc unum defuit Caesari[7] ad pristinam fortunam.

4.26 VOCABULARY SECTIONS

(A) **pugno** (1) - fight / **acriter** (adv) - fiercely / **ab** (prep) - by (with Abl) / **uterque**, utraque, utrumque - both, each (side) / **tamen** (adv) - nevertheless / **noster**, nostra, nostrum - our / [**miles**, itis (m) - soldier] / **quod** (conj) - because / **possum**, posse, potui - be able / **servo** (1) - maintain / **ordo**, inis (m) - formation, rank / **insisto**, insistere (3), institi - make a stand (with *firmiter*, "hold one's ground") / **firmiter** (adv) - firmly / **subsequor**, subsequi (3), subsecutus - follow after / **signum**, i (n) - (military) standard / [**quod** *iterum*] / **alius**, alia, aliud - another, other / **ex** (prep) - from (with Abl) / **alius** *iterum* / **navis**, is (f) - ship / **adgrego** (1) - attach, join / **quicumque**, quaecumque, quodcumque (indef. rel. adj.) - whosoever, whatsoever / **signum** *iterum* / **occurro**, occurrere (3), occurri, occursus - chance upon, fall in with / **magnopere** (adv) - greatly / **perturbo** (1) - throw into confusion

---

Quick Reference, COMMON PRONOUNS: **hic**, haec, hoc (dem. pron.) - this; he, she, it | **ille**, illa, illud (dem. pron.) - that; that (famous) one (yonder); he, she, it | **ipse**, ipsa, ipsum (intnsv. pron.) - (one's own) self; very | **is**, ea, id (dem. pron.) - this, that; (of) such (a kind); he, she, it | **qui**, quae, quod (rel. pron.) - who, which; that

(B) **vero** (adv) - however / **hostis**, is (m) - enemy / **omnis**, e - all, every / **vadum**, i (n) - shallow, shoal / **notus**, a, um - familiar, well-known / **ubi** (conj) - when / **ex** (prep) - from (with Abl) / **litus**, oris (n) - shore / **conspicio**, conspicere (3), conspexi, conspectus - observe, see / **aliqui**, aliqua, aliquod - some / **egredior**, egredi (3), egressus - disembark / **singularis**, e - one by one / **ex** *iterum* / **navis**, is (f) - ship / **equus**, i (m) - horse / **incito** (1) - spur onward / **adorior**, adoriri (4), adortus - attack, fall upon / **impeditus**, a, um - encumbered / **plus**, pluris - more (i.e., "many, several") / **circumsisto**, circumsistere (3), circumsteti - surround / **paucus**, a, um - few / **alius** *iterum* / **conicio**, conicere (3), conieci, coniectus - hurl, throw / **telum**, i (n) - missile, spear / **in** (prep) - against, into (with Acc) / **universus**, a, um - all together, massed (as one) / **ab** *iterum* / **apertus**, a, um - exposed / **latus**, eris (n) - flank, side

(C) **cum** (conj) - after, when / **Caesar**, Caesaris (m) - Caius Iulius Caesar / **animadverto**, animadvertere (3), animadverti, animadversus - notice / **iubeo**, iubēre (2), iussi, iussus - command, order / **scapha**, ae (f) - boat, skiff / **longus**, a, um - long (with *navis*, "warship") / **navis**, is (f) - ship / **item** (adv) - also / **speculatorius**, a, um - suited for scouting / **navigium**, i (n) - ship, vessel / **compleo**, complēre (2), complevi, completus - fill up, to man / **miles**, itis (m) - soldier / **submitto**, submittere (3), submisi, submissus - furnish for aid, send to help / **subsidium**, i (n) - relief, support (troops) / **conspicio**, conspicere (3), conspexi, conspectus - observe, see / **laboro** (1) - be hard pressed, struggle

(D) **simul** (adv) - as soon as / **consisto**, consistere (3), constiti, constitus - stand (firm), take position / **in** (prep) - on (with Abl) / **aridum**, i (n) - (dry) land / **noster**, nostra, nostrum - our / [**miles**, itis (m) - soldier] / **facio**, facere (3), feci, factus - form, make / **impetus**, us (m) - attack / **in** (prep) - against (with Acc) / **hostis**, is (m) - enemy / **omnis** *iterum* / **suus**, a, um - (one's) own / [**sodalis**, is (m) - comrade] / **consequor**, consequi (3), consecutus - accompany, follow after / **do**, dare (1), dedi, datus - give (with *in fugam*, "cause to retreat, put to flight") / **in** (prep) - into (with Acc) / **fuga**, ae (f) - flight, retreat / **possum**, posse, potui - be able / **prosequor**, prosequi (3), prosecutus - follow, pursue / **longius** (adv) - very far / **quod** (conj) - because / **eques**, equitis (m) - cavalry / **possum** *iterum* / **teneo**, tenēre (2), tenui, tentus - hold, maintain / **cursus**, us (m) - course, speed / **capio**, capere (3), cepi, captus - attain, reach / **insula**, ae (f) - island

(E) **unus**, a, um - one, single / **desum**, deesse, defui - be lacking for, fail (with Dat) / **Caesar**, Caesaris (m) - Caius Iulius Caesar / **ad** (prep) - with regard to (with Acc) / **pristinus**, a, um - earlier, former / **fortuna**, ae (f) - fortune, success

<u>GRAMMATICAL NOTES</u>: 1. *alius ex aliā navi* ("any man from any ship"); 2. *omnibus vadīs notīs* (Abl Absol, "with all the shoals being well-known"); 3. *equīs incitatīs* (Abl Absol, "with their horses having been spurred onward"); 4. *animadvertisset* (Subjunctive in a *cum* Clause, "when Caesar had noticed"); 5. *militibus* (Abl of Means); 6. *omnibus suīs [sodalibus] consecutīs* (Abl Absol, "with all their own [comrades] following after"); 7. *Caesari* (Dat of Interest).

<u>**FULLY PARSED**</u>

(4.26.A): **pugnatum est** (impers., perf pssv indic 3 sing; neut nom); **utrīsque** (masc abl pl); **nostri** (masc nom pl); [**milites**] (masc nom pl); **poterant** (impf actv indic 3 pl); **servare** (prsnt actv infin); **ordines** (masc acc pl); **insistere** (prsnt actv infin); **subsequi** (dep., prsnt pssv infin); **signa** (neut acc pl); **alius** (masc nom sing); **aliā** (fem abl sing); **navī** (fem abl sing); **adgregabat** (impf actv indic 3 sing); **se** (3 pers. reflxv. pron., masc acc sing); **quibuscumque** (neut dat pl); **signis** (neut dat pl); **occurrerat** (pluperf actv indic 3 sing); **perturbabantur** (impf pssv indic 3 pl).

(4.26.B): **hostes** (masc nom pl); **omnibus** (neut abl pl); **vadīs** (neut abl pl); **notīs** (neut abl pl); **litore** (neut abl sing); **conspexerant** (pluperf actv indic 3 pl); **aliquos** (masc acc pl); **egredientes** (dep., prsnt actv prcpl, masc acc pl); **singulares** (masc acc pl); **navī** (fem abl sing); **equīs** (masc abl pl); **incitatīs** (masc abl pl); **adoriebantur** (dep., impf pssv indic 3 pl); **impeditos** (masc acc pl); **plures** (masc nom pl); **circumsistebant** (impf actv indic 3 pl); **paucos** (masc acc pl); **alii** (masc nom pl); **coniciebant** (impf actv indic 3 pl); **tela** (neut acc pl); **universos** (masc acc pl); **apertō** (neut abl sing); **latere** (neut abl sing).

(4.26.C): **quod** (neut acc sing); **Caesar** (masc nom sing); **animadvertisset** (impf actv subjv 3 sing); **iussit** (perf actv indic 3 sing); **scaphas** (fem acc pl); **longarum** (fem gen pl); **navium** (fem gen pl); **speculatoria** (neut acc pl); **navigia** (neut acc pl); **compleri**

<u>Quick Reference, COMMON PRONOUNS</u>: **hic**, haec, hoc (dem. pron.) - this; he, she, it | **ille**, illa, illud (dem. pron.) - that; that (famous) one (yonder); he, she, it | **ipse**, ipsa, ipsum (intnsv. pron.) - (one's own) self; very | **is**, ea, id (dem. pron.) - this, that; (of) such (a kind); he, she, it | **qui**, quae, quod (rel. pron.) - who, which; that

(prsnt pssv infin); **militibus** (masc abl pl); **submittebat** (impf actv indic 3 sing); **subsidia** (neut acc pl); **his** (masc dat pl); **quos** (masc acc pl); **conspexerat** (pluperf actv indic 3 sing); **laborantes** (prsnt actv prcpl, masc acc pl).

(4.26.D): **constiterunt** (perf actv indic 3 pl); **aridō** (neut abl sing); **nostri** (masc nom pl); [**milites**] (masc nom pl); **fecerunt** (perf actv indic 3 pl); **impetum** (masc acc sing); **hostes** (masc acc pl); **omnibus** (masc abl pl); **suīs** (masc abl pl); [**sodalibus**] (masc abl pl); **consecutīs** (dep., perf pssv prcpl, masc abl pl); **dederunt** (perf actv indic 3 pl); **eos** (masc acc pl); **fugam** (fem acc sing); **potuerunt** (perf actv indic 3 pl); **prosequi** (dep., prsnt pssv infin); **longius** (comp. of *longe*); **equites** (masc nom pl); **potuerant** (perf actv indic 3 pl); **tenere** (prsnt actv infin); **cursum** (masc acc sing); **capere** (prsnt actv infin); **insulam** (fem acc sing).

(4.26.E): **hoc** (neut nom sing); **unum** (neut nom sing); **defuit** (perf actv indic 3 sing); **Caesari** (masc dat sing); **pristinam** (fem acc sing); **fortunam** (fem acc sing).

* * * * * * * * * * * * * * * * * * *

Caesar's <u>ORIGINAL TEXT (Book Four, Chapter 27)</u>: **(A)** Hostes proelio superati, simul atque se ex fuga receperunt, statim ad Caesarem legatos de pace miserunt; obsides daturos quaeque imperasset sese facturos polliciti sunt. **(B)** Una cum his legatis Commius Atrebas venit, quem supra demonstraveram a Caesare in Britanniam praemissum. **(C)** Hunc illi e navi egressum, cum ad eos oratoris modo Caesaris mandata deferret, comprehenderant atque in vincula coiecerant; tum proelio facto remiserunt. **(D)** In petenda pace eius rei culpam in multitudinem coiecerunt et propter imprudentiam ut ignosceretur petiverunt. **(E)** Caesar questus quod, cum ultro in continentem legatis missis pacem ab se petissent, bellum sine causa intulissent, ignoscere imprudentiae dixit obsidesque imperavit; quorum illi partem statim dederunt, partem ex longinquioribus locis arcessitam paucis diebus sese daturos dixerunt. **(F)** Interea suos remigrare in agros iusserunt, principesque undique convenire et se civitatesque suas Caesari commendare coeperunt.

SUGGESTED WORD ORDER (Book Four, Chapter 27). **(A)** Hostes superati [i.e., superati sunt] [in] <u>proeliō</u>,[1] atque simul receperunt se ex fugā, miserunt legatos ad Caesarem de pace [et] polliciti sunt sese daturos [i.e., daturos esse] obsides [et] facturos [i.e., facturos esse] quaeque imperasset [i.e., imperavisset]. **(B)** Atrebas Commius, quem demonstraveram supra praemissum [i.e., praemissum esse] in Britanniam a Caesare, venit una cum hīs legatīs. **(C)** Cum <u>deferret</u>[2] mandata Caesaris ad eos <u>modō</u>[3] oratoris, illi [Britanni] comprehenderant hunc egressum e navī atque coiecerant in vincula; tum, <u>proeliō factō</u>,[4] remiserunt [eum]. **(D)** <u>In pace petendā</u>[5] coiecerunt culpam eius rei in multitudinem et petiverunt ut <u>ignosceretur</u>[6] propter imprudentiam. **(E)** Caesar questus [i.e., questus est] quod <u>intulissent</u>[7] bellum sine causā, cum ultro <u>petissent</u>[8] pacem ab sē, <u>legatīs missīs in continentem</u>,[9] [et] dixit [se] ignoscere imprudentiae [et] imperavit obsides; quorum illi dederunt partem statim [et] dixerunt sese daturos [i.e., daturos esse] partem arcessitam ex longinquioribus locīs <u>paucīs diēbus</u>.[10] **(F)** Interea iusserunt suos [populos] remigrare in agros, principes-que coeperunt convenire undique et commendare suas civitates Caesari.

4.27 VOCABULARY SECTIONS

(A) **hostis**, is (m) - enemy / **supero** (1) - overcome, subdue / [**in** (prep) - in (with Abl)] / **proelium**, i (n) - battle / **simul** (adv) - as soon as / **recipio**, recipere (3), recepi, receptus - rally, recover / **ex** (prep) - from (with Abl) / **fuga**, ae (f) - flight, retreat / **mitto**, mittere (3), misi, missus - send / **legatus**, i (m) - ambassador, envoy / **ad** (prep) - to (with Acc) / **Caesar**, Caesaris (m) - Caius Iulius Caesar / **de** (prep) - about, concerning (with Abl) / **pax**, pacis (f) - peace / **polliceor**, polliceri (2), pollicitus - offer, promise / **do**, dare (1), dedi, datus - furnish, give, provide / **obses**, idis (m) - hostage / **facio**, facere (3), feci, factus - do, perform / **quisque**, quaeque, quidque (indef. pron.) - each, every / **impero** (1) - command, order

(B) **Atrebas**, atis (m) - an Atrebatian, of the Atrebates (tribe) / **Commius**, i (m) - Commius (Atrebatian chieftain) / **demonstro** (1) - mention, relate / **supra** (adv) - previously / **praemitto**, praemittere (3), praemisi, praemissus - send forward / **in** (prep) - into (with Acc) / **Britannia**, ae (f) - Britain / **a** (prep) - by (with Abl) / **Caesar**, Caesaris (m) -

<u>Quick Reference, COMMON PRONOUNS</u>: **hic**, haec, hoc (dem. pron.) - this; he, she, it | **ille**, illa, illud (dem. pron.) - that; that (famous) one (yonder); he, she, it | **ipse**, ipsa, ipsum (intnsv. pron.) - (one's own) self; very | **is**, ea, id (dem. pron.) - this, that; (of) such (a kind); he, she, it | **qui**, quae, quod (rel. pron.) - who, which; that

Caius Iulius Caesar / **venio**, venire (4), veni, ventus - arrive, come / **una** (adv) - at the same time, together / **cum** (prep) - with (with Abl) / **legatus**, i (m) - ambassador, envoy

(C) **cum** (conj) - when / **defero**, deferre, detuli, delatus - deliver, report / **mandatum**, i (n) - injunction, order / **Caesar**, Caesaris (m) - Caius Iulius Caesar / **ad** (prep) - to (with Acc) / **modus**, i (m) - manner (with Gen, "in the manner of") / **orator**, oris (m) - ambassador, spokesman / [**Britanni**, orum (m) - the Britons] / **comprehendo**, comprehendere (3), comprehendi, comprehensus - arrest, seize / **egredior**, egredi (3), egressus - disembark / **e** (prep) - from (with Abl) / **navis**, is (f) - ship / **coicio**, coicere (3), coieci, coiectus - cast, throw / **in** (prep) - into (with Acc) / **vinculum**, i (n) - chain, fetter / **tum** (adv) - then / **proelium**, i (n) - battle / **facio**, facere (3), feci, factus - bring about, offer, perform / **remitto**, remittere (3), remisi, remissus - release

(D) **in** (prep) - in (with Abl) / **pax**, pacis (f) - peace / **peto**, petere (3), petivi, petitus - seek / **coicio**, coicere (3), coieci, coiectus - cast, throw (i.e., "assign, shift") / **culpa**, ae (f) - blame, fault / **res**, rei (f) - affair, matter / **in** (prep) - onto (with Acc) / **multitudo**, inis (f) - crowd (of common people) / **peto** *iterum* / **ignosco**, ignoscere (3), ignovi, ignotus - excuse, pardon / **propter** (prep) - because of (with Acc) / **imprudentia**, ae (f) - lack of judgment, rashness

(E) **Caesar**, Caesaris (m) - Caius Iulius Caesar / **queror**, queri (3), questus - complain, express indignation / **quod** (conj) - that / **infero**, inferre, intuli, inlatus - wage / **bellum**, i (n) - war / **sine** (prep) - without (with Abl) / **causa**, ae (f) - cause, reason (with *sine*, "without good reason, justification") / **cum** (conj) - after, when / **ultro** (adv) - voluntarily / **peto**, petere (3), petivi, petitus - seek / **pax**, pacis (f) - peace / **ab** (prep) - from (with Abl) / **legatus**, i (m) - ambassador, envoy / **mitto**, mittere (3), misi, missus - send / **in** (prep) - to (with Acc) / **continens**, entis (f) - continent, mainland / **dico**, dicere (3), dixi, dictus - assert, say / **ignosco**, ignoscere (3), ignovi, ignotus - excuse, pardon (with Dat) / **imprudentia**, ae (f) - lack of judgment, rashness / **impero** (1) - demand, require / **obses**, idis (m) - hostage / **do**, dare (1), dedi, datus - furnish, give, provide / **pars**, partis (f) - part, portion / **statim** (adv) - immediately / **dico** *iterum* / **do** *iterum* / **pars** *iterum* / **arcesso**, arcessere (3), arcessivi, arcessitus - call, send for, summon / **ex** (prep) - from (with Abl) / **longinquus**, a, um - distant, remote / **locus**, i (m) - place, region / **paucus**, a, um - few / **dies**, ei (m) - day

(F) **interea** (adv) - meanwhile / **iubeo**, iubēre (2), iussi, iussus - command / **suus**, a, um - (one's) own / [**populus**, i (m) - community, people] / **remigro** (1) - move back, return / **in** (prep) - into, to (with Acc) / **ager**, agri (m) - field / **princeps**, principis (m) - chief, leader / **coepio**, coepere (3), coepi, coeptus - begin / **convenio**, convenire (4), conveni, conventus - assemble, gather / **undique** (adv) - from every side / **commendo** (1) - commit, deliver, entrust / **suus** *iterum* / **civitas**, atis (f) - community, tribe / **Caesar**, Caesaris (m) - Caius Iulius Caesar

GRAMMATICAL NOTES: **1.** *proeliō* (Abl of Place Where or Respect, "in battle"); **2.** *deferret* (Subjunctive in a *cum* Clause, "when he delivered"); **3.** *modō* (Abl of Manner, "in the manner of an envoy"); **4.** *proeliō factō* (Abl Absol, "with battle having been offered"); **5.** *in pace petendā* (Gerundive, "in seeking peace"); **6.** *ignosceretur* (Subjunctive in an Indirect Command, "that it should be excused"); **7.** *intulissent* (Subjunctive for Alleged Cause with *bellum*, "that they had waged war"); **8.** *petissent* (Subjunctive in a *cum* Clause, "they had sought"); **9.** *legatīs missīs in continentem* (Abl Absol, "envoys having been sent to the mainland"); **10.** *paucīs diēbus* (Abl of Time Within Which).

FULLY PARSED _____

(4.27.A): **hostes** (masc nom pl); **superati** (i.e., *superati sunt*, perf pssv indic 3 pl; masc nom); **proeliō** (neut abl sing); **receperunt** (perf actv indic 3 pl); **se** (3 pers. reflxv. pron., masc acc pl); **fugā** (fem abl sing); **miserunt** (perf actv indic 3 pl); **legatos** (masc acc pl); **Caesarem** (masc acc sing); **pace** (fem abl sing); **polliciti sunt** (dep., perf pssv indic 3 pl; masc nom); **sese** (3 pers. reflxv. pron., masc acc pl); **daturos** (i.e., *daturos esse*, fut actv infin; masc acc pl); **obsides** (masc acc pl); **facturos** (i.e., *facturos esse*, fut actv infin; masc acc pl); **quaeque** (neut acc pl); **imperasset** (i.e., *imperavisset*, pluperf actv subjv 3 sing).

Quick Reference, COMMON PRONOUNS: **hic**, haec, hoc (dem. pron.) - this; he, she, it | **ille**, illa, illud (dem. pron.) - that; that (famous) one (yonder); he, she, it | **ipse**, ipsa, ipsum (intnsv. pron.) - (one's own) self; very | **is**, ea, id (dem. pron.) - this, that; (of) such (a kind); he, she, it | **qui**, quae, quod (rel. pron.) - who, which; that

(4.27.B): **Atrebas** (masc nom sing); **Commius** (masc nom sing); **quem** (masc acc sing); **demonstraveram** (pluperf actv indic 1 sing); **praemissum** (i.e., *praemissum esse*, perf pssv infin; masc acc sing); **Britanniam** (fem acc sing); **Caesare** (masc abl sing); **venit** (perf actv indic 3 sing); **hīs** (masc abl pl); **legatīs** (masc abl pl).

(4.27.C): **deferret** (impf actv subjv 3 sing); **mandata** (neut acc pl); **Caesaris** (masc gen sing); **eos** (masc acc pl); **modō** (masc abl sing); **oratoris** (masc gen sing); **illi** (masc nom pl); **[Britanni]** (masc nom pl); **comprehenderant** (pluperf actv indic 3 pl); **hunc** (masc acc sing); **egressum** (dep., perf pssv prcpl, masc acc sing); **navī** (fem abl sing); **coiecerant** (pluperf actv indic 3 pl); **vincula** (neut acc pl); **proeliō** (neut abl sing); **factō** (perf pssv prcpl, neut abl sing); **remiserunt** (perf actv indic 3 pl); **[eum]** (masc acc sing).

(4.27.D): **pace** (fem abl sing); **petenda** (Gerundive; fut pssv prcpl, fem abl sing); **coiecerunt** (perf actv indic 3 pl); **culpam** (fem acc sing); **eius** (fem gen sing); **rei** (fem gen sing); **multitudinem** (fem acc sing); **petiverunt** (perf actv indic 3 pl); **ignosceretur** (impf pssv subjv 3 sing); **imprudentiam** (fem acc sing).

(4.27.E): **Caesar** (masc nom sing); **questus** (i.e., *questus est*, dep., perf pssv indic 3 sing; nom sing); **intulissent** (pluperf actv subjv 3 pl); **bellum** (neut acc sing); **causā** (fem abl sing); **petissent** (pluperf actv subjv 3 pl); **pacem** (fem acc sing); **sē** (3 pers. reflxv. pron., masc abl sing); **legatīs** (masc abl pl); **missīs** (perf pssv prcpl, masc abl pl); **continentem** (fem acc sing); **dixit** (perf actv indic 3 sing); **[se]** (3 pers. reflxv. pron., masc acc sing); **ignoscere** (prsnt actv infin); **imprudentiae** (fem dat sing); **imperavit** (perf actv indic 3 sing); **obsides** (masc acc pl); **quorum** (masc gen pl); **illi** (masc nom pl); **dederunt** (perf actv indic 3 pl); **partem** (fem acc sing); **dixerunt** (perf actv indic 3 pl); **sese** (3 pers. reflxv. pron., masc acc pl); **daturos** (i.e., *daturos esse*, fut actv infin; masc acc pl); **partem** (fem acc sing); **arcessitam** (perf pssv prcpl, fem acc sing); **longinquioribus** (masc abl pl; comp. of *longinquus*); **locīs** (masc abl pl); **paucīs** (masc abl pl); **diēbus** (masc abl pl).

(4.27.F): **iusserunt** (perf actv indic 3 pl); **suos** (masc acc pl); **[populos]** (masc acc pl); **remigrare** (prsnt actv infin); **agros** (masc acc pl); **principes** (masc nom pl); **coeperunt** (perf actv indic 3 pl); **convenire** (prsnt actv infin); **commendare** (prsnt actv infin); **suas** (fem acc pl); **civitates** (fem acc pl); **Caesari** (masc dat sing).

* * * * * * * * * * * * * * * * * * *

<u>Caesar's **ORIGINAL TEXT** (Book Four, Chapter 28)</u>: **(A)** His rebus pace confirmata, post diem quartum quam est in Britanniam ventum naves XVIII, de quibus supra demonstratum est, quae equites sustulerant, ex superiore portu leni vento solverunt. **(B)** Quae cum appropinquarent Britanniae et ex castris viderentur, tanta tempestas subito coorta est ut nulla earum cursum tenere posset, sed aliae eodem unde erant profectae referrentur, aliae ad inferiorem partem insulae, quae est propius solis occasum, magno sui cum periculo deicerentur; **(C)** quae tamen, ancoris iactis, cum fluctibus complerentur, necessario adversa nocte in altum provectae, continentem petierunt.

> **SUGGESTED WORD ORDER (Book Four, Chapter 28)**. **(A)** Pace confirmatā¹ hīs rēbus,² post quartum diem quam ventum est in Britanniam,³ XVIII naves de quibus demonstratum est supra [et] quae sustulerant equites solverunt lenī ventō⁴ ex superiore portū. **(B)** Quae cum appropinquarent⁵ Britanniae et viderentur⁶ ex castrīs, tanta tempestas subito coorta est ut nulla earum posset⁷ tenere cursum, sed aliae referrentur⁸ eodem unde profectae erant [et] aliae deicerentur⁹ ad inferiorem partem insulae quae est propius occasum solis cum magnō periculō sui.¹⁰ **(C)** Quae tamen, ancorīs iactīs,¹¹ cum complerentur¹² fluctibus,¹³ provectae necessario in altum, nocte adversā,¹⁴ petierunt continentem.

4.28 <u>VOCABULARY SECTIONS</u>

(A) **pax**, pacis (f) - peace / **confirmo** (1) - confirm, establish / **res**, rei (f) - condition / **postquam** (conj) - after (that), when (divided *post...quam* best read here as "when...after") / **quartus**, a, um - fourth / **dies**, ei (m) - day / **venio**, venire (4), veni, ventus - arrive, come / **in** (prep) - into (with Acc) / **Britannia**, ae (f) - Britain / **XVIII** - 18 / **navis**, is (f) - ship / **de** (prep) - about (with Abl) / **demonstro** (1) - mention / **supra** (adv) - previously / **tollo**, tollere (3), sustuli, sublatus -

---

<u>Quick Reference, **COMMON PRONOUNS**</u>: **hic**, haec, hoc (dem. pron.) - this; he, she, it | **ille**, illa, illud (dem. pron.) - that; that (famous) one (yonder); he, she, it | **ipse**, ipsa, ipsum (intnsv. pron.) - (one's own) self; very | **is**, ea, id (dem. pron.) - this, that; (of) such (a kind); he, she, it | **qui**, quae, quod (rel. pron.) - who, which; that

carry, take on board / **eques**, equitis (m) - cavalry / **solvo**, solvere (3), solvi, solutus - set sail, weigh anchor / **lenis**, e - gentle, mild, moderate / **ventus**, i (m) - breeze, wind / **ex** (prep) - from (with Abl) / **superior**, ius - upper (i.e., "more northerly") / **portus**, us (m) - harbor, port

(B) **cum** (conj) - when / **appropinquo** (1) - approach (with Dat) / **Britannia**, ae (f) - Britain / **video**, vidēre (2), vidi, visus - see / **ex** (prep) - from (with Abl) / **castra**, orum (n) - (military) camp / **tantus**, a, um - so great, such / **tempestas**, atis (f) - gale, storm / **subito** (adv) - suddenly / **coörior**, coöriri (4), coörtus - arise, break forth / **nullus**, a, um - none / **possum**, posse, potui - be able / **teneo**, tenēre (2), tenui, tentus - hold, maintain / **cursus**, us (m) - course / **alius**, alia, aliud - other, some (*alii...alii*, "some...others") / **refero**, referre, rettuli, relatus - drive back / **eodem** (adv) - to the same place / **unde** (adv) - from which place, whence / **proficiscor**, proficisci (3), profectus - depart, set out / **alius** *iterum* / **deicio**, deicere (3), deieci, deiectus - divert, drive off course / **ad** (prep) - to, towards (with Acc) / **inferior**, ius - lower / **pars**, partis (f) - part, region / **insula**, ae (f) - island / **prope** (adv) - near to (with Acc) / **occasus**, us (m) - setting / **sol**, solis (m) - sun / **cum** (prep) - with (with Abl) / **magnus**, a, um - great / **periculum**, i (n) - danger, risk

(C) **tamen** (adv) - nevertheless / **ancora**, ae (f) - anchor / **iacio**, iacere (3), ieci, iactus - cast, throw / **cum** (conj) - when / **compleo**, complēre (2), complevi, completus - fill up / **fluctus**, us (m) - (surging) tide, wave / **proveho**, provehere (3), provexi, provectus - carry forward, drive / **necessario** (adv) - inevitably, unavoidably / **in** (prep) - into (with Acc) / **altum**, i (n) - (deep) water, sea / **nox**, noctis (f) - night / **adversus**, a, um - facing, in front (also, "hostile, unfavorable") / **peto**, petere (3), petii, petitus - seek / **continens**, entis (f) - continent, mainland

<u>GRAMMATICAL NOTES</u>: **1**. *pace confirmatā* (Abl Absol, "peace having been established"); **2**. *hīs rēbus* (Abl of Means); **3**. *post quartum diem quam ventum est in Britanniam* (lit., "after the fourth day that it was come into Britain," an awkward passage best read as if active rather than an impers. passive: "when on the fourth day after they arrived in Britain." Note that since the Romans included the full range of days in reckoning time, this would be expressed as "three days after" in English, i.e., on 30 August following Caesar's arrival on 27 August.); **4**. *lenī ventō* (Abl Absol, "with the wind being mild"); **5-6**. *appropinquarent... viderentur* (Subjunctives in a *cum* Clause, "after they drew near ... [and] were seen"); **7-9**. *posset... referrentur... deicerentur* (Subjunctives in a Clause of Result, "was able ... were driven back ... were driven off course"); **10**. *[magnō periculō] sui* (Objective Genitive after *periculō*, "[with great danger] to themselves"); **11**. *ancorīs iactīs* (Abl Absol in opposition to *tamen*, "in spite of the fact that anchors had been cast"); **12**. *complerentur* (Subjunctive in a *cum* Clause, "were filled up"); **13**. *fluctibus* (Abl of Means); **14**. *nocte adversā* (Abl Absol, either "as the night was coming on" or "with the night being unfavorable").

<u>FULLY PARSED</u>

(4.28.A): **pace** (fem abl sing); **confirmatā** (perf pssv prcpl, fem abl sing); **hīs** (fem abl pl); **rēbus** (fem abl pl); **quartum** (masc acc sing); **diem** (masc acc sing); **ventum est** (impers., perf pssv indic 3 sing; neut nom); **Britanniam** (fem acc sing); **naves** (fem nom pl); **quibus** (fem abl pl); **demonstratum est** (perf pssv indic 3 sing; neut nom); **quae** (fem nom pl); **sustulerant** (pluperf actv indic 3 pl); **equites** (masc acc pl); **solverunt** (perf actv indic 3 pl); **lenī** (masc abl sing); **ventō** (masc abl sing); **superiore** (masc abl sing; comp. of *superus*); **portū** (masc abl sing).

(4.28.B): **quae** (fem nom pl); **appropinquarent** (impf actv subjv 3 pl); **Britanniae** (fem dat sing); **viderentur** (impf pssv subjv 3 pl); **castrīs** (neut abl pl); **tanta** (fem nom sing); **tempestas** (fem nom sing); **coorta est** (dep., perf pssv indic 3 sing; fem nom); **nulla** (fem nom sing); **earum** (fem gen pl); **posset** (impf actv subjv 3 sing); **tenere** (prsnt actv infin); **cursum** (masc acc sing); **aliae** (fem nom pl); **referrentur** (impf pssv subjv 3 pl); **profectae erant** (dep., pluperf pssv indic 3 pl; fem nom); **aliae** (fem nom pl); **deicerentur** (impf pssv subjv 3 pl); **inferiorem** (fem acc sing; comp. of *inferus*); **partem** (fem acc sing); **insulae** (fem gen sing); **quae** (fem nom sing); **est** (prsnt actv indic 3 sing); **propius** (comp. of *prope*); **occasum** (masc acc sing); **solis** (masc gen sing); **magnō** (neut abl sing); **periculō** (neut abl sing); **sui** (3 pers. reflxv. pron., fem gen pl).

<u>Quick Reference, COMMON PRONOUNS</u>: **hic**, haec, hoc (dem. pron.) - this; he, she, it | **ille**, illa, illud (dem. pron.) - that; that (famous) one (yonder); he, she, it | **ipse**, ipsa, ipsum (intnsv. pron.) - (one's own) self; very | **is**, ea, id (dem. pron.) - this, that; (of) such (a kind); he, she, it | **qui**, quae, quod (rel. pron.) - who, which; that

(4.28.C): **quae** (fem nom pl); **ancorīs** (fem abl pl); **iactīs** (perf pssv prcpl, fem abl pl); **complerentur** (impf pssv subjv 3 pl); **fluctibus** (masc abl pl); **provectae** (perf pssv prcpl, fem nom pl); **altum** (neut acc sing); **nocte** (fem abl sing); **adversā** (fem abl sing); **petierunt** (perf actv indic 3 pl); **continentem** (fem acc sing).

* * * * * * * * * * * * * * * * * *

Caesar's <u>ORIGINAL TEXT (Book Four, Chapter 29)</u>: **(A)** Eadem nocte accidit ut esset luna plena, qui dies a maritimos aestus maximos in Oceano efficere consuevit, nostrisque id erat incognitum. **(B)** Ita uno tempore et longas naves, quibus Caesar exercitum transportandum curaverat, quasque in aridum subduxerat, aestus compleverat, et onerarias, quae ad ancoras erant deligatae, tempestas adflictabat, neque ulla nostris facultas aut administrandi aut auxiliandi dabatur. **(C)** Compluribus navibus fractis, reliquae cum essent funibus, ancoris reliquisque armamentis amissis ad navigandum inutiles, magna, id quod necesse erat accidere, totius exercitus perturbatio facta est. **(D)** Neque enim naves erant aliae quibus reportari possent, et omnia deerant quae ad reficiendas naves erant usui, et, quod omnibus constabat hiemari in Gallia oportere, frumentum in his locis in hiemem provisum non erat.

<u>SUGGESTED WORD ORDER (Book Four, Chapter 29)</u>. **(A)** Accidit <u>eādem nocte</u>[1] ut luna <u>esset</u>[2] plena, dies qui consuevit efficere maximos maritimos aestus in Oceanō, [et] id erat incognitum nostris [militibus]. **(B)** Ita aestus compleverat longas naves [in] quibus Caesar curaverat exercitum <u>transportandum</u>[3] [et] quas subduxerat in aridum et <u>unō tempore</u>[4] tempestas adflictabat onerarias [naves] quae deligatae erant ad ancoras; neque ulla facultas <u>aut administrandi aut auxiliandi</u>[5] dabatur nostris [militibus], **(C)** <u>compluribus navibus fractīs</u>,[6] cum reliquae <u>essent</u>[7] inutiles <u>ad navigandum</u>,[8] <u>funibus, ancorīs [et] reliquīs armamentīs amissīs</u>.[9] Magna perturbatio <u>totius exercitus</u>[10] facta est, <u>id quod erat necesse accidere</u>.[11] **(D)** Enim neque erant aliae naves <u>quibus</u>[12] <u>possent</u>[13] reportari, et omnia quae erant <u>usui</u>[14] <u>ad naves reficiendas</u>[15] deerant, et frumentum non provisum erat in hiemam in hīs locīs quod constabat omnibus oportere hiemari in Galliā.

4.29 <u>VOCABULARY SECTIONS</u>

(A) **accido**, accidere (3), accidi - come to pass, happen ("it chanced that...") / **idem**, eadem, idem - same / **nox**, noctis (f) - night / **luna**, ae (f) - moon / **plenus**, a, um - full / **dies**, ei (m) - day / **consuesco**, consuescere (3), consuevi, consuetus - be accustomed, usual / **efficio**, efficere (3), effeci, effectus - bring about, produce / **maximus**, a, um - greatest, largest / **maritimus**, a, um - marine, of the sea / **aestus**, us (m) - billows, waves / **in** (prep) - in (with Abl) / **Oceanus**, i (m) - the Atlantic (Ocean) / **incognitus**, a, um - unknown / **noster**, nostra, nostrum - our / [**miles**, itis (m) - soldier]

(B) **ita** (adv) - so, thus / **aestus**, us (m) - billows, waves / **compleo**, complēre (2), complevi, completus - fill up / **longus**, a, um - long (with *navis*, "warship") / **navis**, is (f) - ship / **Caesar**, Caesaris (m) - Caius Iulius Caesar / **curo** (1) - cause to be done (with Acc and Gerundive, "order, see to") / **exercitus**, us (m) - army / **transporto** (1) - carry over, take across / **subduco**, subducere (3), subduxi, subductus - beach, draw up / **in** (prep) - onto (with Acc) / **aridum**, i (n) - (dry) land / **unus**, a, um - one (and the same) / **tempus**, oris (n) - (period of) time / **tempestas**, atis (f) - gale, storm / **adflicto** (1) - damage, wreck / **onerarius**, a, um - freight-bearing (sc. *navis*, "transport ship") / [**navis** *iterum*] / **deligo** (1) - bind fast, moor / **ad** (prep) - to (with Acc) / **ancora**, ae (f) - anchor / **ullus**, a, um - any / **facultas**, atis (f) - chance, opportunity / **administro** (1) - control, direct, guide / **auxilior**, auxiliari (1), auxiliatus - assist, bring help / **do**, dare (1), dedi, datus - give, provide / **noster**, nostra, nostrum - our / [**miles**, itis (m) - soldier]

(C) **complures**, a - several (Gen *-ium*) / **navis**, is (f) - ship / **frango**, frangere (3), fregi, fractus - break in pieces, wreck / **cum** (conj) - since / **reliquus**, a, um - the (other) remaining / **inutilis**, e - useless / **ad** (prep) - for the purpose of (with Acc) / **navigo** (1) - sail / **funis**, is (m) - rope / **ancora**, ae (f) - anchor / **reliquus** *iterum* / **armamenta**, orum (n) - equipment, tackle / **amitto**, amittere (3), amisi, amissus - lose / **magnus**, a, um - great, powerful / **perturbatio**, onis (f) - confusion, dismay / **totus**, a, um - entire, whole / **exercitus**, us (m) - army / **facio**, facere (3), feci, factus - form, make / **necesse** (indecl. adj.) - inevitable, necessary, unavoidable / **accido**, accidere (3), accidi - come to pass, happen, occur

<u>Quick Reference, COMMON PRONOUNS</u>: **hic**, haec, hoc (dem. pron.) - this; he, she, it | **ille**, illa, illud (dem. pron.) - that; that (famous) one (yonder); he, she, it | **ipse**, ipsa, ipsum (intnsv. pron.) - (one's own) self; very | **is**, ea, id (dem. pron.) - this, that; (of) such (a kind); he, she, it | **qui**, quae, quod (rel. pron.) - who, which; that

(D) enim (conj) - for / alius, alia, aliud - other, some / **navis**, is (f) - ship / **possum**, posse, potui - be able, possible / **reporto** (1) - carry back / **omnis**, e - all, every / **usus**, us (m) - benefit, utility (in clauses with *sum*, "of usefulness") / **ad** (prep) - for the purpose of (with Acc) / **navis** *iterum* / **reficio**, reficere (3), refeci, refectus - refurbish, repair / **desum**, deesse, defui - be absent, lacking / **frumentum**, i (n) - corn, grain / **provideo**, providēre (2), providi, provisus - make ready, pepare / **in** (prep) - into (with Acc) / **hiems**, hiemis (f) - winter / **in** (prep) - in (with Abl) / **locus**, i (m) - place, region / **quod** (conj) - because, since / **consto**, constare (1), constiti - be agreed upon, established (impers., "be evident to" with Dat) / **omnis** *iterum* / **oportet**, oportēre (2), oportuit (impers.) - "it is necessary" / **hiemo** (1) - make winter quarters, pass the winter / **in** *iterum* / **Gallia**, ae (f) - Gaul

GRAMMATICAL NOTES: 1. *eādem nocte* (Abl of Time When); 2. *esset* (Subjunctive in a Clause of Result, "that the moon was full"); 3. *transportandum* (Gerundive, "that the army was to be carried over"); 4. *unō tempore* (Abl of Time When, "at one and the same time"); 5. *aut administrandi...aut auxiliandi* (Gerunds, "either of guiding...or of bringing help"); 6. *compluribus navibus fractīs* (Abl Absol, "after many ships having been wrecked"); 7. *essent* (Subjunctive in a *cum* Clause, "since the remaining ships were"); 8. *ad navigandum* (Gerund "for sailing"); 9. *funibus, ancorīs [et] reliquīs armamentīs amissīs* (Abl Absol, "with their ropes, anchors and remaining tackle having been lost"); 10. *totius exercitus* (Subjective Genitive); 11. *id quod erat necesse accidere* ("that which could not but take place"); 12. *quibus* (Abl of Means); 13. *possent* (Subjunctive in a Relative Clause of Purpose, "they might be able"); 14. *usui* (Dat of Purpose, "of use"); 15. *ad naves reficiendas* (Gerundive, "for repairing the ships").

FULLY PARSED

(4.29.A): **accidit** (impers., perf actv indic 3 sing); **eādem** (fem abl sing); **nocte** (fem abl sing); **luna** (fem nom sing); **esset** (impf actv subjv 3 sing); **plena** (fem nom sing); **dies** (masc nom sing); **qui** (masc nom sing); **consuevit** (perf actv indic 3 sing); **efficere** (prsnt actv infin); **maximos** (masc acc pl); **maritimos** (masc acc pl); **aestus** (masc acc pl); **Oceanō** (masc abl sing); **id** (neut nom sing); **erat** (impf actv indic 3 sing); **incognitum** (neut nom sing); **nostris** (masc dat pl); **[militibus]** (masc dat pl).

(4.29.B): **aestus** (masc nom sing); **compleverat** (pluperf actv indic 3 sing); **longas** (fem acc pl); **naves** (fem acc pl); **quibus** (fem abl pl); **Caesar** (masc nom sing); **curaverat** (pluperf actv indic 3 sing); **exercitum** (masc acc sing); **transportandum** (Gerundive; fut pssv prcpl, masc acc sing); **quas** (fem acc pl); **subduxerat** (pluperf actv indic 3 sing); **aridum** (neut acc sing); **unō** (neut abl sing); **tempore** (neut abl sing); **tempestas** (fem nom sing); **adflictabat** (impf actv indic 3 sing); **onerarias** (fem acc pl); **[naves]** (fem acc pl); **quae** (fem nom pl); **deligatae erant** (pluperf pssv indic 3 pl; fem nom); **ancoras** (fem acc pl); **ulla** (fem nom sing); **facultas** (fem nom sing); **administrandi** (Gerund; fut pssv prcpl, neut gen sing); **auxiliandi** (Gerund; fut pssv prcpl, neut gen sing); **dabatur** (impf pssv indic 3 sing); **nostris** (masc dat pl); **[militibus]** (masc dat pl).

(4.29.C): **compluribus** (fem abl pl); **navibus** (fem abl pl); **fractīs** (perf pssv prcpl, fem abl pl); **reliquae** (fem nom pl); **essent** (impf actv subjv 3 pl); **inutiles** (fem nom pl); **navigandum** (Gerund; fut pssv prcpl, neut acc sing); **funibus** (masc abl pl); **ancorīs** (fem abl pl); **reliquīs** (neut abl pl); **armamentīs** (neut abl pl); **amissīs** (perf pssv prcpl, neut abl pl); **magna** (fem nom sing); **perturbatio** (fem nom sing); **totius** (masc gen sing); **exercitus** (masc gen sing); **facta est** (perf pssv indic 3 sing; fem nom); **id** (neut nom sing); **quod** (neut nom sing); **erat** (impf actv indic 3 sing); **necesse** (indecl. adj., read as neut nom sing); **accidere** (prsnt actv infin).

(4.29.D): **erant** (impf actv indic 3 pl); **aliae** (fem nom pl); **naves** (fem nom pl); **quibus** (fem abl pl); **possent** (impf actv subjv 3 pl); **reportari** (prsnt pssv infin); **omnia** (neut nom pl); **quae** (neut nom pl); **erant** (impf actv indic 3 pl); **usui** (masc dat sing); **naves** (fem acc pl); **reficiendas** (Gerundive; fut pssv prcpl, fem acc pl); **deerant** (impf actv indic 3 pl); **frumentum** (neut nom sing); **provisum erat** (pluperf pssv indic 3 sing; neut nom); **hiemam** (fem acc sing); **hīs** (masc abl pl); **locīs** (masc abl pl); **constabat** (impf actv indic 3 sing); **omnibus** (masc dat pl); **oportere** (prsnt actv infin); **hiemari** (prsnt pssv infin); **Galliā** (fem abl sing).

* * * * * * * * * * * * * * * * * *

Quick Reference, COMMON PRONOUNS: **hic**, haec, hoc (dem. pron.) - this; he, she, it | **ille**, illa, illud (dem. pron.) - that; that (famous) one (yonder); he, she, it | **ipse**, ipsa, ipsum (intnsv. pron.) - (one's own) self; very | **is**, ea, id (dem. pron.) - this, that; (of) such (a kind); he, she, it | **qui**, quae, quod (rel. pron.) - who, which; that

Caesar's ORIGINAL TEXT (Book Four, Chapter 30): **(A)** Quibus rebus cognitis, principes Britanniae, qui post proelium ad Caesarem convenerant, inter se collocuti, **(B)** cum et equites et naves et frumentum Romanis deesse intellegerent et paucitatem militum ex castrorum exiguitate cognoscerent, quae hoc erant etiam angustiora quod sine impedimentis Caesar legiones transportaverat, optimum factu esse duxerunt rebellione facta frumento commeatuque nostros prohibere et rem in hiemem producere, **(C)** quod his superatis aut reditu interclusis neminem postea belli inferendi causa in Britanniam transiturum confidebant. **(D)** Itaque rursus coniuratione facta paulatim ex castris discedere et suos clam ex agris deducere coeperunt.

SUGGESTED WORD ORDER (Book Four, Chapter 30). **(A)** Quibus rēbus cognitīs,[1] principes Britanniae qui convenerant ad Caesarem post proelium collocuti [i.e., collocuti sunt] inter se. **(B)** Cum intellegerent[2] equites et naves et frumentum deesse Romanis, et cognoscerent[3] paucitatem militum ex exiguitate castrorum (quae erant etiam angustiora hōc,[4] quod Caesar transportaverat legiones sine impedimentīs), duxerunt esse optimum factū,[5] rebellione factā,[6] prohibere nostros [milites] frumentō[7] [et] commeatū[8] et producere rem in hiemem; **(C)** quod, hīs [militibus] superatīs aut interclusīs reditū,[9] confidebant neminem transiturum [i.e., transiturum esse] postea in Britanniam causā belli inferendi.[10] **(D)** Itaque, coniuratione factā rursus,[11] coeperunt discedere paulatim ex castrīs ac deducere suos [populos] clam ex agrīs.

4.30 VOCABULARY SECTIONS

(A) **res**, rei (f) - circumstance, matter / **cognosco**, cognoscere (3), cognovi, cognitus - ascertain, discover, perceive / **princeps**, principis (m) - chief, leader / **Britannia**, ae (f) - Britain / **convenio**, convenire (4), conveni, conventus - assemble, gather / **ad** (prep) - at, near (with Acc) / **Caesar**, Caesaris (m) - Caius Iulius Caesar / **post** (prep) - after (with Acc) / **proelium**, i (n) - battle / **colloquor**, colloqui (3), collocutus - confer, converse / **inter** (prep) - among, between (with Acc)

(B) **cum** (conj) - when / **intellego**, intellegere (3), intellexi, intellectus - perceive, understood / **eques**, equitis (m) - cavalry / **navis**, is (f) - ship / **frumentum**, i (n) - corn, grain / **desum**, deesse, defui - be in short supply, lacking for (with Dat) / **Romani**, orum (m) - the Romans / **cognosco**, cognoscere (3), cognovi, cognitus - ascertain, perceive / **paucitas**, atis (f) - scarcity, small number / **miles**, itis (m) - soldier / **ex** (prep) - from (with Abl) / **exiguitas**, atis (f) - insufficient size, meagreness / **castra**, orum (n) - (military) camp / **etiam** (adv) - also, even / **angustus**, a, um - confined, narrow / **quod** (conj) - because, since / **Caesar**, Caesaris (m) - Caius Iulius Caesar / **transporto** (1) - carry over, take across / **legio**, onis (f) - legion / **sine** (prep) - without (with Abl) / **impedimenta**, orum (n) - baggage, equipment / **duco**, ducere (3), duxi, ductus - consider, think / **optimus**, a, um - best / **facio**, facere (3), feci, factus - carry out, do, undertake / **rebellio**, onis (f) - renewal of war / **facio** *iterum* / **prohibeo**, prohibēre (2), prohibui, prohibitus - "keep (Acc) away from (Abl)" / **noster**, nostra, nostrum - our / [**miles** *iterum*] / **frumentum** *iterum* / **commeatus**, us (m) - forage, supply (of provisions) / **produco**, producere (3), produxi, productus - draw out, prolong / **res**, rei (f) - matter, plan, undertaking / **in** (prep) - into (with Acc) / **hiems**, hiemis (f) - winter

(C) **quod** (conj) - because, since / **supero** (1) - overcome, subdue / **intercludo**, intercludere (3), interclusi, interclusus - cut off, hinder / **reditus**, us (m) - a returning, withdrawal / **confido**, confidere (3), confisus - feel confident, trust / **nemo**, nullius (irreg., m) - no one (Acc *neminem*) / **transeo**, transire, transii, transitus - cross over / **postea** (adv) - afterwards / **in** (prep) - into (with Acc) / **Britannia**, ae (f) - Britain / **causa**, ae (f) - cause, reason (with Gen, "for the sake of ____ ") / **bellum**, i (n) - war / **infero**, inferre, intuli, inlatus - wage (with *bellum*, "attack")

(D) **coniuratio**, onis (f) - conspiracy / **facio**, facere (3), feci, factus - do, undertake / **rursus** (adv) - (once) again, anew / **coepio**, coepere (3), coepi, coeptus - begin / **discedo**, discedere (3), discessi, discessus - depart, withdraw / **paulatim** (adv) - little by little / **ex** (prep) - from (with Abl) / **castra**, orum (n) - (military) camp / **deduco**, deducere (3), deduxi, deductus - bring, conduct, draw in / **suus**, a, um - (one's) own / [**populus**, i (m) - community, people] / **clam** (adv) - secretly / **ex** *iterum* / **ager**, agri (m) - field

---

Quick Reference, COMMON PRONOUNS: **hic**, haec, hoc (dem. pron.) - this; he, she, it | **ille**, illa, illud (dem. pron.) - that; that (famous) one (yonder); he, she, it | **ipse**, ipsa, ipsum (intnsv. pron.) - (one's own) self; very | **is**, ea, id (dem. pron.) - this, that; (of) such (a kind); he, she, it | **qui**, quae, quod (rel. pron.) - who, which; that

GRAMMATICAL NOTES: **1.** *quibus rēbus cognitīs* (Abl Absol, "which circumstances having been perceived"); **2-3.** *intellegerent... cognoscerent* (Subjunctives in a *cum* Clause, "when they became aware ... [and] they perceived"); **4.** *hōc* (Abl of Cause; with *quod*, "because of this...since"); **5.** *factū* (Supine as Abl of Respect, "in the doing, to do"); **6.** *rebellione factā* (Abl Absol, "upon the renewal of war having been undertaken"); **7-8.** *frumentō... commeatū* (Ablatives of Separation); **9.** *hīs [militibus] superatīs aut interclusīs reditū* (Abl Absol, "with these [soldiers] having been overcome or cut off from returning"); **10.** *causā belli inferendi* (Gerundive, "for the sake of waging war"); **11.** *coniuratione factā rursus* (Abl Absol, "with the conspiracy undertaken again").

FULLY PARSED _____

(4.30.A): **quibus** (fem abl pl); **rēbus** (fem abl pl); **cognitīs** (perf pssv prcpl, fem abl pl); **principes** (masc nom pl); **Britanniae** (fem gen sing); **qui** (masc nom pl); **convenerant** (pluperf actv indic 3 pl); **Caesarem** (masc acc sing); **proelium** (neut acc sing); **collocuti** (i.e., *collocuti sunt*, dep., perf pssv indic 3 sing; nom pl); **se** (3 pers. reflxv. pron., masc acc pl).

(4.30.B): **intellegerent** (impf actv subjv 3 pl); **equites** (masc acc pl); **naves** (fem acc pl); **frumentum** (neut acc sing); **deesse** (prsnt actv infin); **Romanis** (masc dat pl); **cognoscerent** (impf actv subjv 3 pl); **paucitatem** (fem acc sing); **militum** (masc gen pl); **exiguitate** (fem abl sing); **castrorum** (neut gen pl); **quae** (neut nom pl); **erant** (impf actv indic 3 pl); **angustiora** (neut nom pl; comp. of *angustus*); **hōc** (neut abl sing); **Caesar** (masc nom sing); **transportaverat** (pluperf actv indic 3 pl); **legiones** (fem acc pl); **impedimentīs** (neut abl pl); **duxerunt** (perf actv indic 3 pl); **esse** (prsnt actv infin); **optimum** (neut acc sing); **factū** (Supine; neut abl sing); **rebellione** (fem abl sing); **factā** (perf pssv prcpl, fem abl sing); **prohibere** (prsnt actv infin); **nostros** (masc acc pl); **[milites]** (masc acc pl); **frumentō** (neut abl sing); **commeatū** (masc abl sing); **producere** (prsnt actv infin); **rem** (fem acc sing); **hiemem** (fem acc sing).

(4.30.C): **hīs** (masc abl pl); **[militibus]** (masc abl pl); **superatīs** (perf pssv prcpl, masc abl pl); **interclusīs** (perf pssv prcpl, masc abl pl); **reditū** (masc abl sing); **confidebant** (impf actv indic 3 pl); **neminem** (masc acc sing); **transiturum** (i.e., *transiturum esse*, fut actv infin; masc acc sing); **Britanniam** (fem acc sing); **causā** (fem abl sing); **belli** (neut gen sing); **inferendi** (Gerundive; fut pssv prcpl, neut gen sing).

(4.30.D): **coniuratione** (fem abl sing); **factā** (perf pssv prcpl, fem abl sing); **coeperunt** (perf actv indic 3 pl); **discedere** (prsnt actv infin); **castrīs** (neut abl pl); **deducere** (prsnt actv infin); **suos** (masc acc pl); **[populos]** (masc acc pl); **agrīs** (masc abl pl).

* * * * * * * * * * * * * * * * * * *

Caesar's **ORIGINAL TEXT (Book Four, Chapter 31)**: **(A)** At Caesar, etsi nondum eorum consilia cognoverat, tamen et ex eventu navium suarum et ex eo quod obsides dare intermiserant fore id quod accidit suspicabatur. **(B)** Itaque ad omnes casus subsidia comparabat. **(C)** Nam et frumentum ex agris cotidie in castra conferebat et, quae gravissime adflictae erant naves, earum materia atque aere ad reliquas reficiendas utebatur et quae ad eas res erant usui ex continenti comportari iubebat. **(D)** Itaque, cum summo studio a militibus administraretur, XII navibus amissis, reliquis ut navigari satis commode posset effecit.

> **SUGGESTED WORD ORDER (Book Four, Chapter 31)**. **(A)** At Caesar, etsi nondum cognoverat consilia eorum, tamen et ex eventū suarum navium et <u>ex eō quod</u>[1] intermiserant dare obsides, <u>suspicabatur id fore [i.e., futurum esse], quod accidit</u>.[2] **(B)** Itaque comparabat subsidia ad omnes casus. **(C)** Nam et conferebat frumentum cotidie ex agrīs in castra et utebatur materiā atque aere [navium] earum, naves quae adflictae erant gravissime, <u>ad reliquas [naves] reficiendas</u>[3] et iubebat quae erant <u>usui</u>[4] ad eas res comportari ex continentī. **(D)** Itaque, <u>XII navibus amissīs</u>,[5] effecit reliquis [navibus] ut <u>posset</u>[6] navigari commode cum <u>administraretur</u>[7] a militibus <u>summō studiō</u>.[8]

Quick Reference, COMMON PRONOUNS: **hic**, haec, hoc (dem. pron.) - this; he, she, it | **ille**, illa, illud (dem. pron.) - that; that (famous) one (yonder); he, she, it | **ipse**, ipsa, ipsum (intnsv. pron.) - (one's own) self; very | **is**, ea, id (dem. pron.) - this, that; (of) such (a kind); he, she, it | **qui**, quae, quod (rel. pron.) - who, which; that

4.31 VOCABULARY SECTIONS

(A) **Caesar**, Caesaris (m) - Caius Iulius Caesar / **etsi** (conj) - although / **nondum** (adv) - not yet / **cognosco**, cognoscere (3), cognovi, cognitus - ascertain, discover, perceive / **consilium**, i (n) - plan, resolution / **tamen** (adv) - nevertheless / **ex** (prep) - from (with Abl) / **eventus**, us (m) - accident, fate, outcome / **suus**, a, um - (one's) own / **navis**, is (f) - ship / **ex** *iterum* / **quod** (conj) - that / **intermitto**, intermittere (3), intermisi, intermissus - cease / **do**, dare (1), dedi, datus - give, provide / **obses**, idis (m) - hostage / **suspicor**, suspicari (1), suspicatus - surmise, suspect / **accido**, accidere (3), accidi - come to pass, happen

(B) **comparo** (1) - arrange, prepare / **subsidia**, orum (n) - plans, resources, (means of) support / **ad** (prep) - for (with Acc) / **omnis**, e - all, every / **casus**, us (m) - chance, eventuality, occasion

(C) **confero**, conferre, contuli, conlatus - collect, gather / **frumentum**, i (n) - corn, grain / **cotidie** (adv) - daily / **ex** (prep) - from (with Abl) / **ager**, agri (m) - field / **in** (prep) - into (with Acc) / **castra**, orum (n) - (military) camp / **utor**, uti (3), usus - take advantage of, use (with Abl) / **materia**, ae (f) - timber / **aes**, aeris (n) - bronze / [**navis**, is (f) - ship] / **navis** *iterum* / **adflicto** (1) - damage, wreck / **graviter** (adv) - heavily, severely / **ad** (prep) - for the purpose of (with Acc) / **reliquus**, a, um - the (other) remaining, the rest (of) / [**navis** *iterum*] / **reficio**, reficere (3), refeci, refectus - repair, restore / **iubeo**, iubēre (2), iussi, iussus - command, give instructions, order / **usus**, us (m) - benefit, use (in clauses with *sum*, "of usefulness") / **res**, rei (f) - matter, purpose, thing / **ad** (prep) - for (with Acc) / **comporto** (1) - collect, gather / **ex** *iterum* / **continens**, entis (f) - continent, mainland

(D) **XII** - 12 / **navis**, is (f) - ship / **amitto**, amittere (3), amisi, amissus - lose / **efficio**, efficere (3), effeci, effectus - arrange, bring it about (that) / **possum**, posse, potui - possible / **reliquus**, a, um - the remaining, the rest (of) / [**navis** *iterum*] / **navigo** (1) - sail / **commode** (adv) - adequately, conveniently / **cum** (conj) - because, since / **administro** (1) - carry out, direct, manage / **a** (prep) - by (with Abl) / **miles**, itis (m) - soldier / **summus**, a, um - greatest, utmost / **studium**, i (n) - eagerness, zeal

GRAMMATICAL NOTES: 1. *ex eō quod* ("from the fact that"); 2. *suspicabatur id fore [i.e., futurum esse], quod accidit* (" he suspected that this would happen, which came to pass"); 3. *ad reliquas [naves] reficiendas* (Gerundive, "for repairing the remaining [ships]"); 4. *usui* (Dat of Purpose, "of use"); 5. *XII navibus amissīs* (Abl Absol, "although with twelve ships having been lost"); 6. *posset* (Subjunctive in a Clause of Result, "that it would be possible for the other ships"); 7. *administraretur* (Subjunctive in a *cum* Clause, "since it was managed"); 8. *summō studiō* (Abl of Manner, "with the utmost zeal").

FULLY PARSED

(4.31.A): **Caesar** (masc nom sing); **cognoverat** (pluperf actv indic 3 sing); **consilia** (neut acc pl); **eorum** (masc gen pl); **eventū** (masc abl sing); **suarum** (fem gen pl); **navium** (fem gen pl); **eō** (neut abl sing); **intermiserant** (pluperf actv indic 3 pl); **dare** (prsnt actv infin); **obsides** (masc acc pl); **suspicabatur** (dep., impf pssv indic 3 sing); **id** (neut acc sing); **fore** (i.e., *futurum esse*, fut actv infin of *sum*; neut acc sing); **quod** (neut nom sing); **accidit** (perf actv indic 3 sing).

(4.31.B): **comparabat** (impf actv indic 3 sing); **subsidia** (neut acc pl); **omnes** (masc acc pl); **casus** (masc acc pl).

(4.31.C): **conferebat** (impf actv indic 3 sing); **frumentum** (neut acc sing); **agrīs** (masc abl pl); **castra** (neut acc pl); **utebatur** (dep., impf pssv indic 3 sing); **materiā** (fem abl sing); **aere** (neut abl sing); [**navium**] (fem gen pl); **earum** (fem gen pl); **naves** (fem nom pl); **quae** (fem nom pl); **adflictae erant** (pluperf pssv indic 3 pl; fem nom); **gravissime** (supl. of *graviter*); **reliquas** (fem acc pl); [**naves**] (fem acc pl); **reficiendas** (Gerundive; fut pssv prcpl, fem acc pl); **iubebat** (impf actv indic 3 sing); **quae** (neut nom pl); **erant** (impf actv indic 3 pl); **usui** (masc dat sing); **eas** (fem acc pl); **res** (fem acc pl); **comportari** (prsnt pssv infin); **continentī** (fem abl sing).

Quick Reference, COMMON PRONOUNS: **hic**, haec, hoc (dem. pron.) - this; he, she, it | **ille**, illa, illud (dem. pron.) - that; that (famous) one (yonder); he, she, it | **ipse**, ipsa, ipsum (intnsv. pron.) - (one's own) self; very | **is**, ea, id (dem. pron.) - this, that; (of) such (a kind); he, she, it | **qui**, quae, quod (rel. pron.) - who, which; that

(4.31.D): **navibus** (fem abl pl); **amissīs** (perf pssv prcpl, fem abl pl); **effecit** (perf actv indic 3 sing); **reliquis** (fem dat pl); **[navibus]** (fem dat pl); **posset** (impers., impf actv subjv 3 sing); **navigari** (prsnt pssv infin); **administraretur** (impers., impf pssv subjv 3 sing); **militibus** (masc abl pl); **summō** (neut abl sing); **studiō** (neut abl sing).

* * * * * * * * * * * * * * * * * * *

Caesar's ORIGINAL TEXT (Book Four, Chapter 32): **(A)** Dum ea geruntur, legione ex consuetudine una frumentatum missa, quae appellabatur septima, neque ulla ad id tempus belli suspicione interposita, cum pars hominum in agris remaneret, pars etiam in castra ventitaret, **(B)** ei qui pro portis castrorum in statione erant Caesari nuntiaverunt pulverem maiorem quam consuetudo ferret in ea parte videri quam in partem legio iter fecisset. **(C)** Caesar id, quod erat, suspicatus, aliquid novi a barbaris initum consilii, cohortes quae in statione erant secum in eam partem proficisci, ex reliquis duas in stationem succedere, reliquas armari et confestim sese subsequi iussit. **(D)** Cum paulo longius a castris processisset, suos ab hostibus premi atque aegre sustinere et, conferta legione, ex omnibus partibus tela coici animadvertit. **(E)** Nam quod omni ex reliquis partibus demesso frumento pars una erat reliqua, suspicati hostes huc nostros esse venturos noctu in silvis delituerant; **(F)** tum dispersos depositis armis in metendo occupatos subito adorti paucis interfectis reliquos incertis ordinibus perturbaverant, simul equitatu atque essedis circumdederant.

SUGGESTED WORD ORDER (Book Four, Chapter 32). **(A)** Dum ea geruntur, <u>unā legione (quae appellabatur "septima") missā</u>[1] <u>frumentatum</u>[2] ex <u>consuetudine</u>,[3] <u>neque ullā suspicione belli interpositā ad id tempus</u>,[4] cum pars hominum <u>remaneret</u>[5] in agrīs [et] pars etiam <u>ventitaret</u>[6] in castra. **(B)** Ei qui erant in statione pro portīs castrorum nuntiaverunt Caesari maiorem pulverem videri in eā parte (in quam partem legio <u>fecisset</u>[7] iter) quam consuetudo <u>ferret</u>.[8] **(C)** Caesar suspicatus id, <u>quod erat</u>,[9] aliud novi consili initum [i.e., initum esse] a barbarīs, iussit cohortes quae erant in stationibus proficisci cum sē in eam partem, [et] duas cohortes ex reliquīs succedere [eas] in stationem [et] reliquas [cohortes] armari et subsequi sese confestim. **(D)** Cum <u>processisset</u>[10] longius <u>paulō</u>[11] a castrīs, animadvertit suos [milites] premi ab hostibus atque sustinere aegre et, <u>legione confertā</u>,[12] tela conici ex omnibus partibus. **(E)** <u>Nam quod</u>,[13] <u>omnī frumentō demessō ex reliquīs partibus</u>,[14] una pars erat reliqua, [et] hostes delituerant in silvīs <u>noctū</u>[15] suspicati nostros [milites] venturos esse huc; **(F)** tum, <u>armīs depositīs</u>,[16] subito adorti [nostros milites] dispersos [et] occupatos in <u>metendō</u>[17] perturbaverant reliquos [in] incertīs ordinibus, <u>paucīs interfectīs</u>,[18] [et] simul circumdederant [nostros milites] <u>equitatū</u>[19] atque <u>essedīs</u>.[20]

4.32   VOCABULARY SECTIONS

(A)   **dum** (conj) - while / **gero**, gerere (3), gessi, gestus - carry on, conduct / **unus**, a, um - one / **legio**, onis (f) - legion / **appello** (1) - call, name / **septimus**, a, um (num. adj.) - seventh / **mitto**, mittere (3), misi, missus - send / **frumentor**, frumentari (1), frumentatus - collect grain, forage / **ex** (prep) - according to (with Abl) / **consuetudo**, inis (f) - custom, (common) practice (with *ex*, "according to custom, as usual") / **ullus**, a, um - any / **suspicio**, onis (f) - notion, suspicion / **bellum**, i (n) - war / **interpono**, interponere (3), interposui, interpositus - adduce, introduce / **ad** (prep) - at (with Acc) / **tempus**, oris (n) - (period of) time / **cum** (conj) - since / **pars**, partis (f) - part, portion (note that *pars hominum...pars*, may be taken as "some...others") / **homo**, hominis (m) - man / **remaneo**, remanēre (2), remansi - remain / **in** (prep) - in (with Abl) / **ager**, agri (m) - field / **pars** *iterum* / **etiam** (adv) - even / **ventito** (1) - (be accustomed) to come often / **in** (prep) - into (with Acc) / **castra**, orum (n) - (military) camp

(B)   **in** (prep) - in, on (with Abl) / **statio**, onis (f) - post, station (with *in*, "on picket, sentry duty") / **pro** (prep) - before, in front of (with Abl) / **porta**, ae (f) - gate / **castra**, orum (n) - (military) camp / **nuntio** (1) - inform, report / **Caesar**, Caesaris (m) - Caius Iulius Caesar / **maior**, maius - greater, more / **pulvis**, eris (m) - (cloud of) dust / **video**, vidēre (2), vidi, visus - see / **in** *iterum* / **pars**, partis (f) - place, quarter, region / **in** (prep) - into (with Acc) / **pars** *iterum* / **legio**, onis (f) - legion / **fero**, ferre, tuli, latus - make, undertake / **iter**, itineris (n) - journey, march / **quam** (adv) - than / **consuetudo**, inis (f) - custom, (common) practice (with *fero*, "as is usual") / **fero**, ferre, tuli, latus - allow, permit

---

Quick Reference, COMMON PRONOUNS: **hic**, haec, hoc (dem. pron.) - this; he, she, it | **ille**, illa, illud (dem. pron.) - that; that (famous) one (yonder); he, she, it | **ipse**, ipsa, ipsum (intnsv. pron.) - (one's own) self; very | **is**, ea, id (dem. pron.) - this, that; (of) such (a kind); he, she, it | **qui**, quae, quod (rel. pron.) - who, which; that

(C) **Caesar**, Caesaris (m) - Caius Iulius Caesar / **suspicor**, suspicari (1), suspicatus - suspect / **aliquis**, aliquid - somebody, something / **novus**, a, um - new / **consilium**, i (n) - plan / **ineo**, inire, inii, initus - adopt, begin / **a** (prep) - by (with Abl) / **barbarus**, i (m) - barbarian, native (tribesman) / **iubeo**, iubē (2), iussi, iussus - command, intruct, order / **cohors**, cohortis (f) - (legionary) cohort / **in** (prep) - in, on (with Abl) / **statio**, onis (f) - post, station (with *in*, "on picket, sentry duty") / **proficiscor**, proficisci (3), profectus - depart, proceed, set out / **cum** (prep) - with (with Abl) / **in** (prep) - into (with Acc) / **pars**, partis (f) - place, quarter, region / **duo**, ae, o (num. adj.) - two / **cohors** *iterum* / **ex** (prep) - from, out of (with Abl) / **reliquus**, a, um - the (other) remaining, the rest (of) / **succedo**, succedere (3), successi, successus - replace / **in** *iterum* / **statio** *iterum* / **reliquus** *iterum* / [**cohors** *iterum*] / **armo** (1) - equip (oneself); take up arms / **subsequor**, subsequi (3), subsecutus - follow / **confestim** (adv) - immediately

(D) **cum** (conj) - after, when / **procedo**, procedere (3), processi - advance, proceed / **longius** (adv) - farther / **paulus**, a, um - little (Abl *paulō* as adv., "by a little") / **a** (prep) - from (with Abl) / **castra**, orum (n) - (military) camp / **animadverto**, animadvertere (3), animadverti, animadversus - notice / **suus**, a, um - (one's) own / [**miles**, itis (m) - soldier] / **premo**, premere (3), pressi, pressus - press hard / **ab** (prep) - by (with Abl) / **hostis**, is (m) - enemy / **sustineo**, sustinēre (2), sustinui, sustentus - hold out (against), withstand / **aegre** (adv) - scarcely, with difficulty / **legio**, onis (f) - legion / **confercio**, confercire (4), confertus - crowd, press together / **telum**, i (n) - missile, spear / **conicio**, conicere (3), conieci, coniectus - hurl, throw / **ex** (prep) - from (with Abl) / **omnis**, e - all, every / **pars**, partis (f) - direction, quarter, side

(E) **quod** (conj) - because / **omnis**, e - all, every / **frumentum**, i (n) - grain / **demeto**, demetere (3), demessui, demessus - harvest / **ex** (prep) - from (with Abl) / **reliquus**, a, um - the (other) remaining, the rest (of) / **pars**, partis (f) - place, region / **unus**, a, um - one (single) / **pars** *iterum* / **reliquus**, a, um - left over / **hostis**, is (m) - enemy / **delitisco**, delitiscere (3), delitui - hide away, lurk / **in** (prep) - in (with Abl) / **silva**, ae (f) - forest, woodland / **nox**, noctis (f) - night / **suspicor**, suspicari (1), suspicatus - suppose, suspect / **noster**, nostra, nostrum - our / [**miles**, itis (m) - soldier] / **venio**, venire (4), veni, ventus - arrive, come / **huc** (adv) - hither

(F) **tum** (adv) - then / **arma**, orum (n) - arms, weapons / **depono**, deponere (3), deposui, depositus - lay down, stack / **subito** (adv) - suddenly / **adorior**, adoriri (4), adortus - attack, fall upon, rise up (against) / [**noster**, nostra, nostrum - our] / [**miles**, itis (m) - soldier] / **dispergo**, dispergere (3), dispersi, dispersus - disperse, scatter / **occupo** (1) - employ, occupy / **in** (prep) - in (with Abl) / **meto**, metere (3), messui, messus - harvest, reap (crops) / **perturbo** (1) - confuse, throw into disorder / **reliquus**, a, um - the (other) remaining / [**in** *iterum*] / **incertus**, a, um - disorganized, unformed / **ordo**, inis (m) - formation, rank / **paucus**, a, um - few / **interficio**, interficere (3), interfeci, interfectus - kill / **simul** (adv) - at the same time / **circumdo**, circumdare (1), circumdedi, circumdatus - surround / [**noster** *iterum*] / [**miles** *iterum*] / **equitatus**, us (m) - cavalry / **essedum**, i (n) - (war) chariot

GRAMMATICAL NOTES: 1. *unā legione...missā frumentatum ex consuetudine* (Abl Absol, "with one legion...having been sent to forage as usual"); 2. *frumentatum* (Supine, "to collect grain"); 3. *consuetudine* (Abl of Source, "according to custom"); 4. *neque ullā suspicione belli interpositā ad id tempus* (Abl Absol, "with no suspicion of war having been introduced at that time"); 5-6. *remaneret... ventitaret* (Subjunctives in a *cum* Clause, "since some of the men remained ... [and] some were even accustomed to come often"); 7. *fecisset* (Subjunctive in a Relative Clause of Characteristic, "had made, undertaken"); 8. *ferret* (Subjunctive in a Subordinate Clause *quam consuetudo ferret* in Indirect Speech, lit., "than custom allowed," best read as "than was usual"); 9. *quod erat* ("which was indeed the case"); 10. *processisset* (Subjunctive in a *cum* Clause, "when he had advanced"); 11. *paulō* (Abl of Degree of Difference after *longius*, "some little way"); 12. *legione confertā* (Abl Absol, "with the legion having been crowded together"); 13. *nam quod* ("for the fact was that"); 14. *omnī frumentō demessō ex reliquīs partibus* (Abl Absol, "with all the grain having already been harvested from the remaining regions"); 15. *noctū* (Abl of Time When); 16. *armīs depositīs* (Abl Absol, "with weapons having been stacked aside"); 17. *in metendō* (Gerund, "in harvesting"); 18. *paucīs interfectīs* (Abl Absol, "with a few having been killed"); 19-20. *equitatū...essedīs* (Ablatives of Means).

Quick Reference, COMMON PRONOUNS: **hic**, haec, hoc (dem. pron.) - this; he, she, it | **ille**, illa, illud (dem. pron.) - that; that (famous) one (yonder); he, she, it | **ipse**, ipsa, ipsum (intnsv. pron.) - (one's own) self; very | **is**, ea, id (dem. pron.) - this, that; (of) such (a kind); he, she, it | **qui**, quae, quod (rel. pron.) - who, which; that

FULLY PARSED

(4.32.A): **ea** (neut nom pl); **geruntur** (prsnt pssv indic 3 pl); **unā** (fem abl sing); **legione** (fem abl sing); **quae** (fem nom sing); **appellabatur** (impf pssv indic 3 sing); **septima** (fem nom sing); **missā** (perf pssv prcpl, fem abl sing); **frumentatum** (Supine; neut acc sing); **consuetudine** (fem abl sing); **ullā** (fem abl sing); **suspicione** (fem abl sing); **belli** (neut gen sing); **interpositā** (perf pssv prcpl, fem abl sing); **id** (neut acc sing); **tempus** (neut acc sing); **pars** (fem nom sing); **hominum** (masc gen pl); **remaneret** (impf actv subjv 3 sing); **agrīs** (masc abl pl); **pars** (fem nom sing); **ventitaret** (impf actv subjv 3 sing); **castra** (neut acc pl).

(4.32.B): **ei** (masc nom pl); **qui** (masc nom pl); **erant** (impf actv indic 3 pl); **statione** (fem abl sing); **portīs** (fem abl pl); **castrorum** (neut gen pl); **nuntiaverunt** (perf actv indic 3 pl); **Caesari** (masc dat sing); **maiorem** (masc acc sing; comp. of *magnus*); **pulverem** (masc acc sing); **videri** (prsnt pssv infin); **eā** (fem abl sing); **parte** (fem abl sing); **quam** (fem acc sing); **partem** (fem acc sing); **legio** (fem nom sing); **fecisset** (pluperf actv subjv 3 sing); **iter** (neut acc sing); **consuetudo** (fem nom sing); **ferret** (impf actv subjv 3 sing).

(4.32.C): **Caesar** (masc nom sing); **suspicatus** (dep., perf pssv prcpl, masc nom sing); **id** (neut acc sing); **quod** (neut nom sing); **erat** (impf actv indic 3 sing); **aliud** (neut acc sing); **novi** (neut gen sing); **consili** (neut gen sing); **initum** (i.e., *initum esse*, perf pssv infin; neut acc sing); **barbarīs** (masc abl pl); **iussit** (perf actv indic 3 sing); **cohortes** (fem acc pl); **quae** (fem nom pl); **erant** (impf actv indic 3 pl); **stationibus** (fem abl pl); **proficisci** (dep., prsnt pssv infin); **sē** (3 pers. reflxv. pron., masc abl sing); **eam** (fem acc sing); **partem** (fem acc sing); **duas** (fem acc pl); **cohortes** (fem acc pl); **reliquīs** (fem abl pl); **succedere** (prsnt actv infin); **[eas]** (fem acc pl); **stationem** (fem acc sing); **reliquas** (fem acc pl); **[cohortes]** (fem acc pl); **armari** (prsnt pssv infin); **subsequi** (dep., prsnt pssv infin); **sese** (3 pers. reflxv. pron., masc acc sing).

(4.32.D): **processisset** (pluperf actv subjv 3 sing); **longius** (comp. of *longe*); **paulō** (neut abl sing); **castrīs** (neut abl pl); **animadvertit** (perf actv indic 3 sing); **suos** (masc acc pl); **[milites]** (masc acc pl); **premi** (prsnt pssve infin); **hostibus** (masc abl pl); **sustinere** (prsnt actv infin); **legione** (fem abl sing); **confertā** (perf pssv prcpl, fem abl sing); **tela** (neut acc pl); **conici** (prsnt pssv infin); **omnibus** (fem abl pl); **partibus** (fem abl pl).

(4.32.E): **omnī** (neut abl sing); **frumentō** (neut abl sing); **demessō** (perf pssv prcpl, neut abl sing); **reliquīs** (fem abl pl); **partibus** (fem abl pl); **una** (fem nom sing); **pars** (fem nom sing); **erat** (impf actv indic 3 sing); **reliqua** (fem nom sing); **hostes** (masc nom pl); **delituerant** (pluperf actv indic 3 pl); **silvīs** (fem abl pl); **noctū** (fem abl sing); **suspicati** (dep., perf pssv prcpl, masc nom pl); **nostros** (masc acc pl); **[milites]** (masc acc pl); **venturos esse** (fut actv infin; masc acc pl).

(4.32.F): **armīs** (neut abl pl); **depositīs** (perf pssv prcpl, neut abl pl); **adorti** (dep., perf pssv prcpl, masc nom pl); **[nostros]** (masc acc pl); **[milites]** (masc acc pl); **dispersos** (perf pssv prcpl, masc acc pl); **occupatos** (perf pssv prcpl, masc acc pl); **metendō** (Gerund; fut pssv prcpl, neut abl sing); **perturbaverant** (pluperf actv indic 3 pl); **reliquos** (masc acc pl); **incertīs** (masc abl pl); **ordinibus** (masc abl pl); **paucīs** (masc abl pl); **interfectīs** (perf pssv prcpl, masc abl pl); **circumdederant** (pluperf actv indic 3 pl); **[nostros]** (masc acc pl); **[milites]** (masc acc pl); **equitatū** (masc abl sing); **essedīs** (neut abl pl).

* * * * * * * * * * * * * * * * * * *

<u>Caesar's **ORIGINAL TEXT (Book Four, Chapter 33)**</u>: **(A)** Genus hoc est ex essedis pugnae. Primo per omnes partes perequitant et tela coiciunt atque ipso terrore equorum et strepitu rotarum ordines plerumque perturbant, **(B)** et cum se inter equitum turmas insinuaverunt, ex essedis desiliunt et pedibus proeliantur. **(C)** Aurigae interim paulatim ex proelio excedunt atque ita currus collocant ut, si illi a multitudine hostium premantur, expeditum ad suos receptum habeant. **(D)** Ita mobilitatem equitum, stabilitatem peditum in proeliis praestant, ac tantum usu cotidiano et exercitatione efficiunt uti in declivi ac praecipiti loco incitatos equos sustinere et brevi moderari ac flectere et per temonem percurrere et in iugo insistere et se inde in currus citissime recipere consuerint.

<u>**Quick Reference, COMMON PRONOUNS**</u>: **hic**, haec, hoc (dem. pron.) - this; he, she, it | **ille**, illa, illud (dem. pron.) - that; that (famous) one (yonder); he, she, it | **ipse**, ipsa, ipsum (intnsv. pron.) - (one's own) self; very | **is**, ea, id (dem. pron.) - this, that; (of) such (a kind); he, she, it | **qui**, quae, quod (rel. pron.) - who, which; that

> **SUGGESTED WORD ORDER (Book Four, Chapter 33).** **(A)** Hoc est genus pugnae ex essedīs: primō[1] perequitant per omnes partes et coniciunt tela atque plerumque perturbant ordines ipsō terrore[2] equorum et strepitū[3] rotarum, **(B)** et cum insinuaverunt se inter turmas equitum desiliunt ex essedīs et proeliantur pedibus.[4] **(C)** Interim aurigae excedunt paulatim ex proeliō atque collocant currus ita ut, si illi premantur[5] a multitudine hostium, habeant[6] expeditum receptum ad suos [milites]. **(D)** Ita praestant mobilitatem equitum [et] stabilitatem peditum in proeliīs, ac efficiunt tantum cotidianō usū[7] et exercitatione[8] uti consuerint[9] sustinere incitatos equos in declivī ac praecipitī locō et moderari ac flectere [eos in] brevī [tempore], et percurrere per temonem et insistere in iugō et inde recipere se citissime in currus.

4.33 VOCABULARY SECTIONS

(A) **genus**, eris (n) - manner, nature / **pugna**, ae (f) - battle, fight / **ex** (prep) - from, out of (with Abl) / **essedum**, i (n) - (war) chariot / **primus**, a, um - first (Abl *primō* as adv., "at first") / **perequito** (1) - ride about / **per** (prep) - through (with Acc) / **omnis**, e - all, every / **pars**, partis (f) - direction, side / **conicio**, conicere (3), conieci, coniectus - hurl, throw / **telum**, i (n) - missile, spear / **plerumque** (adv) - generally / **perturbo** (1) - confuse, throw into disorder / **ordo**, inis (m) - formation, rank / **terror**, oris (m) - dread, terror / **equus**, i (m) - horse / **strepitus**, us (m) - din, clatter / **rota**, ae (f) - wheel

(B) **cum** (conj) - when / **insinuo** (1) - push in (with *se*, "penetrate, win one's way") / **inter** (prep) - between (with Acc) / **turma**, ae (f) - company, troop / **equitatus**, us (m) - cavalry / **desilio**, desilire (4), desilui, desultus - jump (down), leap / **ex** (prep) - from, out of (with Abl) / **essedum**, i (n) - (war) chariot / **proelior**, proeliari (1), proeliatus - engage in battle, fight / **pes**, pedis (m) - foot

(C) **interim** (adv) - meanwhile / **auriga**, ae (m) - charioteer / **excedo**, excedere (3), excessi, excessus - depart, withdraw / **paulatim** (adv) - gradually / **ex** (prep) - from, out of (with Abl) / **proelium**, i (n) - battle / **colloco** (1) - arrange, place / **currus**, us (m) - (war) chariot / **ita** (adv) - in such a manner / **si** (conj) - if / **premo**, premere (3), pressi, pressus - press closely, hard / **a** (prep) - by (with Abl) / **multitudo**, inis (f) - multitude / **hostis**, is (m) - enemy / **habeo**, habēre (2), habui, habitus - have / **expeditus**, a, um - convenient, ready / **receptus**, us (m) - (means of) escape / **ad** (prep) - for (with Acc) / **suus**, a, um - (one's) own / [**miles**, itis (m) - soldier]

(D) **ita** (adv) - in such a manner, thus / **praesto**, praestare (1), praestiti, praestitus - display / **mobilitas**, atis (f) - rapidity, speed / **eques**, equitis (m) - cavalry / **stabilitas**, atis (f) - stability / **pedes**, itis (m) - infantry / **in** (prep) - in (with Abl) / **proelium**, i (n) - battle / **efficio**, efficere (3), effeci, effectus - accomplish, bring to pass / **tantum** (adv) - only / **cotidianus**, a, um - daily / **usus**, us (m) - exercise, practice / **exercitatio**, onis (f) - discipline, training / **consuesco**, consuescere (3), consuevi, consuetus - be accustomed / **sustineo**, sustinēre (2), sustinui, sustentus - control, restrain / **incito** (1) - excite, spur (onward) / **equus**, i (m) - horse / **in** iterum / **declivis**, e - sloping (downward) / **praeceps**, praecipitis - steep / **locus**, i (m) - place, region / **moderor**, moderari (1), moderatus - check, restrain / **flecto**, flectere (3), flexi, flexus - turn / **brevis**, e - brief, short / [**tempus**, oris (n) - (period of) time] / **percurro**, percurrere (3), percurri, percursus - pass along, run along / **per** (prep) - along (with Acc) / **temo**, onis (m) - beam, pole / **insisto**, insistere (3), institi - set foot, stand on / **in** (prep) - atop, on (with Abl) / **iugum**, i (n) - crossbar, yoke / **inde** (adv) - after, thence / **recipio**, recipere (3), recepi, receptus - draw back (with *se*, "betake oneself, withdraw") / **cito** (adv) - nimbly, quickly / **in** (prep) - into (with Acc) / **currus**, us (m) - (war) chariot

GRAMMATICAL NOTES: **1.** *primō* (Abl of Time When); **2-3.** *ipsō terrore... strepitū* (Ablatives of Means); **4.** *pedibus* (Abl of Manner, "on foot"); **5.** *premantur* (Subjunctive as the Protasis of a Future Less Vivid Condition with the Apodosis omitted, "should they be hard pressed"); **6.** *habeant* (Subjunctive in a Clause of Result, "they would have"); **7-8.** *cotidianō usū...exercitatione* (Ablatives of Means); **9.** *consuerint* (Subjunctive in a Clause of Result, "that they have become accustomed").

Quick Reference, COMMON PRONOUNS: **hic**, haec, hoc (dem. pron.) - this; he, she, it | **ille**, illa, illud (dem. pron.) - that; that (famous) one (yonder); he, she, it | **ipse**, ipsa, ipsum (intnsv. pron.) - (one's own) self; very | **is**, ea, id (dem. pron.) - this, that; (of) such (a kind); he, she, it | **qui**, quae, quod (rel. pron.) - who, which; that

FULLY PARSED

(4.33.A): **hoc** (neut nom sing); **est** (prsnt actv indic 3 sing); **genus** (neut nom sing); **pugnae** (fem gen sing); **essedīs** (neut abl pl); **perequitant** (prsnt actv indic 3 pl); **omnes** (fem acc pl); **partes** (fem acc pl); **coniciunt** (prsnt actv indic 3 pl); **tela** (neut acc pl); **perturbant** (prsnt actv indic 3 pl); **ordines** (masc acc pl); **ipsō** (masc abl sing); **terrore** (masc abl sing); **equorum** (masc gen pl); **strepitū** (masc abl sing); **rotarum** (fem gen pl).

(4.33.B): **insinuaverunt** (perf actv indic 3 pl); **se** (3 pers. reflxv. pron., masc acc pl); **turmas** (fem acc pl); **equitum** (masc gen pl); **desiliunt** (prsnt actv indic 3 pl); **essedīs** (neut abl pl); **proeliantur** (dep., prsnt pssv indic 3 pl); **pedibus** (masc abl pl).

(4.33.C): **aurigae** (masc nom pl); **excedunt** (prsnt actv indic 3 pl); **proeliō** (neut abl sing); **collocant** (prsnt actv indic 3 pl); **currus** (masc acc pl); **illi** (masc nom pl); **premantur** (prsnt pssv subjv 3 pl); **multitudine** (fem abl sing); **hostium** (masc gen pl); **habeant** (prsnt actv subjv 3 pl); **expeditum** (masc acc sing); **receptum** (masc acc sing); **suos** (masc acc pl); **[milites]** (masc acc pl).

(4.33.D): **praestant** (prsnt actv indic 3 pl); **mobilitatem** (fem acc sing); **equitum** (masc gen pl); **stabilitatem** (fem acc sing); **peditum** (masc gen pl); **proeliīs** (neut abl pl); **efficiunt** (prsnt actv indic 3 pl); **cotidianō** (masc abl sing); **usū** (masc abl sing); **exercitatione** (fem abl sing); **consuerint** (perf actv subjv 3 pl); **sustinere** (prsnt actv infin); **incitatos** (perf pssv prcpl, masc acc pl); **equos** (masc acc pl); **declivī** (masc abl sing); **praecipitī** (masc abl sing); **locō** (masc abl sing); **moderari** (dep., prsnt pssv infin); **flectere** (prsnt actv infin); **[eos]** (masc acc pl); **brevī** (neut abl sing); **[tempore]** (neut abl sing); **percurrere** (prsnt actv infin); **temonem** (masc acc sing); **insistere** (prsnt actv infin); **iugō** (neut abl sing); **recipere** (prsnt actv infin); **se** (3 pers. reflxv. pron., masc acc pl); **citissime** (supl. of *cito*); **currus** (masc acc pl).

* * * * * * * * * * * * * * * * * *

Caesar's ORIGINAL TEXT (Book Four, Chapter 34):   **(A)** Quibus rebus perturbatis nostris novitate pugnae tempore opportunissimo Caesar auxilium tulit: namque eius adventu hostes constiterunt, nostri se ex timore receperunt. **(B)** Quo facto, ad lacessendum hostem et committendum proelium alienum esse tempus arbitratus suo se loco continuit et brevi tempore intermisso in castra legiones reduxit. **(C)** Dum haec geruntur, nostris omnibus occupatis qui erant in agris reliqui discesserunt. **(D)** Secutae sunt continuos complures dies tempestates, quae et nostros in castris continerent et hostem a pugna prohiberent. **(E)** Interim barbari nuntios in omnes partes dimiserunt paucitatemque nostrorum militum suis praedicaverunt et quanta praedae faciendae atque in perpetuum sui liberandi facultas daretur, si Romanos castris expulissent, demonstraverunt. **(F)** His rebus celeriter magna multitudine peditatus equitatusque coacta ad castra venerunt.

SUGGESTED WORD ORDER (Book Four, Chapter 34). **(A)** Quibus rēbus,[1] Caesar tulit auxilium nostris [militibus] perturbatis novitate[2] pugnae opportunissimō tempore,[3] namque hostes constiterunt adventū[4] eius [et] nostri [milites] receperunt se ex timore. **(B)** Quō factō,[5] arbitratus tempus esse alienum ad [proelium] lacessendum[6] et ad proelium committendum,[7] continuit se [in] suō locō et, brevī tempore intermissō,[8] reduxit legiones in castra. **(C)** Omnibus nostrīs [militibus] occupatīs[9] dum haec geruntur,[10] reliqui [barbari] qui erant in agrīs discesserunt. **(D)** Tempestates secutae sunt complures continuos dies,[11] quae et continerent[12] nostros [milites] in castrīs et prohiberent[13] hostem a pugnā. **(E)** Interim barbari dimiserunt nuntios in omnes partes [et] praedicaverunt paucitatem nostrorum militum suis [populis] et demonstraverunt quanta facultas daretur praedae faciendae[14] atque sui liberandi[15] in perpetuum, si expulissent[16] Romanos [ex] castrīs. **(F)** Magnā multitudine peditatus [et] equitatus celeriter coactā[17] hīs rēbus,[18] venerunt ad castra.

4.34   VOCABULARY SECTIONS

(A)   **res**, rei (f) - circumstance, event / **Caesar**, Caesaris (m) - Caius Iulius Caesar / **fero**, ferre, tuli, latus - bring, carry / **auxilium**, i (n) - aid, help / **noster**, nostra, nostrum - our / **[miles**, itis (m) - soldier] / **perturbo** (1) - confuse, throw into disorder / **novitas**, atis (f) - novelty, strangeness / **pugna**, ae (f) - battle, fight / **opportunus**, a, um - suitable / **tempus**,

Quick Reference, COMMON PRONOUNS: **hic**, haec, hoc (dem. pron.) - this; he, she, it | **ille**, illa, illud (dem. pron.) - that; that (famous) one (yonder); he, she, it | **ipse**, ipsa, ipsum (intnsv. pron.) - (one's own) self; very | **is**, ea, id (dem. pron.) - this, that; (of) such (a kind); he, she, it | **qui**, quae, quod (rel. pron.) - who, which; that

oris (n) - (period of) time / **hostis**, is (m) - enemy / **consisto**, consistere (3), constiti, constitus - halt, stand (still) / **adventus**, us (m) - approach, arrival / **noster** *iterum* / [**miles** *iterum*] / **recipio**, recipere (3), recepi, receptus - rally, recover / **ex** (prep) - from (with Abl) / **timor**, oris (m) - fear, panic

(B) **facio**, facere (3), feci, factus - do, perform / **arbitror**, arbitrari (1), arbitratus - believe, suppose / **tempus**, oris (n) - (period of) time / **alienus**, a, um - unfavorable / **ad** (prep) - for the purpose of (with Acc) / [**proelium**, i (n) - battle] / **lacesso**, lacessere (3), lacessivi, lacessitus - challenge, provoke / **ad** *iterum* / **proelium** *iterum* / **committo**, committere (3), commisi, commissus - carry on, wage / **contineo**, continēre (2), continui, contentus - hold, restrain / [**in** (prep) - in (with Abl)] / **suus**, a, um - (one's) own / **locus**, i (m) - place, position / **brevis**, e - brief, short / **tempus** *iterum* / **intermitto**, intermittere (3), intermisi, intermissus - elapse, pass / **reduco**, reducere (3), reduxi, reductus - lead back / **legio**, onis (f) - legion / **in** (prep) - into (with Acc) / **castra**, orum (n) - (military) camp

(C) **omnis**, e - all / **noster**, nostra, nostrum - our / [**miles**, itis (m) - soldier] / **occupo** (1) - employ, occupy / **dum** (conj) - while / **gero**, gerere (3), gessi, gestus - carry on, conduct / **reliquus**, a, um - the (other) remaining / [**barbarus**, i (m) - barbarian, native (tribesman)] / **in** (prep) - in (with Abl) / **ager**, agri (m) - field / **discedo**, discedere (3), discessi, discessus - depart, withdraw

(D) **tempestas**, atis (f) - gale, storm / **sequor**, sequi (3), secutus - ensue, follow / **complures**, a - several (Gen -*ium*) / **continuus**, a, um - consecutive, successive / **dies**, ei (m) - day / **contineo**, continēre (2), continui, contentus - detain, hold, keep / **noster**, nostra, nostrum - our / [**miles**, itis (m) - soldier] / **in** (prep) - in (with Abl) / **castra**, orum (n) - (military) camp / **prohibeo**, prohibēre (2), prohibui, prohibitus - prevent / **hostis**, is (m) - enemy / **a** (prep) - from (with Abl) / **pugna**, ae (f) - battle

(E) **interim** (adv) - meanwhile / **barbarus**, i (m) - barbarian, native (tribesman) / **dimitto**, dimittere (3), dimisi, dimissus - send forth / **nuntius**, i (m) - messenger / **in** (prep) - into (with Acc) / **omnis**, e - all, every / **pars**, partis (f) - direction, part, region / **praedico** (1) - announce, declare openly / **paucitas**, atis (f) - scarcity, small number / **noster**, nostra, nostrum - our / **miles**, itis (m) - soldier / **suus**, a, um - (one's) own / [**populus**, i (m) - people] / **demonstro** (1) - point out, show / **quantus**, a, um - how great / **facultas**, atis (f) - opportunity, possibility / **do**, dare (1), dedi, datus - give / **praeda**, ae (f) - plunder, spoil / **facio**, facere (3), feci, factus - gather (in) / **libero** (1) - liberate, set free / **in** (prep) - for, into (with Acc) / **perpetuus**, a, um - continuous, perpetual (with *in*, "forever, in perpetuity") / **si** (conj) - if / **expello**, expellere (3), expuli, expulsus - drive out, expel / **Romani**, orum (m) - the Romans / **ex** (prep) - from (with Abl) / **castra**, orum (n) - (military) camp

(F) **magnus**, a, um - great / **multitudo**, inis (f) - multitude, number / **peditatus**, us (m) - infantry / **equitatus**, us (m) - cavalry / **celeriter** (adv) - quickly / **cogo**, cogere (3), coegi, coactus - collect, gather / **res**, rei (f) - affair, circumstance / **venio**, venire (4), veni, ventus - arrive, come / **ad** (prep) - to, towards (with Acc) / **castra**, orum (n) - (military) camp

GRAMMATICAL NOTES: 1. *quibus rēbus* (Abl of Cause, "under which circumstances"); 2. *novitate* (Abl of Means); 3. *opportunissimō tempore* (Abl of Time When); 4. *adventū* (Abl of Cause, "because of his approach"); 5. *quō factō* (Abl Absol, "which having been done"); 6-7. *ad [proelium] lacessendum et ad proelium committendum* (Gerundives, "for provoking and waging battle"); 8. *brevī tempore intermissō* (Abl Absol, "a brief amount of time having passed"); 9. *omnibus nostrīs [militibus] occupatīs* (Abl Absol, "with all our [soldiers] having been kept occupied"); 10. *dum haec geruntur* (lit., "while these things are being conducted," i.e., "in the meanwhile"); 11. *complures continuos dies* (Acc of Extent of Time, "for several consecutive days"); 12-13. *continerent...prohiberent* (Subjunctives in a Relative Clause of Characteristic, "which both detained ... [and] prevented"); 14. *praedae faciendae* (Gerundive, "of gathering in plunder"); 15. *sui liberandi* (Gerundive, "of liberating themselves"; note that while *sui* is plural, *liberandi* is attracted to the singular for euphony); 16. *expulissent* (Subjunctive in Indirect Speech, "if they expelled"); 17. *magnā multitudine peditatus [et] equitatus celeriter coactā* (Abl Absol, "with a great multitude of infantry and cavalry having been quickly collected"); 18. *hīs rēbus* (Abl of Cause, "because of these affairs").

Quick Reference, COMMON PRONOUNS: **hic**, haec, hoc (dem. pron.) - this; he, she, it | **ille**, illa, illud (dem. pron.) - that; that (famous) one (yonder); he, she, it | **ipse**, ipsa, ipsum (intnsv. pron.) - (one's own) self; very | **is**, ea, id (dem. pron.) - this, that; (of) such (a kind); he, she, it | **qui**, quae, quod (rel. pron.) - who, which; that

FULLY PARSED

(4.34.A): **quibus** (fem abl pl); **rēbus** (fem abl pl); **Caesar** (masc nom sing); **tulit** (perf actv indic 3 sing); **auxilium** (neut acc sing); **nostris** (masc dat pl); **[militibus]** (masc dat pl); **perturbatis** (perf pssv prcpl, masc dat pl); **novitate** (fem abl sing); **pugnae** (fem gen sing); **opportunissimō** (neut abl sing; supl. of *opportunus*); **tempore** (neut abl sing); **hostes** (masc nom pl); **constiterunt** (perf actv indic 3 pl); **adventū** (masc abl sing); **eius** (masc gen sing); **nostri** (masc nom pl); **[milites]** (masc nom pl); **receperunt** (perf actv indic 3 pl); **se** (3 pers. reflxv. pron., masc acc pl); **timore** (masc abl sing).

(4.34.B): **quō** (neut abl sing); **factō** (perf pssv prcpl, neut abl sing); **arbitratus** (dep., perf pssv prcpl, masc nom sing); **tempus** (neut acc sing); **esse** (prsnt actv infin); **alienum** (neut acc sing); **[proelium]** (neut acc sing); **lacessendum** (Gerundive; fut pssv prcpl, neut acc sing); **proelium** (neut acc sing); **committendum** (Gerundive; fut pssv prcpl, neut acc sing); **continuit** (perf actv indic 3 sing); **se** (3 pers. reflxv. pron., masc acc sing); **suō** (masc abl sing); **locō** (masc abl sing); **brevī** (neut abl sing); **tempore** (neut abl sing); **intermissō** (perf pssv prcpl, neut abl sing); **reduxit** (perf actv indic 3 sing); **legiones** (fem acc pl); **castra** (neut acc pl).

(4.34.C): **omnibus** (masc abl pl); **nostrīs** (masc abl pl); **[militibus]** (masc abl pl); **occupatīs** (perf pssv prcpl, masc abl pl); **haec** (neut nom pl); **geruntur** (prsnt pssv indic 3 pl); **reliqui** (masc nom pl); **[barbari]** (masc nom pl); **qui** (masc nom pl); **erant** (impf actv indic 3 pl); **agrīs** (masc abl pl); **discesserunt** (perf actv indic 3 pl).

(4.34.D): **tempestates** (fem nom pl); **secutae sunt** (dep., perf pssv indic 3 pl; fem nom); **complures** (masc acc pl); **continuos** (masc acc pl); **dies** (masc acc pl); **quae** (fem nom pl); **continerent** (impf actv subjv 3 pl); **nostros** (masc acc pl); **[milites]** (masc acc pl); **castrīs** (neut abl pl); **prohiberent** (impf actv subjv 3 pl); **hostem** (masc acc sing); **pugnā** (fem abl sing).

(4.34.E): **barbari** (masc nom pl); **dimiserunt** (perf actv indic 3 pl); **nuntios** (masc acc pl); **omnes** (fem acc pl); **partes** (fem acc pl); **praedicaverunt** (perf actv indic 3 pl); **paucitatem** (fem acc sing); **nostrorum** (masc gen pl); **militum** (masc gen pl); **suis** (masc dat pl); **[populis]** (masc dat pl); **demonstraverunt** (perf actv indic 3 pl); **quanta** (fem nom sing); **facultas** (fem nom sing); **daretur** (impf pssv subjv 3 sing); **praedae** (fem gen sing); **faciendae** (Gerundive; fut pssv prcpl, fem gen sing); **sui** (3 pers. reflxv. pron., masc gen pl); **liberandi** (Gerundive; fut pssv prcpl, masc gen sing); **perpetuum** (neut acc sing); **expulissent** (pluperf actv subjv 3 pl); **Romanos** (masc acc pl); **castrīs** (neut abl pl).

(4.34.F): **magnā** (fem abl sing); **multitudine** (fem abl sing); **peditatus** (masc gen sing); **equitatus** (masc gen sing); **coactā** (perf pssv prcpl, fem abl sing); **hīs** (fem abl pl); **rēbus** (fem abl pl); **venerunt** (perf actv indic 3 pl); **castra** (neut acc pl).

* * * * * * * * * * * * * * * * *

<u>Caesar's ORIGINAL TEXT (Book Four, Chapter 35)</u>: **(A)** Caesar, etsi idem quod superioribus diebus acciderat fore videbat, ut, si essent hostes pulsi, celeritate periculum effugerent, tamen nactus equites circiter XXX, quos Commius Atrebas, de quo ante dictum est, secum transportaverat, legiones in acie pro castris constituit. **(B)** Commisso proelio diutius nostrorum militum impetum hostes ferre non potuerunt ac terga verterunt. **(C)** Quos tanto spatio secuti quantum cursu et viribus efficere potuerunt, complures ex eis occiderunt, deinde omnibus longe lateque aedificiis incensis se in castra receperunt.

<u>**SUGGESTED WORD ORDER (Book Four, Chapter 35)**</u>. **(A)** Caesar, etsi videbat idem fore [i.e., futurum esse] quod acciderat [in] <u>superioribus diēbus</u>,[1] ut, si hostes <u>pulsi essent</u>,[2] <u>effugerent</u>[3] periculum <u>celeritate</u>,[4] tamen constituit legiones in aciē pro castrīs, nactus circiter XXX equites quos Atrebas Commius (de quō <u>dictum est</u>[5] ante) transportaverat cum sē. **(B)** <u>Proeliō commissō</u>,[6] hostes non potuerunt ferre impetum nostrorum militum diutius ac verterunt terga. **(C)** Quos, [nostri milites] secuti <u>tantō spatiō</u>[7] quantum potuerunt efficere <u>cursū</u>[8] et <u>viribus</u>,[9] occiderunt complures ex eīs; deinde, <u>omnibus aedificiīs incensīs longe [et] late</u>[10], receperunt se in castra.

<u>**Quick Reference, COMMON PRONOUNS**</u>: **hic**, haec, hoc (dem. pron.) - this; he, she, it | **ille**, illa, illud (dem. pron.) - that; that (famous) one (yonder); he, she, it | **ipse**, ipsa, ipsum (intnsv. pron.) - (one's own) self; very | **is**, ea, id (dem. pron.) - this, that; (of) such (a kind); he, she, it | **qui**, quae, quod (rel. pron.) - who, which; that

4.35   **VOCABULARY SECTIONS**

(A)   **Caesar**, Caesaris (m) - Caius Iulius Caesar / **etsi** (conj) - although / **video**, vidēre (2), vidi, visus - see / **idem**, eadem, idem - same / **accido**, accidere (3), accidi - come to pass, happen / [**in** (prep) - in, on (with Abl)] / **superior**, ius - previous, recent / **dies**, ei (m) - day / **si** (conj) - if / **hostis**, is (m) - enemy / **pello**, pellere (3), pepuli, pulsus - put to flight, repulse / **effugio**, effugere (3), effugi, effugitus - escape, flee (from) / **periculum**, i (n) - danger, risk / **celeritas**, atis (f) - alacrity, speed / **tamen** (adv) - nevertheless / **constituo**, constituere (3), constitui, constitutus - array, draw up, position / **legio**, onis (f) - legion / **in** (prep) - in (with Abl) / **acies**, ei (f) - (line of) battle / **pro** (prep) - before, in front of (with Abl) / **castra**, orum (n) - (military) camp / **nanciscor**, nanciscari (1), nactus - obtain, receive / **circiter** (prep) - about (with Acc) / **XXX** - 30 / **eques**, equitis (m) - cavalryman / **Atrebas**, atis (m) - an Atrebatian, of the Atrebates (tribe) / **Commius**, i (m) - Commius (Atrebatian chieftain) / **de** (prep) - about (with Abl) / **dico**, dicere (3), dixi, dictus - relate, tell / **ante** (adv) - previously / **transporto** (1) - carry over / **cum** (prep) - with (with Abl)

(B)   **proelium**, i (n) - battle / **committo**, committere (3), commisi, commissus - join, wage / **hostis**, is (m) - enemy / **possum**, posse, potui - be able / **fero**, ferre, tuli, latus - bear, endure / **impetus**, us (m) - attack / **noster**, nostra, nostrum - our / **miles**, itis (m) - soldier / **diutius** (adv) - for very long / **verto**, vertere (3), verti, versus - turn (with *tergum*, "turn around in retreat") / **tergum**, i (n) - back

(C)   [**noster**, nostra, nostrum - our] / [**miles**, itis (m) - soldier] / **sequor**, sequi (3), secutus - follow, pursue / **tantus**, a, um - so great, such / **spatium**, i (n) - distance / **quantum** (adv) - to such an extent that (*tantō...quantum*, "by as great...as") / **possum**, posse, potui - be able / **efficio**, efficere (3), effeci, effectus - accomplish, bring about / **cursus**, us (m) - speed / **vis**, vis (f) - force, power; (pl) stamina, strength / **occido**, occidere (3), occidi, occisus - kill, slay / **complures**, a - several (Gen -*ium*) / **ex** (prep) - from, out of (with Abl) / **deinde** (adv) - next, then / **omnis**, e - all, every / **aedificium**, i (n) - building, structure / **incendo**, incendere (3), incendi, incensus - burn, set fire to / **longe** (adv) - far / **late** (adv) - widely (with *longe*, "far and wide") / **recipio**, recipere (3), recepi, receptus - draw back (with *se*, "betake oneself, withdraw") / **in** (prep) - into (with Acc) / **castra**, orum (n) - (military) camp

GRAMMATICAL NOTES: 1. *superioribus diēbus* (Abl of Time When); 2. *pulsi essent* (Conditional Subjunctive in Indirect Speech, "if the enemy were put to rout"); 3. *effugerent* (Subjunctive in a Noun Clause of Result, "that they would flee from"); 4. *celeritate* (Abl of Manner, "with alacrity"); 5. *dictum est* (impers., "it has been related"); 6. *proeliō commissō* (Abl Absol, "battle having been joined"); 7. *tantō spatiō* (Abl of Degree of Difference concerning Distance, "by as great a distance as"); 8-9. *cursū et viribus* (Ablatives of Manner, "with speed and endurance"); 10. *omnibus aedificiīs incensīs longe [et] late* (Abl Absol, "with all the buildings having been burned far and wide").

FULLY PARSED _____

(4.35.A): **Caesar** (masc nom sing); **videbat** (impf actv indic 3 sing); **idem** (neut acc sing); **fore** (i.e., *futurum esse*, fut actv infin of *sum*; neut acc sing); **quod** (neut nom sing); **acciderat** (pluperf actv indic 3 sing); **superioribus** (masc abl pl; comp. of *superus*); **diēbus** (masc abl pl); **hostes** (masc nom pl); **pulsi essent** (pluperf pssv subjv 3 pl; masc nom); **effugerent** (impf actv subjv 3 pl); **periculum** (neut acc sing); **celeritate** (fem abl sing); **constituit** (perf actv indic 3 sing); **legiones** (fem acc pl); **aciē** (fem abl sing); **castrīs** (neut abl pl); **nactus** (dep., perf pssv prcpl, masc nom sing); **equites** (masc acc pl); **quos** (masc acc pl); **Atrebas** (masc nom sing); **Commius** (masc nom sing); **quō** (masc abl sing); **dictum est** (impers., perf pssv indic 3 sing; neut nom); **transportaverat** (pluperf actv indic 3 sing); **sē** (3 pers. reflxv. pron., masc acc sing).

(4.35.B): **proeliō** (neut abl sing); **commissō** (perf pssv prcpl, neut abl sing); **hostes** (masc nom pl); **potuerunt** (perf actv indic 3 pl); **ferre** (prsnt actv infin); **impetum** (masc acc sing); **nostrorum** (masc gen pl); **militum** (masc gen pl); **diutius** (comp. of *diu*); **verterunt** (perf actv indic 3 pl); **terga** (neut acc pl).

Quick Reference, COMMON PRONOUNS: **hic**, haec, hoc (dem. pron.) - this; he, she, it | **ille**, illa, illud (dem. pron.) - that; that (famous) one (yonder); he, she, it | **ipse**, ipsa, ipsum (intnsv. pron.) - (one's own) self; very | **is**, ea, id (dem. pron.) - this, that; (of) such (a kind); he, she, it | **qui**, quae, quod (rel. pron.) - who, which; that

(4.35.C): **quos** (masc acc pl); **[nostri]** (masc nom pl); **[milites]** (masc nom pl); **secuti** (dep., perf pssv prcpl, masc nom pl); **tantō** (neut abl sing); **spatiō** (neut abl sing); **potuerunt** (perf actv indic 3 pl); **efficere** (prsnt actv infin); **cursū** (masc abl sing); **viribus** (fem abl pl); **occiderunt** (perf actv indic 3 pl); **complures** (masc acc pl); **eīs** (masc abl pl); **omnibus** (neut abl pl); **aedificiīs** (neut abl pl); **incensīs** (perf pssv prcpl, neut abl pl); **receperunt** (perf actv indic 3 pl); **se** (3 pers. reflxv. pron., masc acc pl); **castra** (neut acc pl).

* * * * * * * * * * * * * * * * * *

Caesar's <u>**ORIGINAL TEXT (Book Four, Chapter 36, Sentence One)**</u>: **(A)** Eodem die legati ab hostibus missi ad Caesarem de pace venerunt.

<u>**SUGGESTED WORD ORDER (Book Four, Chapter 36, Sentence One)**</u>. **(A)** Eōdem diē,[1] legati missi ab hostibus venerunt ad Caesarem de pace.

4.36 <u>**VOCABULARY SECTION**</u>

(A)   **idem**, eadem, idem - same / **dies**, ei (m) - day / **legatus**, i (m) - ambassador, envoy / **mitto**, mittere (3), misi, missus - send / **ab** (prep) - by (with Abl) / **hostis**, is (m) - enemy / **venio**, venire (4), veni, ventus - arrive, come / **ad** (prep) - to (with Acc) / **Caesar**, Caesaris (m) - Caius Iulius Caesar / **de** (prep) - about, concerning (with Abl) / **pax**, pacis (f) - peace

<u>GRAMMATICAL NOTE</u>: 1. *eōdem diē* (Abl of Time When).

<u>**FULLY PARSED**</u>

(4.36.A): **eōdem** (masc abl sing); **diē** (masc abl sing); **legati** (masc nom pl); **missi** (perf pssv prcpl, masc nom pl); **hostibus** (masc abl pl); **venerunt** (perf actv indic 3 pl); **Caesarem** (masc acc sing); **pace** (fem abl sing).

* * * * * * * * * * * * * * * * * *

<u>**Quick Reference, COMMON PRONOUNS**</u>: **hic**, haec, hoc (dem. pron.) - this; he, she, it | **ille**, illa, illud (dem. pron.) - that; that (famous) one (yonder); he, she, it | **ipse**, ipsa, ipsum (intnsv. pron.) - (one's own) self; very | **is**, ea, id (dem. pron.) - this, that; (of) such (a kind); he, she, it | **qui**, quae, quod (rel. pron.) - who, which; that

Book Five

(Chapters 24-48)

<u>Caesar's **ORIGINAL TEXT (Book Five, Chapter 24)**</u>: **(A)** Subductis navibus, concilioque Gallorum Samarobrivae peracto, quod eo anno frumentum in Gallia propter siccitates angustius provenerat, coactus est aliter ac superioribus annis exercitum in hibernis collocare, legionesque in pluris civitates distribuere. **(B)** Ex quibus unam in Morinos ducendam C. Fabio legato dedit, alteram in Nervos Q. Ciceroni, tertiam in Esubios L. Roscio; quartam in Remis cum T. Labieno in confinio Treverorum hiemare iussit. **(C)** Tres in Belgis collocavit; eis M. Crassum quaestorem et L. Munatium Plancum et C. Trebonium legatos praefecit. **(D)** Unam legionem, quam proxime trans Padum conscripserat, et cohortis V in Eburones, quorum pars maxima est inter Mosam ac Rhenum, qui sub imperio Ambiorigis et Catuvolci erant, misit. **(E)** Eis militibus Q. Titurium Sabinum et L. Aurunculeium Cottam legatos praeesse iussit. **(F)** Ad hunc modum distributis legionibus, facillime inopiae frumentariae sese mederi posse existimavit. **(G)** Atque harum tamen omnium legionum hiberna, praeter eam quam L. Roscio in pacatissimam et quietissimam partem ducendam dederat, milibus passuum centum continebantur. **(H)** Ipse interea, quoad legiones collacatas munitaque hiberna cognovisset, in Gallia morari constituit.

SUGGESTED WORD ORDER (Book Five, Chapter 24). **(A)** <u>Navibus subductīs</u> [et] <u>conciliō Gallorum peractō</u>¹ Samarobrivae, quod frumentum provenerat angustius in Galliā propter siccitates [in] <u>eō annō</u>,² [Caesar] coactus est collocare exercitum in hibernīs aliter ac <u>superioribus annīs</u>³ [et] distribuere legiones in plures civitates. **(B)** Ex quibus [legionibus] dedit unam <u>ducendam</u>⁴ in Morinos <u>legato</u>,⁵ C[aio] Fabio; [dedit] alteram [ducendam]⁴ in Nervios [legato]⁵ Q[uinto] Ciceroni; [dedit] tertiam [ducendam]⁴ in Esubios [legato]⁵ L[ucio] Roscio; [et] iussit quartam [ducendam]⁴ cum [legato]⁵ T[ito] Labienō hiemare in Remīs in confiniō Treverorum. **(C)** Collocavit tres in Belgīs: praefecit <u>quaestorem</u>,⁶ M[arcum] Crassum, et <u>legatos</u>,⁵ L[ucium] Munatium Plancum et C[aium] Trebonium, eis [legionibus]. **(D)** Misit unam legionem, quam conscripserat proxime trans Padum, et V <u>cohortes</u>⁷ in Eburones quorum maxima pars est inter Mosam ac Rhenum, qui erant sub imperiō Ambiorigis et Catuvolci. **(E)** Iussit <u>legatos</u>⁵ Q[uintum] Titurium Sabinum et L[ucium] Aurunculeium Cottam praeesse eis militibus. **(F)** <u>Legionibus distributīs</u>⁸ ad hunc modum, existimavit sese posse mederi inopiae frumentariae facillime. **(G)** Atque tamen hiberna omnium harum legionum, praeter eam quam [Caesar] dederat L[ucio] Roscio <u>ducendam</u>⁴ in pacatissimam et quietissimam partem, continebantur <u>centum milibus passuum</u>.⁹ **(H)** Interea ipse, quoad <u>cognovisset</u>¹⁰ legiones collocatas [i.e., collocatas esse] [et] hiberna munita [i.e., munita esse], constituit morari in Galliā.

5.24   <u>**VOCABULARY SECTIONS**</u>

(A)   **navis**, is (f) - ship / **subduco**, subducere (3), subduxi, subductus - draw up / **concilium**, i (n) - assembly, council / **Galli**, orum (m) - the Gauls / **perago**, peragere (3), peregi, peractus - carry out, finish / **Samarobriva**, ae (f) - (town of) Samarobriva (mod. Amiens) / **quod** (conj) - because, since / **frumentum**, i (n) - corn, grain (harvest) / **provenire**, provenire (4), proveni, proventus - come forth, grow / **anguste** (adv) - limited, scarce / **in** (prep) - in (with Abl) / **Gallia**, ae (f) - Gaul / **propter** (prep) - because of (with Acc) / **siccitas**, atis (f) - drought / [**in** *iterum*] / **annus**, i (m) - year / [**Caesar**, Caesaris (m) - Caius Iulius Caesar] / **cogo**, cogere (3), coegi, coactus - compel, force / **colloco** (1) - assign, position, station / **exercitus**, us (m) - army / [**in** *iterum*] / **hiberna**, orum (n) - winter quarters / **aliter** (adv) - differently, otherwise (with ac, "otherwise than") / **ac** (conj) - moreover / **superior**, ius - former, preceding, previous / **annus** *iterum* / **distribuo**, distribuere (3), distribui, distributus - distribute / **legio**, onis (f) - legion / **in** (prep) - into (with Acc) / **plures**, pluris - many, more / **civitas**, atis (f) - community, tribe

(B)   **ex** (prep) - from, out of (with Abl) / [**legio**, onis (f) - legion] / **do**, dare (1), dedi, datus - assign, give / **unus**, a, um - one / **duco**, ducere (3), duxi, ductus - conduct, lead / **in** (prep) - among, into (the territory of) (with Acc) / **Morini**, orum (m) - the Morini (a Gallic tribe) / **legatus**, i (m) - legate / **C. Fabius**, i (m) - Caius Fabius / [**do** *iterum*] / **alter**, altera, alterum - another, (the) second / [**duco** *iterum*] / [**in** *iterum*] / **Nervii**, orum (m) - the Nervii (a Gallic tribe) / [**legatus** *iterum*] / **Q. Cicero**, onis (m) - Quintus Tullius Cicero (pr. 62 BC) / [**do** *iterum*] / **tertius**, a, um - third / [**duco** *iterum*] / [**in** *iterum*] / **Esubii**, orum (m) - the Esubii (a Gallic tribe) / [**legatus** *iterum*] / **L. Roscius**, i (m) -

---

<u>Quick Reference, **COMMON PRONOUNS**</u>: **hic**, haec, hoc (dem. pron.) - this; he, she, it | **ille**, illa, illud (dem. pron.) - that; that (famous) one (yonder); he, she, it | **ipse**, ipsa, ipsum (intnsv. pron.) - (one's own) self; very | **is**, ea, id (dem. pron.) - this, that; (of) such (a kind); he, she, it | **qui**, quae, quod (rel. pron.) - who, which; that

Lucius Roscius Fabatus (pr. 49 BC) / **iubeo**, iubēre (2), iussi, iussus - command, order / **quartus**, a, um - fourth / [**duco** *iterum*] / **cum** (prep) - with (with Abl) / [**legatus** *iterum*] / **T. Labienus**, i (m) - Titus Attius Labienus / **hiemo** (1) - make winter quarters, pass the winter / **in** (prep) - among (with Abl) / **Remi**, orum (m) - the Remi (a Gallic tribe) / **in** (prep) - on (with Abl) / **confinium**, i (n) - border, frontier / **Treveri**, orum (m) - the Treveri (a Germanic tribe)

(C) **colloco** (1) - position, station / **tres**, tria (num. adj.) - three / **in** (prep) - among (with Abl) / **Belgae**, arum (m) - the Belgae (a Gallic tribe) / **praeficio**, praeficere (3), praefeci, praefectus - "appoint (Acc) to command (Dat)" / **quaestor**, oris (m) - quaestor / **M. Crassus**, i (m) - Marcus Licinius Crassus (quaest. 54 BC) / **legatus**, i (m) - legate / **L. Munatius Plancus**, i (m) - Lucius Munatius Plancus (cos. 42 BC) / **C. Trebonius**, i (m) - Caius Trebonius (suff. cos. 45 BC) / [**legio**, onis (f) - legion]

(D) **mitto**, mittere (3), misi, missus - dispatch, send / **unus**, a, um - one / **legio**, onis (f) - legion / **conscribo**, conscribere (3), conscripsi, conscriptus - enlist, enrol, levy / **proxime** (adv) - recently / **trans** (prep) - across (with Acc) / **Padus**, i (m) - the Po (river) / **V** or **quinque** - five / **cohors**, ortis (f) - (legionary) cohort / **in** (prep) - into (the territory of) (with Acc) / **Eburones**, um (m) - the Eburones (a Gallic tribe) / **maximus**, a, um - greatest, largest / **pars**, partis (f) - part, portion / **inter** (prep) - between (with Acc) / **Mosa**, ae (f) - the Meuse (river) / **Rhenus**, i (m) - the Rhine (river) / **sub** (prep) - under (with Abl) / **imperium**, i (n) - dominion, sovereignty / **Ambiorix**, igis (m) - Ambiorix (co-ruler of the Eburones) / **Catuvolcus**, i (m) - Catuvolcus (co-ruler of the Eburones)

(E) **iubeo**, iubēre (2), iussi, iussus - command, order / **legatus**, i (m) - legate / **Q. Titurius Sabinus**, i (m) - Quintus Titurius Sabinus / **L. Aurunculeius Cotta**, ae (m) - Lucius Aurunculeius Cotta / **praesum**, praeesse, praefui - be in command of (with Dat) / **miles**, itis (m) - soldier

(F) **legio**, onis (f) - legion / **distribuo**, distribuere (3), distribui, distributus - distribute / **ad** (prep) - to, toward (with Acc) / **modus**, i (m) - manner, way (with *ad hunc*, "in this manner") / **existimo** (1) - believe, think / **possum**, posse, potui - be able / **medeor**, mederi (2) - alleviate, provide for (with Dat) / **inopia**, ae (f) - need, scarcity / **frumentarius**, a, um - having to do with corn or provisions (with *inopia*, "scarcity of the corn supply") / **facile** (adv) - easily

(G) **tamen** (adv) - however, yet / **hiberna**, orum (n) - winter quarters / **omnis**, e - all / **legio**, onis (f) - legion / **praeter** (prep) - except (with Acc) / [**Caesar**, Caesaris (m) - Caius Iulius Caesar] / **do**, dare (1), dedi, datus - assign, give / **L. Roscius**, i (m) - Lucius Roscius Fabatus (pr. 49 BC) / **duco**, ducere (3), duxi, ductus - conduct, lead / **in** (prep) - into (with Acc) / **pacatus**, a, um - peaceful, tranquil / **quietus**, a, um - calm, untroubled / **pars**, partis (f) - part, region / **contineo**, continēre (2), continui, contentus - border, confine / **centum** (indecl. num.) - one hundred / **milia**, ium (n) - thousands / **passus**, us (m) - pace (i.e., 5 Roman ft.; 1000 *passus* to a Roman mile)

(H) **interea** (adv) - meanwhile / **quoad** (adv) - until / **cognosco**, cognoscere (3), cognovi, cognitus - ascertain, learn / **legio**, onis (f) - legion / **colloco** (1) - position, station / **hiberna**, orum (n) - winter quarters / **munio**, munire (4), munivi, munitus - fortify, secure / **constituo**, constituere (3), constitui, constitutus - decide, resolve / **moror**, morari (1), moratus - delay, linger / **in** (prep) - in (with Abl) / **Gallia**, ae (f) - Gaul

GRAMMATICAL NOTES: **1.** *navibus subductīs [et] conciliō Gallorum peractō* (Ablative Absolutes, "with the ships having been drawn up ashore [and] an assembly of the Gauls having been held"); **2.** *eō annō* (Abl of Time When); **3.** *superioribus annīs* (Abl of Comparison after *aliter ac*, "otherwise than in previous years"); **4.** *ducendam* (Gerundive, "to be led"); **8.** *legionibus distributīs* (Abl Absol, "with the legions having been distributed"); **9.** *centum milibus passuum* (Abl of Means, lit., "by 100 thousands of paces," i.e., "by 100 miles"); **10.** *cognovisset* (Subjunctive after *quoad* in a Temporal Clause implying Intention, "until he had learned"). | **HISTORICAL NOTES**: **5.** During the late Republic, the *legatus* was an officer of senatorial rank serving on the military staff of an elected *imperium*-bearing magistrate; the *legatus* outranked the legion's military tribunes and could be appointed to a semi-independent military command subordinate to the magistrate from whom he derived authority. | **6.** The quaestorship was the most junior magistracy of the senatorial *cursus honorum* (lit., "path of honors," the successive series of elective magistracies comprising

---

Quick Reference, COMMON PRONOUNS: **hic**, haec, hoc (dem. pron.) - this; he, she, it | **ille**, illa, illud (dem. pron.) - that; that (famous) one (yonder); he, she, it | **ipse**, ipsa, ipsum (intnsv. pron.) - (one's own) self; very | **is**, ea, id (dem. pron.) - this, that; (of) such (a kind); he, she, it | **qui**, quae, quod (rel. pron.) - who, which; that

the Roman political career), whose holders were allotted a wide range of fiscal responsibilities (e.g., supervising treasuries in Rome or elsewhere, collecting customs and port duties, managing provincial finances, etc.); following Sulla's constitutional reforms (81 BC), the twenty *quaestores* elected annually by the *comitia populi tributa* (i.e., an "Assembly of the People" including all citizens organized into 35 electoral tribes) were automatically enrolled as members of the Senate. Magistrates serving abroad could request that a particular *quaestor* accompany his staff, a distinction which potentially afforded the latter considerable judicial and military responsibilities alongside his traditional financial duties; a life-long bond of *fides* was supposed to exist between the *quaestor* and his senior sponsor. | 7. The cohort, comprised of six centuries of troops (i.e., 600 soldiers and non-combatant personnel), was the basic tactical unit of the Roman legion which ideally maintained a complement of ten cohorts at full strength.

FULLY PARSED

(5.24.A): **navibus** (fem abl pl); **subductīs** (perf pssv prcpl, fem abl pl); **conciliō** (neut abl sing); **Gallorum** (masc gen pl); **peractō** (perf pssv prcpl, neut abl sing); **Samarobrivae** (fem loc sing); **frumentum** (neut nom sing); **provenerat** (pluperf actv indic 3 sing); **angustius** (comp. of *anguste*); **Galliā** (fem abl sing); **siccitates** (fem acc pl); **eō** (masc abl sing); **annō** (masc abl sing); **[Caesar]** (masc nom sing); **coactus est** (perf pssv indic 3 sing); **collocare** (prsnt actv infin); **exercitum** (masc acc sing); **hibernīs** (neut abl pl); **superioribus** (masc abl pl); **annīs** (masc abl pl); **distribuere** (prsnt actv infin); **legiones** (fem acc pl); **plures** (fem acc pl; comp. of *multus*); **civitates** (fem acc pl).

(5.24.B): **quibus** (fem abl pl); **[legionibus]** (fem abl pl); **dedit** (perf actv indic 3 sing); **unam** (fem acc sing); **ducendam** (Gerundive; fut pssv prcpl, fem acc sing); **Morinos** (masc acc pl); **legato** (masc dat sing); **C[aio]** (masc dat sing); **Fabio** (masc dat sing); **[dedit]** (perf actv indic 3 sing); **alteram** (fem acc sing); **[ducendam]** (Gerundive; fut pssv prcpl, fem acc sing); **Nervios** (masc acc pl); **[legato]** (masc dat sing); **Q[uinto]** (masc dat sing); **Ciceroni** (masc dat sing); **[dedit]** (perf actv indic 3 sing); **tertiam** (fem acc sing); **[ducendam]** (Gerundive; fut pssv prcpl, fem acc sing); **Esubios** (masc acc pl); **[legato]** (masc dat sing); **L[ucio]** (masc dat sing); **Roscio** (masc dat sing); **iussit** (perf actv indic 3 sing); **quartam** (fem acc sing); **[ducendam]** (Gerundive; fut pssv prcpl, fem acc sing); **[legatō]** (masc abl sing); **T[itō]** (masc abl sing); **Labienō** (masc abl sing); **hiemare** (prsnt actv infin); **Remīs** (masc abl pl); **confiniō** (neut abl sing); **Treverorum** (masc gen pl).

(5.24.C): **collocavit** (perf actv indic 3 sing); **tres** (fem acc pl); **Belgīs** (masc abl pl); **praefecit** (perf actv indic 3 sing); **quaestorem** (masc acc sing); **M[arcum]** (masc acc sing); **Crassum** (masc acc sing); **legatos** (masc acc pl); **L[ucium]** (masc acc sing); **Munatium** (masc acc sing); **Plancum** (masc acc sing); **C[aium]** (masc acc sing); **Trebonium** (masc acc sing); **eis** (fem dat pl); **[legionibus]** (fem dat pl).

(5.24.D): **misit** (perf actv indic 3 sing); **unam** (fem acc sing); **legionem** (fem acc sing); **quam** (fem acc sing); **conscripserat** (pluperf actv indic 3 sing); **Padum** (masc acc sing); **cohortes** (fem acc pl); **Eburones** (masc acc pl); **quorum** (masc gen pl); **maxima** (fem nom sing); **pars** (fem nom sing); **est** (prsnt actv indic 3 sing); **Mosam** (fem acc sing); **Rhenum** (masc acc sing); **qui** (masc nom pl); **erant** (impf actv indic 3 pl); **imperiō** (neut abl sing); **Ambiorigis** (masc gen sing); **Catuvolci** (masc gen sing).

(5.24.E): **iussit** (perf actv indic 3 sing); **legatos** (masc acc pl); **Q[uintum]** (masc acc sing); **Titurium** (masc acc sing); **Sabinum** (masc acc sing); **L[ucium]** (masc acc sing); **Aurunculeium** (masc acc sing); **Cottam** (masc acc sing); **praeesse** (prsnt actv infin); **eis** (masc dat pl); **militibus** (masc dat pl).

(5.24.F): **legionibus** (fem abl pl); **distributīs** (perf pssv prcpl, fem abl pl); **hunc** (masc acc sing); **modum** (masc acc sing); **existimavit** (perf actv indic 3 sing); **sese** (3 pers. reflxv. pron, masc acc sing); **posse** (prsnt actv infin); **mederi** (dep., prsnt pssv infin); **inopiae** (fem dat sing); **frumentariae** (fem dat sing); **facillime** (supl. of *facile*).

(5.24.G): **hiberna** (neut nom pl); **omnium** (fem gen pl); **harum** (fem gen pl); **legionum** (fem gen pl); **eam** (fem acc sing); **quam** (fem acc sing); **[Caesar]** (masc nom sing); **dederat** (pluperf actv indic 3 sing); **L[ucio]** (masc dat sing); **Roscio** (masc dat sing); **ducendam** (Gerundive; fut pssv prcpl, fem acc sing); **pacatissimam** (fem acc sing; supl. of *pacatus*); **quietissimam** (fem acc sing;

Quick Reference, COMMON PRONOUNS: **hic**, haec, hoc (dem. pron.) - this; he, she, it | **ille**, illa, illud (dem. pron.) - that; that (famous) one (yonder); he, she, it | **ipse**, ipsa, ipsum (intnsv. pron.) - (one's own) self; very | **is**, ea, id (dem. pron.) - this, that; (of) such (a kind); he, she, it | **qui**, quae, quod (rel. pron.) - who, which; that

supl. of *quietus*); **partem** (fem acc sing); **continebantur** (impf pssv indic 3 pl); **centum** (indecl. num.); **milibus** (neut abl pl); **passuum** (masc gen pl).

(5.24.H): **ipse** (masc nom sing); **cognovisset** (pluperf actv subjv 3 sing); **legiones** (fem acc pl); **collocatas** (i.e., *collocatas esse*, perf pssv infin; fem acc pl); **hiberna** (neut acc pl); **munita** (i.e., *munita esse*, perf pssv infin; neut acc pl); **constituit** (perf actv indic 3 sing); **morari** (dep., prsnt pssv infin); **Galliā** (fem abl sing).

* * * * * * * * * * * * * * * * * *

Caesar's ORIGINAL TEXT (Book Five, Chapter 25): **(A)** Erat in Carnutibus summo loco natus Tasgetius, cuius maiores in sua civitate regnum obtinuerant. **(B)** Huic Caesar pro eius virtute atque in se benevolentia, quod in omnibus bellis singulari eius opera fuerat usus, maiorem locum restituerat. **(C)** Tertiam iam hunc annum regnantem inimici, multis palam ex civitate eius auctoribus, eum interfecerunt. Defertur ea res ad Caesarem. **(D)** Ille veritus, quod ad pluris pertinebat, ne civitas eorum impulsu deficeret, L. Plancum cum legione ex Belgio celeriter in Carnutes proficisci iubet ibique hiemare, quorumque opera cognoverat Tasgetium interfectum, hos comprehensos ad se mittere. **(E)** Interim ab omnibus legatis quaestoribusque quibus legiones tradiderat certior factus est in hiberna perventum locumque hibernis esse munitum.

> SUGGESTED WORD ORDER (Book Five, Chapter 25). **(A)** Tasgetius, cuius maiores obtinuerant regnum in suā civitate, natus erat [in] summō locō[1] in Carnutibus. **(B)** Caesar restituerat locum maiorum huic pro virtute eius atque [pro] benevolentiā in se, quod fuerat usus singularī operā eius[2] in omnibus bellīs. **(C)** Inimici, multīs ex civitate eius palam auctoribus,[3] interfecerunt eum regnantem iam hunc tertium annum.[4] Ea res defertur ad Caesarem. **(D)** Quod pertinebat ad plures, ille veritus ne civitas deficeret[5] impulsū[6] eorum iubet L[ucium] Plancum proficisci celeriter cum legione ex Belgiō in Carnutes [et] hiemare ibi [et] mittere hos comprehensos, quorum operā[7] cognoverat Tasgetium interfectum [i.e., interfectum esse], ad se. **(E)** Interim factus est certior ab omnibus legatīs [et] quaestoribus, quibus tradiderat legiones, perventum [i.e., perventum esse][8] in hiberna [et] locum munitum esse hibernis.[9]

5.25   VOCABULARY SECTIONS

(A)   **Tasgetius**, i (m) - Tasgetius (king of the Carnutes) / **maiores**, um (m) - ancestors / **obtineo**, obtinēre (2), obtinui, obtentus - hold, occupy / **regnum**, i (n) - (sovereign) power, rule / **in** (prep) - in (with Abl) / **suus**, a, um - (one's) own / **civitas**, atis (f) - community, tribe / **nascor**, nasci (3), natus - be born / [**in** *iterum*] / **summus**, a, um - highest / **locus**, i (m) - (social) position, rank / **in** (prep) - among (with Abl) / **Carnutes**, ium (m) - the Carnutes (a Gallic tribe)

(B)   **Caesar**, Caesaris (m) - Caius Iulius Caesar / **restituo**, restituere (3), restitui, restitutus - restore / **locus**, i (m) - position, rank / **maiores**, um (m) - ancestors / **pro** (prep) - for, in view of (with Abl) / **virtus**, utis (f) - ability, courage, merit / **benevolentia**, ae (f) - goodwill, kindness / **in** (prep) - to, toward (with Acc) / **quod** (conj) - because / **usus**, us (m) - benefit (with *sum* and Abl "there is a benefit for") / **singularis**, e - remarkable / **opera**, ae (f) - effort, service / **in** (prep) - in (with Abl) / **omnis**, e - all, every / **bellum**, i (n) - campaign, war

(C)   **inimicus**, i (m) - (personal) enemy / **multus**, a, um - many / **ex** (prep) - from (with Abl) / **civitas**, atis (f) - community, tribe / **palam** (adv) - openly, publicly / **auctor**, oris (m) - agent, instigator / **interficio**, interficere (3), interfeci, interfectus - kill / **regno** (1) - hold sway, rule / **iam** (adv) - already, now / **tertius**, a, um - third / **annus**, i (m) - year / **res**, rei (f) - affair, matter / **defero**, deferre, detuli, delatus - report / **ad** (prep) - to (with Acc) / **Caesar**, Caesaris (m) - Caius Iulius Caesar

(D)   **pertineo**, pertinēre (2), pertinui, pertentus - extend, pertain to (with *ad plures*, "it concerned a large number of persons") / **ad** (prep) - to (with Acc) / **plus**, pluris - more (i.e., "many, several") / **vereor**, vereri (2), veritus - be afraid, anxious / **civitas**, atis (f) - community, tribe / **deficio**, deficere (3), defeci, defectus - desert, revolt / **impulsus**, us (m) - instigation,

Quick Reference, COMMON PRONOUNS: **hic**, haec, hoc (dem. pron.) - this; he, she, it | **ille**, illa, illud (dem. pron.) - that; that (famous) one (yonder); he, she, it | **ipse**, ipsa, ipsum (intnsv. pron.) - (one's own) self; very | **is**, ea, id (dem. pron.) - this, that; (of) such (a kind); he, she, it | **qui**, quae, quod (rel. pron.) - who, which; that

pressure / **iubeo**, iubēre (2), iussi, iussus - command, order / **L. Plancus**, i (m) - Lucius Munatius Plancus (cos. 42 BC) / **proficiscor**, proficisci (3), profectus - depart, set out / **celeriter** (adv) - quickly / **cum** (prep) - with (with Abl) / **legio**, onis (f) - legion / **ex** (prep) - from (with Abl) / **Belgium**, i (n) - Belgium / **in** (prep) - among, into (the territory of) (with Acc) / **Carnutes**, ium (m) - the Carnutes (a Gallic tribe) / **hiemo** (1) - make winter quarters, pass the winter / **ibi** (adv) - there / **mitto**, mittere (3), misi, missus - send / [**homo**, hominis (m) - man] / **comprehendo**, comprehendere (3), comprehendi, comprehensus - arrest, seize / **opera**, ae (f) - agency, effort / **cognosco**, cognoscere (3), cognovi, cognitus - know / **Tasgetius**, i (m) - Tasgetius (king of the Carnutes) / **interficio**, interfecere (3), interfeci, interfectus - kill / **ad** (prep) - to (with Acc)

(E)   **interim** (adv) - meanwhile / **facio**, facere (3), feci, factus - make, render (with *certus*, "inform") / **certus**, a, um - certain, informed / **ab** (prep) - by (with Abl) / **omnis**, e - all / **legatus**, i (m) - legate / **quaestor**, oris (m) - quaestor / **trado**, tradere (3), tradidi, traditus - entrust, hand over / **legio**, onis (f) - legion / **pervenio**, pervenire (4), perveni, perventus - arrive at, reach / **in** (prep) - into (with Acc) / **hiberna**, orum (n) - winter quarters / **locus**, i (m) - place, position / **munio**, munire (4), munivi, munitus - fortify, secure / **hiberna** *iterum*

GRAMMATICAL NOTES: **1**. *summō locō* (Abl of Quality, "of the highest position"); **2**. *fuerat usus singularī operā eius* ("there had been a benefit for his remarkable service"); **3**. *multīs ex civitate eius palam auctoribus* (Abl Absol, "with many from his tribe openly acting as instigators"); **4**. *hunc tertium annum* (Acc of Extent of Time); **5**. *deficeret* (Subjunctive following secondary sequence in a Clause of Fearing, "that the tribe might revolt"); **6**. *impulsū* (Abl of Cause, "because of their instigation"); **7**. *quorum operā* ("by whose agency"); **8**. *perventum [esse]* (Impers. in Indirect Speech; lit., "it has been reached," perhaps best read as "they had arrived"); **9**. *hibernis* (Dat of Purpose, "for winter quarters").

FULLY PARSED

(5.25.A): **Tasgetius** (masc nom sing); **cuius** (masc gen sing); **maiores** (masc nom pl); **obtinuerant** (pluperf actv indic 3 pl); **regnum** (neut acc sing); **suā** (fem abl sing); **civitate** (fem abl sing); **natus erat** (dep., pluperf pssv indic 3 sing; masc nom); **summō** (masc abl sing); **locō** (masc abl sing); **Carnutibus** (masc abl pl).

(5.25.B): **Caesar** (masc nom sing); **restituerat** (pluperf actv indic 3 sing); **locum** (masc acc sing); **maiorum** (masc gen pl); **huic** (masc dat sing); **virtute** (fem abl sing); **eius** (masc gen sing); **benevolentiā** (fem abl sing); **se** (3 pers. reflxv. pron., masc acc sing); **fuerat** (pluperf actv indic 3 sing); **usus** (masc nom sing); **singularī** (fem abl sing); **operā** (fem abl sing); **eius** (masc gen sing); **omnibus** (neut abl pl); **bellīs** (neut abl pl).

(5.25.C): **inimici** (masc nom pl); **multīs** (masc abl pl); **civitate** (fem abl sing); **eius** (masc gen sing); **auctoribus** (masc abl pl); **interfecerunt** (perf actv indic 3 pl); **eum** (masc acc sing); **regnantem** (prsnt actv prcpl, masc acc sing); **hunc** (masc acc sing); **tertium** (masc acc sing); **annum** (masc acc sing); **ea** (fem nom sing); **res** (fem nom sing); **defertur** (prsnt pssv indic 3 sing); **Caesarem** (masc acc sing).

(5.25.D): **pertinebat** (impers., impf actv indic 3 sing); **plures** (masc acc pl); **ille** (masc nom sing); **veritus** (dep., perf pssv prcpl, masc nom sing); **civitas** (fem nom sing); **deficeret** (impf actv subjv 3 sing); **impulsū** (masc abl sing); **eorum** (masc gen pl); **iubet** (prsnt actv indic 3 sing); **L[ucium]** (masc acc sing); **Plancum** (masc acc sing); **proficisci** (dep., prsnt pssv infin); **legione** (fem abl sing); **Belgiō** (neut abl sing); **Carnutes** (masc acc pl); **hiemare** (prsnt actv infin); **mittere** (prsnt actv infin); **hos** (masc acc pl); **comprehensos** (perf pssv prcpl, masc acc pl); **quorum** (masc gen pl); **operā** (fem abl sing); **cognoverat** (pluperf actv indic 3 sing); **Tasgetium** (masc acc sing); **interfectum** (i.e., *interfectum esse*, perf pssv infin; masc acc sing); **se** (3 pers. reflxv. pron., masc acc sing).

(5.25.E): **factus est** (perf pssv indic 3 sing; masc nom); **certior** (masc nom sing; comp. of *certus*); **omnibus** (masc abl pl); **legatīs** (masc abl pl); **quaestoribus** (masc abl pl); **quibus** (masc dat pl); **tradiderat** (pluperf actv indic 3 sing); **legiones** (fem acc pl);

Quick Reference, COMMON PRONOUNS: **hic**, haec, hoc (dem. pron.) - this; he, she, it | **ille**, illa, illud (dem. pron.) - that; that (famous) one (yonder); he, she, it | **ipse**, ipsa, ipsum (intnsv. pron.) - (one's own) self; very | **is**, ea, id (dem. pron.) - this, that; (of) such (a kind); he, she, it | **qui**, quae, quod (rel. pron.) - who, which; that

perventum (i.e., *perventum esse*, impers., perf pssv infin; neut acc sing); **hiberna** (neut acc pl); **locum** (masc acc sing); **munitum esse** (perf pssv infin; masc acc sing); **hibernis** (neut dat pl).

* * * * * * * * * * * * * * * * * *

<u>Caesar's **ORIGINAL TEXT** (Book Five, Chapter 26)</u>: **(A)** Diebus circiter XV, quibus in hiberna ventum est, initium repentini tumultus ac defectionis ortum est ab Ambiorige et Catuvolco; **(B)** qui, cum ad fines regni sui Sabino Cottaeque praesto fuissent frumentumque in hiberna comportavissent, Indutiomari Treveri nuntiis impulsi suos concitaverunt subitoque oppressis lignatoribus magna manu ad castra oppugnatum venerunt. **(C)** Cum celeriter nostri arma cepissent vallumque adscendissent atque una ex parte Hispanis equitibus emissis equestri proelio superiores fuissent, desperata re hostes suos ab oppugnatione reduxerunt. **(D)** Tum suo more conclamaverunt, uti aliqui ex nostris ad colloquium prodiret: habere sese, quae de re communi dicere vellent, quibus rebus controversias minui posse sperarent

<u>**SUGGESTED WORD ORDER** (Book Five, Chapter 26)</u>. **(A)** <u>Circiter XV diēbus</u>[1] <u>quibus</u>[2] <u>ventum est</u>[3] in hiberna, initium repentini tumultus ac defectionis ortum est <u>ab Ambiorige et Catuvolcō</u>;[4] **(B)** qui, cum <u>fuissent</u>[5] praesto Sabino [et] Cottae ad fines sui regni [et] <u>comportavissent</u>[6] frumentum in hiberna, impulsi <u>nuntiīs</u>[7] Treveri Indutiomari concitaverunt suos [milites], [et] <u>lignatoribus subito oppressīs</u>,[8] venerunt ad castra <u>magnā manū</u>[9] <u>oppugnatum</u>.[10] **(C)** Cum nostri [milites] celeriter <u>cepissent</u>[11] arma [et] <u>adscendissent</u>[12] vallum, atque Hispanīs equitibus emissīs ex unā parte fuissent superiores [in] <u>equestrī proeliō</u>,[13] <u>rē desperatā</u>[14] hostes reduxerunt suos [milites] ab oppugnatione. **(D)** Tum conclamaverunt <u>suō more</u>,[15] uti aliqui ex nostrīs [militibus] <u>prodiret</u>[16] ad colloquium: sese habere [ea] quae <u>vellent</u>[17] dicere de communī rē, <u>quibus rēbus</u>[18] <u>sperarent</u>[19] controversias posse minui.

5.26 <u>VOCABULARY SECTIONS</u>

(A) **circiter** (adv) - about / **XV** or **quindecim** (indecl. num.) - fifteen / **dies**, ei (m) - day / **venio**, venire (4), veni, ventus - arrive, come / **in** (prep) - into (with Acc) / **hiberna**, orum (n) - winter quarters / **initium**, i (n) - a beginning, start / **repentinus**, a, um - sudden, unexpected / **tumultus**, us (m) - insurrection, uproar / **defectio**, onis (f) - defection, revolt / **orior**, oriri (4), ortus - arise, begin, stir / **ab** (prep) - by (with Abl) / **Ambiorix**, igis (m) - Ambiorix (co-ruler of the Eburones) / **Catuvolcus**, i (m) - Catuvolcus (co-ruler of the Eburones)

(B) **cum** (conj) - after, when / **praesto** (adv) - attend upon, be present (with *sum* and Dat, "present oneself to, wait upon") / **Sabinus**, i (m) - Quintus Titurius Sabinus / **Cotta**, ae (m) - Lucius Aurunculeius Cotta / **ad** (prep) - at, near (with Acc) / **finis**, is (m) - border; (pl) frontier / **suus**, a, um - (one's) own / **regnum**, i (n) - kingdom, realm / **comporto** (1) - bring (together), collect / **frumentum**, i (n) - corn, grain / **in** (prep) - into (with Acc) / **hiberna**, orum (n) - winter quarters / **impello**, impellere (3), impuli, impulsus - drive on, rouse, urge / **nuntius**, i (m) - message, report / **Treverus**, a, um - Treverian, of the Treveri (tribe) / **Indutiomarus**, i (m) - Indutiomarus (chieftain of the Treveri) / **concito** (1) - rouse, stir up / **suus** *iterum* / [**miles**, itis (m) - soldier] / **lignator**, oris (m) - woodcutter (here, "a soldier assigned to collect or cut wood") / **opprimo**, opprimere (3), oppressi, oppressus - overwhelm / **subito** (adv) - suddenly / **venio**, venire (4), veni, ventus - arrive, come / **ad** (prep) - to (with Acc) / **castra**, orum (n) - (military) camp / **magnus**, a, um - great, large / **manus**, us (f) - band (of warriors) / **oppugno** (1) - attack, besiege

(C) **cum** (conj) - after, when / **noster**, nostra, nostrum - our / [**miles**, itis (m) - soldier] / **celeriter** (adv) - quickly / **capio**, capere (3), cepi, captus - seize, take up / **arma**, orum (n) - (feats of) arms, weapons / **adscendo**, adscendere (3), adscendi, adscensus - ascend, mount / **vallum**, i (n) - rampart, wall / **Hispanus**, a, um - Spanish / **eques**, itis (m) - cavalryman / **emitto**, emittere (3), emisi, emissus - let loose, send forth / **ex** (prep) - from (with Abl) / **unus**, a, um - one / **pars**, partis (f) - flank, side / **superior**, ius - better, greater (i.e., "victorious") / [**in** (prep) - in (with Abl)] / **equester**, equestris, equestre - equestrian, of cavalry / **proelium**, i (n) - battle, skirmish / **res**, rei (f) - attempt, endeavor / **despero** (1) - give up in despair / **hostis**, is (m) - enemy / **reduco**, reducere (3), reduxi, reductus - draw back / **suus**, a, um - (one's) own / [**miles** *iterum*] / **ab** (prep) - from (with Abl) / **oppugnatio**, onis (f) - attack

<u>Quick Reference, **COMMON PRONOUNS**</u>: **hic**, haec, hoc (dem. pron.) - this; he, she, it | **ille**, illa, illud (dem. pron.) - that; that (famous) one (yonder); he, she, it | **ipse**, ipsa, ipsum (intnsv. pron.) - (one's own) self; very | **is**, ea, id (dem. pron.) - this, that; (of) such (a kind); he, she, it | **qui**, quae, quod (rel. pron.) - who, which; that

(D) **tum** (adv) - then / **conclamo** (1) - shout, yell / **suus**, a, um - (one's) own / **mos**, moris (m) - custom, fashion, manner / **aliqui**, aliqua, aliquod - someone, something / **ex** (prep) - from, out of (with Abl) / **noster**, nostra, nostrum - our / [**miles**, itis (m) - soldier] / **prodeo**, prodire, prodii, proditus - advance, come forth / **ad** (prep) - for (with Acc) / **colloquium**, i (n) - conference, parley / **habeo**, habēre (2), habui, habitus - have / **volo**, velle, volui - desire, want / **dico**, dicere (3), dixi, dictus - discuss, speak / **de** (prep) - about, concerning (with Abl) / **communis**, e - common, mutual / **res**, rei (f) - affair, concern, interest / **spero** (1) - expect, hope / **controversia**, ae (f) - dispute, quarrel / **possum**, posse, potui - be able / **minuo**, minuere (3), minui - diminish, reduce

GRAMMATICAL NOTES: **1.** *circiter XV diēbus* (Abl of Time Within Which, "within about fifteen days"); **2.** *quibus* (Abl of Time Within Which, "within which"); **3.** *ventum est* (impers., lit., "it has been arrived," best read as "after they arrived"); **4.** *ab Ambiorige et Catuvolcō* (Ablatives of Origin after *ortum est*, "originated with Ambiorix and Catuvolcus"); **5-6.** *fuissent...comportavissent* (Subjunctives in a *cum* Clause, "had waited upon ... [and] had collected"); **7.** *nuntiīs* (Abl of Means); **8.** *lignatoribus subito oppressīs* (Abl Absol, "the soldiers on wood-collecting detail having been suddenly overwhelmed"); **9.** *magnā manū* (Abl of Accompaniment, "with a large force"); **10.** *oppugnatum* (Supine, "in order to attack"); **11-12.** *cepissent...adscendissent* (Subjunctives in a *cum* Clause, "after our men had taken up ... [and] had mounted"); **13.** *Hispanīs equitibus emissīs ex unā parte fuissent superiores [in] equestrī proeliō* (Abl Absol, "once the Spanish cavalrymen sent forth from one flank were victorious in a cavalry skirmish"); **14.** *rē desperatā* (Abl Absol, "with the attempt having been given up in despair"); **15.** *suō more* (Abl of Respect, "in accordance with their custom"); **16.** *prodiret* (Subjunctive in an Indirect Command, "would come forth"); **17.** *vellent* (Subjunctive in a Relative Clause of Characteristic, "things which they wished"); **18.** *quibus rēbus* (Abl of Means, "by which things," perhaps better taken as "whereby"); **19.** *sperarent* (Subjunctive in a Relative Clause of Characteristic, "they hoped").

FULLY PARSED

(5.26.A): **diēbus** (masc abl pl); **quibus** (masc abl pl); **ventum est** (impers., perf pssv indic 3 sing; neut nom); **hiberna** (neut acc pl); **initium** (neut nom sing); **repentini** (masc gen sing); **tumultus** (masc gen sing); **defectionis** (fem gen sing); **ortum est** (dep., perf pssv indic 3 sing; neut nom); **Ambiorige** (masc abl sing); **Catuvolcō** (masc abl sing).

(5.26.B): **qui** (masc nom pl); **fuissent** (pluperf actv subjv 3 pl); **Sabino** (masc dat sing); **Cottae** (masc dat sing); **fines** (masc acc pl); **sui** (neut gen sing); **regni** (neut gen sing); **comportavissent** (pluperf actv subjv 3 pl); **frumentum** (neut acc sing); **hiberna** (neut acc pl); **impulsi** (perf pssv prcpl, masc nom pl); **nuntiīs** (masc abl pl); **Treveri** (masc gen sing); **Indutiomari** (masc gen sing); **concitaverunt** (perf actv indic 3 pl); **suos** (masc acc pl); [**milites**] (masc acc pl); **lignatoribus** (masc abl pl); **oppressīs** (perf pssv prcpl, masc abl pl); **venerunt** (perf actv indic 3 pl); **castra** (neut acc pl); **magnā** (fem abl sing); **manū** (fem abl sing); **oppugnatum** (Supine; neut acc sing).

(5.26.C): **nostri** (masc nom pl); [**milites**] (masc nom pl); **cepissent** (pluperf actv subjv 3 pl); **arma** (neut acc pl); **adscendissent** (pluperf actv subjv 3 pl); **vallum** (neut acc sing); **Hispanīs** (masc abl pl); **equitibus** (masc abl pl); **emissīs** (perf pssv prcpl, masc abl pl); **unā** (fem abl sing); **parte** (fem abl sing); **fuissent** (pluperf actv subjv 3 pl); **superiores** (masc nom pl; comp. of *superus*); **equestrī** (neut abl sing); **proeliō** (neut abl sing); **rē** (fem abl sing); **desperatā** (perf pssv prcpl, fem abl sing); **hostes** (masc nom pl); **reduxerunt** (perf actv indic 3 pl); **suos** (masc acc pl); [**milites**] (masc acc pl); **oppugnatione** (fem abl sing).

(5.26.D): **conclamaverunt** (perf actv indic 3 pl); **suō** (masc abl sing); **more** (masc abl sing); **aliqui** (masc nom sing); **nostrīs** (masc abl pl); [**militibus**] (masc nom pl); **prodiret** (impf actv subjv 3 sing); **colloquium** (neut acc sing); **sese** (3 pers. reflxv. pron., masc acc pl); **habere** (prsnt actv infin); [**ea**] (neut acc pl); **quae** (neut acc pl); **vellent** (impf actv subjv 3 pl); **dicere** (prsnt actv infin); **communī** (fem abl sing); **rē** (fem abl sing); **quibus** (fem abl pl); **rēbus** (fem abl pl); **sperarent** (impf actv subjv 3 pl); **controversias** (fem acc pl); **posse** (prsnt actv infin); **minui** (prsnt pssv infin).

* * * * * * * * * * * * * * * * * *

Quick Reference, COMMON PRONOUNS: **hic**, haec, hoc (dem. pron.) - this; he, she, it | **ille**, illa, illud (dem. pron.) - that; that (famous) one (yonder); he, she, it | **ipse**, ipsa, ipsum (intnsv. pron.) - (one's own) self; very | **is**, ea, id (dem. pron.) - this, that; (of) such (a kind); he, she, it | **qui**, quae, quod (rel. pron.) - who, which; that

Caesar's ORIGINAL TEXT (Book Five, Chapter 27): **(A)** Mittitur ad eos colloquendi causa C. Arpineius, eques Romanus, familiaris Q. Tituri, et Q. Iunius ex Hispania quidam, qui iam ante missu Caesaris ad Ambiorigem ventitare consuerat; **(B)** apud quos Ambiorix ad hunc modum locutus est: sese pro Caesaris in se beneficiis plurimum ei confiteri debere, quod eius opera stipendio liberatus esset, quod Aduatucis, finitimis suis, pendere consuesset, quodque ei et filius et fratris filius ab Caesare remissi essent, quos Aduatuci obsidum numero missos apud se in servitute et catenis tenuissent; **(C)** neque id, quod fecerit de oppugnatione castrorum, aut iudicio aut voluntate sua fecisse, sed coactu civitatis, suaque esse eiusmodi imperia, ut non minus haberet iuris in se multitudo quam ipse in multitudinem. **(D)** Civitati porro hanc fuisse belli causam, quod repentinae Gallorum coniurationi resistere non potuerit. **(E)** Id se facile ex humilitate sua probare posse, quod non adeo sit imperitus rerum ut suis copiis populum Romanum superari posse confidat. **(F)** Sed esse Galliae commune consilium: omnibus hibernis Caesaris oppugnandis hunc esse dictum diem, ne qua legio alterae legioni subsidio venire posset. **(G)** Non facile Gallos Gallis negare potuisse, praesertim cum de recuperanda communi libertate consilium initum videretur. **(H)** Quibus quoniam pro pietate satisfecerit, habere nunc se rationem offici pro beneficiis Caesaris: monere, orare Titurium pro hospitio, ut suae ac militum saluti consulat. **(I)** Magnam manum Germanorum conductam Rhenum transisse; hanc adfore biduo. **(J)** Ipsorum esse consilium, velintne priusquam finitimi sentiant eductos ex hibernis milites aut ad Ciceronem aut ad Labienum deducere, quorum alter milia passuum circiter quinquaginta, alter paulo amplius ab eis absit. **(K)** Illud se polliceri et iure iurando confirmare tutum iter per fines daturum. **(L)** Quod cum faciat, et civitati sese consulere, quod hibernis levetur, et Caesari pro eius meritis gratiam referre. Hac oratione habita discedit Ambiorix.

SUGGESTED WORD ORDER (Book Five, Chapter 27). **(A)** Caius Arpineius, Romanus eques[1] [et] familiaris Quinti Tituri, et quidam Quintus Iunius ex Hispaniā qui iam ante conuerat [i.e., consueverat] ventitare ad Ambiorigem missū Caesaris,[2] mittitur ad eos causā colloquendi;[3] **(B)** Ambiorix locutus est apud eos ad hunc modum: confiteri sese debere plurimum[4] ei pro beneficiīs Caesaris in se, quod liberatus esset[5] operā[6] eius [a] stipendiō[7] quod consuesset [i.e., consuevisset][8] pendere suis finitimis, Aduatucis, [et] quod et filius et filius fratris, quos, missos [cum] numerō[9] obsidum, Aduatuci tenuissent[10] apud se in servitute et catenīs, remissi essent[11] ei ab Caesare;[12] **(C)** neque fecisse id quod fecerit[13] de oppugnatione castrorum aut [suō] iudiciō[14] aut suā voluntate,[15] sed coactū civitatis[16] [et] sua imperia esse eiusmodi ut multitudo haberet[17] non minus iuris in se quam ipse [haberet][17] in multitudinem. **(D)** Porro hanc fuisse causam belli civitati,[18] quod non potuerit[19] resistere repentinae coniurationi Gallorum. **(E)** Se posse probare id facile ex suā humilitate, quod non sit[20] adeo imperitus rerum ut confidat[21] Romanum populum posse superari suīs copiīs.[22] **(F)** Sed [hoc] esse commune consilium Galliae:[23] hunc diem dictum esse omnibus hibernis Caesaris oppugnandis,[24] ne qua legio posset[25] venire subsidio[26] alterae legioni.[27] **(G)** Non potuisse Gallis negare Gallos facile, praesertim cum consilium videretur[28] initum [i.e., initum esse] de [suā] communī libertate recuperandā.[29] **(H)** Quoniam satisfecerit[30] quibus[31] pro pietate, nunc se habere rationem [sui] offici[32] pro beneficiīs Caesaris: monere [et] orare Titurium pro hospitiō, ut consulat[33] suae saluti ac [saluti] militum. **(I)** Magnam manum Germanorum conductam transisse Rhenum; hanc [manum] adfore [i.e., adfuturam esse] biduō.[34] **(J)** [Hoc] esse consilium [Romanorum] ipsorum: velint-ne[35] deducere milites, eductos ex hibernīs priusquam finitimi sentiant,[36] aut ad Ciceronem aut ad Labienum, quorum alter absit[37] circiter quinquaginta milia passuum ab eīs, alter [absit][37] amplius paulō.[38] **(K)** Se polliceri et confirmare illud iure iurandō[39] daturum [i.e., daturum esse] tutum iter per fines. **(L)** Quod cum faciat,[40] sese et consulere [suae] civitati, quod [civitas] levetur hibernīs,[41] et referre gratiam Caesari pro meritīs eius. Hāc oratione habitā,[42] Ambiorix discedit.

5.27   VOCABULARY SECTIONS

(A)   **C. Arpineius**, i (m) - Caius Arpineius / **Romanus**, a, um - Roman / **eques**, itis (m) - knight / **familiaris**, is (m) - close acquaintance, intimate friend / **Q. Titurius**, i (m) - Quintus Titurius Sabinus / **quidam**, quaedam, quiddam - a certain / **Q. Iunius**, i (m) - Quintus Iunius / **ex** (prep) - from (with Abl) / **Hispania**, ae (f) - Spain / **iam** (adv) - already / **ante** (adv) - before, previously / **consuesco**, consuescere (3), consuevi, consuetus - be accustomed / **ventito** (1) - come often / **ad** (prep) - to (with Acc) / **Ambiorix**, igis (m) - Ambiorix (co-ruler of the Eburones) / **missus**, us (m) - a sending forth (Abl *missū Caesaris*, "by Caesar's commission") / **Caesar**, Caesaris (m) - Caius Iulius Caesar / **mitto**, mittere (3), misi, missus - send / **ad** *iterum* / **causa**, ae (f) - cause, reason (with Gen, "for the sake of ____") / **colloquor**, colloqui (3), collocutus - converse, hold a conference, parley

(B)   **Ambiorix**, igis (m) - Ambiorix (co-ruler of the Eburones) / **loquor**, loqui (3), locutus - speak / **apud** (prep) - among, with (with Acc) / **ad** (prep) - to, toward (with Acc) / **modus**, i (m) - manner, way (with *ad hunc*, "in this manner") /

Quick Reference, COMMON PRONOUNS: **hic**, haec, hoc (dem. pron.) - this; he, she, it | **ille**, illa, illud (dem. pron.) - that; that (famous) one (yonder); he, she, it | **ipse**, ipsa, ipsum (intnsv. pron.) - (one's own) self; very | **is**, ea, id (dem. pron.) - this, that; (of) such (a kind); he, she, it | **qui**, quae, quod (rel. pron.) - who, which; that

confiteor, confiteri (2), confessus - admit, confess / **debeo**, debēre (2), debui, debitus - be in debt to, owe (with Dat) / **plurimus**, a, um - very much / **pro** (prep) - for, on behalf of (with Abl) / **beneficium**, i (n) - benefit, favor, kindness / **Caesar**, Caesaris (m) - Caius Iulius Caesar / **in** (prep) - to, toward (with Acc) / **quod** (conj) - because / **libero** (1) - deliver, free, release / **opera**, ae (f) - assistance, effort, service / [**a** (prep) - from (with Abl)] / **stipendium**, i (n) - tribute / **consuesco**, consuescere (3), consuevi, consuetus - be accustomed / **pendo**, pendere (3), pependi, pensus - pay / **suus**, a, um - (one's) own / **finitimi**, orum (m) - neighbors / **Aduatuci**, orum (m) - the Aduatuci (a Gallic tribe) / **quod** *iterum* / **filius**, i (m) - son / **frater**, fratris (m) - brother / **mitto**, mittere (3), misi, missus - send / [**cum** (prep) - with (with Abl)] / **numerus**, i (m) - number (i.e., "a body, group") / **obses**, idis (m) - hostage / **Aduatuci** *iterum* / **teneo**, tenēre (2), tenui, tentus - hold, keep / **apud** *iterum* / **in** (prep) - in (with Abl) / **servitus**, utis (f) - captivity, slavery / **catena**, ae (f) - chain, shackle / **remitto**, remittere (3), remisi, remissus - send back, return / **ab** (prep) - by (with Abl) / **Caesar** *iterum*

(C) **facio**, facere (3), feci, factus - arrange, do / **de** (prep) - about, concerning (with Abl) / **oppugnatio**, onis (f) - attack / **castra**, orum (n) - (military) camp / [**suus**, a, um - (one's) own] / **iudicium**, i (n) - decision, judgment / **suus** *iterum* / **voluntas**, atis (f) - choice, desire / **coactus**, us (m) - compulsion / **civitas**, atis (f) - community, tribe / **suus** *iterum* / **imperium**, i (n) - authority; (pl) powers / **modus**, i (m) - manner, way (with *eius*, "of such a kind") / **multitudo**, inis (f) - populace / **habeo**, habēre (2), habui, habitus - have, possess / **minus** (adv) - less (with Gen) / **ius**, iuris (n) - (legal) authority, right / **in** (prep) - in dealing with, toward (with Acc) / **quam** (adv) - than / [**habeo** *iterum*] / **in** *iterum* / **multitudo** *iterum*

(D) **porro** (adv) - moreover / **causa**, ae (f) - motive (with Gen) / **bellum**, i (n) - war / **civitas**, atis (f) - community, tribe / **quod** (conj) - because / **possum**, posse, potui - be able / **resisto**, resistere (3), restiti - oppose, withstand (with Dat) / **repentinus**, a, um - sudden, unexpected / **coniuratio**, onis (f) - conspiracy / **Galli**, orum (m) - the Gauls

(E) **possum**, posse, potui - be able / **probo** (1) - demonstrate, prove / **facile** (adv) - easily / **ex** (prep) - from (with Abl) / **suus**, a, um - (one's) own / **humilitas**, atis (f) - lowliness, weakness (i.e., "lack of authority") / **quod** (conj) - because / **adeo** (adv) - so / **imperitus**, a, um - inexperienced, unacquainted with (with Gen) / **res**, rei (f) - affair, matter / **confido**, confidere (3), confisus sum - believe, feel confident / **Romanus**, a, um - Roman / **populus**, i (m) - people, nation / **possum** *iterum* / **supero** (1) - conquer, subdue / **suus** *iterum* / **copiae**, arum (f) - (armed) forces, might

(F) **communis**, e - common, general / **consilium**, i (n) - plan, stratagem / **Gallia**, ae (f) - Gaul / **dies**, ei (m) - day / **dico**, dicere (3), dixi, dictus - appoint, set / **omnis**, e - all / **hiberna**, orum (n) - winter quarters / **Caesar**, Caesaris (m) - Caius Iulius Caesar / **oppugno** (1) - attack, besiege / **quis**, qua, quid (indef. adj.) - any / **legio**, onis (f) - legion / **possum**, posse, potui - be able / **venio**, venire (4), veni, ventus - arrive, come (with Dat *subsidio*, "arrive with aid") / **subsidium**, i (n) - (military) aid, support / **alter**, altera, alterum - another, the other / **legio** *iterum*

(G) **possum**, posse, potui - be able, possible / **Galli**, orum (m) - the Gauls / **nego** (1) - deny, refuse / **Galli** *iterum* / **facile** (adv) - easily / **praesertim** (adv) - especially / **cum** (conj) - since / **consilium**, i (n) - plan, stratagem / **video**, vidēre (2), vidi, visus - see (Pssv, "appear, seem") / **ineo**, inire, inii, initus - begin, enter upon / **de** (prep) - for (with Abl) / [**suus**, a, um - (one's) own] / **communis**, e - common, general, mutual / **libertas**, atis (f) - freedom, liberation / **recupero** (1) - recover

(H) **quoniam** (conj) - since, whereas / **satisfacio**, satisfacere (3), satisfeci, satisfactus - do one's duty sufficiently for (with Dat) / **pro** (prep) - for, on behalf of (with Abl) / **pietas**, atis (f) - (patriotic) duty / **nunc** (adv) - now / **habeo**, habēre (2), habui, habitus - have / **ratio**, onis (f) - consideration, regard / [**suus**, a, um - (one's) own] / **officium**, i (n) - duty, service / **pro** (prep) - (in return) for (with Abl) / **beneficium**, i (n) - benefit, favor, kindness / **Caesar**, Caesaris (m) - Caius Iulius Caesar / **moneo**, monēre (2), monui, monitus - caution, warn / **oro** (1) - beg, plead with / **Titurius**, i (m) - Quintus Titurius Sabinus / **pro** *iterum* / **hospitium**, i (n) - hospitality / **consulo**, consulere (3), consului, consultus - consider, take measures for (with Dat) / **suus** *iterum* / **salus**, salutis (f) - safety, welfare / **miles**, itis (m) - soldier

---

Quick Reference, COMMON PRONOUNS: **hic**, haec, hoc (dem. pron.) - this; he, she, it | **ille**, illa, illud (dem. pron.) - that; that (famous) one (yonder); he, she, it | **ipse**, ipsa, ipsum (intnsv. pron.) - (one's own) self; very | **is**, ea, id (dem. pron.) - this, that; (of) such (a kind); he, she, it | **qui**, quae, quod (rel. pron.) - who, which; that

(I) **magnus**, a, um - great, large / **manus**, us (f) - band (of warriors) / **Germani**, orum (m) - the Germans / **conduco**, conducere (3), conduxi, conductus - gather, hire (as a mercenary) / **transeo**, transire, transii, transitus - cross over / **Rhenus**, i (m) - the Rhine (river) / [**manus** *iterum*] / **adsum**, adesse, adfui - be at hand, present / **biduum**, i (n) - (period of) two days

(J) **consilium**, i (n) - concern, deliberation (with *esse*, "it is a matter of consideration") / [**Romani**, orum (m) - the Romans] / **volo**, velle, volui - desire, wish / **deduco**, deducere (3), deduxi, deductus - withdraw / **miles**, itis (m) - soldier / **educo**, educere (3), eduxi, eductus - lead away, march out / **ex** (prep) - from (with Abl) / **hiberna**, orum (n) - winter quarters / **priusquam** (adv) - before / **finitimi**, orum (m) - neighbors (i.e., "neighboring tribes") / **sentio**, sentire (4), sensi, sensus - notice, perceive / **ad** (prep) - to (with Acc) / **Cicero**, onis (m) - Quintus Tullius Cicero (pr. 62 BC) / **ad** *iterum* / **Labienus**, i (m) - Titus Attius Labienus / **alter**, altera, alterum - the other (*alter...alter*, "the one...the other") / **absum**, abesse, afui - be away, distant / **circiter** (prep) - about (with Acc) / **quinquaginta** (indecl. num.) - fifty / **milia**, ium (n) - thousands / **passus**, us (m) - pace (i.e., 5 Roman ft.; 1000 *passus* to a Roman mile) / **ab** (prep) - from (with Abl) / **alter** *iterum* / [**absum** *iterum*] / **amplius** (adv) - more, farther / **paulus**, a, um - little (Abl *paulō* as adv., "by a little")

(K) **polliceor**, polliceri (2), pollicitus - promise / **confirmo** (1) - assert solemnly / **ius iurandum**, i (n) - (binding) oath / **do**, dare (1), dedi, datus - give, provide / **tutus**, a, um - safe / **iter**, itineris (n) - journey, passage / **per** (prep) - through (with Acc) / **finis**, is (m) - border; (pl) land, territory

(L) **cum** (conj) - after, when / **facio**, facere (3), feci, factus - arrange, perform / **consulo**, consulere (3), consului, consultus - consider, take measures for (with Dat) / [**suus**, a, um - (one's) own] / **civitas**, atis (f) - community, tribe / **quod** (conj) - because / [**civitas** *iterum*] / **levo** (1) - free (from), relieve (with Abl) / **hiberna**, orum (n) - winter quarters / **refero**, referre, retuli, relatus - convey (with *gratia*, "give thanks, repay") / **gratia**, ae (f) - gratitude / **Caesar**, Caesaris (m) - Caius Iulius Caesar / **pro** (prep) - in return for (with Abl) / **meritum**, i (n) - favor, kindness, service / **oratio**, onis (f) - address, speech / **habeo**, habēre (2), habui, habitus - hold / **Ambiorix**, igis (m) - Ambiorix (co-ruler of the Eburones) / **discedo**, discedere (3), discessi, discessus - depart, withdraw

GRAMMATICAL NOTES: **2.** *missū Caesaris* ("by Caesar's commission"); **3.** *colloquendi* (Gerund, "of holding a parley"); **4.** *plurimum* ("very much, a great deal"); **5.** *liberatus esset* (Subjunctive in a Subordinate Clause in Indirect Speech, "because he had been delivered"); **6.** *operā* (Abl of Means); **7.** *stipendiō* (Abl of Separation); **8.** *consuesset* (Subjunctive in a Relative Clause of Characteristic, "which he had been accustomed"); **9.** *numerō* (Abl of Accompaniment, "with a number"); **10.** *tenuissent* (Subjunctive in a Relative Clause of Characteristic, "whom the Aduatuci had held"); **11.** *remissi essent* (Subjunctive in a Subordinate Clause in Indirect Speech, "had been sent back"); **12.** *Caesare* (Abl of Agent); **13.** *fecerit* (Subjunctive in a Relative Clause of Characteristic, "that which he had done." This clause follows the infinitive *fecisse* in Indirect Speech initiated by *locutus est*, and one should thus take *neque fecisse id quod fecerit* as "and that he had not done that which he had just done"); **14-16.** [*suō*] *iudiciō...suā voluntate...coactū civitatis* (Ablatives of Cause, "by his own decision ... by his own choice ... because of compulsion by the tribe"); **17.** *haberet* (Subjunctive in a Clause of Result, "that the populace had," and sc. [*haberet*] after *quam* as "than he himself possessed"); **18.** *civitati* (Dat of Reference, "from the tribe's viewpoint"); **19.** *potuerit* (Subjunctive in a Subordinate Causal Clause in Indirect Speech, "because it had not been able"); **20.** *sit* (Subjunctive in a Subordinate Causal in Indirect Speech, "because he was"); **21.** *confidat* (Subjunctive in a Clause of Result, "that he believed"); **22.** *suīs copiīs* (Abl of Means); **23.** *Galliae* (Dat of Possession, lit., "for Gaul," i.e., "among the Gauls"); **24.** *omnibus hibernis Caesaris oppugnandis* (Gerundive, "for attacking all Caesar's winter quarters"); **25.** *posset* (Subjunctive in a Negative Clause of Purpose, "lest any legion be able"); **26.** *subsidio* (Dat of Purpose, "to render military aid"); **27.** *alterae legioni* (Dat of Interest, "to another legion"); **28.** *videretur* (Subjunctive in a *cum* Clause, "since the plan seemed"); **29.** *de* [*suā*] *communī libertate recuperandā* (Gerundive, "for the purpose of recovering [their own] common freedom"); **30.** *satisfecerit* (Subjunctive in a Subordinate Clause in Indirect Speech, "since he had acted sufficiently in accordance with his duty"); **31.** *quibus* (read as if *his*, "for these things"); **32.** [*sui*] *offici* (Objective Gen, "for [his own] duty"); **33.** *consulat* (Subjunctive in an Indirect Command, "that he should consider"); **34.** *biduō* (Abl of Time Within Which); **35.** *velint* (Subjunctive in an Indirect Question, "whether they are willing"); **36.** *sentiant* (Subjunctive after *priusquam* indicates Temporal Purpose, "before the neighboring tribes realized"); **37.** *absit* (Subjunctive in a Subordinate Clause in Indirect Speech, "is away, distant"); **38.** *paulō* (Abl

Quick Reference, COMMON PRONOUNS: **hic**, haec, hoc (dem. pron.) - this; he, she, it | **ille**, illa, illud (dem. pron.) - that; that (famous) one (yonder); he, she, it | **ipse**, ipsa, ipsum (intnsv. pron.) - (one's own) self; very | **is**, ea, id (dem. pron.) - this, that; (of) such (a kind); he, she, it | **qui**, quae, quod (rel. pron.) - who, which; that

of Degree of Difference after *amplius*, "by a little farther"); **39.** *iure iurandō* (Abl of Means; this noun pairs "**ius**, iuris (n) - law, surety" with the Gerundive of "**iuro** (1) - swear" which decline in tandem); **40.** *faciat* (Subjunctive in a *cum* Clause, "which thing, when he performed it"); **41.** *hibernīs* (Abl of Separation); **42.** *hāc oratione habitā* (Abl Absol, "with this address having been delivered"). | <u>**HISTORICAL NOTE**</u>: **1.** Under the monarchy and throughout the early republican period, the *equites* (commonly translated as "knights") were those Romans who could afford to equip themselves for cavalry service with the legion; they were eventually increased from an original (and perhaps legendary) complement of 300 men to eighteen full centuries drawn from the wealthiest citizens. By the late Republic, however, the term *eques* was used to denote membership in the *ordo equester* (i.e., "the Equestrian Order"), an elite social class whose specific duties and privileges remain disputed by scholars but which certainly required a property qualification of 400,000 sesterces for admission and whose members furnished junior officers to the legions and provincial administrative staffs, pursued commercial interests from which senators were debarred, and (following the reforms of C. Gracchus in 123 BC) provided juries for the politically-significant *quaestiones* (permanent judicial courts established for specific offenses such as extortion and other magisterial misconduct); at the time of Caesar, over seventy centuries of *equites* (each containing well over one hundred men) had been incorporated alongside the ancient eighteen centuries (still capped at one hundred men apiece). Though increasingly distinct from the more prestigious senatorial class with which some of its members often clashed on particular issues, the wealthy *equites* did not constitute a single commercial or political entity but were rather comprised of individuals concerned with a wide array of interests and occupations; it should be noted that all non-senatorial members of senatorial families were classified as *equites*, and that the Order might best be viewed as that portion of the Roman upper class which, for whatever reasons, declined to embark upon political careers leading to the Senate.

<u>**FULLY PARSED**</u>

(5.27.A): **Caius** (masc nom sing); **Arpineius** (masc nom sing); **Romanus** (masc nom sing); **eques** (masc nom sing); **familiaris** (masc nom sing); **Quinti** (masc gen sing); **Tituri** (masc gen sing); **quidam** (masc nom sing); **Quintus** (masc nom sing); **Iunius** (masc nom sing); **Hispaniā** (fem nom sing); **qui** (masc nom sing); **conuerat** (i.e., *consueverat*, pluperf actv indic 3 sing); **ventitare** (prsnt actv infin); **Ambiorigem** (masc acc sing); **missū** (masc abl sing); **Caesaris** (masc gen sing); **mittitur** (prsnt pssv indic 3 sing); **eos** (masc acc pl); **causā** (fem abl sing); **colloquendi** (Gerund; fut pssv prcpl, neut gen sing).

(5.27.B): **Ambiorix** (masc nom sing); **locutus est** (dep., perf pssv indic 3 sing; masc nom); **eos** (masc acc pl); **hunc** (masc acc sing); **modum** (masc acc sing); **confiteri** (dep., prsnt pssv infin); **sese** (3 pers. reflxv. pron., masc acc sing); **debere** (prsnt actv infin); **plurimum** (neut acc sing); **ei** (masc dat sing); **beneficiīs** (neut abl pl); **Caesaris** (masc gen sing); **se** (3 pers. reflxv. pron., masc acc sing); **liberatus esset** (pluperf pssv subjv 3 sing; masc nom); **operā** (fem abl sing); **eius** (masc gen sing); **stipendiō** (neut abl sing); **quod** (neut acc sing); **consuesset** (i.e., *consuevisset*; pluperf actv subjv 3 sing); **pendere** (prsnt actv infin); **suis** (masc dat pl); **finitimis** (masc dat pl); **Aduatucis** (masc dat pl); **filius** (masc nom sing); **filius** (masc nom sing); **fratris** (masc gen sing); **quos** (masc acc pl); **missos** (perf pssv prcpl, masc acc pl); **numerō** (masc abl sing); **obsidum** (masc gen pl); **Aduatuci** (masc nom pl); **tenuissent** (pluperf actv subjv 3 pl); **se** (3 pers. reflxv. pron., masc acc sing); **servitute** (fem abl sing); **catenīs** (fem abl pl); **remissi essent** (pluperf pssv subjv 3 pl; masc nom); **ei** (masc dat sing); **Caesare** (masc abl sing).

(5.27.C): **fecisse** (perf actv infin); **id** (neut acc sing); **quod** (neut acc sing); **fecerit** (perf actv subjv 3 sing); **oppugnatione** (fem abl sing); **castrorum** (neut gen pl); **[suō]** (neut abl sing); **iudiciō** (neut abl sing); **suā** (fem abl sing); **voluntate** (fem abl sing); **coactū** (masc abl sing); **civitatis** (fem gen sing); **sua** (neut nom pl); **imperia** (neut nom pl); **esse** (prsnt actv infin); **eiusmodi** (masc gen sing); **multitudo** (fem nom sing); **haberet** (impf actv subjv 3 sing); **iuris** (neut gen sing); **se** (3 pers. reflxv. pron., masc acc sing); **ipse** (masc nom sing); **[haberet]** (impf actv subjv 3 sing); **multitudinem** (fem acc sing).

(5.27.D): **hanc** (fem acc sing); **fuisse** (perf actv infin); **causam** (fem acc sing); **belli** (neut gen sing); **civitati** (fem dat sing); **potuerit** (perf actv subjv 3 sing); **resistere** (prsnt actv infin); **repentinae** (fem dat sing); **coniurationi** (fem dat sing); **Gallorum** (masc gen pl).

(5.27.E): **se** (3 pers. reflxv. pron., masc acc sing); **posse** (prsnt actv infin); **probare** (prsnt actv infin); **id** (neut acc sing); **suā** (fem abl sing); **humilitate** (fem abl sing); **sit** (prsnt actv subjv 3 sing); **imperitus** (masc nom sing); **rerum** (fem gen pl); **confidat** (prsnt

Quick Reference, COMMON PRONOUNS: **hic**, haec, hoc (dem. pron.) - this; he, she, it | **ille**, illa, illud (dem. pron.) - that; that (famous) one (yonder); he, she, it | **ipse**, ipsa, ipsum (intnsv. pron.) - (one's own) self; very | **is**, ea, id (dem. pron.) - this, that; (of) such (a kind); he, she, it | **qui**, quae, quod (rel. pron.) - who, which; that

actv subjv 3 sing); **Romanum** (masc acc sing); **populum** (masc acc sing); **posse** (prsnt actv infin); **superari** (prsnt pssv infin); **suīs** (fem abl pl); **copiīs** (fem abl pl).

(5.27.F): **[hoc]** (neut acc sing); **esse** (prsnt actv infin); **commune** (neut acc sing); **consilium** (neut acc sing); **Galliae** (fem dat sing); **hunc** (masc acc sing); **diem** (masc acc sing); **dictum esse** (perf pssv infin; masc acc sing); **omnibus** (neut dat pl); **hibernis** (neut dat pl); **Caesaris** (masc gen sing); **oppugnandis** (Gerundive; fut pssv prcpl, neut dat pl); **qua** (fem nom sing); **legio** (fem nom sing); **posset** (impf actv subjv 3 sing); **venire** (prsnt actv infin); **subsidio** (neut dat sing); **alterae** (fem dat sing); **legioni** (fem dat sing).

(5.27.G): **potuisse** (perf actv infin); **Gallis** (masc dat pl); **negare** (prsnt actv infin); **Gallos** (masc acc pl); **consilium** (neut nom sing); **videretur** (impf pssv subjv 3 sing); **initum** (i.e., *initum esse*, perf pssv infin; neut nom sing); **[suā]** (fem abl sing); **communī** (fem abl sing); **libertate** (fem abl sing); **recuperandā** (Gerundive; fut pssv prcpl, fem abl sing).

(5.27.H): **satisfecerit** (perf actv subjv 3 sing); **quibus** (neut dat pl); **pietate** (fem abl sing); **se** (3 pers. reflxv. pron., masc acc sing); **habere** (prsnt actv infin); **rationem** (fem acc sing); **[sui]** (neut gen sing); **offici** (neut gen sing); **beneficiīs** (neut abl pl); **Caesaris** (masc gen sing); **monere** (prsnt actv infin); **orare** (prsnt actv infin); **Titurium** (masc acc sing); **hospitiō** (neut abl sing); **consulat** (prsnt actv subjv 3 sing); **suae** (fem dat sing); **saluti** (fem dat sing); **[saluti]** (fem dat sing); **militum** (masc gen pl).

(5.27.I): **magnam** (fem acc sing); **manum** (fem acc sing); **Germanorum** (masc gen pl); **conductam** (perf pssv prcpl, fem acc sing); **transisse** (perf actv infin); **Rhenum** (masc acc sing); **hanc** (fem acc sing); **[manum]** (fem acc sing); **adfore** (i.e., *adfuturam esse*, fut actv infin; fem acc sing); **biduō** (neut abl sing).

(5.27.J): **[hoc]** (neut acc sing); **esse** (prsnt actv infin); **consilium** (neut acc sing); **[Romanorum]** (masc gen pl); **ipsorum** (masc gen pl); **velint** (prsnt actv subjv 3 pl); **deducere** (prsnt actv infin); **milites** (masc acc pl); **eductos** (perf pssv prcpl, masc acc pl); **hibernīs** (neut abl pl); **finitimi** (masc nom pl); **sentiant** (prsnt actv subjv 3 pl); **Ciceronem** (masc acc sing); **Labienum** (masc acc sing); **quorum** (masc gen pl); **alter** (masc nom sing); **absit** (prsnt actv subjv 3 sing); **milia** (neut acc pl); **passuum** (masc gen pl); **eīs** (masc abl pl); **alter** (masc nom sing); **[absit]** (prsnt actv subjv 3 sing); **amplius** (comp. of *amplus*); **paulō** (neut abl sing).

(5.27.K): **se** (3 pers. reflxv. pron., masc acc sing); **polliceri** (dep., prsnt pssv infin); **confirmare** (prsnt actv infin); **illud** (neut acc sing); **iure iurandō** (neut abl sing); **daturum** (i.e., *daturum esse*, fut actv infin; masc acc sing); **tutum** (neut acc sing); **iter** (neut acc sing); **fines** (masc acc pl).

(5.27.L): **quod** (neut acc sing); **faciat** (prsnt actv subjv 3 sing); **sese** (3 pers. reflxv. pron., masc acc sing); **consulere** (prsnt actv infin); **[suae]** (fem dat sing); **civitati** (fem dat sing); **[civitas]** (fem nom sing); **levetur** (prsnt pssv subjv 3 sing); **hibernīs** (neut abl pl); **referre** (prsnt actv infin); **gratiam** (fem acc sing); **Caesari** (masc dat sing); **meritīs** (neut abl pl); **eius** (masc gen sing); **hāc** (fem abl sing); **oratione** (fem abl sing); **habitā** (perf pssv prcpl, fem abl sing); **Ambiorix** (masc nom sing); **discedit** (prsnt actv indic 3 sing).

* * * * * * * * * * * * * * * * * * *

<u>Caesar's ORIGINAL TEXT (Book Five, Chapter 28)</u>: **(A)** Arpineius et Iunius, quae audierunt, ad legatos deferunt. **(B)** Illi repentina re perturbati, etsi ab hoste ea dicebantur, tamen non neglegenda existimabant maximeque hac re permovebantur, quod civitatem ignobilem atque humilem Eburonum sua sponte populo Romano bellum facere ausam vix erat credendum. **(C)** Itaque ad consilium rem deferunt magnaque inter eos exsistit controversia. **(D)** L. Aurunculeius compluresque tribuni militum et primorum ordinum centuriones nihil temere agendum neque ex hibernis iniussu Caesaris discedendum existimabant; **(E)** quantasvis magnas etiam copias Germanorum sustineri posse munitis hibernis docebant: rem esse testimonio, quod primum hostium impetum multis ultro vulneribus inlatis fortissime sustinuerint; **(F)** re frumentaria non premi; interea et ex proximis hibernīs et a Caesare conventura subsidia; postremo quid esse levius aut turpius quam, auctore hoste, de summis rebus capere consilium?

<u>Quick Reference, COMMON PRONOUNS</u>: **hic**, haec, hoc (dem. pron.) - this; he, she, it | **ille**, illa, illud (dem. pron.) - that; that (famous) one (yonder); he, she, it | **ipse**, ipsa, ipsum (intnsv. pron.) - (one's own) self; very | **is**, ea, id (dem. pron.) - this, that; (of) such (a kind); he, she, it | **qui**, quae, quod (rel. pron.) - who, which; that

SUGGESTED WORD ORDER (Book Five. Chapter 28). **(A)** Arpineius et Iunius deferunt quae audierunt [i.e., audiverunt] ad legatos.[1] **(B)** Illi perturbati repentinā rē,[2] etsi ea dicebantur ab hoste, tamen existimabant [ea] non neglegenda [i.e., neglegenda esse][3] [et] maxime permovebantur hāc rē:[4] vix credendum erat[5] quod ignobilem atque humilem civitatem Eburonum ausam [i.e., ausam esse] facere bellum Romano populo suā sponte.[6] **(C)** Itaque deferunt rem ad consilium [et] magna controversia exsistit inter eos. **(D)** L[ucius] Aurunculeius [et] complures tribuni militum[7] et centuriones[8] primorum ordinum existimabant nihil agendum [i.e., agendum esse][9] temere neque discedendum [i.e., discedendum esse][10] ex hibernīs iniussū[11] Caesaris; **(E)** etiam docebant quantasvis magnas copias Germanorum[12] posse sustineri munitīs hibernīs[13] [et] rem [ipsam] esse testimonio,[14] quod sustinuerint[15] primum impetum hostium fortissime, ultro multīs vulneribus inlatīs [hostibus];[16] **(F)** [se] non premi frumentariā rē;[17] interea subsidia conventura [i.e., conventura esse] et ex proximīs hibernīs et a Caesare; postremo quid esse levius aut turpius quam capere consilium de summīs rēbus, hoste auctore?[18]

5.28 VOCABULARY SECTIONS

(A) **Arpineius**, i (m) - Caius Arpineius / **Iunius**, i (m) - Quintus Iunius / **defero**, deferre, detuli, delatus - report / **audio**, audire (4), audivi, auditus - hear / **ad** (prep) - to (with Acc) / **legatus**, i (m) - legate

(B) **perturbo** (1) - throw into confusion / **repentinus**, a, um - sudden, unexpected / **res**, rei (f) - affair, matter / **etsi** (conj) - even though / **dico**, dicere (3), dixi, dictus - mention / **ab** (prep) - by (with Abl) / **hostis**, is (m) - enemy / **tamen** (adv) - nevertheless / **existimo** (1) - believe, think / **neglego**, neglegere (3), neglexi, neglectus - disregard, neglect / **maxime** (adv) - especially / **permoveo**, permovēre (2), permovi, permotus - deeply affect, stir / **res**, rei (f) - consideration / **vix** (adv) - scarcely, with difficulty / **credo**, credere (3), credidi, creditus - believe, trust / **quod** (conj) - that / **ignobilis**, e - obscure, undistinguished / **humilis**, e - humble, insignificant / **civitas**, atis (f) - community, tribe / **Eburones**, um (m) - the Eburones (a Gallic tribe) / **audeo**, audēre (2), ausus sum (defect.) - dare, presume / **facio**, facere (3), feci, factus - make, undertake (with *bellum* and Dat, "make war upon") / **bellum**, i (n) - war / **Romanus**, a, um - Roman / **populus**, i (m) - people, nation / **suus**, a, um - (one's) own / **spons**, spontis (f) - free will (adverbial Abl with *suā*, "by one's own accord, voluntarily")

(C) **defero**, deferre, detuli, delatus - submit / **res**, rei (f) - affair, matter / **ad** (prep) - to (with Acc) / **consilium**, i (n) - council (meeting) / **magnus**, a, um - great / **controversia**, ae (f) - dispute, quarrel / **exsisto**, exsistere (3), exstiti, exstitus - arise (suddenly), break out / **inter** (prep) - among, between (with Acc)

(D) **L. Aurunculeius**, i (m) - Lucius Aurunculeius Cotta / **complures**, ium - several / **tribunus**, i (m) - (military) tribune / **miles**, itis (m) - soldier / **centurio**, onis (m) - centurion / **primus**, a, um - first / **ordo**, inis (m) - grade, rank / **existimo** (1) - believe, think / **nihil** (indecl., n) - nothing / **ago**, agere (3), egi, actus - do, perform, undertake / **temere** (adv) - heedlessly, rashly / **discedo**, discedere (3), discessi, discessus - depart, withdraw / **ex** (prep) - from (with Abl) / **hiberna**, orum (n) - winter quarters / **iniussus**, us (m) - an absence of command (adverbial Abl, "without orders") / **Caesar**, Caesaris (m) - Caius Iulius Caesar

(E) **etiam** (conj) - also / **doceo**, docēre (2), docui, doctus - inform, make known / **quantusvis**, quantavis, quantumvis - as many as you please, however great / **magnus**, a, um - large, numerous / **copiae**, arum (f) - (armed) forces, might / **Germani**, orum (m) - the Germans / **possum**, posse, potui - be able / **sustineo**, sustinēre (2), sustinui, sustentus - hold out (against), withstand / **munio**, munire (4), munivi, munitus - fortify, secure / **hiberna**, orum (n) - winter quarters / **res**, rei (f) - affair, matter / **testimonium**, i (n) - evidence, proof / **quod** (conj) - (namely) because / **sustineo** *iterum* / **primus**, a, um - first, initial / **impetus**, us (m) - attack / **hostis**, is (m) - enemy / **fortiter** (adv) - bravely / **ultro** (adv) - besides, even / **multus**, a, um - many / **vulnus**, vulneris (n) - wound / **infero**, inferre, intuli, inlatus - inflict upon (with Dat) / [**hostis** *iterum*]

(F) **premo**, premere (3), pressi, pressus - press (Pssv, "be hard pressed for, lacking") / **frumentarius**, a, um - having to do with corn or provisions (with *res*, "corn supply") / **res**, rei (f) - situation / **interea** (adv) - meanwhile / **subsidium**, i (n) -

Quick Reference, COMMON PRONOUNS: **hic**, haec, hoc (dem. pron.) - this; he, she, it | **ille**, illa, illud (dem. pron.) - that; that (famous) one (yonder); he, she, it | **ipse**, ipsa, ipsum (intnsv. pron.) - (one's own) self; very | **is**, ea, id (dem. pron.) - this, that; (of) such (a kind); he, she, it | **qui**, quae, quod (rel. pron.) - who, which; that

aid, relief / **convenio**, convenire (4), conveni, conventus - arrive / **ex** (prep) - from (with Abl) / **proximus**, a, um - nearest / **hiberna**, orum (n) - winter quarters / **a** (prep) - from (with Abl) / **Caesar**, Caesaris (m) - Caius Iulius Caesar / **postremo** (adv) - finally / **quis**, quid (interrog. adj.) - who? what? / **levis**, e - undignified / **turpis**, e - disgraceful, shameful / **quam** (adv) - than / **capio**, capere (3), cepi, captus - take (with *consilium*, "adopt a plan") / **consilium**, i (n) - advice / **de** (prep) - about, concerning (with Abl) / **summus**, a, um - most important, highly significant / **res**, rei (f) - affair, matter / **hostis**, is (m) - enemy / **auctor**, oris (m) - agent, source

GRAMMATICAL NOTES: **2**. *repentinā rē* (Abl of Means or Cause, "by the unexpected affair"); **3**. *neglegenda [esse]* (Passive Periphrastic, "they must not be disregarded"); **4**. *hāc rē* (Abl of Means or Cause, "by this consideration"); **5**. *credendum erat* (Passive Periphrastic, "it was to be believed"); **6**. *suā sponte* (Abl of Means or Cause, "by its own volition"); **9**. *agendum [esse]* (Passive Periphrastic, "ought to be undertaken"); **10**. *discedendum [esse]* (Passive Periphrastic, impers., "it must not be departed," best read as "they must not depart"); **11**. *iniussū* (Adverbial Abl, "without orders"); **12**. *quantasvis magnas copias Germanorum* ("as great a large force of Germans as you please"); **13**. *munitīs hibernīs* (Abl of Means); **14**. *testimonio* (Dat of Purpose with *rem [ipsam] esse*, "the matter [itself] served as evidence"); **15**. *sustinuerint* (Subjunctive in a Subordinate Causal Clause in Indirect Speech, "namely because they had withstood"); **16**. *ultro multīs vulneribus inlatīs [hostibus]* (Abl Absol, "with even many wounds having been inflicted [upon the enemy]"); **17**. *frumentariā rē* (Abl of Means); **18**. *hoste auctore* (Abl Absol, "with an enemy serving as the source"). | **HISTORICAL NOTES**: **1**. On the Roman *legatus*, see 5.24 (note **5**). | **7**. In the late Republic, each legion had six *tribuni militum* (i.e., "tribunes of the soldiers") who served as senior military officers responsible for general staff duties; usually, two tribunes held joint responsibility for a period of two months before being replaced by another pair in rotation. The tribunes of the first four legions (which belonged to the year's serving consuls) were elected by the *comitia populi tributa* (i.e., an "Assembly of the People" including all citizens organized into 35 electoral tribes) and were therefore actual magistrates, whereas those for additional legions (such as Caesar's) were appointed by individual commanders. Traditionally held by *equites* (see 5.27, note **1**) with at least five years of military service, the position was increasingly entrusted to young aristocrats who viewed it as an early step in their political career and a valuable means of obtaining military experience; this may explain why Caesar and other commanders routinely entrusted independent commands to their *legati* (see 5.24, note **5**). | **8**. Centurions were the professional career officers of the Roman military, veteran soldiers who had (usually) been promoted from the ranks after completing a full term of service to command a *centuria* comprised of eighty legionaries and twenty noncombatants. In the late Republic, each of the legion's ten cohorts had six centurions ranked (in descending order of seniority by their respective *centuria*) as follows: (I) *pilus prior*; (II) *pilus posterior*; (III) *princeps prior*; (IV) *princeps posterior*; (V) *hastatus prior*; and (VI) *hastatus posterior*. The *pilus prior*, as the cohort's highest-ranking centurion, commanded his own *centuria* as well as the other five centurions who were subordinate to him; the legion's most senior centurion was therefore the *pilus prior* of the first cohort, who bore the distinguished title *Primus Pilus* and was responsible for maintaining the legionary standard (see 4.25, note **12**). Much scholarly ink has been spilt over the nature of how centurions advanced in rank, but it seems that promotion occurred in two different ways: one might advance from a junior position to a higher rank within the same cohort (e.g., from *hastatus posterior* to *pilus prior*), and one could also rise from service in a lower, less-distinguished cohort to a more prestigiously-ranked cohort (e.g. from the tenth cohort to the first) within the hierarchy of the legion itself. Given the gradations of rank within the individual cohorts and the primacy of the first cohort, we may be reasonably certain that the *centuriones primorum ordinum* mentioned by Caesar in this passage were the six centurions of the first cohort.

FULLY PARSED

(5.28.A): **Arpineius** (masc nom sing); **Iunius** (masc nom sing); **deferunt** (prsnt actv indic 3 pl); **quae** (neut acc pl); **audierunt** (i.e., *audiverunt*, perf actv indic 3 pl); **legatos** (masc acc pl).

(5.28.B): **illi** (masc nom pl); **perturbati** (perf pssv prcpl, masc nom pl); **repentinā** (fem abl sing); **rē** (fem abl sing); **ea** (neut nom pl); **dicebantur** (impf pssv indic 3 pl); **hoste** (masc abl sing); **existimabant** (impf actv indic 3 pl); **[ea]** (neut acc pl); **neglegenda** (i.e., *neglegenda esse*, a Passive Periphrastic; fut pssv prcpl, neut acc pl *neglegenda* paired with prsnt actv infin *esse*); **maxime** (supl. of *magnopere*); **permovebantur** (impf pssv indic 3 pl); **hāc** (fem abl sing); **rē** (fem abl sing); **credendum erat** (a Passive Periphrastic; fut pssv prcpl, neut acc sing *credendum* paired with impf actv indic 3 sing *erat*); **ignobilem** (fem acc sing); **humilem** (fem acc sing); **civitatem** (fem acc sing); **Eburonum** (masc gen pl); **ausam** (i.e., *ausam esse*, defect., perf pssv infin; fem acc sing);

Quick Reference, COMMON PRONOUNS: **hic**, haec, hoc (dem. pron.) - this; he, she, it | **ille**, illa, illud (dem. pron.) - that; that (famous) one (yonder); he, she, it | **ipse**, ipsa, ipsum (intnsv. pron.) - (one's own) self; very | **is**, ea, id (dem. pron.) - this, that; (of) such (a kind); he, she, it | **qui**, quae, quod (rel. pron.) - who, which; that

facere (prsnt actv infin); **bellum** (neut acc sing); **Romano** (masc dat sing); **populo** (masc dat sing); **suā** (fem abl sing); **sponte** (fem abl sing).

(5.28.C): **deferunt** (prsnt actv indic 3 pl); **rem** (fem acc sing); **consilium** (neut acc sing); **magna** (fem nom sing); **controversia** (fem nom sing); **exsistit** (prsnt actv indic 3 sing); **eos** (masc acc pl).

(5.28.D): **L[ucius]** (masc nom sing); **Aurunculeius** (masc nom sing); **complures** (masc nom pl); **tribuni** (masc nom pl); **militum** (masc gen pl); **centuriones** (masc nom pl); **primorum** (masc gen pl); **ordinum** (masc gen pl); **existimabant** (impf actv indic 3 pl); **nihil** (indecl., read as neut acc sing); **agendum** (i.e., *agendum esse*, a Passive Periphrastic; fut pssv prcpl, neut acc sing *agendum* paired with prsnt actv infin *esse*); **discedendum** (i.e., *discedendum esse*, a Passive Periphrastic; fut pssv prcpl, neut acc sing *discedendum* paired with prsnt actv infin *esse*); **hibernīs** (neut abl pl); **iniussū** (masc abl sing); **Caesaris** (masc gen sing).

(5.28.E): **docebant** (impf actv indic 3 pl); **quantasvis** (fem acc pl); **magnas** (fem acc pl); **copias** (fem acc pl); **Germanorum** (masc gen pl); **posse** (prsnt actv infin); **sustineri** (prsnt pssv infin); **munitīs** (perf pssv prcpl, neut abl pl); **hibernīs** (neut abl pl); **rem** (fem acc sing); **[ipsam]** (fem acc sing); **esse** (prsnt actv infin); **testimonio** (neut dat sing); **sustinuerint** (perf actv subjv 3 pl); **primum** (masc acc sing); **impetum** (masc acc sing); **hostium** (masc gen pl); **fortissime** (supl. of *fortiter*); **multīs** (neut abl pl); **vulneribus** (neut abl pl); **inlatīs** (perf pssv prcpl, neut abl pl); **[hostibus]** (masc dat pl).

(5.28.F): **[se]** (3 pers. reflxv. pron., masc acc pl); **premi** (prsnt pssv infin); **frumentariā** (fem abl sing); **rē** (fem abl sing); **subsidia** (neut acc pl); **conventura** (i.e., *conventura esse*, fut actv infin; neut acc pl); **proximīs** (neut abl pl); **hibernīs** (neut abl pl); **Caesare** (masc abl sing); **quid** (neut acc sing); **esse** (prsnt actv infin); **levius** (neut acc sing; comp. of *levis*); **turpius** (neut acc sing; comp. of *turpis*); **capere** (prsnt actv infin); **consilium** (neut acc sing); **summīs** (fem abl pl); **rēbus** (fem abl pl); **hoste** (masc abl sing); **auctore** (masc abl sing).

* * * * * * * * * * * * * * * * * * *

<u>Caesar's **ORIGINAL TEXT** (Book Five, Chapter 29)</u>: **(A)** Contra ea Titurius sero facturos clamitabat, cum maiores manus hostium adiunctis Germanis convenissent aut cum aliquid calamitatis in proximis hibernis esset acceptum. Brevem consulendi esse occasionem. **(B)** Caesarem arbitrari profectum in Italiam; neque aliter Carnutes interficiendi Tasgeti consilium fuisse capturos neque Eburones, si ille adesset, tanta contemptione nostri ad castra venturos esse. **(C)** Non hostem auctorem sed rem spectare: subesse Rhenum; magno esse Germanis dolori Ariovisti mortem et superiores nostras victorias; ardere Galliam tot contumeliis acceptis sub populi Romani imperium redactam, superiore gloria rei militaris exstincta. **(D)** Postremo quis hoc sibi persuaderet, sine certa re Ambiorigem ad eiusmodi consilium descendisse? **(E)** Suam sententiam in utramque partem esse tutam: si nihil esset durius, nullo cum periculo ad proximam legionem perventuros; si Gallia omnis cum Germanis consentiret, unam esse in celeritate positam salutem. **(F)** Cottae quidem atque eorum qui dissentirent consilium quem habere exitum? In quo si praesens periculum non, at certe longinqua obsidione fames esset timenda?

> <u>**SUGGESTED WORD ORDER** (Book Five, Chapter 29)</u>. **(A)** Contra ea Titurius clamitabat [se] facturos [i.e., facturos esse] sero, [aut] cum maiores manus hostium <u>convenissent</u>,[1] <u>Germanīs adiunctīs</u>,[2] aut cum <u>aliquid calamitatis</u>[3] <u>acceptum esset</u>[4] in proximīs hibernīs; occasionem <u>consulendi</u>[5] esse brevem. **(B)** [Se] arbitrari Caesarem profectum [i.e., profectum esse] in Italiam, aliter neque Carnutes <u>capturos fuisse</u>[6] consilium <u>Tasgeti interficiendi</u>[7] neque Eburones venturos esse ad castra <u>tantā contemptione</u>[8] <u>nostri</u>,[9] si ille [Caesar] <u>adesset</u>.[10] **(C)** [Se] non spectare hostem [esse] auctorem sed rem [ipsam]: Rhenum subesse; mortem Ariovisti et nostras superiores victorias esse <u>magno dolori</u>[11] <u>Germanīs</u>;[12] Galliam ardere, redactam sub imperium Romani populi <u>tot contumeliīs</u> <u>acceptīs</u>,[13] [et] <u>superiore gloriā militaris rei exstinctā</u>.[14] **(D)** Postremo quis <u>persuaderet</u>[15] sibi hoc, [ut] Ambiorigem descendisse ad consilium eiusmodi sine certā rē? **(E)** Suam sententiam esse tutam in utramque partem: si nihil durius <u>esset</u>,[16] [se] perventuros [i.e., perventuros esse] ad proximam legionem cum nullō periculō; si omnis Gallia <u>consentiret</u>[17] cum Germanīs, unam salutem [sibi] positam esse in celeritate. **(F)** Quidem, quem exitum consilium Cottae atque eorum qui <u>dissentirent</u>[18] <u>habere</u>?[19] In quō, [etiam] si non [esset][20] praesens periculum, at certe fames <u>timenda esset</u>[21] <u>longinquā obsidione</u>?[22]

<u>**Quick Reference, COMMON PRONOUNS**</u>: **hic**, haec, hoc (dem. pron.) - this; he, she, it | **ille**, illa, illud (dem. pron.) - that; that (famous) one (yonder); he, she, it | **ipse**, ipsa, ipsum (intnsv. pron.) - (one's own) self; very | **is**, ea, id (dem. pron.) - this, that; (of) such (a kind); he, she, it | **qui**, quae, quod (rel. pron.) - who, which; that

5.29 VOCABULARY SECTIONS

(A) **contra** (prep) - against, in reply to (with Acc) / **Titurius**, i (m) - Quintus Titurius Sabinus / **clamito** (1) - insist loudly / **facio**, facere (3), feci, factus - take action / **sero** (adv) - too late / **cum** (conj) - after / **maior**, maius - greater, larger / **manus**, us (f) - band (of warriors) / **hostis**, is (m) - enemy / **convenio**, convenire (4), conveni, conventus - assemble, gather / **Germani**, orum (m) - the Germans / **adiungo**, adiungere (3), adiunxi, adiunctus - attach, unite (in alliance) / **cum** *iterum* / **aliquis**, aliquid - somebody, something / **calamitas**, atis (f) - disaster, misfortune / **accipio**, accipere (3), accepi, acceptus - incur, receive / **in** (prep) - in (with Abl) / **proximus**, a, um - closest, nearest / **hiberna**, orum (n) - winter quarters / **occasio**, onis (f) - opportunity / **consulo**, consulere (3), consului, consultus - deliberate, take counsel / **brevis**, e - brief

(B) **arbitror**, arbitrari (1), arbitratus - believe, suppose / **Caesar**, Caesaris (m) - Caius Iulius Caesar / **proficiscor**, proficisci (3), profectus - depart, set out / **in** (prep) - into (with Acc) / **Italia**, ae (f) - Italy / **aliter** (adv) - otherwise / **Carnutes**, ium (m) - the Carnutes (a Gallic tribe) / **capio**, capere (3), cepi, captus - take (with *consilium*, "adopt or form a plan") / **consilium**, i (n) - advice / **Tasgetius**, i (m) - Tasgetius (king of the Carnutes) / **interficio**, interficere (3), interfeci, interfectus - kill / **Eburones**, um (m) - the Eburones (a Gallic tribe) / **venio**, venire (4), veni, ventus - arrive, come / **ad** (prep) - to, towards (with Acc) / **castra**, orum (n) - (military) camp / **tantus**, a, um - so great, such / **contemptio**, onis (f) - contempt, defiance / **si** (conj) - if / [**Caesar** *iterum*] / **adsum**, adesse, adfui - be at hand, present

(C) **specto** (1) - consider, regard / **hostis**, is (m) - enemy / **auctor**, oris (m) - cause, instigator / **res**, rei (f) - situation / **Rhenus**, i (m) - the Rhine (river) / **subsum**, subesse - be close, near at hand / **mors**, mortis (f) - death, mortal demise / **Ariovistus**, i (m) - Ariovistus (chieftain of the Suebi) / **noster**, nostra, nostrum - our / **superior**, ius - former, previous / **victoria**, ae (f) - victory / **magnus**, a, um - great / **dolor**, oris (m) - indignation, resentment / **Germani**, orum (m) - the Germans / **Gallia**, ae (f) - Gaul / **ardeo**, ardēre (2), arsi, arsus - burn (i.e., "be incensed, simmer") / **redigo**, redigere (3), redegi, redactus - bring into submission / **sub** (prep) - under (with Acc) / **imperium**, i (n) - dominion, sovereignty / **Romanus**, a, um - Roman / **populus**, i (m) - people, nation / **tot** (indecl. num.) - so many / **contumelia**, ae (f) - insult, outrage (esp., "military defeat") / **accipio**, accipere (3), accepi, acceptus - experience, incur, receive / **superior** *iterum* / **gloria**, ae (f) - glory, renown / **militaris**, e - military / **res**, rei (f) - condition, status (with *militaris*, "military prowess") / **exstinguo**, exstinguere (3), exstinxi, exstinctus - annihilate, blot out, extinguish

(D) **postremo** (adv) - finally / **quis**, quid (interrog. pron.) - who? what? / **persuadeo**, persuadēre (2), persuasi, persuasus - "persuade (Dat) of something (Acc)" / **Ambiorix**, igis (m) - Ambiorix (co-ruler of the Eburones) / **descendo**, descendere, (3), descendi, descensus - lower oneself, stoop to / **ad** (prep) - to (with Acc) / **consilium**, i (n) - design, plan, purpose / **modus**, i (m) - manner, way (with *eius*, "of such a kind") / **sine** (prep) - without (with Abl) / **certus**, a, um - certain, informed / **res**, rei (f) - cause, information, reason

(E) **suus**, a, um - (one's) own / **sententia**, ae (f) - opinion, thought / **tutus**, a, um - safe, secure / **in** (prep) - with respect to (with Acc) / **uterque**, utraque, utrumque - both, each (of two) / **pars**, partis (f) - faction, side (with *utraque*, "on each side") / **si** (conj) - if / **nihil** (indecl., n) - nothing / **durus**, a, um - distressing, severe / **pervenio**, pervenire (4), perveni, perventus - arrive at, reach / **ad** (prep) - at (with Acc) / **proximus**, a, um - closest, nearest / **legio**, onis (f) - legion / **cum** (prep) - with (with Abl) / **nullus**, a, um - no, none / **periculum**, i (n) - danger, risk / **si** *iterum* / **omnis**, e - all, entire / **Gallia**, ae (f) - Gaul / **consentio**, consentire (4), consensi, consensus - conspire, plot together / **cum** *iterum* / **Germani**, orum (m) - the Germans / **unus**, a, um - only, single / **salus**, salutis (f) - (means of) hope, safety / **pono**, ponere (3), posui, positus - lay (with *in* and Abl, "depend upon") / **in** (prep) - in (with Abl) / **celeritas**, atis (f) - speed

(F) **quidem** (adv) - at any rate, indeed / **quis**, quid (interrog. adj.) - who? what? / **exitus**, us (m) - conclusion, result / **consilium**, i (n) - plan / **Cotta**, ae (m) - Lucius Aurunculeius Cotta / **dissentio**, dissentire (4), dissensi, dissensus - disagree, oppose / **habeo**, habēre (2), habui, habitus - have / **in** (prep) - in (with Abl) / [**etiam** (adv) - even] / **si** (conj) - if / **praesens**, entis - current, present / **periculum**, i (n) - danger, risk / **certe** (adv) - at least, certainly /

Quick Reference, COMMON PRONOUNS: **hic**, haec, hoc (dem. pron.) - this; he, she, it | **ille**, illa, illud (dem. pron.) - that; that (famous) one (yonder); he, she, it | **ipse**, ipsa, ipsum (intnsv. pron.) - (one's own) self; very | **is**, ea, id (dem. pron.) - this, that; (of) such (a kind); he, she, it | **qui**, quae, quod (rel. pron.) - who, which; that

fames, is (f) - famine, hunger / **timeo**, timēre (2), timui - dread, fear / **longinquus**, a, um - extensive, prolonged / **obsidio**, onis (f) - siege

<u>GRAMMATICAL NOTES</u>: **1.** *convenissent* (Subjunctive in a *cum* Clause in Indirect Speech, "after larger bands of the enemy had assembled"); **2.** *Germanīs adiunctīs* (Abl Absol, "with the Germans having been attached as allies"); **3.** *aliquid calamitatis* (Gen of the Whole, "something of a calamity" best read as "some calamity"); **4.** *acceptum esset* (Subjunctive in a *cum* Clause in Indirect Speech, "after some disaster had been incurred"); **5.** *consulendi* (Gerund, "of deliberating, taking counsel"); **6.** *capturos fuisse* (Active Periphrastic substituted for *cepissent* as the Apodosis in a mixed Contrary-to-Fact Condition in Indirect Speech, "would have adopted the plan"); **7.** *Tasgeti interficiendi* (Gerundive, "of killing Tasgetius"); **8.** *tantā contemptione* (Abl of Manner, "with such contempt"); **9.** *nostri* (Objective Gen, "for us"); **10.** *adesset* (Subjunctive as the Protasis in a mixed Contrary-to-Fact Condition in Indirect Speech, "if that one [i.e., Caesar] were present"); **11.** *magno dolori* (Dat of Purpose, "a matter of great resentment"); **12.** *Germanis* (Dat of Interest, "for the Germans"); **13.** *tot contumeliīs acceptīs* (Abl Absol, "after so many insults having been received"); **14.** *superiore gloriā militaris rei exstinctā* (Abl Absol, "with their former glory of military prowess having been extinguished"); **15.** *persuaderet* (Deliberative Subjunctive following secondary sequence in Indirect Speech, "who would persuade himself of this, that..."); **16.** *esset* (Subjunctive as the Protasis of a Future More Vivid Condition following secondary sequence in Indirect Speech, lit., "if there was nothing more severe," best read as "if nothing more severe occurred." Note that the Apodosis is *perventuros esse*, "they would arrive"); **17.** *consentiret* (Subjunctive as the Protasis of a mixed Simple Condition following secondary sequence in Indirect Speech, "if all Gaul conspired together." Note that the Apodosis is *positam esse*, "depended upon"); **18.** *dissentirent* (Subjunctive in a Relative Clause of Characteristic, "those who disagree"); **19.** *quidem...habere?* ("Indeed, what result [does] the plan of Cotta and of those who disagree [i.e., with Sabinus] have?"); **20.** *[esset]* (Subjunctive as the Protasis of mixed Contrary-to-Fact Condition in Indirect Speech, "even if there was no present danger"); **21.** *timenda esset* (Passive Periphrastic, "had to be feared"); **22.** *longinquā obsidione* (Abl of Cause, "with a prolonged siege").

<u>FULLY PARSED</u>

(5.29.A): **ea** (neut acc pl); **Titurius** (masc nom sing); **clamitabat** (impf actv indic 3 sing); **[se]** (3 pers. reflxv. pron., masc acc pl); **facturos** (i.e., *facturos esse*, fut actv infin; masc acc pl); **maiores** (fem nom pl; comp. of *magnus*); **manus** (fem nom pl); **hostium** (masc gen pl); **convenissent** (pluperf actv subjv 3 pl); **Germanīs** (masc abl pl); **adiunctīs** (perf pssv prcpl, masc abl pl); **aliquid** (neut nom sing); **calamitatis** (fem gen sing); **acceptum esset** (pluperf pssv subjv 3 sing; neut nom); **proximīs** (neut abl pl); **hibernīs** (neut abl pl); **occasionem** (fem acc sing); **consulendi** (Gerund; fut pssv prcpl, neut gen sing); **esse** (prsnt actv infin); **brevem** (fem acc sing).

(5.29.B): **[se]** (3 pers. reflxv. pron., masc acc sing); **arbitrari** (dep., prsnt pssv infin); **Caesarem** (masc acc sing); **profectum** (i.e., *profectum esse*, perf pssv infin; masc acc sing); **Italiam** (fem acc sing); **Carnutes** (masc acc pl); **capturos fuisse** (Active Periphrastic; fut actv prcpl, masc acc pl *capturos* paired with perf actv infin *fuisse*); **consilium** (neut acc sing); **Tasgeti** (masc gen sing); **interficiendi** (Gerundive; fut pssv prcpl, masc gen sing); **Eburones** (masc acc pl); **venturos esse** (fut actv infin; masc acc pl); **castra** (neut acc pl); **tantā** (fem abl sing); **contemptione** (fem abl sing); **nostri** (1 pers. pron., masc gen pl); **ille** (masc nom sing); **[Caesar]** (masc nom sing); **adesset** (impf actv subjv 3 sing).

(5.29.C): **[se]** (3 pers. reflxv. pron., masc acc sing); **spectare** (prsnt actv infin); **hostem** (masc acc sing); **[esse]** (prsnt actv infin); **auctorem** (masc acc sing); **rem** (fem acc sing); **[ipsam]** (fem acc sing); **Rhenum** (masc acc sing); **subesse** (prsnt actv infin); **mortem** (fem acc sing); **Ariovisti** (masc gen sing); **nostras** (fem acc pl); **superiores** (fem acc pl; comp. of *superus*); **victorias** (fem acc pl); **esse** (prsnt actv infin); **magno** (masc dat sing); **dolori** (masc dat sing); **Germanis** (masc dat pl); **Galliam** (fem acc sing); **ardere** (prsnt actv infin); **redactam** (perf pssv prcpl, fem acc sing); **imperium** (neut acc sing); **Romani** (masc gen sing); **populi** (masc gen sing); **contumeliīs** (fem abl pl); **acceptīs** (perf pssv prcpl, fem abl pl); **superiore** (fem abl sing; comp. of *superus*); **gloriā** (fem abl sing); **militaris** (fem gen sing); **rei** (fem gen sing); **exstinctā** (perf pssv prcpl, fem abl sing).

<u>Quick Reference, COMMON PRONOUNS</u>: **hic**, haec, hoc (dem. pron.) - this; he, she, it | **ille**, illa, illud (dem. pron.) - that; that (famous) one (yonder); he, she, it | **ipse**, ipsa, ipsum (intnsv. pron.) - (one's own) self; very | **is**, ea, id (dem. pron.) - this, that; (of) such (a kind); he, she, it | **qui**, quae, quod (rel. pron.) - who, which; that

(5.29.D): **quis** (masc nom sing); **persuaderet** (impf actv subjv 3 sing); **sibi** (3 pers. reflxv. pron., masc dat sing); **hoc** (neut acc sing); **Ambiorigem** (masc acc sing); **descendisse** (perf actv infin); **consilium** (neut acc sing); **eiusmodi** (masc gen sing); **certā** (fem abl sing); **rē** (fem abl sing).

(5.29.E): **suam** (fem acc sing); **sententiam** (fem acc sing); **esse** (prsnt actv infin); **tutam** (fem acc sing); **utramque** (fem acc sing); **partem** (fem acc sing); **nihil** (indecl., read as neut nom sing); **durius** (neut nom sing; comp. of *durus*); **esset** (impf actv subjv 3 sing); **[se]** (3 pers. reflxv. pron., masc acc pl); **perventuros** (i.e., *perventuros esse*, fut actv infin; masc acc pl); **proximam** (fem acc sing); **legionem** (fem acc sing); **nullō** (neut abl sing); **periculō** (neut abl sing); **omnis** (fem nom sing); **Gallia** (fem nom sing); **consentiret** (impf actv subjv 3 sing); **Germanīs** (masc abl pl); **unam** (fem acc sing); **salutem** (fem acc sing); **[sibi]** (3 pers. reflxv. pron., masc dat pl); **positam esse** (perf pssv infin; fem acc sing); **celeritate** (fem abl sing).

(5.29.F): **quem** (masc acc sing); **exitum** (masc acc sing); **consilium** (neut acc sing); **Cottae** (masc gen sing); **eorum** (masc gen pl); **qui** (masc nom pl); **dissentirent** (impf actv subjv 3 pl); **habere** (prsnt actv infin); **quō** (neut acc sing); **[esset]** (impf actv subjv 3 sing); **praesens** (neut nom sing); **periculum** (neut nom sing); **fames** (fem nom sing); **timenda esset** (Passive Periphrastic; fut pssv prcpl, fem nom sing *timenda* paired with impf actv subjv 3 sing *esset*); **longinquā** (fem abl sing); **obsidione** (fem abl sing).

* * * * * * * * * * * * * * * * * * *

<u>Caesar's **ORIGINAL TEXT** (Book Five, Chapter 30)</u>: **(A)** Hac in utramque partem disputatione habita, cum a Cotta primisque ordinibus acriter resisteretur, "Vincite," inquit, "si ita vultis," Sabinus, et id clariore voce, ut magna pars militum exaudiret; **(B)** "neque is sum," inquit, "qui gravissime ex vobis mortis periculo terrear: hi sapient; si gravius quid acciderit, abs te rationem reposcent; **(C)** qui, si per te liceat, perendino die cum proximis hibernis coniuncti communem cum reliquis belli casum sustineant, non reiecti et relegati longe ab ceteris, aut ferro aut fame intereant."

SUGGESTED WORD ORDER (Book Five, Chapter 30). **(A)** <u>Hāc disputatione habitā in utramque partem</u>,¹ cum <u>resisteretur</u>² acriter a Cottā [et] <u>primīs ordinibus</u>,³ Sabinus inquit "Vincite, si vultis ita," et inquit id <u>clariore voce</u>⁴ ut magna pars militum <u>exaudiret</u>:⁵ **(B)** "Neque sum is, qui ex vobīs <u>terrear</u>⁶ gravissime <u>periculō</u>⁷ mortis; hi [milites] sapient [et] <u>si quid gravius acciderit, reposcent rationem abs tē</u>;⁸ **(C)** qui, si <u>liceat</u>⁹ per te, coniuncti <u>perendinō diē</u>¹⁰ cum proximīs hibernīs <u>sustineant</u>¹¹ communem casum belli cum reliquīs [militibus] [et] non <u>intereant</u>¹² aut <u>ferrō</u>¹³ aut fame,¹⁴ reiecti et relegati longe ab ceterīs [militibus]."

5.30   **VOCABULARY SECTIONS**

(A)   **disputatio**, onis (f) - argument, debate / **habeo**, habēre (2), habui, habitus - convene, hold / **in** (prep) - with respect to (with Acc) / **uterque**, utraque, utrumque - both, each (of two) / **pars**, partis (f) - faction, side (with *utraque*, "on each side") / **cum** (conj) - afterward / **resisto**, resistere (3), restiti - gainsay, oppose / **acriter** (adv) - fiercely, vigorously / **a** (prep) - by (with Abl) / **Cotta**, ae (m) - Lucius Aurunculeius Cotta / **primus**, a, um - first, primary / **ordo**, inis (m) - grade, rank / **Sabinus**, i (m) - Quintus Titurius Sabinus / **inquam** (defect.) - say, speak (prsnt actv indic 3 sing, *inquit*) / **vinco**, vincere (3), vici, victus - have one's own way, prevail / **si** (conj) - if / **volo**, velle, volui - desire, wish / **ita** (adv) - so, thus / **clarus**, a, um - distinct, loud / **vox**, vocis (f) - voice / **magnus**, a, um - great, large / **pars**, partis (f) - part, portion / **miles**, itis (m) - soldier / **exaudio**, exaudire (4), exaudivi, exauditus - hear clearly

(B)   **ex** (prep) - from (among), out of (with Abl) / **terreo**, terrēre (2), terrui, territus - frighten / **graviter** (adv) - serious / **periculum**, i (n) - danger, risk / **mors**, mortis (f) - death / [**miles**, itis (m) - soldier] / **sapio**, sapere (3), sapivi - be aware, understand / **si** (conj) - if / **quis**, qua, quid (indef. adj.) - anyone, anything / **gravis**, e - injurious, serious, severe / **accido**, accidere (3), accidi - come to pass, happen / **reposco**, reposcere (3) - claim, demand / **ratio**, onis (f) - account, explanation / **abs** (prep) - from (with Abl)

(C)   **si** (conj) - if / **licet**, licēre (2), licuit, licitum est (impers.) - "it is permitted" / **per** (prep) - by means of, through the effort

---

<u>Quick Reference, **COMMON PRONOUNS**</u>: **hic**, haec, hoc (dem. pron.) - this; he, she, it | **ille**, illa, illud (dem. pron.) - that; that (famous) one (yonder); he, she, it | **ipse**, ipsa, ipsum (intnsv. pron.) - (one's own) self; very | **is**, ea, id (dem. pron.) - this, that; (of) such (a kind); he, she, it | **qui**, quae, quod (rel. pron.) - who, which; that

of (with Acc) / **coniungo**, coniungere (3), coniunxi, coniunctus - join, unite / **perendinus**, a, um - after tomorrow (with *dies*, "the day after tomorrow") / **dies**, ei (m) - day / **cum** (prep) - with (with Abl) / **proximus**, a, um - nearest / **hiberna**, orum (n) - winter quarters / **sustineo**, sustinēre (2), sustinui, sustentus - endure, withstand / **communis**, e - common, shared / **casus**, us (m) - chance, peril, risk / **bellum**, i (n) - war / **cum** *iterum* / **reliquus**, a, um - the (other) remaining, the rest (of) / [**miles**, itis (m) - soldier] / **intereo**, interire, interivi, interitus - die, perish / **ferrum**, i (n) - iron (sword) / **fames**, is (f) - famine, hunger / **reicio**, reicere (3), reieci, reiectus - cast off, remove / **relego** (1) - isolate, seclude / **longe** (adv) - far (away) / **ab** (prep) - from (with Abl) / **ceteri**, ae, a - other, remaining / [**miles** *iterum*]

GRAMMATICAL NOTES: **1**. *hāc disputatione habitā in utramque partem* (Abl Absol, "this debate having been convened on each side"); **2**. *resisteretur* (Subjunctive in a *cum* Clause, "was opposed"); **4**. *clariore voce* (Abl of Manner, "with a louder voice than usual"); **5**. *exaudiret* (Subjunctive in a Clause of Purpose, "in order that a great part of the soldiers might hear"); **6**. *terrear* (Subjunctive in a Relative Clause of Characteristic, "who...is terrified"); **7**. *periculō* (Abl of Means); **8**. *si quid gravius acciderit, reposcent rationem abs tē* (Future More Vivid Condition, "If anything more serious occurs, they will demand an explantion from you"); **9**. *liceat* (Subjunctive as the Protasis of a Future Less Vivid Construction, "if it should be allowed"); **10**. *perendinō diē* (Abl of Time When); **11**. *sustineant* (Subjunctive as the Apodosis of a Future Less Vivid Construction, "they would endure"); **12**. *intereant* (Subjunctive as the Apodosis of a Future Less Vivid Construction, "they would not perish"); **13-14**. *aut ferrō aut fame* (Ablatives of Means, "either by sword or by famine"). | **HISTORICAL NOTE**: **3**. On the *centuriones primorum ordinum*, see 5.28 (note **8**).

FULLY PARSED

(5.30.A): **hāc** (fem abl sing); **disputatione** (fem abl sing); **habitā** (perf pssv prcpl, fem abl sing); **utramque** (fem acc sing); **partem** (fem acc sing); **resisteretur** (impf pssv subjv 3 sing); **Cottā** (masc abl sing); **primīs** (masc abl pl); **ordinibus** (masc abl pl); **Sabinus** (masc nom sing); **inquit** (prsnt actv indic 3 sing); **vincite** (prsnt actv imper 2 pl); **vultis** (prsnt actv indic 2 pl); **inquit** (prsnt actv indic 3 sing); **id** (neut acc sing); **clariore** (fem abl sing; comp. of *clarus*); **voce** (fem abl sing); **magna** (fem nom sing); **pars** (fem nom sing); **militum** (masc gen pl); **exaudiret** (impf actv subjv 3 sing).

(5.30.B): **sum** (prsnt actv indic 1 sing); **is** (masc nom sing); **qui** (masc nom sing); **vobīs** (2 pers. pron., masc abl pl); **terrear** (prsnt pssv subjv 1 sing); **gravissime** (supl. of *graviter*); **periculō** (neut abl sing); **mortis** (fem gen sing); **hi** (masc nom pl); [**milites**] (masc nom pl); **sapient** (fut actv indic 3 pl); **quid** (neut nom sing); **gravius** (neut nom sing; comp. of *gravis*); **acciderit** (fut perf actv indic 3 sing); **reposcent** (fut actv indic 3 pl); **rationem** (fem acc sing); **tē** (2 pers. pron., masc abl sing).

(5.30.C): **qui** (masc nom pl); **liceat** (impers., prsnt actv subjv 3 sing); **te** (2 pers. pron., masc acc sing); **coniuncti** (perf pssv prcpl, masc nom pl); **perendinō** (masc abl sing); **diē** (masc abl sing); **proximīs** (neut abl pl); **hibernīs** (neut abl pl); **sustineant** (prsnt actv subjv 3 pl); **communem** (masc acc sing); **casum** (masc acc sing); **belli** (neut gen sing); **reliquīs** (masc abl pl); [**militibus**] (masc abl pl); **intereant** (prsnt actv subjv 3 pl); **ferrō** (neut abl sing); **fame** (fem abl sing); **reiecti** (perf pssv prcpl, masc nom pl); **relegati** (perf pssv prcpl, masc nom pl); **ceterīs** (masc abl pl); [**militibus**] (masc abl pl).

* * * * * * * * * * * * * * * * * * *

Caesar's **ORIGINAL TEXT (Book Five, Chapter 31)**: **(A)** Consurgitur ex consilio; comprehendunt utrumque et orant ne sua dissensione et pertinacia rem in summum periculum deducant: **(B)** facilem esse rem, seu maneant, seu proficiscantur, si modo unum omnes sentiant ac probent; contra in dissensione nullam se salutem perspicere. **(C)** Res disputatione ad mediam noctem perducitur. Tandem dat Cotta permotus manus: superat sententia Sabini. Pronuntiatur prima luce ituros. **(D)** Consumitur vigiliis reliqua pars noctis, cum sua quisque miles circumspiceret, quid secum portare posset, quid ex instrumento hibernorum relinquere cogeretur. **(E)** Omnia excogitantur, quare nec sine periculo maneatur et languore militum et vigiliis periculum augeatur. **(F)** Prima luce sic ex castris proficiscuntur ut quibus esset persuasum non ab hoste sed ab homine amicissimo Ambiorige consilium datum, longissimo agmine maximisque impedimentis.

Quick Reference, COMMON PRONOUNS: **hic**, haec, hoc (dem. pron.) - this; he, she, it | **ille**, illa, illud (dem. pron.) - that; that (famous) one (yonder); he, she, it | **ipse**, ipsa, ipsum (intnsv. pron.) - (one's own) self; very | **is**, ea, id (dem. pron.) - this, that; (of) such (a kind); he, she, it | **qui**, quae, quod (rel. pron.) - who, which; that

SUGGESTED WORD ORDER (Book Five, Chapter 31). **(A)** Consurgitur[1] [eis] ex consiliō; comprehendunt utrumque [Cottam et Sabinum] et orant ne deducant[2] rem in summum periculum suā dissensiōne[3] et pertinaciā:[4] **(B)** rem esse facilem, seu maneant,[5] seu proficiscantur,[6] si modo omnes sentiant[7] ac probent[8] unum; contra, se perspicere nullam salutem in dissensione. **(C)** Res perducitur disputatiōne[9] ad mediam noctem. Tandem Cotta, permotus, dat manus; sententia Sabini superat. Pronuntiatur [omnes] ituros [i.e., ituros esse] prīmā luce.[10] **(D)** Reliqua pars noctis consumitur vigiliīs,[11] cum quisque miles circumspiceret[12] sua, [deligere] quid posset[13] portare cum sē, [et] quid cogeretur[14] relinquere ex instrumentō hibernorum. **(E)** Omnia[15] excogitantur: quare maneatur[16] [ibi] nec sine periculō, et periculum augeatur[17] languore[18] et vigiliīs[19] militum. **(F)** Sic proficiscuntur ex castrīs prīmā luce,[20] agmine longissimō [et] impedimentīs maximīs,[21] ut [viri] quibus persuasum esset[22] consilium datum [i.e., datum esse] non ab hoste sed ab amicissimō homine, Ambiorige.

5.31 VOCABULARY SECTIONS

(A) **consurgo**, consurgere (3), consurrexi, consurrectus - rise up (together) / **ex** (prep) - from (with Abl) / **consilium**, i (n) - council (meeting) / **comprehendo**, comprehendere (3), comprehendi, comprehensus - clasp (firmly), detain, lay hold of / **uterque**, utraque, utrumque - both / [**Cotta**, ae (m) - Lucius Aurunculeius Cotta] / [**Sabinus**, i (m) - Quintus Titurius Sabinus] / **oro** (1) - implore, plead / **deduco**, deducere (3), deduxi, deductus - bring, lead / **res**, rei (f) - affair, matter / **in** (prep) - into (with Acc) / **summus**, a, um - greatest / **periculum**, i (n) - danger, peril / **suus**, a, um - (one's) own / **dissensio**, onis (f) - conflict, disagreement / **pertinacia**, ae (f) - obstinacy, stubbornness

(B) **res**, rei (f) - matter, situation / **facilis**, e - easy, uncomplicated / **seu** (conj) - or if (*seu...seu*, "whether...or") / **maneo**, manēre (2), mansi, mansus - remain / **seu** *iterum* / **proficiscor**, proficisci (3), profectus - depart, set out / **si** (conj) - if / **modo** (adv) - only (*si modo*, "provided that...") / **omnis**, e - all, every / **sentio**, sentire (4), sensi, sensus - decide upon / **probo** (1) - approve, recommend / **unus**, a, um - one, single, uniform / **contra** (adv) - on the other hand / **perspicio**, perspicere (3), perspexi, perspectus - perceive, see / **nullus**, a, um - no, none (at all) / **salus**, salutis (f) - (means of) hope, safety / **in** (prep) - in (with Abl) / **dissensio**, onis (f) - conflict, disagreement

(C) **res**, rei (f) - affair, matter / **perduco**, perducere (3), perduxi, perductus - draw out, prolong / **disputatio**, onis (f) - argument, debate / **ad** (prep) - until (with Acc) / **medius**, a, um - the middle (of) / **nox**, noctis (f) - night / **tandem** (adv) - finally / **Cotta**, ae (m) - Lucius Aurunculeius Cotta / **permoveo**, permovēre (2), permovi, permotus - induce, prevail upon, sway / **do**, dare (1), dedi, datus - give, offer (with *manus*, "concede, yield") / **manus**, us (f) - hand / **sententia**, ae (f) - opinion, position / **Sabinus**, i (m) - Quintus Titurius Sabinus / **supero** (1) - prevail / **pronuntio** (1) - announce, proclaim / [**omnis**, e - all, every] / **eo**, ire, ii, itus - go forth, march out / **primus**, a, um - first / **lux**, lucis (f) - light (with *prima*, "dawn")

(D) **reliquus**, a, um - the (other) remaining, the rest (of) / **pars**, partis (f) - part, portion / **nox**, noctis (f) - night / **consumo**, consumere (3), consumpsi, consumptus - devote to, spend / **vigilia**, ae (f) - (night) watch / **cum** (conj) - since, while / **quisque**, quaeque, quodque (indef. adj.) - each, every (one) / **miles**, itis (m) - soldier / **circumspicio**, circumspicere (3), circumspexi, circumspectus - examine / **suus**, a, um - (one's) own / [**deligo**, deligere (3), delegi, delectus - select] / **quis**, quid (interrog. pron.) - who? what? / **possum**, posse, potui - be able / **porto** (1) - carry, take / **cum** (prep) - with (with Abl) / **quis** *iterum* / **cogo**, cogere (3), coegi, coactus - compel, force / **relinquo**, relinquere (3), reliqui, relictus - abandon, leave behind / **ex** (prep) - from, out of (with Abl) / **instrumentum**, i (n) - (store of) equipment, tools / **hiberna**, orum (n) - winter quarters

(E) **omnis**, e - all, every / **excogito** (1) - consider, contrive / **quare** (interrog. adv.) - how? why? / **maneo**, manēre (2), mansi, mansus - linger, remain / [**ibi** (adv) - there] / **sine** (prep) - without (with Abl) / **periculum**, i (n) - danger, risk / **augeo**, augēre (2), auxi, auctus - grow, increase / **languor**, oris (m) - fatigue, weariness / **vigilia**, ae (f) - (night) watch / **miles**, itis (m) - soldier

(F) **sic** (adv) - in this manner, so, thus / **proficiscor**, proficisci (3), profectus - depart, set out / **ex** (prep) - from (with Abl) /

Quick Reference, COMMON PRONOUNS: **hic**, haec, hoc (dem. pron.) - this; he, she, it | **ille**, illa, illud (dem. pron.) - that; that (famous) one (yonder); he, she, it | **ipse**, ipsa, ipsum (intnsv. pron.) - (one's own) self; very | **is**, ea, id (dem. pron.) - this, that; (of) such (a kind); he, she, it | **qui**, quae, quod (rel. pron.) - who, which; that

castra, orum (n) - (military) camp / **primus**, a, um - first / **lux**, lucis (f) - light (with *prima*, "dawn") / **agmen**, inis (n) - (military) column / **longus**, a, um - extended, long / **impedimenta**, orum (n) - baggage (train) / **maximus**, a, um - very large / [**vir**, viri (m) - man] / **persuadeo**, persuadēre (2), persuasi, persuasus - "persuade (Dat) of something (Acc)" / **consilium**, i (n) - plan, stratagem / **do**, dare (1), dedi, datus - give, offer / **ab** (prep) - by (with Abl) / **hostis**, is (m) - enemy / **ab** *iterum* / **amicus**, a, um - friendly / **homo**, hominis (m) - man / **Ambiorix**, igis (m) - Ambiorix (co-ruler of the Eburones)

GRAMMATICAL NOTES: **1**. *consurgitur* (Impers. Passive with Dat of Agent *eis*, lit., "it is arisen by them," best read as "they arose"); **2**. *deducant* (Subjunctive in a Negative Indirect Command after *orant*, "that they not lead"); **3-4**. *suā dissensione et pertinaciā* (Ablatives of Means or Cause, "by their disagreement and obstinacy"); **5-6**. *maneant... proficiscantur* (Subjunctives in an Indirect Question, "whether they remained, or whether they departed"); **7-8**. *sentiant ac probent* (Subjunctives in a Proviso Clause after *si modo*, "provided that everyone decided upon and approved"); **9**. *disputatione* (Abl of Means or Cause, "in debate"); **10**. *primā luce* (Abl of Time When); **11**. *vigiliīs* (Abl of Means, "in night-watches," i.e., "without sleep"); **12**. *circumspiceret* (Subjunctive in a *cum* Clause, "since each soldier was examining his own gear"); **13-14**. *posset...cogeretur* (Subjunctives in Indirect Questions, "what he was able ... [and] what he was compelled"); **15**. *omnia* ("all sorts of reasons"); **16-17**. *maneatur...augeatur* (Potential Subjunctives in Indirect Questions after *omnia excogitantur*; one must translate the Impers. Passive *maneatur* (lit., "if it would be remained") as if Active: "why they would remain there not without danger, and how the danger would be increased"); **18-19**. *languore et vigiliīs* (Ablatives of Means or Cause, "because of the exhaustion and night-watches of the soldiers"); **20**. *primā luce* (Abl of Time When); **21**. *agmine longissimō [et] impedimentīs maximīs* (Abl Absol, "with the military column being very extended and the baggage train exceedingly great," though some regard these as Ablatives of Manner); **22**. *persuasum esset* (Subjunctive in a Relative Clause of Characteristic, read *ut...datum [esse]* as "like [men] who had been persuaded that the plan had been given...").

FULLY PARSED

(5.31.A): **consurgitur** (impers., prsnt pssv indic 3 sing); **[eis]** (masc dat pl); **consiliō** (neut abl sing); **comprehendunt** (prsnt actv indic 3 pl); **utrumque** (masc acc sing); **[Cottam]** (masc acc sing); **[Sabinum]** (masc acc sing); **orant** (prsnt actv indic 3 pl); **deducant** (prsnt actv subjv 3 pl); **rem** (fem acc sing); **summum** (neut acc sing); **periculum** (neut acc sing); **suā** (fem abl sing); **dissensione** (fem abl sing); **pertinaciā** (fem abl sing).

(5.31.B): **rem** (fem acc sing); **esse** (prsnt actv infin); **facilem** (fem acc sing); **maneant** (prsnt actv subjv 3 pl); **proficiscantur** (dep., prsnt pssv subjv 3 pl); **omnes** (masc nom pl); **sentient** (prsnt actv subjv 3 pl); **probent** (prsnt actv subjv 3 pl); **unum** (neut acc sing); **se** (3 pers. reflxv. pron., masc acc pl); **perspicere** (prsnt actv infin); **nullam** (fem acc sing); **salutem** (fem acc sing); **dissensione** (fem abl sing).

(5.31.C): **res** (fem nom sing); **perducitur** (prsnt pssv indic 3 sing); **disputatione** (fem abl sing); **mediam** (fem acc sing); **noctem** (fem acc sing); **Cotta** (masc nom sing); **permotus** (perf pssv prcpl, masc nom sing); **dat** (prsnt actv indic 3 sing); **manus** (fem acc pl); **sententia** (fem nom sing); **Sabini** (masc gen sing); **superat** (prsnt actv indic 3 sing); **pronuntiatur** (impers., prsnt pssv indic 3 sing); **[omnes]** (masc acc pl); **ituros** (i.e., *ituros esse*, fut actv infin; masc acc pl); **primā** (fem abl sing); **luce** (fem abl sing).

(5.31.D): **reliqua** (fem nom sing); **pars** (fem nom sing); **noctis** (fem gen sing); **consumitur** (prsnt pssv indic 3 sing); **vigiliīs** (fem abl pl); **quisque** (masc nom sing); **miles** (masc nom sing); **circumspiceret** (impf actv subjv 3 sing); **sua** (neut acc pl); **[deligere]** (prsnt actv infin); **quid** (neut acc sing); **posset** (impf actv subjv 3 sing); **portare** (prsnt actv infin); **sē** (3 pers. reflxv. pron., masc abl sing); **quid** (neut acc sing); **cogeretur** (impf pssv subjv 3 sing); **relinquere** (prsnt actv infin); **instrumentō** (neut abl sing); **hibernorum** (neut gen pl).

(5.31.E): **omnia** (neut nom pl); **excogitantur** (prsnt pssv indic 3 pl); **maneatur** (impers., prsnt pssv subjv 3 sing); **periculō** (neut abl sing); **periculum** (neut nom sing); **augeatur** (prsnt pssv subjv 3 sing); **languore** (masc abl sing); **vigiliīs** (fem abl pl); **militum** (masc gen pl).

Quick Reference, COMMON PRONOUNS: **hic**, haec, hoc (dem. pron.) - this; he, she, it | **ille**, illa, illud (dem. pron.) - that; that (famous) one (yonder); he, she, it | **ipse**, ipsa, ipsum (intnsv. pron.) - (one's own) self; very | **is**, ea, id (dem. pron.) - this, that; (of) such (a kind); he, she, it | **qui**, quae, quod (rel. pron.) - who, which; that

(5.31.F): **proficiscuntur** (dep., prsnt pssv indic 3 pl); **castrīs** (neut abl pl); **primā** (fem abl sing); **luce** (fem abl sing); **agmine** (neut abl sing); **longissimō** (neut abl sing; supl. of *longus*); **impedimentīs** (neut abl pl); **maximīs** (neut abl pl); **[virī]** (masc nom pl); **quibus** (masc dat pl); **persuasum esset** (impers., pluperf pssv subjv 3 sing; neut nom sing); **consilium** (neut acc sing); **datum** (i.e., *datum esse*, perf pssv infin; neut acc sing); **hoste** (masc abl sing); **amicissimō** (masc abl sing; supl. of *amicus*); **homine** (masc abl sing); **Ambiorige** (masc abl sing).

* * * * * * * * * * * * * * * * * * *

<u>Caesar's **ORIGINAL TEXT (Book Five, Chapter 32)**</u>: **(A)** At hostes, posteaquam ex nocturno fremitu vigiliisque de profectione eorum senserunt, collocatis insidiis bipertito in silvis opportuno atque occulto loco a milibus passuum circiter duobus Romanorum adventum exspectabant, **(B)** et cum se maior pars agminis in magnam convallem demisisset, ex utraque parte eius vallis subito se ostenderunt, novissimosque premere et primos prohibere ascensu atque iniquissimo nostris loco proelium committere coeperunt.

<u>**SUGGESTED WORD ORDER (Book Five, Chapter 32)**</u>. **(A)** At hostes, posteaquam senserunt de profectione eorum ex nocturnō fremitū [et] vigiliīs, <u>insidiīs collocatīs</u> bipertito in silvīs [in] opportunō atque occultō locō a circiter duobus milibus passuum,[1] exspectabant adventum Romanorum; **(B)** et cum maior pars agminis <u>demisisset</u>[2] se in magnam convallem, subito ostenderunt se ex utrāque parte eius vallis [et] coeperunt premere novissimos [milites] et prohibere primos [milites] <u>ascensū</u>[3] atque committere proelium [in] <u>iniquissimō locō</u>[4] <u>nostris [militibus]</u>.[5]

5.32   VOCABULARY SECTIONS

(A)   **hostis**, is (m) - enemy / **posteaquam** (adv) - after / **sentio**, sentire (4), sensi, sensus - notice, perceive (with *de*, "find out about") / **de** (prep) - about (with Abl) / **profectio**, onis (f) - departure / **ex** (prep) - from (with Abl) / **nocturnus**, a, um - nocturnal / **fremitus**, us (m) - din, (murmuring) noise / **vigilia**, ae (f) - (night) watch / **insidiae**, arum (f) - ambush / **colloco** (1) - arrange, place / **bipertito** (adv) - in two divisions / **in** (prep) - in (with Abl) / **silva**, ae (f) - forest, wood / [**in** *iterum*] / **opportunus**, a, um - suitable / **occultus**, a, um - concealed, hidden / **locus**, i (m) - place, position / **a** (prep) - at a distance of, from (with Abl) / **circiter** (adv) - about / **duo**, ae, o (num. adj.) - two / **milia**, ium (n) - thousands / **passus**, us (m) - pace (i.e., 5 Roman ft.; 1000 *passus* to a Roman mile) / **exspecto** (1) - await, look for / **adventus**, us (m) - approach / **Romani**, orum (m) - the Romans

(B)   **cum** (conj) - when / **maior**, maius - greater / **pars**, partis (f) - part, portion / **agmen**, inis (n) - (military) column / **demitto**, demittere (3), demisi, demissus - lower (with *se*, "descend") / **in** (prep) - into (with Acc) / **magnus**, a, um - great, large / **convallis**, is (f) - (enclosed) valley, ravine / **subito** (adv) - suddenly / **ostendo**, ostendere (3), ostendi, ostentus - reveal / **ex** (prep) - from, out of (with Abl) / **uterque**, utraque, utrumque - both, each (side) / **pars**, partis (f) - direction, side / **valles**, is (f) - ravine, valley / **coepio**, coepere (3), coepi, coeptus - begin / **premo**, premere (3), pressi, pressus - attack closely, harass / **novissimus**, a, um - last, rearmost / [**miles**, itis (m) - soldier] / **prohibeo**, prohibēre (2), prohibui, prohibitus - "keep (Acc) away from (Abl)" / **primus**, a, um - first, foremost (with *miles*, "vanguard") / [**miles** *iterum*] / **ascensus**, us (m) - an ascent, upward climb / **committo**, committere (3), commisi, commissus - undertake (with *proelium*, "join battle") / **proelium**, i (n) - battle, skirmish / [**in** (prep) - in (with Abl)] / **iniquus**, a, um - adverse, disadvantageous, unfavorable / **locus**, i (m) - place, position / **noster**, nostra, nostrum - our / [**miles** *iterum*]

<u>**GRAMMATICAL NOTES**</u>: 1. *insidiīs collocatīs...passuum* (Abl Absol, "an ambush having been arranged in two sections in the woods in a suitable and concealed position from about two thousands of paces (i.e., two miles) away"); 2. *demisisset* (Subjunctive in a *cum* Clause, "had descended"); 3. *ascensū* (Abl of Separation, "from climbing up"); 4. *iniquissimō locō* (Abl of Place Where); 5. *nostris [militibus]* (Dat of Reference, "for our [soldiers]").

<u>**Quick Reference, COMMON PRONOUNS**</u>: **hic**, haec, hoc (dem. pron.) - this; he, she, it | **ille**, illa, illud (dem. pron.) - that; that (famous) one (yonder); he, she, it | **ipse**, ipsa, ipsum (intnsv. pron.) - (one's own) self; very | **is**, ea, id (dem. pron.) - this, that; (of) such (a kind); he, she, it | **qui**, quae, quod (rel. pron.) - who, which; that

FULLY PARSED

(5.32.A): **hostes** (masc nom pl); **senserunt** (perf actv indic 3 pl); **profectione** (fem abl sing); **eorum** (masc gen pl); **nocturnō** (masc abl sing); **fremitū** (masc abl sing); **vigiliīs** (fem abl pl); **insidiīs** (fem abl pl); **collocatīs** (perf pssv prcpl, fem abl pl); **silvīs** (fem abl pl); **opportunō** (masc abl sing); **occultō** (masc abl sing); **locō** (masc abl sing); **duobus** (neut abl pl); **milibus** (neut abl pl); **passuum** (masc gen pl); **exspectabant** (impf actv indic 3 pl); **adventum** (masc acc sing); **Romanorum** (masc gen pl).

(5.32.B): **maior** (fem nom sing; supl. of magnus); **pars** (fem nom sing); **agminis** (neut gen sing); **demisisset** (pluperf actv subjv 3 sing); **se** (3 pers. reflxv. pron., fem acc sing); **magnam** (fem acc sing); **convallem** (fem acc sing); **ostenderunt** (perf actv indic 3 pl); **se** (3 pers. reflxv. pron., masc acc pl); **utrāque** (fem abl sing); **parte** (fem abl sing); **eius** (fem gen sing); **vallis** (fem gen sing); **coeperunt** (perf actv indic 3 pl); **premere** (prsnt actv infin); **novissimos** (masc acc pl; supl. of *novus*); **[milites]** (masc acc pl); **prohibere** (prsnt actv infin); **primos** (masc acc pl); **[milites]** (masc acc pl); **ascensū** (masc abl sing); **committere** (prsnt actv infin); **proelium** (neut acc sing); **iniquissimō** (masc abl sing; supl. of *iniquus*); **locō** (masc abl sing); **nostris** (masc dat pl); **[militibus]** (masc dat pl).

* * * * * * * * * * * * * * * * * * *

Caesar's <u>ORIGINAL TEXT</u> **(Book Five, Chapter 33)**: **(A)** Tum demum Titurius, qui nihil ante providisset, trepidare et concursare cohortesque disponere, haec tamen ipsa timide atque ut eum omnia deficere viderentur; quod plerumque eis accidere consuevit, qui in ipso negotio consilium capere coguntur. **(B)** At Cotta, qui cogitasset haec posse in itinere accidere atque ob eam causam profectionis auctor non fuisset, nulla in re communi saluti deerat et in appellandis cohortandisque militibus imperatoris et in pugna militis officia praestabat. **(C)** Cum propter longitudinem agminis minus facile omnia per se obire et, quid quoque loco faciendum esset, providere possent, iusserunt pronuntiare, ut impedimenta relinquerent atque in orbem consisterent. **(D)** Quod consilium etsi in eiusmodi casu reprehendendum non est, tamen incommode accidit: nam et nostris militibus spem minuit et hostes ad pugnam alacriores effecit, quod non sine summo timore et desperatione id factum videbatur. **(E)** Praeterea accidit, quod fieri necesse erat, ut vulgo milites ab signis discederent, quae quisque eorum carissima haberet, ab impedimentis petere atque arripere properaret, clamore et fletu omnia complerentur.

<u>SUGGESTED WORD ORDER</u> **(Book Five, Chapter 33)**. **(A)** Tum demum Titurius, qui <u>providisset</u>[1] nihil ante, <u>trepidare</u>[2] et <u>concursare</u>[2] et <u>disponere</u>[2] <u>cohortes</u>;[3] tamen [<u>facere</u>][2] haec ipsa timide atque [ita] ut omnia <u>viderentur</u>[4] dificere eum, [id] quod plerumque consuevit accidere eis qui coguntur capere consilium in negotiō ipsō. **(B)** At Cotta, qui <u>cogitasset</u> [i.e., <u>cogitavisset</u>][5] haec posse accidere in itinere atque ob eam causam non <u>fuisset</u>[6] auctor profectionis, deerat communi saluti in nullā rē et praestabat officia imperatoris <u>in militibus appellandīs</u> [et] <u>cohortandīs</u>[7] et [officia] militis in pugnā. **(C)** Cum [imperatores] <u>possent</u>[8] obire omnia [officia] minus facile per se et providere <u>quid faciendum esset</u>[9] [in] quōque locō propter longitudinem agminis, iusserunt [<u>centuriones</u>][10] pronuntiare ut <u>relinquerent</u>[11] impedimenta atque <u>consisterent</u>[12] [se] in orbem. **(D)** Quod consilium, etsi <u>non reprehendendum est</u>[13] in casū eiusmodi, tamen accidit incommode: nam et minuit spem <u>nostris militibus</u>[14] et effecit hostes alacriores ad pugnam, quod non videbatur id factum [i.e., factum esse] sine summō timore et desperatione. **(E)** Praeterea accidit, [id] quod erat <u>necesse fieri</u>,[15] ut milites <u>discederent</u>[16] ab signīs vulgo [et] quisque eorum <u>properaret</u>[17] petere atque arripere [ea] quae [quisque] <u>haberet</u>[18] carissima ab impedimentīs, [et] omnia <u>complerentur</u>[19] <u>clamore</u>[20] et <u>fletū</u>.[21]

5.33   <u>VOCABULARY SECTIONS</u>

(A)   **tum** (adv) - then / **demum** (adv) - at last / **Titurius**, i (m) - Quintus Titurius Sabinus / **provideo**, providēre (2), providi, provisus - foresee and provide (for) / **nihil** (indecl., n) - nothing / **ante** (adv) - beforehand / **trepido** (1) - be agitated, bustle about anxiously / **concurso** (1) - rush about / **dispono**, disponere (3), disposui, dispositus - arrange, position / **cohors**, cohortis (f) - (legionary) cohort / **tamen** (adv) - nevertheless / [**facio**, facere (3), feci, factus - arrange, do] / **timide** (adv) - fearfully, hesitantly / [**ita** (adv) - in such a manner] / **omnis**, e - all, every / **video**, vidēre (2), vidi, visus - see ("Pssv, "appear, seem") / **deficio**, deficere (3), defeci, defectus - abandon, forsake / **plerumque** (adv) - generally /

<u>Quick Reference</u>, **COMMON PRONOUNS**: **hic**, haec, hoc (dem. pron.) - this; he, she, it | **ille**, illa, illud (dem. pron.) - that; that (famous) one (yonder); he, she, it | **ipse**, ipsa, ipsum (intnsv. pron.) - (one's own) self; very | **is**, ea, id (dem. pron.) - this, that; (of) such (a kind); he, she, it | **qui**, quae, quod (rel. pron.) - who, which; that

consuesco, consuescere (3), consuevi, consuetus - be accustomed / **accido**, accidere (3), accidi - befall, happen to / **cogo**, cogere (3), coegi, coactus - compel, force / **capio**, capere (3), cepi, captus - take (with *consilium*, "adopt a plan, make a decision") / **consilium**, i (n) - plan / **in** (prep) - in (with Abl) / **negotium**, i (n) - (course of) business, (crisis) situation

(B) **Cotta**, ae (m) - Lucius Aurunculeius Cotta / **cogito** (1) - consider, think / **possum**, posse, potui - be able, possible / **accido**, accidere (3), accidi - befall, happen, occur / **in** (prep) - on (with Abl) / **iter**, itineris (n) - journey, march / **ob** (prep) - for, on account of (with Acc) / **causa**, ae (f) - cause, reason / **auctor**, oris (m) - advocate, supporter / **profectio**, onis (f) - departure / **desum**, deesse, defui - "be found wanting, fail in one's duty to (Dat)" / **communis**, e - common, shared / **salus**, salutis (f) - safety, welfare / **in** (prep) - in (with Abl) / **nullus**, a, um - no (single) / **res**, rei (f) - circumstance, matter (*in nullā rē*, "in no way at all") / **praesto**, praestare (1), praestiti, praestitus - fulfill, perform (with *officium*, "perform one's duty") / **officium**, i (n) - duty, responsibility / **imperator**, oris (m) - commander / **in** (prep) - in (with Abl) / **miles**, itis (m) - soldier / **appello** (1) - address, summon / **cohortor**, cohortari (1), cohortatus - encourage, exhort / [**officium** iterum] / **miles** iterum / **in** iterum / **pugna**, ae (f) - battle, combat

(C) **cum** (conj) - because, since / [**imperator**, oris (m) - commander] / **possum**, posse, potui - be able / **obeo**, obire, obivi, obitus - attend to, perform / **omnis**, e - all, every / [**officium**, i (n) - duty, responsibility] / **minus** (adv) - less / **facile** (adv) - easily / **per** (prep) - by (with Acc) / **provideo**, providēre (2), providi, provisus - foresee and provide (for), take precaution (for) / **quis**, qua, quid (indef. pron.) - anyone, anything / **facio**, facere (3), feci, factus - arrange, do, perform / [**in** (prep) - in (with Abl)] / **quisque**, quaeque, quodque (indef. adj.) - each, every (one) / **locus**, i (m) - place, position / **propter** (prep) - because of (with Acc) / **longitudo**, inis (f) - length / **agmen**, inis (n) - (military) column / **iubeo**, iubēre (2), iussi, iussus - command, order / [**centurio**, onis (m) - centurion] / **pronuntio** (1) - give orders, proclaim / **relinquo**, relinquere (3), reliqui, relictus - abandon, leave behind / **impedimenta**, orum (n) - baggage (train), equipment / **consisto**, consistere (3), constiti, constitus - place (with *se*, "station oneself") / **in** (prep) - into (with Acc) / **orbis**, is (m) - circle, ring (i.e., "a closed defensive position, a hollow defensive square")

(D) **consilium**, i (n) - plan, strategy / **etsi** (conj) - although, even if / **reprehendo**, reprehendere (3), reprehendi, reprehensus - censure, criticize / **in** (prep) - in (with Abl) / **casus**, us (m) - (unfortunate) contingency, event / **modus**, i (m) - kind, manner (with *eius*, "of such a kind") / **tamen** (adv) - nevertheless / **accido**, accidere (3), accidi - happen, occur, turn out / **incommode** (adv) - disastrously / **minuo**, minuere (3), minui, minutus - diminish, weaken / **spes**, ei (f) - hope / **noster**, nostra, nostrum - our / **miles**, itis (m) - soldier / **efficio**, efficere (3), effeci, effectus - make, render / **hostis**, is (m) - enemy / **alacer**, alacris, alacre - eager, keen / **ad** (prep) - for (with Acc) / **pugna**, ae (f) - battle, combat / **quod** (conj) - because, since / **video**, vidēre (2), vidi, visus - see (Pssv, "appear, seem") / **facio**, facere (3), feci, factus - do, perform / **sine** (prep) - without (with Abl) / **summus**, a, um - highest (degree of) / **timor**, oris (m) - anxiety, dread, fear / **desperatio**, onis (f) - despair, hopelessness

(E) **praeterea** (adv) - moreover / **accido**, accidere (3), accidi - come to pass, happen / **necesse** (indecl. adj.) - inevitable, necessary / **fio**, fieri, factus sum (defect.) - come about, happen (often used as Pssv of *facio*) / **miles**, itis (m) - soldier / **discedo**, discedere (3), discessi, discessus - withdraw (with *ab signīs*, "break ranks") / **ab** (prep) - away from (with Abl) / **signum**, i (n) - (military) standard / **vulgo** (adv) - everywhere / **quisque**, quaeque, quidque (indef. pron.) - each, every (one) / **propero** (1) - make haste, hurry / **peto**, petere (3), petivi, petitus - find, seek out / **arripio**, arripere (3), arripui, arreptus - grasp, lay hold of, seize hurriedly / [**quisque** iterum] / **habeo**, habēre (2), habui, habitus - consider, hold / **carus**, a, um - dear, precious, valuable / **ab** iterum / **impedimenta**, orum (n) - baggage (train), equipment / **omnis**, e - all, every / **compleo**, complēre (2), complevi, completus - fill up (Pssv sense here is "be accomplished, performed") / **clamor**, oris (m) - (confused) shouting, uproar / **fletus**, us (m) - lamentation, weeping

<u>GRAMMATICAL NOTES</u>: **1**. *providisset* (Subjunctive in a Causal Relative Clause, "since he had anticipated"); **2**. *trepidare ... concursare ... disponere ... [facere]* (Historical Infinitives, "he bustled about anxiously," etc.); **4**. *viderentur* (Subjunctive in a Clause of Result, lit., "as if everything seemed to fail him," i.e., "as if his wits seemed to have abandoned him"); **5-6**. *cogitasset ... fuisset* (Subjunctives in a Causal Relative Clause, "since he had thought ... and had [not] been"); **7**. *in militibus appellandīs [et] cohortandīs*

<u>Quick Reference, COMMON PRONOUNS</u>: **hic**, haec, hoc (dem. pron.) - this; he, she, it | **ille**, illa, illud (dem. pron.) - that; that (famous) one (yonder); he, she, it | **ipse**, ipsa, ipsum (intnsv. pron.) - (one's own) self; very | **is**, ea, id (dem. pron.) - this, that; (of) such (a kind); he, she, it | **qui**, quae, quod (rel. pron.) - who, which; that

(Gerundives, "in addressing and encouraging the soldiers"); **8.** *possent* (Subjunctive in a *cum* Clause, "since [the commanders] were able"); **9.** *quid faciendum esset* (Passive Periphrastic with Subjunctive *esset* in an Indirect Question, "anything which had to be done"); **11-12.** *relinquerent ... consisterent* (Subjunctives in Indirect Command, "that they should abandon ... and they should station themselves"); **13.** *non reprehendendum est* (Passive Periphrastic, "although it ought not be criticized"); **14.** *nostris militibus* (Dat of Interest, "for our soldiers"); **15.** *[id] quod erat necesse fieri* (lit., "that which was inevitable to happen," i.e., "that which inevitably happens"); **16-17.** *discederent ... properaret* (Subjunctives in a Substantive Clause of Result, "that the soldiers broke ranks ... and each one of them hastened"); **18.** *haberet* (Subjunctive in a Relative Clause of Characteristic, "which [each one] considered"); **19.** *complerentur* (Subjunctive in a Substantive Result Clause); **20-21.** *clamore et fletū* (Ablatives of Means with *compleo*; best read as if in accompaniment, "everything was accomplished amid confused shouting and weeping"). | **HISTORICAL NOTES:** **3.** On the Roman cohort, see 5.24 (note **7**). | **10.** On the Roman centurions, see 5.28 (note **8**).

FULLY PARSED

(5.33.A): **Titurius** (masc nom sing); **qui** (masc nom sing); **providisset** (pluperf actv subjv 3 sing); **nihil** (indecl., read as neut acc sing); **trepidare** (prsnt actv infin); **concursare** (prsnt actv infin); **disponere** (prsnt actv infin); **cohortes** (fem acc pl); **[facere]** (prsnt actv infin); **haec** (neut acc pl); **ipsa** (neut acc pl); **omnia** (neut nom pl); **viderentur** (impf pssv subjv 3 pl); **dificere** (prsnt actv infin); **eum** (masc acc sing); **[id]** (neut nom sing); **quod** (neut nom sing); **consuevit** (perf actv indic 3 sing); **accidere** (prsnt actv infin); **eis** (masc dat pl); **qui** (masc nom pl); **coguntur** (prsnt pssv indic 3 pl); **capere** (prsnt actv infin); **consilium** (neut acc sing); **negotiō** (neut abl sing); **ipsō** (neut abl sing).

(5.33.B): **Cotta** (masc nom sing); **qui** (masc nom sing); **cogitasset** (i.e., *cogitavisset*, pluperf actv subjv 3 sing); **haec** (neut acc pl); **posse** (prsnt actv infin); **accidere** (prsnt actv infin); **itinere** (neut abl sing); **eam** (fem acc sing); **causam** (fem acc sing); **fuisset** (pluperf actv subjv 3 sing); **auctor** (masc nom sing); **profectionis** (fem gen sing); **deerat** (impf actv indic 3 sing); **communi** (fem dat sing); **saluti** (fem dat sing); **nullā** (fem abl sing); **rē** (fem abl sing); **praestabat** (impf actv indic 3 sing); **officia** (neut acc pl); **imperatoris** (masc gen sing); **militibus** (masc abl pl); **appellandīs** (Gerundive; fut pssv prcpl, masc abl pl); **cohortandīs** (Gerundive; fut pssv prcpl, masc abl pl); **[officia]** (neut acc pl); **militis** (masc gen sing); **pugnā** (fem abl sing).

(5.33.C): **[imperatores]** (masc nom pl); **possent** (impf actv subjv 3 pl); **obire** (prsnt actv infin); **omnia** (neut acc pl); **[officia]** (neut acc pl); **se** (3 pers. reflxv. pron., masc acc pl); **providere** (prsnt actv infin); **quid** (neut acc sing); **faciendum esset** (Passive Periphrastic; fut pssv prcpl, neut acc sing *faciendum* paired with impf actv subjv 3 sing *esset*); **quōque** (masc abl sing); **locō** (masc abl sing); **longitudinem** (fem acc sing); **agminis** (neut gen sing); **iusserunt** (perf actv indic 3 pl); **[centuriones]** (masc acc pl); **pronuntiare** (prsnt actv infin); **relinquerent** (impf actv subjv 3 pl); **impedimenta** (neut acc pl); **consisterent** (impf actv subjv 3 pl); **[se]** (3 pers. reflxv. pron., masc acc pl); **orbem** (masc acc sing).

(5.33.D): **quod** (neut nom sing); **consilium** (neut nom sing); **reprehendendum est** (Passive Periphrastic; fut pssv prcpl, neut acc sing *reprehendendum* paired with prsnt actv indic 3 sing *est*); **casū** (masc abl sing); **eiusmodi** (masc gen sing); **accidit** (perf actv indic 3 sing); **minuit** (perf actv indic 3 sing); **spem** (fem acc sing); **nostris** (masc dat pl); **militibus** (masc dat pl); **effecit** (perf actv indic 3 sing); **hostes** (masc acc pl); **alacriores** (masc acc pl; comp. of *alacer*); **pugnam** (fem acc sing); **videbatur** (impers., impf pssv indic 3 sing); **id** (neut nom sing); **factum** (i.e., *factum esse*, perf pssv infin; neut nom sing); **summō** (masc abl sing); **timore** (masc abl sing); **desperatione** (fem abl sing).

(5.33.E): **accidit** (perf actv indic 3 sing); **[id]** (neut nom sing); **quod** (neut nom sing); **erat** (impf actv indic 3 sing); **necesse** (indecl. adj., read as neut nom sing); **fieri** (defect., prsnt pssv infin); **milites** (masc nom pl); **discederent** (impf actv subjv 3 pl); **signīs** (neut abl pl); **quisque** (masc nom sing); **eorum** (masc gen pl); **properaret** (impf actv subjv 3 sing); **petere** (prsnt actv infin); **arripere** (prsnt actv infin); **[ea]** (neut acc pl); **quae** (neut acc pl); **[quisque]** (masc nom sing); **haberet** (impf actv subjv 3 sing); **carissima** (neut acc pl; supl. of *carus*); **impedimentīs** (neut abl pl); **omnia** (neut nom pl); **complerentur** (impf pssv subjv 3 pl); **clamore** (masc abl sing); **fletū** (masc abl sing).

* * * * * * * * * * * * * * * * * * *

Quick Reference, COMMON PRONOUNS: **hic**, haec, hoc (dem. pron.) - this; he, she, it | **ille**, illa, illud (dem. pron.) - that; that (famous) one (yonder); he, she, it | **ipse**, ipsa, ipsum (intnsv. pron.) - (one's own) self; very | **is**, ea, id (dem. pron.) - this, that; (of) such (a kind); he, she, it | **qui**, quae, quod (rel. pron.) - who, which; that

Caesar's **ORIGINAL TEXT (Book Five, Chapter 34)**: (A) At barbaris consilium non defuit. Nam duces eorum tota acie pronuntiare iusserunt, ne quis ab loco discederet, illorum esse praedam atque illis reservari quaecumque Romani reliquissent: proinde omnia in victoria posita existimarent. (B) Erant et virtute et studio pugnandi pares; nostri, tametsi ab duce et a fortuna deserebantur, tamen omnem spem salutis in virtute ponebant, et quotiens quaeque cohors procurrerat, ab ea parte magnus numerus hostium cadebat. (C) Qua re animadversa, Ambiorix pronuntiari iubet ut procul tela coniciant neu propius accedant et, quam in partem Romani impetum fecerint, cedant (levitate armorum et cotidiana exercitatione nihil eis noceri posse), rursus se ad signa recipientes insequantur.

SUGGESTED WORD ORDER (Book Five, Chapter 34). (A) At consilium non defuit barbaris.[1] Nam duces eorum iusserunt pronuntiare totā acie[2] ne quis discederet[3] ab locō, praedam esse illorum atque quaecumque Romani reliquissent[4] reservari illis; proinde existimarent[5] omnia posita [i.e., posita esse] in victoriā. (B) [Hostes] erant pares et virtute[6] et studiō[7] pugnandi;[8] nostri [milites], tametsi deserebantur ab duce et a fortunā, tamen ponebant omnem spem salutis in virtute, et quotiens quaeque cohors procurrerat, magnus numerus hostium cadebat ab eā parte. (C) Quā rē animadversā,[9] Ambiorix iubet pronuntiari ut coniciant[10] tela procul neu accedant[11] propius et cedant[12] in quam partem[13] Romani fecerint[14] impetum (posse[15] eis noceri nihil levitate[16] armorum et cotidianā exercitatione[17]), [sed] insequantur[18] [Romanos] recipientes se rursus ad signa.[19]

5.34   VOCABULARY SECTIONS

(A)   **consilium**, i (n) - (strategic) judgment / **desum**, deesse, defui - be absent, lacking, fail (with Dat) / **barbarus**, i (m) - barbarian, native (tribesman) / **dux**, ducis (m) - chieftain, leader / **iubeo**, iubēre (2), iussi, iussus - command, order / **pronuntio** (1) - give orders, proclaim / **totus**, a, um - entire, whole / **acies**, ei (f) - (line of) battle / **quis**, quid (indef. pron.) - anyone, anything / **discedo**, discedere (3), discessi, discessus - depart, withdraw / **ab** (prep) - from (with Abl) / **locus**, i (m) - place, position / **praeda**, ae (f) - booty, plunder / **quicumque**, quaecumque, quodcumque (indef. rel. pron.) - whosoever, whatsoever / **Romani**, orum (m) - the Romans / **relinquo**, relinquere (3), reliqui, relictus - abandon, leave behind / **reservo** (1) - keep, reserve for (with Dat) / **proinde** (adv) - therefore / **existimo** (1) - consider, think / **omnis**, e - all, every / **pono**, ponere (3), posui, positus - place (with *in* and Abl, "depend upon") / **in** (prep) - on (with Abl) / **victoria**, ae (f) - victory

(B)   [**hostis**, is (m) - enemy] / **par**, paris - equally-matched, similar / **virtus**, utis (f) - courage, strength / **studium**, i (n) - devotion, enthusiasm / **pugno** (1) - fight / **noster**, nostra, nostrum - our / [**miles**, itis (m) - soldier] / **tametsi** (conj) - although / **desero**, desere (3), deserui, desertus - abandon, forsake / **a** or **ab** (prep) - by (with Abl) / **dux**, ducis (m) - commander, leader / **a** *iterum* / **fortuna**, ae (f) - luck, (good) fortune / **tamen** (adv) - nonetheless / **pono**, ponere (3), posui, positus - place, put / **omnis**, e - all, entire, whole / **spes**, spei (f) - hope / **salus**, utis (f) - safety / **in** (prep) - in (with Abl) / **virtus** *iterum* / **quotiens** (adv) - as often as / **quisque**, quaeque, quodque (indef. adj.) - each, every (one) / **cohors**, cohortis (f) - (legionary) cohort / **procurro**, procurrere (3), procurri, procursus - advance, charge, rush forward / **magnus**, a, um - great, large / **numerus**, i (m) - number / **hostis** *iterum* / **cado**, cadere (3), cecidi, casus - die, fall / **ab** (prep) - from (with Abl) / **pars**, partis (f) - direction, quarter, side

(C)   **res**, rei (f) - action, event, occurrence / **animadverto**, animadvertere (3), animadverti, animadversus - notice, perceive / **Ambiorix**, igis (m) - Ambiorix (co-ruler of the Eburones) / **iubeo**, iubēre (2), iussi, iussus - command, order / **pronuntio** (1) - give orders, proclaim / **conicio**, conicere (3), conieci, coniectus - hurl, throw / **telum**, i (n) - missile, spear / **procul** (adv) - at a distance / **neu** (adv) - and not / **accedo**, accedere (3), accessi, accessus - approach / **prope** (adv) - near / **cedo**, cedere (3), cessi, cessus - withdraw, yield / **in** (prep) - into (with Acc) / **pars**, partis (f) - direction, side / **Romani**, orum (m) - the Romans / **facio**, facere (3), feci, factus - form, make / **impetus**, us (m) - attack / **possum**, posse, potui - be able, possible / **noceo**, nocēre, nocui, nocitus - harm, injure (impers. Pssv with *nihil* and Dat, "it was not possible for them to be harmed") / **nihil** (indecl., n) - nothing (as adv, "in no way, not at all") / **levitas**, atis (f) - lightness, mobility / **arma**, orum (n) - arms, weapons / **cotidianus**, a, um - daily / **exercitatio**, onis (f) - practice, training / **insequor**, insequi (3), insecutus - follow, pursue / [**Romani** *iterum*] / **recipio**, recipere (3), recepi, receptus - recover (with *se*, "retreat") / **rursus** (adv) - again, back / **ad** (prep) - to, toward (with Acc) / **signum**, i (n) - (military) standard

---

Quick Reference, COMMON PRONOUNS: **hic**, haec, hoc (dem. pron.) - this; he, she, it | **ille**, illa, illud (dem. pron.) - that; that (famous) one (yonder); he, she, it | **ipse**, ipsa, ipsum (intnsv. pron.) - (one's own) self; very | **is**, ea, id (dem. pron.) - this, that; (of) such (a kind); he, she, it | **qui**, quae, quod (rel. pron.) - who, which; that

GRAMMATICAL NOTES: **1**. *barbaris* (Dat of Interest, "resource did not fail the tribesmen"); **2**. *totā acie* (Abl of Place Where, "along the whole line of battle"); **3**. *discederet* (Subjunctive in a Negative Indirect Command, "that not anyone should withdraw from their position"); **4**. *reliquissent* (Subjunctive in a Relative Clause of Characteristic, "might have left behind"); **5**. *existimarent* (Jussive Subjunctive in Indirect Speech, "let them think that..."); **6-7**. *virtute et studiō* (Ablatives of Respect, "in courage and enthusiasm for fighting"); **8**. *pugnandi* (Gerund, "of fighting, waging war"); **9**. *quā rē animadversā* (Abl Absol, "which action having been perceived"); **10-12**. *coniciant ... accedant ... cedant* (Subjunctives in an Indirect Command, "that they hurl ... and that they not approach ... and that they withdraw"); **13**. *in quam partem* ("in whatever direction"); **14**. *fecerint* (Subjunctive in a Relative Clause of Characteristic, "the Romans made"); **15**. *posse* (Impers. Infin. in Indirect Speech; take *posse eis noceri nihil* as "it was not possible for them to be harmed"); **16-17**. *levitate ... cotidianā exercitatione* (Ablatives of Means or Cause, "by virtue of the lightness of their weaponry and daily training"). **18**. *insequantur* (Subjunctive in an Indirect Command, "that they should pursue"). | **HISTORICAL NOTE**: **19**. On Roman military standards, see 4.25 (note **12**).

FULLY PARSED

(5.34.A): **consilium** (neut nom sing); **defuit** (perf actv indic 3 sing); **barbaris** (masc dat pl); **duces** (masc nom pl); **eorum** (masc gen pl); **iusserunt** (perf actv indic 3 pl); **pronuntiare** (prsnt actv infin); **totā** (fem abl sing); **aciē** (fem abl sing); **quis** (masc nom sing); **discederet** (impf actv subjv 3 sing); **locō** (masc abl sing); **praedam** (fem acc sing); **esse** (prsnt actv infin); **illorum** (masc gen pl); **quaecumque** (neut acc pl); **Romani** (masc nom pl); **reliquissent** (pluperf actv subjv 3 pl); **reservari** (prsnt pssv infin); **illis** (masc dat pl); **existimarent** (impf actv subjv 3 pl); **omnia** (neut acc pl); **posita** (i.e., *posita esse*, perf pssv infin; neut acc pl); **victoriā** (fem abl sing).

(5.34.B): **[hostes]** (masc nom pl); **erant** (impf actv indic 3 pl); **pares** (masc nom pl); **virtute** (fem abl sing); **studiō** (neut abl sing); **pugnandi** (Gerund; fut pssv prcpl, neut gen sing); **nostri** (masc nom pl); **[milites]** (masc nom pl); **deserebantur** (impf pssv indic 3 pl); **duce** (masc abl sing); **fortunā** (fem abl sing); **ponebant** (impf actv indic 3 pl); **omnem** (fem acc sing); **spem** (fem acc sing); **salutis** (fem gen sing); **virtute** (fem abl sing); **quaeque** (fem nom sing); **cohors** (fem nom sing); **procurrerat** (pluperf actv indic 3 sing); **magnus** (masc nom sing); **numerus** (masc nom sing); **hostium** (masc gen pl); **cadebat** (impf actv indic 3 sing); **eā** (fem abl sing); **parte** (fem abl sing).

(5.34.C): **quā** (fem abl sing); **rē** (fem abl sing); **animadversā** (perf pssv prcpl, fem abl sing); **Ambiorix** (masc nom sing); **iubet** (prsnt actv indic 3 sing); **pronuntiari** (prsnt pssv infin); **coniciant** (prsnt actv subjv 3 pl); **tela** (neut acc pl); **accedant** (prsnt actv subjv 3 pl); **propius** (comp. of *prope*); **cedant** (prsnt actv subjv 3 pl); **quam** (fem acc sing); **partem** (fem acc sing); **Romani** (masc nom pl); **fecerint** (perf actv subjv 3 pl); **impetum** (masc acc sing); **posse** (prsnt actv infin); **eis** (masc dat pl); **noceri** (prsnt pssv infin); **nihil** (indecl., read as adv.); **levitate** (fem abl sing); **armorum** (neut gen pl); **cotidianā** (fem abl sing); **exercitatione** (fem abl sing); **insequantur** (dep., prsnt pssv subjv 3 pl); **[Romanos]** (masc acc pl); **recipientes** (prsnt actv prcpl, masc acc pl); **se** (3 pers. reflxv. pron., masc acc pl); **signa** (neut acc pl).

* * * * * * * * * * * * * * * * * * *

Caesar's **ORIGINAL TEXT (Book Five, Chapter 35)**: **(A)** Quo praecepto ab eis diligentissime observato, cum quaepiam cohors ex orbe excesserat atque impetum fecerat, hostes velocissime refugiebant. **(B)** Interim eam partem nudari necesse erat et ab latere aperto tela recipi. **(C)** Rursus cum in eum locum unde erant egressi reverti coeperant, et ab eis qui cesserant et ab eis qui proximi steterant circumveniebantur; **(D)** sin autem locum tenere vellent, nec virtuti locus relinquebatur neque ab tanta multitudine coniecta tela conferti vitare poterant. **(E)** Tamen tot incommodis conflictati, multis vulneribus acceptis resistebant et magna parte diei consumpta, cum a prima luce ad horam octavam pugnaretur, nihil quod ipsis esset indignum committebant. **(F)** Tum T. Balventio, qui superiore anno primum pilum duxerat, viro forti et magnae auctoritatis, utrumque femur tragula traicitur; Q. Lucanius, eiusdem ordinis, fortissime pugnans, dum circumvento filio subvenit, interficitur; L. Cotta legatus omnes cohortes ordinesque adhortans in adversum os funda vulneratur.

Quick Reference, COMMON PRONOUNS: **hic**, haec, hoc (dem. pron.) - this; he, she, it | **ille**, illa, illud (dem. pron.) - that; that (famous) one (yonder); he, she, it | **ipse**, ipsa, ipsum (intnsv. pron.) - (one's own) self; very | **is**, ea, id (dem. pron.) - this, that; (of) such (a kind); he, she, it | **qui**, quae, quod (rel. pron.) - who, which; that

> **SUGGESTED WORD ORDER (Book Five, Chapter 35).** **(A)** Quō praeceptō observātō diligentissime ab eīs,[1] cum quaepiam cohors excesserat ex orbe atque fecerat impetum, hostes refugiebant velocissime. **(B)** Interim erat necesse eam partem [cohortis] nudari et tela recipi ab apertō latere. **(C)** Cum [nostri milites] coeperant reverti rursus in eum locum unde egressi erant, circumveniebantur et ab eīs [hostibus] qui cesserant et ab eīs [hostibus] qui steterant proximi; **(D)** sin autem [nostri milites] vellent[2] tenere locum, nec locus relinquebatur [eis] virtuti[3] neque, conferti, poterant vitare tela coniecta ab tantā multitudine. **(E)** Tamen, conflictati tot incommodīs[4] [et] multīs vulneribus acceptīs,[5] resistebant et, magnā parte diei consumptā[6] (cum pugnaretur[7] a primā luce ad octavam horam),[8] committebant nihil quod esset[9] indignum ipsīs.[10] **(F)** Tum utrumque femur T[ito] Balventio,[11] forti viro et magnae auctoritatis[12] qui duxerat primum pilum[13] superiore annō,[14] traicitur tragulā;[15] Q[uintus] Lucanius, eiusdem ordinis,[13] interficitur pugnans fortissime dum subvenit [suo] filio circumvento [ab hostibus]; [et] L[ucius] Cotta, legatus,[16] adhortans omnes cohortes [et] ordines vulneratur in adversum os fundā.[17]

5.35   VOCABULARY SECTIONS

(A)   **praeceptum**, i (n) - command, order / **observo** (1) - comply with, follow, observe / **diligenter** (adv) - carefully, strictly / **ab** (prep) - by (with Abl) / **cum** (conj) - when / **quispiam, quaepiam, quidpiam** (indef. adj.) - any / **cohors**, ortis (f) - (legionary) cohort / **excedo**, excedere (3), excessi, excessus - go out, sally forth / **ex** (prep) - from, out of (with Abl) / **orbis**, is (m) - circle (i.e., "a closed defensive position, a hollow defensive square") / **facio**, facere (3), feci, factus - form, make / **impetus**, us (m) - assault, attack / **hostis**, is (m) - enemy / **refugio**, refugere (3), refugi - flee, run back / **velociter** (adv) - quickly, swiftly

(B)   **interim** (adv) - meanwhile / **necesse** (indecl. adj.) - "necessary, unavoidable for (Acc) to (Infin)" / **pars**, partis (f) - part, section, unit / [**cohors**, ortis (f) - (legionary) cohort] / **nudo** (1) - expose, leave undefended / **telum**, i (n) - missile, spear / **recipio**, recipere (3), recepi, receptus - receive, submit to / **ab** (prep) - from (with Abl) / **apertus**, a, um - exposed, open / **latus**, lateris (n) - flank, side

(C)   **cum** (conj) - when / [**noster**, nostra, nostrum - our] / [**miles**, itis (m) - soldier] / **coepio**, coepere (3), coepi, coeptus - begin / **revertor**, reverti (3), reversus - come back, return / **rursus** (adv) - again / **in** (prep) - into, towards (with Acc) / **locus**, i (m) - place, position / **unde** (adv) - from where, whence / **egredior**, egredi (3), egressus - depart, set forth / **circumvenio**, circumvenire (4), circumveni, circumventus - beset, encircle / **ab** (prep) - by (with Abl) / [**hostis**, is (m) - enemy] / **cedo**, cedere (3), cessi, cessus - depart, withdraw / **ab** *iterum* / [**hostis** *iterum*] / **sto**, stare (1), steti, status - be placed, stand (in position) / **proximus**, a, um - closest, nearest

(D)   **sin** (conj) - but if / **autem** (conj) - on the other hand / [**noster**, nostra, nostrum - our] / [**miles**, itis (m) - soldier] / **volo**, velle, volui - prefer, want, wish / **teneo**, tenēre (2), tenui, tentus - hold, maintain / **locus**, i (m) - place, position / **locus**, i (m) - opportunity / **relinquo**, relinquere (3), reliqui, relictus - leave behind, remain / **virtus**, utis (f) - courage, valor / **confertus**, a, um - crowded (closely) together, in close array / **possum**, posse, potui - be able / **vito** (1) - avoid, evade / **telum**, i (n) - missile, spear / **conicio**, conicere (3), conieci, coniectus - hurl, throw / **ab** (prep) - by (with Abl) / **tantus**, a, um - so great, such (a large) / **multitudo**, inis (f) - crowd, multitude

(E)   **tamen** (adv) - nevertheless, yet / **conflicto** (1) - be beaten down violently, severely distressed / **tot** (indecl. num.) - so many / **incommodum**, i (n) - loss / **multus**, a, um - many / **vulnus**, vulneris (n) - wound / **accipio**, accipere (3), accepi, acceptus - incur, receive / **resisto**, resistere (3), restiti - continue to resist, withstand / **magnus**, a, um - great, large / **pars**, partis (f) - part, portion / **dies**, ei (m) - day / **consumo**, consumere (3), consumpsi, consumptus - spend, use up / **cum** (conj) - although / **pugno** (1) - fight / **a** (prep) - from, since (with Abl) / **primus**, a, um - earliest, first / **lux**, lucis (f) - light (with *prima*, "dawn") / **ad** (prep) - to, until (with Acc) / **octavus**, a, um - eighth / **hora**, ae (f) - hour / **committo**, committere (3), commisi, commissus - commit, perform, undertake / **nihil** (indecl., n) - nothing / **indignus**, a, um - shameful, unworthy of (with Abl)

(F)   **tum** (adv) - then / **uterque, utraque, utrumque** - both, each (of two) / **femur**, oris (n) - thigh / **T. Balventius**, i (m) -

Quick Reference, COMMON PRONOUNS: **hic**, haec, hoc (dem. pron.) - this; he, she, it | **ille**, illa, illud (dem. pron.) - that; that (famous) one (yonder); he, she, it | **ipse**, ipsa, ipsum (intnsv. pron.) - (one's own) self; very | **is**, ea, id (dem. pron.) - this, that; (of) such (a kind); he, she, it | **qui**, quae, quod (rel. pron.) - who, which; that

Titus Balventius (a Roman centurion) / **fortis**, e - brave, resolute / **vir**, viri (m) - man / **magnus**, a, um - considerable, significant / **auctoritas**, atis (f) - authority, influence / **duco**, ducere (3), duxi, ductus - command, lead / **primus**, a, um - chief, principal / **pilus**, i (m) - (legionary) century (with *primus*, refers here to the legion's highest-ranked detachment: the first century of the first cohort, commanded by the senior centurion) / **superior**, ius - former, previous / **annus**, i (m) - year / **traicio**, traicere (3), traieci, traiectus - pierce / **tragula**, ae (f) - (Gallic) dart, javelin / **Q. Lucanius**, i (m) - Quintus Lucanius (a Roman centurion) / **idem**, eadem, idem - the (very) same / **ordo**, inis (m) - order, rank / **interficio**, interficere (3), interfeci, interfectus - kill / **pugno** (1) - fight / **fortiter** (adv) - bravely, vigorously / **dum** (conj) - while / **subvenio**, subvenire (4), subveni, subventus - help, render aid to (with Dat) / [**suus**, a, um - (one's) own] / **filius**, i (m) - son / **circumvenio**, circumvenire (4), circumveni, circumventus - beset, encircle / [**ab** (prep) - by (with Abl)] / [**hostis**, is (m) - enemy] / **L. Cotta**, ae (m) - Lucius Aurunculeius Cotta / **legatus**, i (m) - legate / **adhortor**, adhortari (1), adhortatus - encourage / **omnis**, e - all, every / **cohors**, ortis (f) - (legionary) cohort / **ordo** *iterum* / **vulnero** (1) - wound / **in** (prep) - against (with Acc) / **adversus**, a, um - facing, in front (of) / **os**, oris (n) - mouth, face (with *in adversum*, "directly in the face, full on the face") / **funda**, ae (f) - sling (stone)

GRAMMATICAL NOTES: **1.** *quō praeceptō observatō diligentissime ab eīs* (Abl Absol, "which command having been followed most strictly by them [i.e., the Gauls]"); **2.** *vellent* (Subjunctive as the Protasis of a Mixed Condition in secondary sequence, "they should wish"); **3.** *virtuti* (Dat of Purpose, "for valor"); **4.** *tot incommodīs* (Abl of Means); **5.** *multīs vulneribus acceptīs* (Abl Absol, "with many wounds having been received"); **6.** *magnā parte diei consumptā* (Abl Absol, "with a great part of the day having been spent"); **7.** *pugnaretur* (Subjunctive in a *cum* Clause, lit., "it was fought" best read as "although they fought"); **9.** *esset* (Subjunctive in a Relative Clause of Characteristic, "which was unworthy of them"); **10.** *ipsīs* (Abl governed by *indignum*, lit., "of themselves," i.e., "of the Romans themselves"); **11.** *T[ito] Balventio* (Dat of Interest, "of Titus Balventius"); **12.** *magnae auctoritatis* (Gen of Description, "of considerable authority"); **14.** *superiore annō* (Abl of Time When); **15.** *tragulā* (Abl of Means); **17.** *fundā* (Abl of Means). | **HISTORICAL NOTES**: **8.** The Romans divided the perioid of daylight into twelve hours, with noon as the sixth and sunset as the twelfth; thus, the eighth hour generally falls just before mid-afternoon. | **13.** On the Roman centurions, see 5.28 (note 8). | **16.** On the Roman *legatus*, see 5.24 (note 5).

FULLY PARSED

(**5.35.A**): **quō** (neut abl sing); **praeceptō** (neut abl sing); **observatō** (perf pssv prcpl, neut abl sing); **diligentissime** (supl. of *diligenter*); **eīs** (masc dat pl); **quaepiam** (fem nom sing); **cohors** (fem nom sing); **excesserat** (pluperf actv indic 3 sing); **orbe** (masc abl sing); **fecerat** (pluperf actv indic 3 sing); **impetum** (masc acc sing); **hostes** (masc nom pl); **refugiebant** (impf actv indic 3 pl); **velocissime** (supl. of *velociter*).

(**5.35.B**): **erat** (impf actv indic 3 sing); **necesse** (indecl. adj., read as neut nom sing); **eam** (fem acc sing); **partem** (fem acc sing); [**cohortis**] (fem gen sing); **nudari** (prsnt pssv infin); **tela** (neut acc pl); **recipi** (prsnt pssv infin); **apertō** (neut abl sing); **latere** (neut abl sing).

(**5.35.C**): [**nostri**] (masc nom pl); [**milites**] (masc nom pl); **coeperant** (pluperf actv indic 3 pl); **reverti** (dep., prsnt pssv infin); **eum** (masc acc sing); **locum** (masc acc sing); **egressi erant** (dep., pluperf pssv indic 3 pl; masc nom); **circumveniebantur** (impf pssv indic 3 pl); **eīs** (masc abl pl); [**hostibus**] (masc abl pl); **qui** (masc nom pl); **cesserant** (pluperf actv indic 3 pl); **eīs** (masc abl pl); [**hostibus**] (masc abl pl); **qui** (masc nom pl); **steterant** (pluperf actv indic 3 pl); **proximi** (masc nom pl).

(**5.35.D**): [**nostri**] (masc nom pl); [**milites**] (masc nom pl); **vellent** (impf actv subjv 3 pl); **tenere** (prsnt actv infin); **locum** (masc acc sing); **locus** (masc nom sing); **relinquebatur** (impf pssv indic 3 sing); [**eis**] (masc dat pl); **virtuti** (fem dat sing); **conferti** (masc nom pl); **poterant** (impf actv indic 3 pl); **vitare** (prsnt actv infin); **tela** (neut acc pl); **coniecta** (perf pssv prcpl, neut acc pl); **tantā** (fem abl sing); **multitudine** (fem abl sing).

(**5.35.E**): **conflictati** (perf pssv prcpl, masc nom pl); **incommodīs** (neut abl pl); **multīs** (neut abl pl); **vulneribus** (neut abl pl); **acceptīs** (perf pssv prcpl, neut abl pl); **resistebant** (impf actv indic 3 pl); **magnā** (fem abl sing); **parte** (fem abl sing); **diei** (masc gen

Quick Reference, COMMON PRONOUNS: **hic**, haec, hoc (dem. pron.) - this; he, she, it | **ille**, illa, illud (dem. pron.) - that; that (famous) one (yonder); he, she, it | **ipse**, ipsa, ipsum (intnsv. pron.) - (one's own) self; very | **is**, ea, id (dem. pron.) - this, that; (of) such (a kind); he, she, it | **qui**, quae, quod (rel. pron.) - who, which; that

sing); **consumptā** (perf pssv prcpl, fem abl sing); **pugnaretur** (impers., impf pssv subjv 3 sing); **primā** (fem abl sing); **luce** (fem abl sing); **octavam** (fem acc sing); **horam** (fem acc sing); **committebant** (impf actv indic 3 pl); **nihil** (indecl., read as neut acc sing); **quod** (neut nom sing); **esset** (impf actv subjv 3 sing); **indignum** (neut nom sing); **ipsīs** (masc abl pl).

(5.35.F): **utrumque** (neut nom sing); **femur** (neut nom sing); **T[ito]** (masc dat sing); **Balventio** (masc dat sing); **forti** (masc dat sing); **viro** (masc dat sing); **magnae** (fem gen sing); **auctoritatis** (fem gen sing); **qui** (masc nom sing); **duxerat** (pluperf actv indic 3 sing); **primum** (masc acc sing); **pilum** (masc acc sing); **superiore** (masc acc sing; comp. of superus); **annō** (masc abl sing); **traicitur** (prsnt pssv indic 3 sing); **tragulā** (fem abl sing); **Q[uintus]** (masc nom sing); **Lucanius** (masc nom sing); **eiusdem** (masc gen sing); **ordinis** (masc gen sing); **interficitur** (prsnt pssv indic 3 sing); **pugnans** (prsnt actv prcpl, masc nom sing); **fortissime** (supl. of *fortiter*); **subvenit** (perf actv indic 3 sing); **[suo]** (masc dat sing); **filio** (masc dat sing); **circumvento** (perf pssv prcpl, masc dat sing); **[hostibus]** (masc abl pl); **L[ucius]** (masc nom sing); **Cotta** (masc nom sing); **legatus** (masc nom sing); **adhortans** (dep., prsnt actv prcpl, masc nom sing); **omnes** (fem acc pl); **cohortes** (fem acc pl); **ordines** (masc acc pl); **vulneratur** (prsnt pssv indic 3 sing); **adversum** (neut acc sing); **os** (neut acc sing); **fundā** (fem abl sing).

* * * * * * * * * * * * * * * * * *

Caesar's ORIGINAL TEXT (Book Five, Chapter 36): **(A)** His rebus permotus Q. Titurius, cum procul Ambiorigem suos cohortantem conspexisset, interpretem suum Cn. Pompeium ad eum mittit rogatum ut sibi militibusque parcat. **(B)** Ille appellatus respondit: si velit secum colloqui, licere; sperare a multitudine impetrari posse, quod ad militum salutem pertineat; ipsi vero nihil nocitum iri, inque eam rem se suam fidem interponere. **(C)** Ille cum Cotta saucio communicat, si videatur, pugna ut excedant et cum Ambiorige una colloquantur: sperare ab eo de sua ac militum salute impetrari posse. **(D)** Cotta se ad armatum hostem iturum negat atque in eo perseverat.

SUGGESTED WORD ORDER (Book Five, Chapter 36). **(A)** Permotus hīs rēbus,[1] Q[uintus] Titurius, cum conspexisset[2] Ambiorigem procul cohortantem suos [viros], mittit suum interpretum Cn[aeum] Pompeium ad eum, rogatum[3] ut parcat[4] sibi [et] militibus. **(B)** Ille [i.e., Ambiorix], appellatus, respondit: si [Titurius] velit[5] colloqui cum sē, [id] licere;[6] [se] sperare [id] quod pertineat[7] ad salutem militum posse impetrari a multitudine; vero, nihil nocitum iri[8] [Titurio] ipsi, [et] se interponere suam fidem in eam rem. **(C)** Ille [i.e., Titurius] communicat cum sauciō Cottā: si videatur[9] ut excedant[10] pugnā[11] et colloquantur[12] una cum Ambiorige; [dixit se] sperare posse impetrari ab eō de suā salute ac [salute] militum. **(D)** Cotta negat se iturum [i.e., iturum esse] ad armatum hostem atque perseverat in eō [iudiciō].

5.36 **VOCABULARY SECTIONS**

(A) **permoveo**, permovēre (2), permovi, permotus - agitate, disturb, move deeply / **res**, rei (f) - circumstance, event, thing / **Q. Titurius**, i (m) - Quintus Titurius Sabinus / **cum** (conj) - when / **conspicio**, conspicere (3), conspexi, conspectus - notice, observe, see / **Ambiorix**, igis (m) - Ambiorix (co-ruler of the Eburones) / **procul** (adv) - at a distance, from afar / **cohortor**, cohortari (1), cohortatus - encourage, exhort / **suus**, a, um - (one's) own / [**vir**, viri (m) - man] / **mitto**, mittere (3), misi, missus - send / **suus** *iterum* / **interpres**, interpretis (m) - interpreter, negotiator / **Cn. Pompeius**, i (m) - Cnaeus Pompeius / **ad** (prep) - to (with Acc) / **rogo** (1) - ask, request / **parco**, parcere (3), peperci, parsus - spare (with Dat) / **miles**, itis (m) - soldier

(B) [**Ambiorix**, igis (m) - Ambiorix (co-ruler of the Eburones)] / **appello** (1) - address (in entreaty), call upon / **respondeo**, respondēre (2), respondi, responsus - answer, reply / **si** (conj) - if / [**Titurius**, i (m) - Quintus Titurius Sabinus] / **volo**, velle, volui - want, wish / **colloquor**, colloqui (3), collocutus - converse, hold a parley / **cum** (prep) - with (with Abl) / **licet**, licēre (2), licuit, licitum est (impers.) - "it is permitted" / **spero** (1) - hope / **pertineo**, pertinēre (2), pertinui - concern, pertain, relate to / **ad** (prep) - to (with Acc) / **salus**, salutis (f) - safety, welfare / **miles**, itis (m) - soldier / **possum**, posse, potui - be able, possible / **impetro** (1) - bring about, obtain (by request) / **a** (prep) - from (with Abl) / **multitudo**, inis (f) - crowd, multitude / **vero** (adv) - indeed / **nihil** (indecl., n) - nothing (as adv, "in no way at all") /

Quick Reference, COMMON PRONOUNS: **hic**, haec, hoc (dem. pron.) - this; he, she, it | **ille**, illa, illud (dem. pron.) - that; that (famous) one (yonder); he, she, it | **ipse**, ipsa, ipsum (intnsv. pron.) - (one's own) self; very | **is**, ea, id (dem. pron.) - this, that; (of) such (a kind); he, she, it | **qui**, quae, quod (rel. pron.) - who, which; that

noceo, nocēre, nocui, nocitus - harm, injure (with Dat) / [**Titurius** *iterum*] / **interpono**, interponere (3), interposui, interpositus - put forward (with *fides*, "give one's word") / **suus**, a, um - (one's) own / **fides**, ei (f) - pledge, promise / **in** (prep) - with regard to (with Acc) / **res**, rei (f) - affair, matter

(C) [**Titurius**, i (m) - Quintus Titurius Sabinus] / **communico** (1) - confer, speak with / **cum** (prep) - with (with Abl) / **saucius**, a, um - wounded / **Cotta**, ae (m) - Lucius Aurunculeius Cotta / **si** (conj) - if / **video**, vidēre (2), vidi, visus - see (Pssv, "seem proper") / **excedo**, excedere (3), excessi, excessus - depart, withdraw / **pugna**, ae (f) - battle, fight / **colloquor**, colloqui (3), collocutus - converse, hold a parley / **una** (adv) - together / **cum** *iterum* / **Ambiorix**, igis (m) - Ambiorix (co-ruler of the Eburones) / [**dico**, dicere (3), dixi, dictus - assert, say] / **spero** (1) - hope / **possum**, posse, potui - be able, possible / **impetro** (1) - obtain (by request) / **ab** (prep) - from (with Abl) / **de** (prep) - about, concerning (with Abl) / **suus**, a, um - (one's) own / **salus**, salutis (f) - safety, welfare / **miles**, itis (m) - soldier

(D) **Cotta**, ae (m) - Lucius Aurunculeius Cotta / **nego** (1) - deny, refuse (i.e., "say that...not") / **eo**, ire, ii, itus - go / **ad** (prep) - to (with Acc) / **armatus**, a, um - armed / **hostis**, is (m) - enemy / **persevero** (1) - persevere, persist / **in** (prep) - in (with Abl) / [**iudicium**, i (n) - decision, opinion]

GRAMMATICAL NOTES: 1. *hīs rēbus* (Abl of Cause or Means, "because of these circumstances"); 2. *conspexisset* (Subjunctive in a *cum* Clause, "when he had observed"); 3. *rogatum* (Supine, "in order to request"); 4. *parcat* (Subjunctive in an Indirect Command after *rogatum*, "that he spare"); 5. *velit* (Subjunctive as the Protasis of a Simple Present Condition in Indirect Speech, "if he wished"); 6. *licere* (Infinitive in Indirect Speech, "[it] would be permitted"); 7. *pertineat* (Subjunctive in a Relative Clause of Characteristic, "that which pertained"); 8. *nocitum iri* (the awkward translation of this impersonal future passive infinitive "it would be about to be harmed" is best read in the passage as "indeed, there would be no harm at all to [Titurius] himself"); 9. *videatur* (Subjunctive in an Indirect Question in Indirect Speech, "if it seemed appropriate"); 10. *excedant* (Subjunctive in a Clause of Result, "that he withdraw"); 11. *pugnā* (Abl of Separation, "from battle"); 12. *colloquantur* (Subjunctive in a Clause of Result, "that he parley").

FULLY PARSED _____

(5.36.A): **permotus** (perf pssv prcpl, masc nom sing); **hīs** (fem abl pl); **rēbus** (fem abl pl); **Q[uintus]** (masc nom sing); **Titurius** (masc nom sing); **conspexisset** (pluperf actv subjv 3 sing); **Ambiorigem** (masc acc sing); **cohortantem** (dep., prsnt actv prcpl, masc acc sing); **suos** (masc acc pl); **[viros]** (masc acc pl); **mittit** (prsnt actv indic 3 sing); **suum** (masc acc sing); **interpretum** (masc acc sing); **Cn[aeum]** (masc acc sing); **Pompeium** (masc acc sing); **eum** (masc acc sing); **rogatum** (Supine; neut acc sing); **parcat** (prsnt actv subjv 3 sing); **sibi** (3 pers. reflxv. pron.. masc dat sing); **militibus** (masc dat pl).

(5.36.B): **ille** (masc nom sing); **[Ambiorix]** (masc nom sing); **appellatus** (perf pssv prcpl, masc nom sing); **respondit** (perf actv indic 3 sing); **[Titurius]** (masc nom sing); **velit** (prsnt actv subjv 3 sing); **colloqui** (dep., prsnt pssv infin); **sē** (3 pers. reflxv. pron., masc abl sing); **[id]** (neut nom sing); **licere** (prsnt actv infin); **[se]** (3 pers. reflxv. pron., masc nom sing); **sperare** (prsnt actv infin); **[id]** (neut acc sing); **quod** (neut nom sing); **pertineat** (prsnt actv subjv 3 sing); **salutem** (fem acc sing); **militum** (masc gen pl); **posse** (prsnt actv infin); **impetrari** (prsnt pssv infin); **multitudine** (fem abl sing); **nihil** (indecl., read as adv.); **nocitum iri** (fut pssv infin; impers., neut acc sing); **[Titurio]** (masc dat sing); **ipsi** (masc dat sing); **se** (3 pers. reflxv. pron., masc acc sing); **interponere** (prsnt actv infin); **suam** (fem acc sing); **fidem** (fem acc sing); **eam** (fem acc sing); **rem** (fem acc sing).

(5.36.C): **ille** (masc nom sing); **[Titurius]** (masc nom sing); **communicat** (prsnt actv indic 3 sing); **sauciō** (masc abl sing); **Cottā** (masc abl sing); **videatur** (impers., prsnt pssv subjv 3 sing); **excedant** (prsnt actv subjv 3 pl); **pugnā** (fem abl sing); **colloquantur** (dep., prsnt pssv subjv 3 pl); **Ambiorige** (masc abl sing); **[dixit]** (perf actv indic 3 sing); **[se]** (3 pers. reflxv. pron., masc acc sing); **sperare** (prsnt actv infin); **posse** (prsnt actv infin); **impetrari** (prsnt pssv infin); **eō** (masc abl sing); **suā** (fem abl sing); **salute** (fem abl sing); **[salute]** (fem abl sing); **militum** (masc gen pl).

_____

Quick Reference, COMMON PRONOUNS: **hic**, haec, hoc (dem. pron.) - this; he, she, it | **ille**, illa, illud (dem. pron.) - that; that (famous) one (yonder); he, she, it | **ipse**, ipsa, ipsum (intnsv. pron.) - (one's own) self; very | **is**, ea, id (dem. pron.) - this, that; (of) such (a kind); he, she, it | **qui**, quae, quod (rel. pron.) - who, which; that

(5.36.D): **Cotta** (masc nom sing); **negat** (prsnt actv indic 3 sing); **se** (3 pers. reflxv. pron., masc acc sing); **iturum** (i.e., *iturum esse*, fut actv infin; masc acc sing); **armatum** (masc acc sing); **hostem** (masc acc sing); **perseverat** (prsnt actv indic 3 sing); **eō** (neut abl sing); **[iudiciō]** (neut abl sing).

* * * * * * * * * * * * * * * * * * *

<u>Caesar's</u> **ORIGINAL TEXT (Book Five, Chapter 37)**: **(A)** Sabinus quos in praesentia tribunos militum circum se habebat et primorum ordinum centuriones se sequi iubet et, cum propius Ambiorigem accessisset, iussus arma abicere imperatum facit suisque ut idem faciant imperat. **(B)** Interim, dum de condicionibus inter se agunt longiorque consulto ab Ambiorige instituitur sermo, paulatim circumventus interficitur. **(C)** Tum vero suo more victoriam conclamant atque ululatum tollunt impetuque in nostros facto ordines perturbant. **(D)** Ibi L. Cotta pugnans interficitur cum maxima parte militum. Reliqui se in castra recipiunt unde erant egressi. **(E)** Ex quibus L. Petrosidius aquilifer, cum magna multitudine hostium premeretur, aquilam intra vallum proiecit; ipse pro castris fortissime pugnans occiditur. **(F)** Illi aegre ad noctem oppugnationem sustinent; noctu ad unum omnes desperata salute se ipsi interficiunt. **(G)** Pauci ex proelio lapsi incertis itineribus per silvas ad T. Labienum legatum in hiberna perveniunt atque eum de rebus gestis certiorem faciunt.

SUGGESTED WORD ORDER (Book Five, Chapter 37). **(A)** Sabinus iubet <u>tribunos militum</u>[1] et <u>centuriones</u>[2] primorum ordinum quos habebat circum se in praesentiā sequi se et, cum <u>accessisset</u>[3] propius Ambiorigem, iussus abicere arma facit imperatum [et] imperat suis [militibus] ut <u>faciant</u>[4] idem. **(B)** Interim, dum agunt inter se de condicionibus [et] longior sermo instituitur <u>consultō</u>[5] ab Ambiorige, [Sabinus] circumventus paulatim interficitur. **(C)** Tum vero conclamant "Victoriam!" <u>suō more</u>[6] atque tollunt ululatum, [et] <u>impetū factō in nostros [milites]</u>,[7] perturbant ordines. **(D)** Ibi L[ucius] Cotta interficitur pugnans cum maximā parte militum. Reliqui [milites] recipiunt se in castra unde egressi erant. **(E)** <u>Ex quibus</u>,[8] <u>aquilifer</u>[9] L[ucius] Petrosidius, cum <u>premeretur</u>[10] <u>magnā multitudine</u>[11] hostium, proiecit <u>aquilam</u>[9] intra vallum [et] ipse occiditur pugnans fortissime pro castrīs. **(F)** Illi sustinent oppugnationem aegre ad noctem; <u>salute desperatā</u>,[12] ipsi omnes interficiunt se ad unum noctu. **(G)** Pauci, lapsi ex proeliō, perveniunt per silvas <u>incertīs itineribus</u>[13] in hiberna ad <u>legatum</u>[14] T[itum] Labienum atque faciunt eum certiorem de rēbus gestīs.

5.37   **VOCABULARY SECTIONS**

(A)   **Sabinus**, i (m) - Quintus Titurius Sabinus / **iubeo**, iubēre (2), iussi, iussus - command, order / **tribunus**, i (m) - (military) tribune / **miles**, itis (m) - soldier / **centurio**, onis (m) - centurion / **primus**, a, um - first / **ordo**, inis (m) - grade, rank / **habeo**, habēre (2), habui, habitus - have, place / **circum** (prep) - about, around (with Acc) / **in** (prep) - in (with Abl) / **praesentia**, ae (f) - presence (with *in*, "for the present, then") / **sequor**, sequi (3), secutus - follow / **cum** (conj) - after, when / **accedo**, accedere (3), accessi, accessus - approach / **propius** (prep) - nearer (with Acc) / **Ambiorix**, igis (m) - Ambiorix (co-ruler of the Eburones) / **iubeo** *iterum* / **abicio**, abicere (3), abieci, abiectus - cast down, throw away / **arma**, orum (n) - arms, weapons / **facio**, facere (3), feci, factus - carry out, do / **imperatum**, i (n) - command, order / **impero** (1) - command, give orders (with Dat) / **suus**, a, um - (one's) own / [**miles** *iterum*] / **facio** *iterum* / **idem**, eadem, idem - same

(B)   **interim** (adv) - meanwhile / **dum** (conj) - while / **ago**, agere (3), egi, actus - discuss, negotiate / **inter** (prep) - among, between (with Acc) / **de** (prep) - about (with Abl) / **condicio**, onis (f) - condition, term / **longus**, a, um - long, tedious / **sermo**, onis (m) - discussion, speech / **instituo**, instituere (3), institui, institutus - arrange, prepare / **consultum**, i (n) - decision, plan (adverbial Abl of Manner, "deliberately") / **ab** (prep) - by (with Abl) / **Ambiorix**, igis (m) - Ambiorix (co-ruler of the Eburones) / [**Sabinus**, i (m) - Quintus Titurius Sabinus] / **circumvenio**, circumvenire (4), circumveni, circumventus - encircle, surround / **paulatim** (adv) - gradually / **interficio**, interficere (3), interfeci, interfectus - kill

(C)   **tum** (adv) - then / **vero** (adv) - indeed / **conclamo** (1) - shout, yell (together) / **victoria**, ae (f) - victory / **suus**, a, um - (one's) own / **mos**, moris (m) - custom, practice / **tollo**, tollere (3), sustuli, sublatus - raise, take up / **ululatus**, us (m) - (war) cry, shout / **impetus**, us (m) - attack / **facio**, facere (3), feci, factus - make / **in** (prep) - against (with Acc) /

<u>Quick Reference, **COMMON PRONOUNS**</u>: **hic**, haec, hoc (dem. pron.) - this; he, she, it | **ille**, illa, illud (dem. pron.) - that; that (famous) one (yonder); he, she, it | **ipse**, ipsa, ipsum (intnsv. pron.) - (one's own) self; very | **is**, ea, id (dem. pron.) - this, that; (of) such (a kind); he, she, it | **qui**, quae, quod (rel. pron.) - who, which; that

noster, nostra, nostrum - our / [**miles**, itis (m) - soldier] / **perturbo** (1) - disorient, disturb, throw into confusion / **ordo**, inis (m) - (orderly) formation, rank

(D) **ibi** (adv) - there / **L. Cotta**, ae (m) - Lucius Aurunculeius Cotta / **interficio**, interficere (3), interfeci, interfectus - kill / **pugno** (1) - fight / **cum** (prep) - with (with Abl) / **maximus**, a, um - greatest, largest / **pars**, partis (f) - part, portion / **miles**, itis (m) - soldier / **reliquus**, a, um - the (other) remaining, the rest (of) / [**miles** *iterum*] / **recipio**, recipere (3), recepi, receptus - draw back (with *se*, "betake oneself, withdraw") / **in** (prep) - into (with Acc) / **castra**, orum (n) - (military) camp / **unde** (adv) - from which, whence / **egredior**, egredi (3), egressus - depart, set forth

(E) **ex** (prep) - from, out of (with Abl) / **aquilifer**, eri (m) - standard-bearer / **L. Petrosidius**, i (m) - Lucius Petrosidius / **cum** (conj) - although / **premo**, premere (3), pressi, pressus - overwhelm, press closely / **magnus**, a, um - great, large / **multitudo**, inis (f) - host, multitude / **hostis**, is (m) - enemy / **proicio**, proicere (3), proieci, proiectus - hurl, throw / **aquila**, ae (f) - eagle (standard) / **intra** (prep) - inside, within (with Acc) / **vallum**, i (n) - (palisaded) earthen rampart / **occido**, occidere (3), occidi, occisus - cut or strike down, kill / **pugno** (1) - fight / **fortiter** (adv) - bravely / **pro** (prep) - before, in front of (with Abl) / **castra**, orum (n) - (military) camp

(F) **sustineo**, sustinēre (2), sustinui, sustentus - hold out (against), withstand / **oppugnatio**, onis (f) - assault, attack / **aegre** (adv) - with difficulty, scarcely / **ad** (prep) - till, until (with Acc) / **nox**, noctis (f) - night / **salus**, salutis (f) - (hope of) deliverance, safety / **despero** (1) - abandon, despair of / **omnis**, e - all, every / **interficio**, interficere (3), interfeci, interfectus - kill / **ad** (prep) - to (with Acc) / **unus**, a, um - (a single) one (with *omnes...ad unum*, "all...to the last man") / **noctu** (adv) - at night, in the night

(G) **paucus**, a, um - few / **labor**, labi (3), lapsus - escape, slip away / **ex** (prep) - from (with Abl) / **proelium**, i (n) - battle / **pervenio**, pervenire (4), perveni, perventus - arrive at, make one's way to, reach (with *ad* and Acc) / **per** (prep) - through (with Acc) / **silva**, ae (f) - forest, wood / **incertus**, a, um - hazardous, random, uncertain / **iter**, itineris (n) - path, route / **in** (prep) - into (with Acc) / **hiberna**, orum (n) - winter quarters / **ad** (prep) - to (with Acc) / **legatus**, i (m) - legate / **T. Labienus**, i (m) - Titus Attius Labienus / **facio**, facere (3), feci, factus - make (with *certus*, "inform") / **certus**, a, um - certain, informed / **de** (prep) - about, concerning (with Abl) / **res**, rei (f) - affair, event / **gero**, gerere (3), gessi, gestus - accomplish, carry out, perform

GRAMMATICAL NOTES: 3. *accessisset* (Subjunctive in a *cum* Clause, "when he had approached"); 4. *faciant* (Subjunctive in an Indirect Command, "that they should do"); 5. *consultō* (Abl of Manner, "deliberately, purposely"); 6. *suō more* (Abl of Respect, "according to their own custom"); 7. *impetū factō in nostros [milites]* (Abl Absol, "an attack having been made against our [soldiers]"); 8. *ex quibus* (lit., "from whom," best read as if *ex eis*: "and one from among these"); 10. *premeretur* (Subjunctive in a *cum* Clause, "although he was pressed closely"); 11. *magnā multitudine* (Abl of Manner rather than Means, "by a great multitude"); 12. *salute desperatā* (Abl Absol, "with hope of deliverance having been abandoned"); 13. *incertīs itineribus* (Abl of Means). | **HISTORICAL NOTES**: 1. On the Roman *tribunus*, see 5.28 (note 7). | 2. On Roman centurions, see 5.28 (note 8). | 9. On Roman standard-bearers and military standards, see 4.25 (note 12). | 14. On the Roman *legatus*, see 5.24 (note 5).

FULLY PARSED _____

(5.37.A): **Sabinus** (masc nom sing); **iubet** (prsnt actv indic 3 sing); **tribunos** (masc acc pl); **militum** (masc gen pl); **centuriones** (masc acc pl); **primorum** (masc gen pl); **ordinum** (masc gen pl); **quos** (masc acc pl); **habebat** (impf actv indic 3 sing); **se** (3 pers. reflxv. pron., masc acc sing); **praesentiā** (fem abl sing); **sequi** (dep., prsnt pssv infin); **se** (3 pers. reflxv. pron., masc acc sing); **accessisset** (pluperf actv subjv 3 sing); **Ambiorigem** (masc acc sing); **iussus** (perf pssv prcpl, masc nom sing); **abicere** (prsnt actv infin); **arma** (neut acc pl); **facit** (prsnt actv indic 3 sing); **imperatum** (neut acc sing); **imperat** (prsnt actv indic 3 sing); **suis** (masc dat pl); **[militibus]** (masc dat pl); **faciant** (prsnt actv subjv 3 pl); **idem** (neut acc sing).

_____

Quick Reference, COMMON PRONOUNS: **hic**, haec, hoc (dem. pron.) - this; he, she, it | **ille**, illa, illud (dem. pron.) - that; that (famous) one (yonder); he, she, it | **ipse**, ipsa, ipsum (intnsv. pron.) - (one's own) self; very | **is**, ea, id (dem. pron.) - this, that; (of) such (a kind); he, she, it | **qui**, quae, quod (rel. pron.) - who, which; that

(5.37.B): **agunt** (prsnt actv indic 3 pl); **se** (3 pers. reflxv. pron., masc acc pl); **condicionibus** (fem abl pl); **longior** (masc nom sing; comp. of *longus*); **sermo** (masc nom sing); **consultō** (neut abl sing); **instituitur** (prsnt pssv indic 3 sing); **Ambiorige** (masc abl sing); **[Sabinus]** (masc nom sing); **circumventus** (perf pssv prcpl, masc nom sing); **interficitur** (prsnt pssv indic 3 sing).

(5.37.C): **conclamant** (prsnt actv indic 3 pl); **victoriam** (fem acc sing); **suō** (masc abl sing); **more** (masc abl sing); **tollunt** (prsnt actv indic 3 pl); **ululatum** (masc acc sing); **impetū** (masc abl sing); **factō** (perf pssv prcpl, masc abl sing); **nostros** (masc acc pl); **[milites]** (masc acc pl); **perturbant** (prsnt actv indic 3 pl); **ordines** (masc acc pl).

(5.37.D): **L[ucius]** (masc nom sing); **Cotta** (masc nom sing); **interficitur** (prsnt pssv indic 3 sing); **pugnans** (prsnt actv prcpl, masc nom sing); **maximā** (fem abl sing); **parte** (fem abl sing); **militum** (masc gen pl); **reliqui** (masc nom pl); **[milites]** (masc nom pl); **recipiunt** (prsnt actv indic 3 pl); **se** (3 pers. reflxv. pron., masc acc pl); **castra** (neut acc pl); **egressi erant** (dep., pluperf pssv indic 3 pl; masc nom).

(5.37.E): **quibus** (masc abl pl); **aquilifer** (masc nom sing); **L[ucius]** (masc nom sing); **Petrosidius** (masc nom sing); **premeretur** (impf pssv subjv 3 sing); **magnā** (fem abl sing); **multitudine** (fem abl sing); **hostium** (masc gen pl); **proiecit** (perf actv indic 3 sing); **aquilam** (fem acc sing); **vallum** (neut acc sing); **ipse** (masc nom sing); **occiditur** (prsnt pssv indic 3 sing); **pugnans** (prsnt actv prcpl, masc nom sing); **fortissime** (supl. of *fortiter*); **castrīs** (neut abl pl).

(5.37.F): **illi** (masc nom pl); **sustinent** (prsnt actv indic 3 pl); **oppugnationem** (fem acc sing); **noctem** (fem acc sing); **salute** (fem abl sing); **desperatā** (perf pssv prcpl, fem abl sing); **ipsi** (masc nom pl); **omnes** (masc nom pl); **interficiunt** (prsnt actv indic 3 pl); **se** (3 pers. reflxv. pron., masc acc pl); **unum** (masc acc sing).

(5.37.G): **pauci** (masc nom pl); **lapsi** (dep., perf pssv prcpl, masc nom pl); **proeliō** (neut abl sing); **perveniunt** (prsnt actv indic 3 pl); **silvas** (fem acc pl); **incertīs** (neut abl pl); **itineribus** (neut abl pl); **hiberna** (neut acc pl); **legatum** (masc acc sing); **T[itum]** (masc acc sing); **Labienum** (masc acc sing); **faciunt** (prsnt actv indic 3 pl); **eum** (masc acc sing); **certiorem** (masc acc sing; comp. of *certus*); **rēbus** (fem abl pl); **gestīs** (perf pssv prcpl, fem abl pl).

* * * * * * * * * * * * * * * * * * *

<u>Caesar's</u> **ORIGINAL TEXT (Book Five, Chapter 38)**: **(A)** Hac victoria sublatus Ambiorix statim cum equitatu in Aduatucos, qui erant eius regno finitimi, proficiscitur; neque noctem neque diem intermittit peditatumque sese subsequi iubet. **(B)** Re demonstrata Aduatucisque concitatis, postero die in Nervios pervenit hortaturque ne sui in perpetuum liberandi atque ulciscendi Romanos pro eis quas acceperint iniuriis occasionem dimittant; **(C)** interfectos esse legatos duos magnamque partem exercitus interisse demonstrat; nihil esse negoti subito oppressam legionem quae cum Cicerone hiemet interfici; se ad eam rem profitetur adiutorem. **(D)** Facile hac oratione Nerviis persuadet.

<u>SUGGESTED WORD ORDER</u> (Book Five, Chapter 38). **(A)** Sublatus <u>hāc victoriā</u>,[1] Ambiorix statim proficiscitur cum equitatū in Aduatucos, qui erant finitimi regno eius; intermittit neque noctem neque diem [et] iubet peditatum subsequi sese. **(B)** <u>Rē demonstratā</u>[2] [et] <u>Aduatucīs concitatīs</u>,[3] pervenit in Nervios <u>posterō diē</u>[4] [et] hortatur [eos] ne <u>dimittant</u>[5] occasionem <u>sui liberandi</u>[6] in perpetuum atque <u>ulciscendi</u>[7] Romanos pro eīs iniuriīs quas <u>acceperint</u>;[8] **(C)** demonstrat duos <u>legatos</u>[9] interfectos esse [et] magnam partem exercitus interisse; <u>esse nihil negoti</u>[10] legionem quae <u>hiemet</u>[11] cum Cicerone, subito oppressam, interfici; [et] profitetur se [esse] adiutorem ad eam rem. **(D)** Facile persuadet Nerviis <u>hāc oratione</u>.[12]

5.38   <u>VOCABULARY SECTIONS</u>

(A)   **tollo**, tollere (3), sustuli, sublatus - lift up, raise (Pssv, "be elated") / **victoria**, ae (f) - victory / **Ambiorix**, igis (m) - Ambiorix (co-ruler of the Eburones) / **statim** (adv) - at once, immediately / **proficiscor**, proficisci (3), profectus - depart, set out / **cum** (prep) - with (with Abl) / **equitatus**, us (m) - cavalry / **in** (prep) - to (with Acc) / **Aduatuci**, orum (m) -

<u>Quick Reference, COMMON PRONOUNS</u>: **hic**, haec, hoc (dem. pron.) - this; he, she, it | **ille**, illa, illud (dem. pron.) - that; that (famous) one (yonder); he, she, it | **ipse**, ipsa, ipsum (intnsv. pron.) - (one's own) self; very | **is**, ea, id (dem. pron.) - this, that; (of) such (a kind); he, she, it | **qui**, quae, quod (rel. pron.) - who, which; that

the Aduatuci (a Gallic tribe) / **finitimi**, orum (m) - neighbors (lit., "those bordering upon" with Dat) / **regnum**, i (n) - kingdom / **intermitto**, intermittere (3), intermisi, intermissus - cease, delay / **nox**, noctis (f) - night / **dies**, ei (m) - day / **iubeo**, iubēre (2), iussi, iussus - command, order / **peditatus**, us (m) - infantry / **subequor**, subsequi (3), subsecutus - follow closely after

(B) **res**, rei (f) - affair, matter / **demonstro** (1) - explain, report / **Aduatuci**, orum (m) - the Aduatuci (a Gallic tribe) / **concito** (1) - rouse, stir up / **pervenio**, pervenire (4), perveni, perventus - arrive, make one's way / **in** (prep) - among, to (with Acc) / **Nervii**, orum (m) - the Nervii (a Gallic tribe) / **posterus**, a, um - following, next / **dies**, ei (m) - day / **hortor**, hortari (1), hortatus - exhort, urge strongly / **dimitto**, dimittere (3), dimisi, dimissus - give up, let pass, lose / **occasio**, onis (f) - occasion, opportunity / **suus**, a, um - (one's) own / **libero** (1) - free, liberate / **in** (prep) - into (with Acc) / **perpetuus**, a, um - continuous, perpetual (with *in*, "forever, in perpetuity") / **ulciscor**, ulcisci (3), ultus - avenge onself on, punish / **Romani**, orum (m) - the Romans / **pro** (prep) - because of, in return for (with Abl) / **iniuria**, ae (f) - unjust act, wrongful deed / **accipio**, accipere (3), accepi, acceptus - incur, receive

(C) **demonstro** (1) - explain, report / **duo**, ae, o (num. adj.) - two / **legatus**, i (m) - legate / **interficio**, interficere (3), interfeci, interfectus - destroy, kill / **magnus**, a, um - great, large / **pars**, partis (f) - part, portion / **exercitus**, us (m) - army / **intereo**, interire, interii, interitus - die, perish / **nihil** (indecl., n) - nothing / **negotium**, i (n) - difficulty, trouble / **legio**, onis (f) - legion / **hiemo** (1) - make winter quarters, pass the winter / **cum** (prep) - with (with Abl) / **Cicero**, onis (m) - Quintus Tullius Cicero (pr. 62 BC) / **subito** (adv) - suddenly / **opprimo**, opprimere (3), oppressi, oppressus - overwhelm (unexpectedly) / **interficio** *iterum* / **profiteor**, profiteri (2), professus - declare publicly, promise / **adiutor**, oris (m) - ally, confederate / **ad** (prep) - for (with Acc) / **res**, rei (f) - affair, matter, venture

(D) **facile** (adv) - easily / **persuadeo**, persuadēre (2), persuasi, persuasus - persuade (with Dat) / **Nervii**, orum (m) - the Nervii (a Gallic tribe) / **oratio**, onis (f) - speech

<u>**GRAMMATICAL NOTES**</u>: **1.** *hāc victoriā* (Abl of Means or Cause, "because of this victory"); **2-3.** *rē demonstratā [et] Aduatucīs concitatīs* (Ablative Absolutes, "the matter [i.e., of his recent victory] having been reported [and] the Aduatuci having been aroused"); **4.** *posterō diē* (Abl of Time When); **5.** *dimittant* (Subjunctive in a Negative Indirect Command, "that they should not forgo"); **6.** *sui liberandi* (Gerundive, "of liberating themselves"); **7.** *ulciscendi* (Gerund, "of avenging themselves on"); **8.** *acceperint* (Subjunctive in a Relative Clause of Characteristic, "which they had received"); **10.** *esse nihil negoti* (lit., "that it was nothing of trouble," i.e., "that it was not a difficult matter for..."); **11.** *hiemet* (Subjunctive in a Relative Clause of Characteristic, "which was wintering"); **12.** *hāc oratione* (Abl of Means). | <u>**HISTORICAL NOTE**</u>: **9.** On the Roman *legatus*, see 5.24 (note **5**).

<u>**FULLY PARSED**</u>

(5.38.A): **sublatus** (perf pssv prcpl, masc nom sing); **hāc** (fem abl sing); **victoriā** (fem abl sing); **Ambiorix** (masc nom sing); **proficiscitur** (dep., prsnt pssv indic 3 sing); **equitatū** (masc abl sing); **Aduatucos** (masc acc pl); **qui** (masc nom pl); **erant** (impf actv indic 3 pl); **finitimi** (masc nom pl); **regno** (neut dat sing); **eius** (masc gen sing); **intermittit** (prsnt actv indic 3 sing); **noctem** (fem acc sing); **diem** (masc acc sing); **iubet** (prsnt actv indic 3 sing); **peditatum** (masc acc sing); **subsequi** (dep., prsnt pssv infin); **sese** (3 pers. reflxv. pron., masc acc sing).

(5.38.B): **rē** (fem abl sing); **demonstratā** (perf pssv prcpl, fem abl sing); **Aduatucīs** (masc abl pl); **concitatīs** (perf pssv prcpl, masc abl pl); **pervenit** (prsnt actv indic 3 sing); **Nervios** (masc acc pl); **posterō** (masc abl sing); **diē** (masc abl sing); **hortatur** (dep., prsnt pssv indic 3 sing); **[eos]** (masc acc pl); **dimittant** (prsnt actv subjv 3 pl); **occasionem** (fem acc sing); **sui** (3 pers. reflxv. pron., masc gen pl); **liberandi** (Gerundive; fut pssv prcpl, masc gen sing); **perpetuum** (neut acc sing); **ulciscendi** (Gerund; dep., fut pssv prcpl, neut gen sing); **Romanos** (masc acc pl); **eīs** (fem abl pl); **iniuriīs** (fem abl pl); **quas** (fem acc pl); **acceperint** (perf actv subjv 3 pl).

(5.38.C): **demonstrat** (prsnt actv indic 3 sing); **duos** (masc acc pl); **legatos** (masc acc pl); **interfectos esse** (perf pssv infin; masc acc pl); **magnam** (fem acc sing); **partem** (fem acc sing); **exercitus** (masc gen sing); **interisse** (perf actv infin); **esse** (prsnt actv infin);

<u>**Quick Reference, COMMON PRONOUNS**</u>: **hic**, haec, hoc (dem. pron.) - this; he, she, it | **ille**, illa, illud (dem. pron.) - that; that (famous) one (yonder); he, she, it | **ipse**, ipsa, ipsum (intnsv. pron.) - (one's own) self; very | **is**, ea, id (dem. pron.) - this, that; (of) such (a kind); he, she, it | **qui**, quae, quod (rel. pron.) - who, which; that

nihil (indecl., read as neut acc sing); **negoti** (neut gen sing); **legionem** (fem acc sing); **quae** (fem nom sing); **hiemet** (prsnt actv subjv 3 sing); **Cicerone** (masc abl sing); **oppressam** (perf pssv prcpl, fem acc sing); **interfici** (prsnt pssv infin); **profitetur** (dep., prsnt pssv indic 3 sing); **se** (3 pers. reflxv. pron., masc acc sing); **[esse]** (prsnt actv infin); **adiutorem** (masc acc sing); **eam** (fem acc sing); **rem** (fem acc sing).

(5.38.D): **persuadet** (prsnt actv indic 3 sing); **Nerviis** (masc dat pl); **hāc** (fem abl sing); **oratione** (fem abl sing).

* * * * * * * * * * * * * * * * * *

Caesar's ORIGINAL TEXT (Book Five, Chapter 39): **(A)** Itaque confestim dimissis nuntiis ad Ceutrones, Grudios, Levacos, Pleumoxios, Geidumnos, qui omnes sub eorum imperio sunt, quam maximas manus possunt cogunt et de improviso ad Ciceronis hiberna advolant, nondum ad eum fama de Tituri morte perlata. **(B)** Huic quoque accidit, quod fuit necesse, ut nonnulli milites, qui lignationis munitionisque causa in silvas discessissent, repentino equitum adventu interciperentur. **(C)** His circumventis, magna manu Eburones, Nervii, Aduatuci atque horum omnium socii et clientes legionem oppugnare incipiunt. **(D)** Nostri celeriter ad arma concurrunt, vallum conscendunt. **(E)** Aegre is dies sustentatur, quod omnem spem hostes in celeritate ponebant atque hanc adepti victoriam in perpetuum se fore victores confidebant.

SUGGESTED WORD ORDER (Book Five, Chapter 39). **(A)** Itaque nuntiīs dimissīs confestim ad Ceutrones, Grudios, Levacos, Pleumoxios, [et] Geidumnos[1] (qui sunt omnes sub imperiō eorum);[2] cogunt maximas manus quam possunt et advolant ad hiberna Ciceronis de improvisō, famā de morte Tituri nondum perlatā ad eum.[3] **(B)** Accidit huic [i.e., Ciceroni] quoque,[4] [id] quod fuit necesse,[5] ut nonnulli milites, qui discessissent[6] in silvas causā lignationis [et] munitionis, interciperentur[7] repentinō adventū[8] equitum. **(C)** Hīs [militibus] circumventīs,[9] Eburones, Nervii, Aduatuci atque socii et clientes omnium horum incipiunt oppugnare legionem magnā manū.[10] **(D)** Nostri [milites] celeriter concurrunt ad arma [et] conscendunt vallum. **(E)** Is dies sustentatur aegre, quod hostes ponebant omnem spem in celeritate atque confidebant, adepti hanc victoriam, se fore [i.e., futuros esse] victores in perpetuum.

5.39 VOCABULARY SECTIONS

(A) **nuntius**, i (m) - messenger / **dimitto**, dimittere (3), dimisi, dimissus - send forth / **confestim** (adv) - immediately / **ad** (prep) - to (with Acc) / **Ceutrones**, um (m) - the Ceutrones (a tribal *pagus*) / **Grudii**, orum (m) - the Grudii (a tribal *pagus*) / **Levaci**, orum (m) - the Levaci (a tribal *pagus*) / **Pleumoxii**, orum (m) - the Pleumoxii (a tribal *pagus*) / **Geidumni**, orum (m) - the Geidumni (a tribal *pagus*) / **omnis**, e - all / **sub** (prep) - under (with Abl) / **imperium**, i (n) - dominion, sovereignty / **cogo**, cogere (3), coegi, coactus - collect, gather together / **maximus**, a, um - greatest, largest / **manus**, us (f) - band (of warriors) / **quam** (adv) - as (with supl., "as ... as possible") / **possum**, posse, potui - be able, possible / **advolo** (1) - rush toward / **ad** *iterum* / **hiberna**, orum (n) - winter quarters / **Cicero**, onis (m) - Quintus Tullius Cicero (pr. 62 BC) / **de** (prep) - from, out of (with Abl) / **improvisus**, a, um - unforeseen (neut. subst. with *de*, "unexpectedly") / **fama**, ae (f) - news, report / **de** (prep) - about, concerning (with Abl) / **mors**, mortis (f) - death / **Titurius**, i (m) - Quintus Titurius Sabinus / **nondum** (adv) - not yet / **perfero**, perferre, pertuli, perlatus - carry through, deliver, report / **ad** *iterum*

(B) **accido**, accidere (3), accidi - befall, happen to (with Dat) / [**Cicero**, onis (m) - Quintus Tullius Cicero (pr. 62 BC)] / **quoque** (adv) - also, likewise, too / **necesse** (indecl. adj.) - (necessarily) inevitable, unavoidable / **nonnullus**, a, um - several, some / **miles**, itis (m) - soldier / **discedo**, discedere (3), discessi, discessus - depart, march off / **in** (prep) - into (with Acc) / **silva**, ae (f) - forest / **causa**, ae (f) - cause, reason (with Gen, "for the sake of ____") / **lignatio**, onis (f) - wood-gathering / **munitio**, onis (f) - building, fortifying (i.e., gathering materials for the camp's defensive fortifications) / **intercipio**, intercipere (3), intercepi, interceptus - cut off, intercept / **repentinus**, a, um - sudden, unexpected / **adventus**, us (m) - approach, arrival / **eques**, equitis (m) - cavalryman

---

Quick Reference, COMMON PRONOUNS: **hic**, haec, hoc (dem. pron.) - this; he, she, it | **ille**, illa, illud (dem. pron.) - that; that (famous) one (yonder); he, she, it | **ipse**, ipsa, ipsum (intnsv. pron.) - (one's own) self; very | **is**, ea, id (dem. pron.) - this, that; (of) such (a kind); he, she, it | **qui**, quae, quod (rel. pron.) - who, which; that

(C) [**miles**, itis (m) - soldier] / **circumvenio**, circumvenire (4), circumveni, circumventus - beset, encircle, surround / **Eburones**, um (m) - the Eburones (a Gallic tribe) / **Nervii**, orum (m) - the Nervii (a Gallic tribe) / **Aduatuci**, orum (m) - the Aduatuci (a Gallic tribe) / **socius**, i (m) - ally / **cliens**, entis (m) - dependent, retainer / **omnis**, e - all / **incipio**, incipere (3), incepi, inceptus - begin / **oppugno** (1) - attack, besiege / **legio**, onis (f) - legion / **magnus**, a, um - great, large / **manus**, us (f) - band (of warriors)

(D) **noster**, nostra, nostrum - our / [**miles**, itis (m) - soldier] / **celeriter** (adv) - quickly / **concurro**, concurrere (3), concurri, concursus - assemble, rush together (hurriedly) / **ad** (prep) - to, towards (with Acc) / **arma**, orum (n) - arms, weapons / **conscendo**, conscendere (3), conscendi, conscensus - climb up, mount / **vallum**, i (n) - (palisaded) earthen rampart

(E) **dies**, ei (m) - day / **sustento** (1) - endure, sustain, withstand / **aegre** (adv) - scarcely, with difficulty / **quod** (conj) - because / **hostis**, is (m) - enemy / **pono**, ponere (3), posui, positus - place, put / **omnis**, e - all, entire / **spes**, spei (f) - hope / **in** (prep) - in (with Abl) / **celeritas**, atis (f) - speed / **confido**, confidere (3), confisus sum - be fully confident, have complete faith / **adipiscor**, adipisci (3), adeptus - gain, obtain / **victoria**, ae (f) - victory / **victor**, oris (m) - conqueror (in apposition, "victorious") / **in** (prep) - into (with Acc) / **perpetuus**, a, um - continuous, perpetual (with *in*, "forever, in perpetuity")

GRAMMATICAL NOTES: **1.** *itaque nuntiīs dimissīs confestim ad...Geidumnos* (Abl Absol, "and so messengers were sent immediately to the Ceutrones, the Grudii, the Levaci, the Pleumoxii, [and] the Geidumni"); **2.** *eorum* (i.e., "of the Nervii"); **3.** *famā de morte Tituri nondum perlatā ad eum* (Abl Absol, "since news about the death of Titurius had not yet been delivered to him"); **4.** *accidit huic [i.e., Ciceroni] quoque* (impers. *accidit*, "it happened to this one [i.e., Cicero] also"); **5.** *[id] quod fuit necesse* (lit., "[that] which was unavoidable," a clause in apposition to *ut ... interciperentur* best read as "as was inevitable"); **6.** *discessissent* (Subjunctive in a Relative Clause of Characteristic or Purpose, "who had gone forth"); **7.** *interciperentur* (Subjunctive in a Substantive Clause of Result following *accidit*, "that some soldiers were cut off"); **8.** *repentinō adventū* (Abl of Means); **9.** *hīs [militibus] circumventīs* (Abl Absol, "these [soldiers] having been surrounded"); **10.** *magnā manū* (Abl of Means). | **HISTORICAL NOTE**: **1.** The term *pagus* (from **pagus**, i (m) - "country district, village") may refer either to specific territorial districts or to the actual tribal clans which inhabited them; Caesar here identifies these (otherwise unknown) tribes as *pagi* of the Nervii who participated in the uprising.

FULLY PARSED

(5.39.A): **nuntiīs** (masc abl pl); **dimissīs** (perf pssv prcpl, masc abl pl); **Ceutrones** (masc acc pl); **Grudios** (masc acc pl); **Levacos** (masc acc pl); **Pleumoxios** (masc acc pl); **Geidumnos** (masc acc pl); **qui** (masc nom pl); **sunt** (prsnt actv indic 3 pl); **omnes** (masc nom pl); **imperiō** (neut abl sing); **eorum** (masc gen pl); **cogunt** (prsnt actv indic 3 pl); **maximas** (fem acc pl); **manus** (fem acc pl); **possunt** (prsnt actv indic 3 pl); **advolant** (prsnt actv indic 3 pl); **hiberna** (neut acc pl); **Ciceronis** (masc gen sing); **improvisō** (neut abl sing); **famā** (fem abl sing); **morte** (fem abl sing); **Tituri** (masc gen sing); **perlatā** (perf pssv prcpl, fem abl sing); **eum** (masc acc sing).

(5.39.B): **accidit** (impers., prsnt actv indic 3 sing); **huic** (masc dat sing); **[Ciceroni]** (masc dat sing); **[id]** (neut nom sing); **quod** (neut nom sing); **fuit** (perf actv indic 3 sing); **necesse** (indecl. adj., read as neut nom sing); **nonnulli** (masc nom pl); **milites** (masc nom pl); **qui** (masc nom pl); **discessissent** (pluperf actv subjv 3 pl); **silvas** (fem acc pl); **causā** (fem abl sing); **lignationis** (fem gen sing); **munitionis** (fem gen sing); **interciperentur** (impf pssv subjv 3 pl); **repentinō** (masc abl sing); **adventū** (masc abl sing); **equitum** (masc gen pl).

(5.39.C): **hīs** (masc abl pl); **[militibus]** (masc abl pl); **circumventīs** (perf pssv prcpl, masc abl pl); **Eburones** (masc nom pl); **Nervii** (masc nom pl); **Aduatuci** (masc nom pl); **socii** (masc nom pl); **clientes** (masc nom pl); **omnium** (masc gen pl); **horum** (masc gen pl); **incipiunt** (prsnt actv indic 3 pl); **oppugnare** (prsnt actv infin); **legionem** (fem acc sing); **magnā** (fem abl sing); **manū** (fem abl sing).

Quick Reference, COMMON PRONOUNS: **hic**, haec, hoc (dem. pron.) - this; he, she, it | **ille**, illa, illud (dem. pron.) - that; that (famous) one (yonder); he, she, it | **ipse**, ipsa, ipsum (intnsv. pron.) - (one's own) self; very | **is**, ea, id (dem. pron.) - this, that; (of) such (a kind); he, she, it | **qui**, quae, quod (rel. pron.) - who, which; that

(5.39.D): **nostri** (masc nom pl); **[milites]** (masc nom pl); **concurrunt** (prsnt actv indic 3 pl); **arma** (neut acc pl); **conscendunt** (prsnt actv indic 3 pl); **vallum** (neut acc sing).

(5.39.E): **is** (masc nom sing); **dies** (masc nom sing); **sustentatur** (prsnt pssv indic 3 sing); **hostes** (masc nom pl); **ponebant** (impf actv indic 3 pl); **omnem** (fem acc sing); **spem** (fem acc sing); **celeritate** (fem abl sing); **confidebant** (impf actv indic 3 pl); **adepti** (dep., perf pssv prcpl, masc nom pl); **hanc** (fem acc sing); **victoriam** (fem acc sing); **se** (3 pers. reflxv. pron., masc acc pl); **fore** (i.e., *futuros esse*, fut actv infin; masc acc pl); **victores** (masc nom pl); **perpetuum** (neut acc sing).

* * * * * * * * * * * * * * * * * * *

Caesar's <u>ORIGINAL TEXT (Book Five, Chapter 40)</u>: **(A)** Mittuntur ad Caesarem confestim ab Cicerone litterae, magnis propositis praemiis, si pertulissent: obsessis omnibus viis missi intercipiuntur. **(B)** Noctu ex materia, quam munitionis causa comportaverant turres admodum CXX excitantur incredibili celeritate; quae deesse operi videbantur, perficiuntur. **(C)** Hostes postero die multo maioribus coactis copiis castra oppugnant, fossam complent. Eadem ratione, qua pridie, ab nostris resistitur. **(D)** Hoc idem reliquis deinceps fit diebus. Nulla pars nocturni temporis ad laborem intermittitur; non aegris, non vulneratis facultas quietis datur. **(E)** Quaecumque ad proximi diei oppugnationem opus sunt noctu comparantur; multae praeustae sudes, magnus muralium pilorum numerus instituitur; turres contabulantur, pinnae loricaeque ex cratibus attexuntur. **(F)** Ipse Cicero, cum tenuissima valetudine esset, ne nocturnum quidem sibi tempus ad quietem relinquebat, ut ultro militum concursu ac vocibus sibi parcere cogeretur.

SUGGESTED WORD ORDER (Book Five, Chapter 40). **(A)** Litterae confestim mittuntur ad Caesarem ab Cicerone, <u>magnīs praemiīs propositīs [nuntiīs]</u>,[1] si <u>pertulissent</u>[2] [eas litteras]; <u>omnibus viīs obsessīs</u>,[3] [nuntii] missi intercipiuntur. **(B)** Noctū, admodum CXX turres excitantur <u>incredibilī celeritate</u>[4] ex materiā quam comportaverant causā munitionis, [et ea] quae videbantur deese operi perficiuntur. **(C)** <u>Posterō diē</u>,[5] maioribus copiīs coactīs <u>multō</u>,[6] hostes oppugnant castra [et] complent fossam. <u>Resistitur</u>[7] ab nostrīs [militibus] <u>eādem ratione</u>,[8] quā [resistitur] pridie.[9] **(D)** Hoc idem fit deinceps <u>reliquīs diēbus</u>.[10] Nulla pars nocturni temporis <u>ad laborem</u>[11] intermittitur; facultas quietis datur non aegris non vulneratis [militibus]. **(E)** Quaecumque sunt <u>opus</u>[12] ad oppugnationem proximi diei comparantur noctū: multae sudes praeustae [i.e., praeustae sunt]; magnus numerus muralium pilorum instituitur; turres contabulantur; pinnae [et] loricae attexuntur ex cratibus. **(F)** Cicero ipse, cum <u>esset</u>[13] <u>tenuissimā valetudine</u>,[14] ne quidem relinquebat nocturnum tempus sibi ad quietem, ut ultro <u>cogeretur</u>[15] parcere sibi <u>concursū</u>[16] ac <u>vocibus</u>[17] militum.

5.40 <u>VOCABULARY SECTIONS</u>

(A)   **littera**, ae (f) - dispatch, letter / **confestim** (adv) - immediately / **mitto**, mittere (3), misi, missus - send / **ad** (prep) - to (with Acc) / **Caesar**, Caesaris (m) - Caius Iulius Caesar / **ab** (prep) - by (with Abl) / **Cicero**, onis (m) - Quintus Tullius Cicero (pr. 62 BC) / **magnus**, a, um - great (many) / **praemium**, i (n) - reward / **propono**, proponere (3), proposui, propositus - offer, promise / **[nuntius**, i (m) - messenger, runner**]** / **si** (conj) - if / **perfero**, perferre, pertuli, perlatus - carry through, deliver / **[littera** *iterum*] / **omnis**, e - all, every / **via**, ae (f) - path, road / **obsideo**, obsidēre (2), obsedi, obsessus - blockade, guard / **[nuntius** *iterum*] / **mitto** *iterum* / **intercipio**, intercipere (3), intercepi, interceptus - cut off, intercept

(B)   **noctu** (adv) - at night / **admodum** (adv) - about / **CXX** - 120 / **turris**, is (f) - tower / **excito** (1) - construct, erect / **incredibilis**, e - extraordinary, incredible / **celeritas**, atis (f) - speed / **ex** (prep) - out of (with Abl) / **materia**, ae (f) - timber, wood / **comporto** (1) - bring together, collect / **causa**, ae (f) - cause, reason (with Gen, "for the sake of ____") / **munitio**, onis (f) - building, fortifying (i.e., gathering materials for the camp's defensive fortifications) / **video**, vidēre (2), vidi, visus - see (Pssv, "appear, seem") / **desum**, deesse, defui - be absent from, lacking (with Dat) / **opus**, operis (m) - (defensive) effort, work / **perficio**, perficere (3), perfeci, perfectus - accomplish, complete

(C)   **posterus**, a, um - following / **dies**, ei (m) - day / **maior**, maius - greater, larger / **copiae**, arum (f) - (armed) forces /

<u>Quick Reference, **COMMON PRONOUNS**</u>: **hic**, haec, hoc (dem. pron.) - this; he, she, it | **ille**, illa, illud (dem. pron.) - that; that (famous) one (yonder); he, she, it | **ipse**, ipsa, ipsum (intnsv. pron.) - (one's own) self; very | **is**, ea, id (dem. pron.) - this, that; (of) such (a kind); he, she, it | **qui**, quae, quod (rel. pron.) - who, which; that

cogo, cogere (3), coegi, coactus - collect, gather together / **multus**, a, um - great, much (Abl *multō* as adv, "by far") / **hostis**, is (m) - enemy / **oppugno** (1) - attack, besiege / **castra**, orum (n) - (military) camp / **compleo**, complēre (2), complevi, completus - fill up / **fossa**, ae (f) - ditch, trench / **resisto**, resistere (3), restiti - oppose, resist, withstand / **ab** (prep) - by (with Abl) / **noster**, nostra, nostrum - our / [**miles**, itis (m) - soldier] / **idem**, eadem, idem - same / **ratio**, onis (f) - fashion, manner, way / [**resisto** *iterum*] / **pridie** (adv) - on the day before

(D) **idem**, eadem, idem - same / **fio**, fieri, factus sum (defect.) - be done, come about, happen (often used as Pssv of *facio*) / **deinceps** (adv) - in turn, successively / **reliquus**, a, um - the following, the (other) remaining / **dies**, ei (m) - day / **nullus**, a, um - no, not any / **pars**, partis (f) - part, portion / **nocturnus**, a, um - nocturnal / **tempus**, oris (n) - (period of) time / **ad** (prep) - devoted to, for the purpose of (with Acc) / **labor**, oris (m) - toil, work / **intermitto**, intermittere (3), intermisi, intermissus - allow to cease, break off, interrupt / **facultas**, atis (f) - opportunity / **quies**, etis (f) - rest, sleep / **do**, dare (1), dedi, datus - give, provide / **aeger**, aegra, aegrum - ill, sick / **vulnero** (1) - injure, wound / [**miles**, itis (m) - soldier]

(E) **quicumque**, quaecumque, quodcumque (indef. rel. pron.) - whoever, whatever / **opus**, operis (n) - necessity, need (with *esse*, "there is a need of, to be necessary") / **ad** (prep) - for the purpose of (with Acc) / **oppugnatio**, onis (f) - attack / **proximus**, a, um - following, next / **dies**, ei (m) - day / **comparo** (1) - prepare / **noctu** (adv) - at night / **multus**, a, um - much; (pl) many / **sudis**, is (f) - (wooden) stake / **praeuro**, praeurere (3), praeussi, praeustus - burn to a (sharp) point / **magnus**, a, um - great, large / **numerus**, i (m) - number, quantity / **muralis**, e - having to do with walls, of a wall (with *pilum*, "a heavy pike used in defending fortified walls") / **pilum**, i (n) - (heavy) javelin, spear / **instituo**, instituere (3), institui, institutus - prepare, procure / **turris**, is (f) - tower / **contabulo** (1) - furnish with (multi-storied) platforms / **pinna**, ae (f) - battlement, parapet / **lorica**, ae (f) - breastwork, (defensive) screen / **attexo**, attexere (3), attexui, attextus - add, fasten, weave on / **ex** (prep) - from, out of (with Abl) / **crates**, is (f) - (wicker) frame

(F) **Cicero**, onis (m) - Quintus Tullius Cicero (pr. 62 BC) / **cum** (conj) - although / **tenuis**, e - ill, weak / **valetudo**, inis (f) - health / **quidem** (conj) - indeed (with *ne*, "not even") / **relinquo**, relinquere (3), reliqui, relictus - leave, relinquish / **nocturnus**, a, um - nocturnal / **tempus**, oris (n) - (period of) time / **ad** (prep) - for (with Acc) / **quies**, etis (f) - rest, sleep / **ultro** (adv) - actually, even / **cogo**, cogere (3), coegi, coactus - compel, force / **parco**, parcere (3), peperci, parsus - have a care for, spare (with Dat) / **concursus**, us (m) - assembly, throng / **vox**, vocis (f) - voice; (pl) entreaties, protests / **miles**, itis (m) - soldier

GRAMMATICAL NOTES: **1.** *magnīs praemiīs propositīs [nuntiis]* (Abl Absol, "with great rewards having been offered [to the messengers]"); **2.** *pertulissent* (Subjunctive as the Protasis of a Future More Vivid Condition in Indirect Speech, "if they delivered"); **3.** *omnibus viīs obsessīs* (Abl Absol, "but with all the roads having been blocked"); **4.** *incredibilī celeritate* (Abl of Manner, "with incredible speed"); **5.** *posterō diē* (Abl of Time When); **6.** *maioribus copiīs coactīs multō* (Abl Absol, "with greater forces having been collected by far." Note that *multō* is an Ablative of Degree of Difference after the comparative *maioribus*); **7.** *resistitur* (Impers., "it was resisted" best read actively with *ab nostrīs [militibus]* as "our [soldiers] resisted"); **8.** *eādem ratione* (Abl of Means); **9.** *quā [resistitur] pridie* (Abl of Manner, "in which [they resisted] the day before"); **10.** *reliquīs diēbus* (Abl of Time When, "on the following days"); **11.** *ad laborem* ("devoted to work"); **12.** *quaecumque sunt opus* (note that *opus* is predicate with *quaecumque*, "whatever things were neccessary"); **13.** *esset* (Subjunctive in a *cum* Clause, "although he was"); **14.** *tenuissimā valetudine* (Abl of Quality, "in very frail health"); **15.** *cogeretur* (Subjunctive in a Clause of Result, "so that he was compelled"); **16-17.** *concursū ac vocibus* (Ablatives of Means).

FULLY PARSED

(5.40.A): **litterae** (fem nom pl); **mittuntur** (prsnt pssv indic 3 pl); **Caesarem** (masc acc sing); **Cicerone** (masc abl sing); **magnīs** (neut abl pl); **praemiīs** (neut abl pl); **propositīs** (perf pssv prcpl, neut abl pl); [**nuntiis**] (masc dat pl); **pertulissent** (pluperf actv subjv 3 pl); [**eas**] (fem acc pl); [**litteras**] (fem acc pl); **omnibus** (fem abl pl); **viīs** (fem abl pl); **obsessīs** (perf pssv prcpl, fem abl pl); [**nuntii**] (masc nom pl); **missi** (perf pssv prcpl, masc nom pl); **intercipiuntur** (prsnt pssv indic 3 pl).

Quick Reference, COMMON PRONOUNS: **hic**, haec, hoc (dem. pron.) - this; he, she, it | **ille**, illa, illud (dem. pron.) - that; that (famous) one (yonder); he, she, it | **ipse**, ipsa, ipsum (intnsv. pron.) - (one's own) self; very | **is**, ea, id (dem. pron.) - this, that; (of) such (a kind); he, she, it | **qui**, quae, quod (rel. pron.) - who, which; that

(5.40.B): **turres** (fem nom pl); **excitantur** (prsnt pssv indic 3 pl); **incredibilī** (fem abl sing); **celeritate** (fem abl sing); **materiā** (fem abl sing); **quam** (fem acc sing); **comportaverant** (pluperf actv indic 3 pl); **causā** (fem abl sing); **munitionis** (fem gen sing); **[ea]** (neut nom pl); **quae** (neut nom pl); **videbantur** (impf pssv indic 3 pl); **deese** (prsnt actv infin); **operi** (masc dat sing); **perficiuntur** (prsnt pssv indic 3 pl).

(5.40.C): **posterō** (masc abl sing); **diē** (masc abl sing); **maioribus** (fem abl pl; comp. of *magnus*); **copiīs** (fem abl pl); **coactīs** (perf pssv prcpl, fem abl pl); **multō** (neut abl sing); **hostes** (masc nom pl); **oppugnant** (prsnt actv indic 3 pl); **castra** (neut acc pl); **complent** (prsnt actv indic 3 pl); **fossam** (fem acc sing); **resistitur** (impers., prsnt pssv indic 3 sing); **nostrīs** (masc abl pl); **[militibus]** (masc abl pl); **eādem** (fem abl sing); **ratione** (fem abl sing); **quā** (fem abl sing); **[resistitur]** (impers., prsnt pssv indic 3 sing).

(5.40.D): **hoc** (neut nom sing); **idem** (neut nom sing); **fit** (prsnt actv indic 3 sing); **reliquīs** (masc abl pl); **diēbus** (masc abl pl); **nulla** (fem nom sing); **pars** (fem nom sing); **nocturni** (neut gen sing); **temporis** (neut gen sing); **laborem** (masc acc sing); **intermittitur** (prsnt pssv indic 3 sing); **facultas** (fem nom sing); **quietis** (fem gen sing); **datur** (prsnt pssv indic 3 sing); **aegris** (masc dat pl); **vulneratis** (perf pssv prcpl, masc dat pl); **[militibus]** (masc dat pl).

(5.40.E): **quaecumque** (neut nom pl); **sunt** (prsnt actv indic 3 pl); **opus** (neut nom sing); **oppugnationem** (fem acc sing); **proximi** (masc gen sing; supl. of *propior*); **diei** (masc gen sing); **comparantur** (prsnt pssv indic 3 pl); **multae** (fem nom pl); **sudes** (fem nom pl); **praeustae** (i.e., *praeustae sunt*, perf pssv indic 3 pl; fem nom); **magnus** (masc nom sing); **numerus** (masc nom sing); **muralium** (neut gen pl); **pilorum** (neut gen pl); **instituitur** (prsnt pssv indic 3 sing); **turres** (fem nom pl); **contabulantur** (prsnt pssv indic 3 pl); **pinnae** (fem nom pl); **loricae** (fem nom pl); **attexuntur** (prsnt pssv indic 3 pl); **cratibus** (fem abl pl).

(5.40.F): **Cicero** (masc nom sing); **ipse** (masc nom sing); **esset** (impf actv subjv 3 sing); **tenuissimā** (fem abl sing; supl. of *tenuis*); **valetudine** (fem abl sing); **relinquebat** (impf actv indic 3 sing); **nocturnum** (neut acc sing); **tempus** (neut acc sing); **sibi** (3 pers. reflxv. pron., masc dat sing); **quietem** (fem acc sing); **cogeretur** (impf pssv subjv 3 sing); **parcere** (prsnt actv infin); **sibi** (3 pers. reflxv. pron., masc dat sing); **concursū** (masc abl sing); **vocibus** (fem abl pl); **militum** (masc gen pl).

* * * * * * * * * * * * * * * * * * *

<u>Caesar's</u> **ORIGINAL TEXT (Book Five, Chapter 41)**: **(A)** Tunc duces principesque Nerviorum qui aliquem sermonis aditum causamque amicitiae cum Cicerone habebant colloqui sese velle dicunt. **(B)** Facta potestate eadem quae Ambiorix cum Titurio egerat commemorant: omnem esse in armis Galliam; Germanos Rhenum transisse; Caesaris reliquorumque hiberna oppugnari. **(C)** Addunt etiam de Sabini morte; Ambiorigem ostentant fidei faciendae causa. **(D)** Errare eos dicunt, si quidquam ab his praesidi sperent qui suis rebus diffidant; sese tamen hoc esse in Ciceronem populumque Romanum animo, ut nihil nisi hiberna recusent atque hanc inveterascere consuetudinem nolint: licere illis incolumibus per se ex hibernis discedere et quascumque in partes velint sine metu proficisci. **(E)** Cicero ad haec unum modo respondit: non esse consuetudinem populi Romani accipere ab hoste armato condicionem: si ab armis discedere velint, se adiutore utantur legatosque ad Caesarem mittant; sperare pro eius iustitia, quae petierint, impetraturos.

SUGGESTED WORD ORDER (Book Five, Chapter 41). **(A)** Tunc duces [et] principes Nerviorum, qui habebant aliquem aditum sermonis [et] causam amicitiae cum Cicerone, dicunt sese velle colloqui. **(B)** <u>Potestate factā</u>,[1] commemorant eadem quae Ambiorix egerat cum Titurio: omnem Galliam esse in armīs; Germanos transisse Rhenum; hiberna Caesaris [et] reliquorum [Romanorum] oppugnari. **(C)** Etiam addunt de morte Sabini, [et] ostentant Ambiorigem causā <u>fidei faciendae</u>.[2] **(D)** Dicunt eos errare si <u>sperent</u>[3] quidquam praesidi ab hīs qui <u>diffidant</u>[4] suis rebus; tamen sese esse <u>hōc animō</u>[5] in Ciceronem [et] Romanum populum, ut <u>recusent</u>[6] nihil nisi hiberna atque <u>nolint</u>[7] hanc consuetudinem inveterascere; <u>per se</u>,[8] licere illis[9] discedere, incolumibus, ex hibernīs et proficisci in quascumque partes <u>velint</u>[10] sine metū. **(E)** Cicero respondit modo unum ad haec: non esse consuetudinem Romani populi accipere condicionem ab armatō hoste; [sed] si <u>velint</u>[11] discedere ab armīs, <u>utantur</u>[12] se <u>adiutore</u>[13] [et] <u>mittant</u>[14] legatos ad Caesarem; [se] sperare [illos] impetraturos [i.e., impetraturos esse] [ea] quae <u>petierint</u> [i.e., <u>petiverint</u>][15] pro iustitiā eius.

<u>Quick Reference</u>, **COMMON PRONOUNS**: **hic**, haec, hoc (dem. pron.) - this; he, she, it | **ille**, illa, illud (dem. pron.) - that; that (famous) one (yonder); he, she, it | **ipse**, ipsa, ipsum (intnsv. pron.) - (one's own) self; very | **is**, ea, id (dem. pron.) - this, that; (of) such (a kind); he, she, it | **qui**, quae, quod (rel. pron.) - who, which; that

5.41 VOCABULARY SECTIONS

(A) **tunc** (adv) - then / **dux**, ducis (m) - chieftain, leader / **princeps**, principis (m) - chief, commander / **Nervii**, orum (m) - the Nervii (a Gallic tribe) / **habeo**, habēre (2), habui, habitus - have, possess / **aliqui**, aliqua, aliquod - any, some / **aditus**, us (m) - (means of) access, claim, privilege / **sermo**, onis (m) - conversation, speech / **causa**, ae (f) - cause, reason / **amicitia**, ae (f) - friendship / **cum** (prep) - with (with Abl) / **Cicero**, onis (m) - Quintus Tullius Cicero (pr. 62 BC) / **dico**, dicere (3), dixi, dictus - assert, say / **volo**, velle, volui - want, wish / **colloquor**, colloqui (3), collocutus - confer, converse

(B) **potestas**, atis (f) - chance, opportunity / **facio**, facere (3), feci, factus - bring about (with *potestas*, "grant permission") / **commemoro** (1) - mention, recount / **idem**, eadem, idem - the (very) same / **Ambiorix**, igis (m) - Ambiorix (co-ruler of the Eburones) / **ago**, agere (3), egi, actus - discuss, speak / **cum** (prep) - with (with Abl) / **Titurius**, i (m) - Quintus Titurius Sabinus / **omnis**, e - all, entire, whole / **Gallia**, ae (f) - Gaul / **in** (prep) - in (with Abl) / **arma**, orum (n) - arms, weapons (with *in*, "under arms") / **Germani**, orum (m) - the Germans / **transeo**, transire, transii, transitus - cross over / **Rhenus**, i (m) - the Rhine (river) / **hiberna**, orum (n) - winter quarters / **Caesar**, Caesaris (m) - Caius Iulius Caesar / **reliquus**, a, um - the remaining, rest (of) / [**Romani**, orum (m) - the Romans] / **oppugno** (1) - attack, besiege

(C) **etiam** (conj) - also / **addo**, addere (3), addidi, additus - add, mention (in addition) / **de** (prep) - about, concerning (with Abl) / **mors**, mortis (f) - death / **Sabinus**, i (m) - Quintus Titurius Sabinus / **ostento** (1) - exhibit, offer / **Ambiorix**, igis (m) - Ambiorix (co-ruler of the Eburones) / **causa**, ae (f) - cause, purpose, reason (with Gen, "for the sake of ____") / **fides**, ei (f) - faith, trust (with *facio*, "inspire confidence, convince") / **facio**, facere (3), feci, factus - bring about, facilitate, promote

(D) **dico**, dicere (3), dixi, dictus - assert, say / **erro** (1) - be mistaken, wrong / **si** (conj) - if / **spero** (1) - hope, place trust in / **quisquam**, quidquam (indef. pron.) - anyone, anything / **praesidium**, i (n) - help, protection, support / **ab** (prep) - from (with Abl) / **diffido**, diffidere (3), diffisi, diffisus - despair of, lack confidence in (with Dat) / **suus**, a, um - (one's) own / **res**, rei (f) - affair, circumstance / **tamen** (adv) - nevertheless / **animus**, i (m) - attitude, disposition, opinion / **in** (prep) - respecting, towards (with Acc) / **Cicero**, onis (m) - Quintus Tullius Cicero (pr. 62 BC) / **Romanus**, a, um - Roman / **populus**, i (m) - people, nation / **recuso** (1) - complain of, object to, refuse / **nihil** (indecl., n) - nothing / **nisi** (conj) - except / **hiberna**, orum (n) - winter quarters / **nolo**, nolle, nolui - be unwilling / **consuetudo**, inis (f) - custom, practice / **inveterasco**, inveterascere (3), inveteravi, inveteratus - become established, fixed / **per** (prep) - by, through (with Acc) / **licet**, licēre (2), licuit, licitum est (impers.) - "it is permitted for (Dat)" / **discedo**, discedere (3), discessi, discessus - depart, withdraw / **incolumis**, e - safe, unscathed / **ex** (prep) - from (with Abl) / **hiberna** *iterum* / **proficiscor**, proficisci (3), profectus - depart, march off / **in** (prep) - into (with Acc) / **quicumque**, quaecumque, quodcumque (indef. rel. pron.) - whosoever, whatsoever / **pars**, partis (f) - direction, region / **volo**, velle, volui - desire, want / **sine** (prep) - without (with Abl) / **metus**, us (m) - apprehension, dread, (outright bone-chilling) fear

(E) **Cicero**, onis (m) - Quintus Tullius Cicero (pr. 62 BC) / **respondeo**, respondēre (2), respondi, responsus - answer, reply / **modo** (adv) - merely, only / **unus**, a, um - one (single) / **ad** (prep) - to (with Acc) / **consuetudo**, inis (f) - custom, practice / **Romanus**, a, um - Roman / **populus**, i (m) - people, nation / **accipio**, accipere (3), accepi, acceptus - accept, receive / **condicio**, onis (f) - condition, proposal (of terms) / **ab** (prep) - from (with Abl) / **armatus**, a, um - armed / **hostis**, is (m) - enemy / **si** (conj) - if / **volo**, velle, volui - want, wish / **discedo**, discedere (3), discessi, discessus - depart, withdraw (with *ab armīs*, "lay down arms") / **ab** *iterum* / **arma**, orum (n) - arms, weapons / **utor**, uti (3), usus - make use of (with Abl) / **adiutor**, oris (m) - advocate, mediator / **mitto**, mittere (3), misi, missus - send / **legatus**, i (m) - ambassador, envoy / **ad** *iterum* / **Caesar**, Caesaris (m) - Caius Iulius Caesar / **spero** (1) - hope / **impetro** (1) - attain, bring about, obtain (a request) / **peto**, petere (3), petivi, petitus - seek to obtain / **pro** (prep) - according to (with Abl) / **iustitia**, ae (f) - fairness, justice

---

Quick Reference, COMMON PRONOUNS: **hic**, haec, hoc (dem. pron.) - this; he, she, it | **ille**, illa, illud (dem. pron.) - that; that (famous) one (yonder); he, she, it | **ipse**, ipsa, ipsum (intnsv. pron.) - (one's own) self; very | **is**, ea, id (dem. pron.) - this, that; (of) such (a kind); he, she, it | **qui**, quae, quod (rel. pron.) - who, which; that

GRAMMATICAL NOTES: **1**. *potestate factā* (Abl Absol, "with permission having been given"); **2**. *fidei faciendae* (Gerundive after *causā*, "for the sake of inspiring trust"); **3**. *sperent* (Subjunctive in a Subordinate Clause within Indirect Speech, "if they hoped for"); **4**. *diffidant* (Subjunctive in a Relative Clause of Characteristic, "who despair of"); **5**. *hōc animō* (Abl of Quality, "of this disposition"); **6-7**. *recusent ... nolint* (Subjunctives in a Clause of Result, "that they object to ... that they are unwilling for"); **8**. *per se* (lit., "on their authority," but perhaps best translated from Indirect Speech as "as far as we are concerned"); **9**. *licere illis* (Infinitive in Indirect Speech with a Dative of Interest, "that it is permitted for them"); **10**. *velint* (Subjunctive in a Relative Clause of Characteristic, "they might want"); **11**. *velint* (Subjunctive as the Protasis of a Mixed General Condition in Indirect Speech, "if they wished"); **12**. *utantur* (Jussive Subjunctive as the Apodosis of a Mixed General Condition in Indirect Speech, "let them rely upon"); **13**. *adiutore* ("as an advocate," i.e., "to rely upon his efforts"); **14**. *mittant* (Jussive Subjunctive as the Apodosis of a Mixed General Condition in Indirect Speech, "let them send"); **15**. *peti[v]erint* (Subjunctive in a Relative Clause of Characteristic, "which they sought after").

FULLY PARSED

(5.41.A): **duces** (masc nom pl); **principes** (masc nom pl); **Nerviorum** (masc gen pl); **qui** (masc nom pl); **habebant** (impf actv indic 3 pl); **aliquem** (masc acc sing); **aditum** (masc acc sing); **sermonis** (masc gen sing); **causam** (fem acc sing); **amicitiae** (fem gen sing); **Cicerone** (masc abl sing); **dicunt** (prsnt actv indic 3 pl); **sese** (3 pers. reflxv. pron., masc acc pl); **velle** (prsnt actv infin); **colloqui** (dep., prsnt pssv infin).

(5.41.B): **potestate** (fem abl sing); **factā** (perf pssv prcpl, fem abl sing); **commemorant** (prsnt actv indic 3 pl); **eadem** (neut acc pl); **quae** (neut nom pl); **Ambiorix** (masc nom sing); **egerat** (pluperf actv indic 3 sing); **Titurio** (masc abl sing); **omnem** (fem acc sing); **Galliam** (fem acc sing); **esse** (prsnt actv infin); **armīs** (neut abl pl); **Germanos** (masc acc pl); **transisse** (perf actv infin); **Rhenum** (masc acc sing); **hiberna** (neut acc pl); **Caesaris** (masc gen sing); **reliquorum** (masc gen pl); **[Romanorum]** (masc gen pl); **oppugnari** (prsnt pssv infin).

(5.41.C): **addunt** (prsnt actv indic 3 pl); **morte** (fem abl sing); **Sabini** (masc gen sing); **ostentant** (prsnt actv indic 3 pl); **Ambiorigem** (masc acc sing); **causā** (fem abl sing); **fidei** (fem gen sing); **faciendae** (Gerundive; fut pssv prcpl, fem gen sing).

(5.41.D): **dicunt** (prsnt actv indic 3 pl); **eos** (masc acc pl); **errare** (prsnt actv infin); **sperent** (impf actv subjv 3 pl); **quidquam** (neut acc sing); **praesidi** (neut gen sing); **hīs** (masc abl pl); **qui** (masc nom pl); **diffidant** (prsnt actv subjv 3 pl); **suis** (fem dat pl); **rebus** (fem dat pl); **sese** (3 pers. reflxv. pron., masc acc pl); **esse** (prsnt actv infin); **hōc** masc abl sing); **animō** (masc abl sing); **Ciceronem** (masc acc sing); **Romanum** (masc acc sing); **populum** (masc acc sing); **recusent** (prsnt actv subjv 3 pl); **nihil** (indecl., read as neut acc sing); **hiberna** (neut acc pl); **nolint** (prsnt actv subjv 3 pl); **hanc** (fem acc sing); **consuetudinem** (fem acc sing); **inveterascere** (prsnt actv infin); **se** (3 pers. reflxv. pron., masc acc pl); **licere** (prsnt actv infin); **illis** (masc dat pl); **discedere** (prsnt actv infin); **incolumibus** (masc dat pl); **hibernīs** (neut abl pl); **proficisci** (dep., prsnt pssv infin); **quascumque** (fem acc pl); **partes** (fem acc pl); **velint** (prsnt actv subjv 3 pl); **metū** (masc abl sing).

(5.41.E): **Cicero** (masc nom sing); **respondit** (prsnt actv indic 3 sing); **unum** (neut acc sing); **haec** (neut acc pl); **esse** (prsnt actv infin); **consuetudinem** (fem acc sing); **Romani** (masc gen sing); **populi** (masc gen sing); **accipere** (prsnt actv infin); **condicionem** (fem acc sing); **armatō** (masc abl sing); **hoste** (masc abl sing); **velint** (prsnt actv subjv 3 pl); **discedere** (prsnt actv infin); **armīs** (neut abl pl); **utantur** (dep., prsnt pssv subjv 3 pl); **se** (3 pers. reflxv. pron., masc abl sing); **adiutore** (masc abl sing); **mittant** (prsnt actv subjv 3 pl); **legatos** (masc acc pl); **Caesarem** (masc acc sing); **[se]** (3 pers. reflxv. pron., masc acc sing); **sperare** (prsnt actv infin); **[illos]** (masc acc pl); **impetraturos** (i.e., *impetraturos esse*, fut actv infin; masc acc pl); **[ea]** (neut acc pl); **quae** (neut acc pl); **petierint** (i.e., *petiverint*, perf actv subjv 3 pl); **iustitiā** (fem abl sing); **eius** (masc gen sing).

* * * * * * * * * * * * * * * * * *

Quick Reference, COMMON PRONOUNS: **hic**, haec, hoc (dem. pron.) - this; he, she, it | **ille**, illa, illud (dem. pron.) - that; that (famous) one (yonder); he, she, it | **ipse**, ipsa, ipsum (intnsv. pron.) - (one's own) self; very | **is**, ea, id (dem. pron.) - this, that; (of) such (a kind); he, she, it | **qui**, quae, quod (rel. pron.) - who, which; that

Caesar's <u>ORIGINAL TEXT (Book Five, Chapter 42)</u>: **(A)** Ab hac spe repulsi Nervii vallo pedum IX et fossa pedum XV hiberna cingunt. **(B)** Haec et superiorum annorum consuetudine ab nobis cognoverant et, quos clam de exercitu habebant captivos, ab eis docebantur; **(C)** sed nulla ferramentorum copia quae esset ad hunc usum idonea, gladiis caespites circumcidere, manibus sagulisque terram exhaurire nitebantur. **(D)** Qua quidem ex re hominum multitudo cognosci potuit: nam minus horis tribus milium pedum XV in circuitu munitionem perfecerunt reliquisque diebus turres ad altitudinem valli, falces testudinesque, quas idem captivi docuerant, parare ac facere coeperunt.

<u>SUGGESTED WORD ORDER (Book Five, Chapter 42)</u>. **(A)** Repulsi ab hāc spē, Nervii cingunt hiberna vallō[1] IX pedum et fossā[2] XV pedum. **(B)** Et[3] cognoverant haec ab nobīs consuetudine[4] superiorum annorum et[3] docebantur ab eīs de [nostrō] exercitū quos clam habebant captivos; **(C)** sed nullā copiā ferramentorum quae esset idonea ad hunc usum,[5] nitebantur circumcidere caespites gladiīs[6] [et] exhaurire terram manibus[7] [et] sagulīs[8]. **(D)** Quidem ex quā rē multitudo hominum potuit cognosci, nam perfecerunt munitionem XV milium pedum in circuitū minus [quam] tribus horīs[9] [et] reliquīs diēbus[11] coeperunt parare ac facere turres ad altitudinem valli, falces [et] testudines quas idem [i.e., eidem] captivi docuerant [eos].

5.42   <u>VOCABULARY SECTIONS</u>

(A)   **repello**, repellere (3), repuli, repulsus - drive back, frustrate / **ab** (prep) - from (with Abl) / **spes**, ei (f) - hope / **Nervii**, orum (m) - the Nervii (a Gallic tribe) / **cingo**, cingere (3), cinxi, cinctus - encircle, surround / **hiberna**, orum (n) - winter quarters / **vallum**, i (n) - rampart. wall / **IX** - 9 / **pes**, pedis (m) - foot (i.e., as a unit of measuring length) / **fossa**, ae (f) - ditch, trench / **XV** - 15 / **pes** *iterum*

(B)   **cognosco**, cognoscere (3), cognovi, cognitus - learn / **ab** (prep) - from (with Abl) / **consuetudo**, inis (f) - (habitual) association, familiarity / **superior**, ius - former, previous / **annus**, i (m) - year / **doceo**, docēre (2), docui, doctus - inform, teach / **ab** (prep) - by (with Abl) / **de** (prep) - from, out of (with Abl) / [**noster**, nostra, nostrum - our] / **exercitus**, us (m) - army / **clam** (adv) - secretly / **habeo**, habēre (2), habui, habitus - hold, possess / **captivus**, i (m) - captive, prisoner (of war)

(C)   **nullus**, a, um - none, not any / **copia**, ae (f) - abundance, supply / **ferramenta**, orum (n) - (iron) tools / **idoneus**, a, um - proper, suitable / **ad** (prep) - for (with Acc) / **usus**, us (m) - purpose, (particular) use / **nitor**, niti (3), nisus - endeavor, strive / **circumcido**, circumcidere (3), circumcidi, circumcisus - cut (around), trim / **caespes**, itis (m) - (piece of) sod, turf / **gladius**, i (m) - sword / **exhaurio**, exhaurire (4), exhausi, exhaustus - draw off, remove / **terra**, ae (f) - earth, soil / **manus**, us (f) - hand / **sagulum**, i (n) - (military) cloak

(D)   **quidem** (conj) - certainly, indeed / **ex** (prep) - from, on account of (with Abl) / **res**, rei (f) - circumstance, deed, matter / **multitudo**, inis (f) - multitude, (vast) number / **homo**, hominis (m) - man / **possum**, posse, potui - be able, possible / **cognosco**, cognoscere (3), cognovi, cognitus - ascertain, learn / **perficio**, perficere (3), perfeci, perfectus - complete, finish / **munitio**, onis (f) - (entrenched) fortification / **XV** - 15 / **milia**, ium (n) - thousands / **pes**, pedis (m) - foot (i.e., as a unit of measuring length) / **in** (prep) - in (with Abl) / **circuitus**, us (m) - circuit (i.e., "in circumference") / **minus** (comp. adv.) - less / [**quam** (adv) - than] / **tres**, tria (num. adj.) - three / **hora**, ae (f) - hour / **reliquus**, a, um - the following, remaining / **dies**, ei (m) - day / **coepio**, coepere (3), coepi, coeptus - begin / **paro** (1) - prepare / **facio**, facere (3), feci, factus - build, fashion, make / **turris**, is (f) - (siege) tower / **ad** (prep) - as far as, reaching up to (with Acc) / **altitudo**, inis (f) - height / **vallum**, i (n) - (palisaded) earthen rampart, wall / **falx**, falcis (f) - (grappling) hook / **testudo**, inis (f) - tortoise (i.e., "a covered troop shelter") / **idem**, eadem, idem - (very) same / **captivus**, i (m) - captive, prisoner (of war) / **doceo**, docēre (2), docui, doctus - inform, show, teach

<u>GRAMMATICAL NOTES</u>: **1-2.** *vallō...fossā* (Ablatives of Means); **3.** *et...et* ("both...and"); **4.** *consuetudine* (Abl of Means); **5.** *sed nullā copiā ferramentorum quae esset idonea ad hunc usum* (Abl Absol containing a Subjunctive in a Relative Clause of Characteristic, "but since there was no supply of iron tools which were suitable for this purpose"); **6-8.** *gladiīs ... manibus [et] sagulīs* (Ablatives of

---

Quick Reference, COMMON PRONOUNS: **hic**, haec, hoc (dem. pron.) - this; he, she, it | **ille**, illa, illud (dem. pron.) - that; that (famous) one (yonder); he, she, it | **ipse**, ipsa, ipsum (intnsv. pron.) - (one's own) self; very | **is**, ea, id (dem. pron.) - this, that; (of) such (a kind); he, she, it | **qui**, quae, quod (rel. pron.) - who, which; that

Means); **9.** *minus [quam] tribus horīs* (Abl of Time Within Which, with *tribus horīs* as an Abl of Comparison after the comp. adv. *minus*, "in less [than] three hours"); **10.** *reliquīs diēbus* (Abl of Time When).

FULLY PARSED

(5.42.A): **repulsi** (perf pssv prcpl, masc nom pl); **hāc** (fem abl sing); **spē** (fem abl sing); **Nervii** (masc nom pl); **cingunt** (prsnt actv indic 3 pl); **hiberna** (neut acc pl); **vallō** (neut abl sing); **pedum** (masc gen pl); **fossā** (fem abl sing); **pedum** (masc gen pl).

(5.42.B): **cognoverant** (pluperf actv indic 3 pl); **haec** (neut acc pl); **nobīs** (1 pers. pron., masc abl pl); **consuetudine** (fem abl sing); **superiorum** (masc gen pl; comp. of *superus*); **annorum** (masc gen pl); **docebantur** (impf pssv indic 3 pl); **eīs** (masc abl pl); **[nostrō]** (masc abl sing); **exercitū** (masc abl sing); **quos** (masc acc pl); **habebant** (impf actv indic 3 pl); **captivos** (masc acc pl).

(5.42.C): **nullā** (fem abl sing); **copiā** (fem abl sing); **ferramentorum** (neut gen pl); **quae** (fem nom sing); **esset** (impf actv subjv 3 sing); **idonea** (fem nom sing); **hunc** (masc acc sing); **usum** (masc acc sing); **nitebantur** (dep., impf pssv indic 3 pl); **circumcidere** (prsnt actv infin); **caespites** (masc acc pl); **gladiīs** (masc abl pl); **exhaurire** (prsnt actv infin); **terram** (fem acc sing); **manibus** (fem abl pl); **sagulīs** (neut abl pl).

(5.42.D): **quā** (fem abl sing); **rē** (fem abl sing); **multitudo** (fem nom sing); **hominum** (masc gen pl); **potuit** (perf actv indic 3 sing); **cognosci** (prsnt pssv infin); **perfecerunt** (perf actv indic 3 pl); **munitionem** (fem acc sing); **milium** (neut gen pl); **pedum** (masc gen pl); **circuitū** (masc abl sing); **tribus** (fem abl pl); **horīs** (fem abl pl); **reliquīs** (masc abl pl); **diēbus** (masc abl pl); **coeperunt** (perf actv indic 3 pl); **parare** (prsnt actv infin); **facere** (prsnt actv infin); **turres** (fem acc pl); **altitudinem** (fem acc sing); **valli** (neut gen sing); **falces** (fem acc pl); **testudines** (fem acc pl); **quas** (fem acc pl); **idem** (i.e., *eidem*, masc nom pl); **captivi** (masc nom pl); **docuerant** (pluperf actv indic 3 pl); **[eos]** (masc acc pl).

* * * * * * * * * * * * * * * * * * *

Caesar's **ORIGINAL TEXT (Book Five, Chapter 43)**: **(A)** Septimo oppugnationis die maximo coorto vento ferventes fusili ex argilla glandes fundis et fervefacta iacula in casas, quae more Gallico stramentis erant tectae, iacere coeperunt. **(B)** Hae celeriter ignem comprehenderunt et venti magnitudine in omnem locum castrorum distulerunt. **(C)** Hostes maximo clamore, sicuti parta iam atque explorata victoria, turres testudinesque agere et scalis vallum ascendere coeperunt. **(D)** At tanta militum virtus atque ea praesentia animi fuit ut, cum undique flamma torrerentur maximaque telorum multitudine premerentur suaque omnia impedimenta atque omnes fortunas conflagrare intellegerent, non modo demigrandi causa de vallo decederet nemo, sed paene ne respiceret quidem quisquam, ac tum omnes acerrime fortissimeque pugnarent. **(E)** Hic dies nostris longe gravissimus fuit; sed tamen hunc habuit eventum, ut eo die maximus numerus hostium vulneraretur atque interficeretur, ut se sub ipso vallo constipaverant recessumque primis ultimi non dabant. **(F)** Paulum quidem intermissa flamma et quodam loco turri adacta et contingente vallum tertiae cohortis centuriones ex eo, quo stabant, loco recesserunt suosque omnes removerunt, nutu vocibusque hostes, si introire vellent, vocare coeperunt; quorum progredi ausus est nemo. **(G)** Tum ex omni parte lapidibus coniectis deturbati, turrisque succensa est.

SUGGESTED WORD ORDER (Book Five, Chapter 43). **(A)** <u>Septimō diē oppugnationis</u>,[1] <u>maximō ventō coortō</u>,[2] coeperunt iacere ferventes glandes ex fusilī argillā <u>fundīs</u>[3] et fervefacta iacula in casas quae tectae erant <u>stramentīs</u>[4] Gallicō <u>more</u>.[5] **(B)** Hae [casae] comprehenderunt ignem celeriter et distulerunt [ignem] in omnem locum castrorum <u>magnitudine</u>[6] venti. **(C)** Hostes coeperunt agere turres [et] testudines et ascendere vallum <u>scalīs</u>[7] [et] <u>maximō clamore</u>[8] sicuti victoriā iam partā atque exploratā.[9] **(D)** At tanta fuit virtus militum atque ea praesentia animi ut, cum <u>torrerentur</u>[10] <u>flammā</u>[11] undique [et] <u>premerentur</u>[12] <u>maximā multitudine</u>[13] telorum [et] <u>intellegerent</u>[14] omnia sua impedimenta atque omnes [suas] fortunas conflagrare, non modo nemo <u>decederet</u>[15] de vallō causā <u>demigrandi</u>[16] sed paene quisquam ne quidem <u>respiceret</u>,[17] ac tum omnes [milites] <u>pugnarent</u>[18] acerrime [et] fortissime. **(E)** Hic dies fuit gravissimus longe nostris [militibus], sed tamen habuit hunc eventum: ut, <u>eō diē</u>,[19] maximus numerus hostium <u>vulneraretur</u>[20] atque <u>interficeretur</u>,[21] ut <u>constipaverant</u>[22] se sub vallō ipsō [et] ultimi [hostes] non <u>dabant</u>[23] recessum primis [viris]. **(F)** Quidem

Quick Reference, COMMON PRONOUNS: **hic**, haec, hoc (dem. pron.) - this; he, she, it | **ille**, illa, illud (dem. pron.) - that; that (famous) one (yonder); he, she, it | **ipse**, ipsa, ipsum (intnsv. pron.) - (one's own) self; very | **is**, ea, id (dem. pron.) - this, that; (of) such (a kind); he, she, it | **qui**, quae, quod (rel. pron.) - who, which; that

flammā intermissā paulum[24] et turrī adactā et contingente vallum [in] quōdam locō,[25] centuriones[26] tertiae cohortis[27] recesserunt ex eō locō [in] quō stabant [et] removerunt omnes suos [milites et] coeperunt vocare hostes nutū [et] vocibus, si vellent[28] introire, [sed] nemo quorum ausus est progredi. **(G)** Tum [hostes] deturbati [i.e., deturbati sunt] lapidibus coniectīs[29] ex omnī parte [et] turris succensa est.

5.43 VOCABULARY SECTIONS

(A) **septimus**, a, um - seventh / **dies**, ei (m) - day / **oppugnatio**, onis (f) - attack / **maximus**, a, um - greatest, most violent / **ventus**, i (m) - (storm) wind / **coorior**, cooriri (4), coortus - arise suddenly / **coepio**, coepere (3), coepi, coeptus - begin / **iacio**, iacere (3), ieci, iactus - cast, hurl, throw / **fervens**, entis - glowing (with heat) / **glans**, glandis (f) - (acorn-shaped) bullet / **ex** (prep) - (made) from, of (with Abl) / **fusilis**, e - liquid, molten / **argilla**, ae (f) - clay / **funda**, ae (f) - sling / **fervefacio**, fervefacere (3), fervefeci, fervefactus - heat, make red-hot / **iaculum**, i (n) - javelin / **in** (prep) - against, onto (with Acc) / **casa**, ae (f) - dwelling, hut; (pl) barracks / **tego**, tegere (3), texi, tectus - cover, roof / **stramentum**, i (n) - straw, thatch / **Gallicus**, a, um - Gallic / **mos**, moris (m) - custom, manner, practice

(B) [**casa**, ae (f) - dwelling, hut; (pl) barracks] / **comprehendo**, comprehendere (3), comprehendi, comprehensus - lay hold of, take (with *ignis*, "catch fire") / **ignis**, is (m) - fire / **celeriter** (adv) - quickly / **differo**, differre, distuli, dilatus - disperse, spread / [**ignis** *iterum*] / **in** (prep) - into, to (with Acc) / **omnis**, e - all, every / **locus**, i (m) - place, position / **castra**, orum (n) - (military) camp / **magnitudo**, inis (f) - greatness, severity, strength / **ventus**, i (m) - (storm) wind

(C) **hostis**, is (m) - enemy / **coepio**, coepere (3), coepi, coeptus - begin / **ago**, agere (3), egi, actus - advance, push forward / **turris**, is (f) - (siege) tower / **testudo**, inis (f) - tortoise (i.e., "a covered troop shelter") / **ascendo**, ascendere (3), ascendi, ascensus - climb up, mount / **vallum**, i (n) - (palisaded) earthen rampart, wall / **scalae**, arum (f) - (scaling) ladder / **maximus**, a, um - greatest, loudest / **clamor**, oris (m) - cry, shout / **sicuti** (adv) - (just) as if / **victoria**, ae (f) - victory / **iam** (adv) - already / **pario**, parere (3), peperi, partus - acquire, produce / **exploratus**, a, um - assured, certain

(D) **tantus**, a, um - so great, such / **virtus**, utis (f) - courage, strength / **miles**, itis (m) - soldier / **praesentia**, ae (f) - presence (with *animus*, "state of mind") / **animus**, i (m) - mind / **cum** (conj) - although / **torreo**, torrēre (2), torrui, tostus - burn, scorch / **flamma**, ae (f) - blaze, flame / **undique** (adv) - everywhere, on all sides / **premo**, premere (3), pressi, pressus - attack closely, harass / **maximus**, a, um - greatest, vast / **multitudo**, inis (f) - multitude / **telum**, i (n) - missile, spear / **intellego**, intellegere (3), intellexi, intellectus - perceive, realize, understand / **omnis**, e - all / **suus**, a, um - (one's) own / **impedimenta**, orum (n) - baggage, equipment / **omnis** *iterum* / **suus** *iterum* / **fortuna**, ae (f) - possessions, property / **conflagro** (1) - burn / **modo** (adv) - only / **nemo**, nullius (irreg., m) - no one, nobody / **decedo**, decedere (3), decessi, decessus - depart, withdraw / **de** (prep) - (down) from (with Abl) / **vallum**, i (n) - (palisaded) earthen rampart, wall / **causa**, ae (f) - cause, reason (with Gen, "for the sake of ____") / **demigro** (1) - retreat / **paene** (adv) - almost, nearly / **quisquam**, quidquam (indef. pron.) - anyone, anything / **quidem** (conj) - certainly, indeed (with *ne*, usually "not even") / **respicio**, respicere (3), respexi, respectus - look back (may also imply "to have any concern or regard for") / **tum** (adv) - then / **omnis**, e - all, every / [**miles** *iterum*] / **pugno** (1) - fight / **acriter** (adv) - eagerly, fiercely / **fortiter** (adv) - bravely

(E) **dies**, ei (m) - day / **gravis**, e - harsh, serious / **longe** (adv) - by far / **noster**, nostra, nostrum - our / [**miles**, itis (m) - soldier] / **tamen** (adv) - nevertheless, yet / **habeo**, habēre (2), habui, habitus - have / **eventum**, i (n) - consequence, result / **dies** *iterum* / **maximus**, a, um - greatest, largest / **numerus**, i (m) - number / **hostis**, is (m) - enemy / **vulnero** (1) - wound / **interficio**, interficere (3), interfeci, interfectus - kill / **constipo** (1) - crowd closely together / **sub** (prep) - underneath (with Abl) / **vallum**, i (n) - (palisaded) earthen rampart, wall / **ultimus**, a, um - farthest (behind), rearmost / [**hostis** *iterum*] / **do**, dare (1), dedi, datus - give, offer, provide / **recessus**, us (m) - (avenue of) retreat / **primus**, a, um - foremost / [**vir**, viri (m) - man]

(F) **quidem** (adv) - at any rate, indeed / **flamma**, ae (f) - fire, flame / **intermitto**, intermittere (3), intermisi, intermissus -

---

Quick Reference, COMMON PRONOUNS: **hic**, haec, hoc (dem. pron.) - this; he, she, it | **ille**, illa, illud (dem. pron.) - that; that (famous) one (yonder); he, she, it | **ipse**, ipsa, ipsum (intnsv. pron.) - (one's own) self; very | **is**, ea, id (dem. pron.) - this, that; (of) such (a kind); he, she, it | **qui**, quae, quod (rel. pron.) - who, which; that

abate, cease, die down / **paulum** (adv) - a little, somewhat / **turris**, is (f) - tower / **adigo**, adigere (3), adegi, adactus - drive toward, push up against / **contingo**, contingere (3), contigi, contactus - extend to, touch / **vallum**, i (n) - (palisaded) earthen rampart, wall / [**in** (prep) - in (with Abl)] / **quidam**, quaedam, quiddam - a certain / **locus**, i (m) - area, place / **centurio**, onis (m) - centurion / **tertius**, a, um - third / **cohors**, ortis (f) - (legionary) cohort / **recedo**, recedere (3), recessi, recessus - retire, withdraw / **ex** (prep) - from (with Abl) / **locus** *iterum* / [**in** *iterum*] / **sto**, stare (1), steti, status - stand, take up position / **removeo**, removēre (2), removi, remotus - move back, withdraw / **omnis**, e - all / **suus**, a, um - (one's) own / [**miles**, itis (m) - soldier] / **coepio**, coepere (3), coepi, coeptus - begin / **voco** (1) - invite, summon, urge / **hostis**, is (m) - enemy / **nutus**, us (m) - gesture, motion / **vox**, vocis (f) - word; (pl) voice / **si** (conj) - if / **volo**, velle, volui - be willing, wish / **introeo**, introire, introii, introitus - enter / **nemo**, nullius (irreg., m) - no one, nobody / **audeo**, audēre (2), ausus sum (defect.) - dare, presume / **progredior**, progredi (3), progressus - advance /

(G) **tum** (adv) - then / [**hostis**, is (m) - enemy] / **deturbo** (1) - dislodge, drive off / **lapis**, lapidis (m) - stone / **conicio**, conicere (3), conieci, coniectus - hurl, throw together (in a mass) / **ex** (prep) - from (with Abl) / **omnis**, e - all, every / **pars**, partis (f) - flank, side (with *ex omnī*, "from every direction") / **turris**, is (f) - tower / **succendo**, succendere (3), succendi, successus - burn, set on fire

GRAMMATICAL NOTES: **1.** *septimō diē oppugnationis* (Abl of Time When); **2.** *maximō ventō coortō* (Abl Absol, "with the most violent wind having arisen"); **3.** *fundīs* (Abl of Means); **4.** *stramentīs* (Abl of Means); **5.** *Gallicō more* (Abl of Manner, "in the Gallic fashion"); **6.** *magnitudine* (Abl of Cause, "because of the great force..."); **7.** *scalīs* (Abl of Means); **8.** *maximō clamore* (Abl of Manner, "with a very great shout"); **9.** *sicuti victoriā iam partā atque explorātā* (Abl Absol, "as if with victory having already been won and assured"); **10.** *torrerentur* (Subjunctive in a *cum* Clause, "although they were being scorched"); **11.** *flammā* (Abl of Means); **12.** *premerentur* (Subjunctive in a *cum* Clause, "although they were being overwhelmed"); **13.** *maximā multitudine* (Abl of Means); **14.** *intellegerent* (Subjunctive in a *cum* Clause, "although they were aware that"); **15.** *decederet* (Subjunctive in a Clause of Result in secondary sequence, take *ut...non modo nemo decederet* as "that not only did nobody withdraw"); **16.** *demigrandi* (Gerund, "of retreating"); **17.** *respiceret* (Subjunctive in a Clause of Result in secondary sequence, read *ut...sed paene quisquam ne quidem respiceret* as "but [also] hardly anyone even looked back"); **18.** *pugnarent* (Subjunctive in a Clause of Result in secondary sequence, "so that all [the soldiers] fought"); **19.** *eō diē* (Abl of Time When); **20-21.** *vulneraretur atque interficeretur* (Subjunctives in a Substantive Clause of Result, "were wounded and were killed"); **22-23.** *constipaverant...dabant* (Indicatives after *ut* in a Temporal Clause; note that *ut* may also be read with causal force, "as, since"); **24.** *flammā intermissā paulum* (Abl Absol, "when the fire had died down somewhat"); **25.** *turrī adactā et contingente vallum [in] quōdam locō* (Abl Absol, "when the tower had been driven forward and was touching the rampart [in] a certain place"); **28.** *vellent* (Subjunctive as the Protasis of a Future Condition in Indirect Speech, "if they wished"); **29.** *lapidibus coniectīs* (Abl of Means, "by stones hurled in a mass"). | **HISTORICAL NOTES**: **26.** On the Roman centurions, see 5.28 (note 8). | **27.** On the Roman cohort, see 5.24 (note 7).

FULLY PARSED

(5.43.A): **septimō** (masc abl sing); **diē** (masc abl sing); **oppugnationis** (fem gen sing); **maximō** (masc abl sing); **ventō** (masc abl sing); **coortō** (dep., perf pssv prcpl, masc abl sing); **coeperunt** (perf actv indic 3 pl); **iacere** (prsnt actv infin); **ferventes** (fem acc pl); **glandes** (fem acc pl); **fusilī** (fem abl sing); **argillā** (fem abl sing); **fundīs** (fem abl pl); **fervefacta** (perf pssv prcpl, neut acc pl); **iacula** (neut acc pl); **casas** (fem acc pl); **quae** (fem nom pl); **tectae erant** (pluperf pssv indic 3 pl; fem nom); **stramentīs** (neut abl pl); **Gallicō** (masc abl sing); **more** (masc abl sing).

(5.43.B): **hae** (fem nom pl); **[casae]** (fem nom pl); **comprehenderunt** (perf actv indic 3 pl); **ignem** (masc acc sing); **distulerunt** (perf actv indic 3 pl); **[ignem]** (masc acc sing); **omnem** (masc acc sing); **locum** (masc acc sing); **castrorum** (neut gen pl); **magnitudine** (fem abl sing); **venti** (masc gen sing).

(5.43.C): **hostes** (masc nom pl); **coeperunt** (perf actv indic 3 pl); **agere** (prsnt actv infin); **turres** (fem acc pl); **testudines** (fem acc pl); **ascendere** (prsnt actv infin); **vallum** (neut acc sing); **scalīs** (fem abl pl); **maximō** (masc abl sing; supl. of *magnus*); **clamore** (masc abl sing); **victoriā** (fem abl sing); **partā** (perf pssv prcpl, fem abl sing); **explorātā** (fem abl sing).

Quick Reference, COMMON PRONOUNS: **hic**, haec, hoc (dem. pron.) - this; he, she, it | **ille**, illa, illud (dem. pron.) - that; that (famous) one (yonder); he, she, it | **ipse**, ipsa, ipsum (intnsv. pron.) - (one's own) self; very | **is**, ea, id (dem. pron.) - this, that; (of) such (a kind); he, she, it | **qui**, quae, quod (rel. pron.) - who, which; that

(5.43.D): **tanta** (fem nom sing); **fuit** (perf actv indic 3 sing); **virtus** (fem nom sing); **militum** (masc gen pl); **ea** (fem nom sing); **praesentia** (fem nom sing); **animi** (masc gen sing); **torrerentur** (impf pssv subjv 3 pl); **flammā** (fem abl sing); **premerentur** (impf pssv subjv 3 pl); **maximā** (fem abl sing); **multitudine** (fem abl sing); **telorum** (neut gen pl); **intellegerent** (impf actv subjv 3 pl); **omnia** (neut acc pl); **sua** (neut acc pl); **impedimenta** (neut acc pl); **omnes** (fem acc pl); **[suas]** (fem acc pl); **fortunas** (fem acc pl); **conflagrare** (prsnt actv infin); **nemo** (masc nom sing); **decederet** (impf actv subjv 3 sing); **vallō** (neut abl sing); **causā** (fem abl sing); **demigrandi** (Gerund; fut pssv prcpl, neut gen sing); **quisquam** (masc nom sing); **respiceret** (impf actv subjv 3 sing); **omnes** (masc nom pl); **[milites]** (masc nom pl); **pugnarent** (impf actv subjv 3 pl); **acerrime** (supl. of *acriter*); **fortissime** (supl. of *fortiter*).

(5.43.E): **hic** (masc nom sing); **dies** (masc nom sing); **fuit** (perf actv indic 3 sing); **gravissimus** (masc nom sing; supl. of *gravis*); **nostris** (masc dat pl); **[militibus]** (masc dat pl); **habuit** (perf actv indic 3 sing); **hunc** (masc acc sing); **eventum** (masc acc sing); **eō** (masc abl sing); **diē** (masc abl sing); **maximus** (masc nom sing; supl. of *magnus*); **numerus** (masc nom sing); **hostium** (masc gen pl); **vulneraretur** (impf pssv subjv 3 sing); **interficeretur** (impf pssv subjv 3 sing); **constipaverant** (pluperf actv indic 3 pl); **se** (3 pers. reflxv. pron., masc acc pl); **vallō** (neut abl sing); **ipsō** (neut abl sing); **ultimi** (masc nom pl); **[hostes]** (masc nom pl); **dabant** (impf actv indic 3 pl); **recessum** (masc acc sing); **primis** (masc dat pl); **[viris]** (masc dat pl).

(5.43.F): **flammā** (fem abl sing); **intermissā** (perf pssv prcpl, fem abl sing); **turrī** (fem abl sing); **adactā** (perf pssv prcpl, fem abl sing); **contingente** (prsnt actv prcpl, fem abl sing); **vallum** (neut acc sing); **quōdam** (masc abl sing); **locō** (masc abl sing); **centuriones** (masc nom pl); **tertiae** (fem gen sing); **cohortis** (fem gen sing); **recesserunt** (perf actv indic 3 pl); **eō** (masc abl sing); **locō** (masc abl sing); **quō** (masc abl sing); **stabant** (impf actv indic 3 pl); **removerunt** (perf actv indic 3 pl); **omnes** (masc acc pl); **suos** (masc acc pl); **[milites]** (masc acc pl); **coeperunt** (perf actv indic 3 pl); **vocare** (prsnt actv infin); **hostes** (masc acc pl); **nutū** (masc abl sing); **vocibus** (fem abl pl); **vellent** (impf actv subjv 3 pl); **introire** (prsnt actv infin); **nemo** (masc nom sing); **quorum** (masc gen pl); **ausus est** (defect., perf actv indiv 3 sing; masc nom); **progredi** (dep., prsnt pssv infin).

(5.43.G): **[hostes]** (masc nom pl); **deturbati** (i.e., *deturbati sunt*, perf pssv indic 3 pl; masc nom); **lapidibus** (masc abl pl); **coniectīs** (perf pssv prcpl, masc abl pl); **omnī** (fem abl sing); **parte** (fem abl sing); **turris** (fem nom sing); **succensa est** (perf pssv indic 3 sing; fem nom).

* * * * * * * * * * * * * * * * * *

<u>Caesar's **ORIGINAL TEXT (Book Five, Chapter 44)**</u>: **(A)** Erant in ea legione fortissimi viri, centuriones, qui primis ordinibus appropinquarent, Titus Pullo et Lucius Vorenus. **(B)** Hi perpetuas inter se controversias habebant, quinam anteferretur, omnibusque annis de locis summis simultatibus contendebant. **(C)** Ex his Pullo, cum acerrime ad munitiones pugnaretur, "Quid dubitas," inquit, "Vorene? aut quem locum tuae probandae virtutis exspectas? Hic dies de nostris controversiis iudicabit." **(D)** Haec cum dixisset, procedit extra munitiones quaeque pars hostium confertissima est visa irrumpit. Ne Vorenus quidem tum sese vallo continet, sed omnium veritus existimationem subsequitur. **(E)** Mediocri spatio relicto Pullo pilum in hostes immittit atque unum ex multitudine procurrentem traicit; quo percusso et exanimato hunc scutis protegunt, in hostem tela universi coniciunt neque dant regrediendi facultatem. **(F)** Transfigitur scutum Pulloni et verutum in balteo defigitur. Avertit hic casus vaginam et gladium educere conanti dextram moratur manum, impeditumque hostes circumsistunt. **(G)** Succurrit inimicus illi Vorenus et laboranti subvenit. Ad hunc se confestim a Pullone omnis multitudo convertit: illum veruto arbitrantur occisum. **(H)** Gladio comminus rem gerit Vorenus atque uno interfecto reliquos paulum propellit; dum cupidius instat, in locum deiectus inferiorem concidit. **(I)** Huic rursus circumvento fert subsidium Pullo, atque ambo incolumes compluribus interfectis summa cum laude sese intra munitiones recipiunt. **(J)** Sic fortuna in contentione et certamine utrumque versavit, ut alter alteri inimicus auxilio salutique esset, neque diiudicari posset, uter utri virtute anteferendus videretur.

<u>Quick Reference, **COMMON PRONOUNS**</u>: **hic**, haec, hoc (dem. pron.) - this; he, she, it | **ille**, illa, illud (dem. pron.) - that; that (famous) one (yonder); he, she, it | **ipse**, ipsa, ipsum (intnsv. pron.) - (one's own) self; very | **is**, ea, id (dem. pron.) - this, that; (of) such (a kind); he, she, it | **qui**, quae, quod (rel. pron.) - who, which; that

SUGGESTED WORD ORDER (Book Five, Chapter 44). **(A)** In eā legione erant fortissimi viri, centuriones[1] qui appropinquarent[2] primis ordinibus, T[itus] Pullo et L[ucius] Vorenus. **(B)** Hi habebant perpetuas controversias inter se, quinam anteferretur,[3] [et] omnibus annīs[4] contendebant summīs simultatibus[5] de locīs. **(C)** Ex hīs Pullo, cum pugnaretur[6] acerrime ad munitiones, inquit "Quid dubitas, Vorene? Aut quem locum tuae virtutis probandae[7] exspectas? Hic dies iudicabit de nostrīs controversiīs." **(D)** Cum dixisset[8] haec, procedit extra munitiones [et], quaeque pars hostium visa est confertissima, irrumpit [in eam partem]; tum ne Vorenus quidem continet sese vallō,[9] sed veritus existimationem omnium [Romanorum militum] subsequitur. **(E)** Mediocrī spatiō relictō,[10] Pullo immittit pilum in hostes atque traicit unum [virum] procurrentem ex multitudine; quō percussō et exanimatō,[11] [hostes] universi protegunt hunc scutīs[12] [et] coniciunt tela in hostem [i.e., Pullonem] neque dant facultatem regrediendi.[13] **(F)** Scutum Pullonī[14] transfigitur et verutum defigitur in balteō. Hic casus avertit vaginam et moratur dextram manum [Pullonī] conanti[15] educere gladium, [et] hostes circumsistunt [eum] impeditum. **(G)** Inimicus, Vorenus, succurrit illi et subvenit [illi] laboranti. Omnis multitudo confestim convertit se a Pullone ad hunc: arbitrantur illum occisum [i.e., occisum esse] verutō.[16] **(H)** Vorenus gerit rem comminus gladiō[17] atque, unō [virō] interfectō,[18] propellit reliquos [hostes] paulum; [tum] deiectus in inferiorem locum dum instat cupidius, concidit. **(I)** Pullo rursus fert subsidium huic circumvento atque, compluribus interfectīs,[19] ambo recipiunt sese incolumes intra munitiones cum summā laude. **(J)** Sic fortuna versavit utrumque in contentione et certamine ut alter inimicus esset[20] auxiliō[21] [et] salutī[22] alteri, neque posset[23] diiudicari uter viderētur[24] anteferendus [i.e., anteferendus esse][25] utrī[26] virtute.[27]

5.44 VOCABULARY SECTIONS

(A) **in** (prep) - in (with Abl) / **legio**, onis (f) - legion / **fortis**, e - brave, strong / **vir**, viri (m) - man / **centurio**, onis (m) - centurion / **appropinquo** (1) - approach, draw near to (with Dat) / **primus**, a, um - first / **ordo**, inis (m) - grade, rank / **T. Pullo**, Pullonis (m) - Titus Pullo (a Roman centurion) / **L. Vorenus**, i (m) - Lucius Vorenus (a Roman centurion)

(B) **habeo**, habēre (2), habui, habitus - have, maintain / **perpetuus**, a, um - continuous, ongoing / **controversia**, ae (f) - dispute, quarrel / **inter** (prep) - among, between (with Acc) / **quinam**, quaenam, quodnam (interrog. pron.) - who? which? / **antefero**, anteferre, antetuli, antelatus - prefer, regard as superior / **omnis**, e - all, every / **annus**, i (m) - year / **contendo**, contendere (3), contendi, contentus - compete, struggle / **summus**, a, um - highest, utmost / **simultas**, atis (f) - animosity, (jealous) rivalry / **de** (prep) - about, concerning (with Abl) / **locus**, i (m) - position, rank

(C) **ex** (prep) - from (among), out of (with Abl) / **Pullo**, Pullonis (m) - Titus Pullo (a Roman centurion) / **cum** (conj) - when / **pugno** (1) - fight / **acriter** (adv) - fiercely / **ad** (prep) - at, near (with Acc) / **munitio**, onis (f) - fortification / **inquam** (defect.) - say, speak (prsnt actv indic 3 sing, *inquit*) / **quis**, quid (interrog. adj.) - who? what? (Acc as adv, "why?") / **dubito** (1) - hesitate, waver / **Vorenus**, i (m) - Lucius Vorenus (a Roman centurion) / **quis** *iterum* / **locus**, i (m) - opportunity / **tuus**, a, um - your / **virtus**, utis (f) - courage / **probo** (1) - demonstrate, prove / **exspecto** (1) - await, look for / **dies**, ei (m) - day / **iudico** (1) - decide / **de** (prep) - about, concerning (with Abl) / **noster**, nostra, nostrum - our / **controversia**, ae (f) - dispute, quarrel

(D) **cum** (conj) - after, when / **dico**, dicere (3), dixi, dictus - say / **procedo**, procedere (3), processi, processus - advance, proceed / **extra** (prep) - beyond, outside (with Acc) / **munitio**, onis (f) - fortification, rampart / **quisque**, quaeque, quodque (indef. adj.) - whoever, whatever (with *pars*, "wherever") / **pars**, partis (f) - area, section / **hostis**, is (m) - enemy / **video**, vidēre (2), vidi, visus - see (Pssv, "appear, seem") / **confertus**, a, um - crowded (together), thick / **irrumpo**, irrumpere (3), irrupi, irruptus - break into, rush against / [**in** (prep) - into (with Acc)] / [**pars** *iterum*] / **tum** (adv) - then / **Vorenus**, i (m) - Lucius Vorenus (a Roman centurion) / **quidem** (conj) - certainly, indeed (with *ne*, usually "not even" but better read here as "of course...not") / **contineo**, continēre (2), continui, contentus - confine, hold, keep / **vallum**, i (n) - (palisaded) earthen rampart, wall / **vereor**, vereri (2), veritus - fear, have a care for / **existimatio**, onis (f) - estimation, (public) opinion / **omnis**, e - all / [**Romanus**, a, um - Roman] / [**miles**, itis (m) - soldier] / **subsequor**, subsequi (3), subsecutus - follow close after

(E) **mediocris**, e - moderate / **spatium**, i (n) - space (i.e., an interval of distance or time) / **relinquo**, relinquere (3), reliqui, relictus - forsake, leave behind (Pssv, "let pass by") / **Pullo**, Pullonis (m) - Titus Pullo (a Roman centurion) / **immitto**,

---

Quick Reference, COMMON PRONOUNS: **hic**, haec, hoc (dem. pron.) - this; he, she, it | **ille**, illa, illud (dem. pron.) - that; that (famous) one (yonder); he, she, it | **ipse**, ipsa, ipsum (intnsv. pron.) - (one's own) self; very | **is**, ea, id (dem. pron.) - this, that; (of) such (a kind); he, she, it | **qui**, quae, quod (rel. pron.) - who, which; that

immittere (3), immisi, immissus - cast, launch / **pilum**, i (n) - (heavy) javelin, spear / **in** (prep) - against (with Acc) / **hostis**, is (m) - enemy / **traicio**, traicere (3), traieci, traiectus - pierce / **unus**, a, um - one / [**vir**, viri (m) - man] / **procurro**, procurrere (3), procurri, procursus - charge, run forward / **ex** (prep) - from, out of (with Abl) / **multitudo**, inis (f) - crowd, mass (of troops) / **percutio**, percutere (3), percussi, percussus - strike, wound severely (with a blow) / **exanimo** (1) - leave breathless (i.e., either "killed" or "stunned") / [**hostes** *iterum*] / **universus**, a, um - all together, massed (as one) / **protego**, protegere (3), protexi, protectus - cover, protect / **scutum**, i (n) - shield / **conicio**, conicere (3), conieci, coniectus - hurl, throw / **telum**, i (n) - missile, spear / **in** *iterum* / **hostis** *iterum* / [**Pullo** *iterum*] / **do**, dare (1), dedi, datus - give, offer, provide / **facultas**, atis (f) - means, opportunity / **regredior**, regredi (3), regressus - retreat, withdraw

(F) **scutum**, i (n) - shield / **Pullo**, Pullonis (m) - Titus Pullo (a Roman centurion) / **transfigo**, transfigere (3), transfixi, transfixus - pierce through / **verutum**, i (n) - dart, javelin / **defigo**, defigere (3), defixi, defixus - fix firmly / **in** (prep) - in (with Abl) / **balteus**, i (m) - girdle, sword-belt / **casus**, us (m) - unfortunate circumstance, event / **averto**, avertere (3), averti, aversus - turn aside / **vagina**, ae (f) - scabbard, (sword) sheath / **moror**, morari (1), moratus - delay, hinder / **dexter**, dextra, dextrum - right / **manus**, us (f) - hand / [**Pullo** *iterum*] / **conor**, conari (1), conatus - attempt, try / **educo**, educere (3), eduxi, eductus - draw (out), unsheath / **gladius**, i (m) - sword / **hostis**, is (m) - enemy / **circumsisto**, circumsistere (3), circumsteti - surround / **impeditus**, a, um - entangled, obstructed

(G) **inimicus**, i (m) - rival / **Vorenus**, i (m) - Lucius Vorenus (a Roman centurion) / **succurro**, succurrere (3), succursi, succursus - hasten to the aid of (with Dat) / **subvenio**, subvenire (4), subveni, subventus - help, render aid to (with Dat) / **laboro** (1) - be hard pressed, struggle / **omnis**, e - entire, whole / **multitudo**, inis (f) - crowd, mass (of troops) / **confestim** (adv) - immediately / **converto**, convertere (3), converti, conversus - shift, turn / **a** (prep) - (away) from (with Abl) / **Pullo**, Pullonis (m) - Titus Pullo (a Roman centurion) / **ad** (prep) - to, toward (with Acc) / **arbitror**, arbitrari (1), arbitratus - believe, suppose / **occido**, occidere (3), occidi, occisus - kill, slay / **verutum**, i (n) - dart, javelin

(H) **Vorenus**, i (m) - Lucius Vorenus (a Roman centurion) / **gero**, gerere (3), gessi, gestus - carry on, conduct / **res**, rei (f) - (combat) situation (i.e., "the fight") / **comminus** (adv) - at close quarters, hand-to-hand / **gladius**, i (m) - sword / **unus**, a, um - one (single) / [**vir**, viri (m) - man] / **interficio**, interficere (3), interfeci, interfectus - kill, slay / **propello**, propellere (3), propuli, propulsus - drive back, put to flight / **reliquus**, a, um - the (other) remaining, the rest (of) / [**hostis**, is (m) - enemy, foe] / **paulum** (adv) - a little way, somewhat / [**tum** (adv) - then] / **deicio**, deicere (3), deieci, deiectus - cast down, drive back / **in** (prep) - into, onto (with Acc) / **inferior**, ius - lower, uneven / **locus**, i (m) - place, position (with *inferior*, "uneven ground") / **dum** (conj) - as, while / **insto**, instare (1), institi, instatus - press forward, take a stand / **cupide** (adv) - eagerly / **concido**, concidere (3), concidi - fall down, tumble to the ground

(I) **Pullo**, Pullonis (m) - Titus Pullo (a Roman centurion) / **rursus** (adv) - again, in turn / **fero**, ferre, tuli, latus - bring / **subsidium**, i (n) - aid, support / **circumvenio**, circumvenire (4), circumveni, circumventus - beset, encircle, surround / **complures**, ium - several / **interficio**, interficere (3), interfeci, interfectus - kill, slay / **ambo**, ae, o - both (of a pair) / **recipio**, recipere (3), recepi, receptus - rally, recover / **incolumis**, e - safe, unharmed / **intra** (prep) - inside, within (with Acc) / **munitio**, onis (f) - fortification, rampart / **cum** (prep) - with (with Abl) / **summus**, a, um - highest, utmost / **laus**, laudis (f) - glory, praise

(J) **sic** (adv) - in this manner, thus / **fortuna**, ae (f) - chance, (good) fortune / **verso** (1) - handle, manipulate, play with / **uterque**, utraque, utrumque - both, each (of two) / **in** (prep) - in (with Abl) / **contentio**, onis (f) - contest, rivalry / **certamen**, inis (n) - conflict, struggle / **alter**, altera, alterum - one or the other (of two) / **inimicus**, i (m) - rival / **auxilium**, i (n) - (source of) aid / **salus**, salutis (f) - (means of) safety, safeguard / **alter** *iterum* / **possum**, posse, potui - be able, possible / **diiudico** (1) - decide, distinguish (between) / **uter**, utra, utrum - which (of two) / **video**, vidēre (2), vidi, visus - see (Pssv, "appear, seem") / **antefero**, anteferre, antetuli, antelatus - deem superior, prefer, rank first / **uter** *iterum* / **virtus**, utis (f) - courage, valor

---

Quick Reference, COMMON PRONOUNS: **hic**, haec, hoc (dem. pron.) - this; he, she, it | **ille**, illa, illud (dem. pron.) - that; that (famous) one (yonder); he, she, it | **ipse**, ipsa, ipsum (intnsv. pron.) - (one's own) self; very | **is**, ea, id (dem. pron.) - this, that; (of) such (a kind); he, she, it | **qui**, quae, quod (rel. pron.) - who, which; that

GRAMMATICAL NOTES: **2.** *appropinquarent* (Subjunctive in a Relative Clause of Characteristic, "who were approaching," i.e., "nearing promotion to"); **3.** *anteferretur* (Deliberative Subjunctive in an Indirect Question, "who was to be preferred"); **4.** *omnibus annīs* (Abl of Time When, "every year"); **5.** *summīs simultatibus* (Abl of Manner, "in the utmost rivalry"); **6.** *pugnaretur* (Subjunctive in a *cum* Clause; impers. lit., "when it was being fought," best read as "when they were fighting"); **7.** *tuae virtutis probandae* (Gerundive, "of proving your courage"); **8.** *dixisset* (Subjunctive in a *cum* Clause, "after he had spoken"); **9.** *vallō* (Abl of Place Where, "within the rampart"); **10.** *mediocrī spatiō relictō* (Abl Absol, "with a moderate interval [of distance or time] having passed"); **11.** *quō percussō et exanimatō* (Abl Absol, "who having been severely wounded and stunned"); **12.** *scutīs* (Abl of Means); **13.** *regrediendi* (Gerund, "of retreating"); **14.** *Pulloni* (Dat of Interest or Possession, "Pullo's..."); **15.** *[Pulloni] conanti* (Dative of Reference, "for [Pullo] as he was attempting..."); **16.** *verutō* (Abl of Means); **17.** *gladiō* (Abl of Means); **18.** *unō [virō] interfectō* (Abl Absol, "with one [man] having been killed"); **19.** *compluribus interfectīs* (Abl Absol, "with several men having been killed"); **20.** *esset* (Subjunctive in a Clause of Result, "that each rival was"); **21-22.** *auxilio [et] saluti* (Datives of Purpose, "a source of aid and a safeguard"); **23.** *neque posset* (Subjunctive in a Clause of Result, "it was impossible"); **24.** *videretur* (Subjunctive in an Indirect Question, "which one seemed"); **25.** *anteferendus [esse]* (Passive Periphrastic pred. with *videretur*, "ought to be preferred, ranked first"); **26.** *utri* (Dat of Reference, "at the expense of the other one"); **27.** *virtute* (Abl of Respect, "with respect to courage"). |
HISTORICAL NOTE: **1.** On the Roman centurions, see 5.28 (note **8**).

FULLY PARSED _____

(5.44.A): **eā** (fem abl sing); **legione** (fem abl sing); **erant** (impf actv indic 3 pl); **fortissimi** (masc nom pl; supl. of *fortis*); **viri** (masc nom pl); **centuriones** (masc nom pl); **qui** (masc nom pl); **appropinquarent** (impf actv subjv 3 pl); **primis** (masc dat pl); **ordinibus** (masc dat pl); **T[itus]** (masc nom sing); **Pullo** (masc nom sing); **L[ucius]** (masc nom sing); **Vorenus** (masc nom sing).

(5.44.B): **hi** (masc nom pl); **habebant** (impf actv indic 3 pl); **perpetuas** (fem acc pl); **controversias** (fem acc pl); **se** (3 pers. reflxv. pron., masc acc pl); **quinam** (masc nom sing); **anteferretur** (impf pssv subjv 3 sing); **omnibus** (masc abl pl); **annīs** (masc abl pl); **contendebant** (impf actv indic 3 pl); **summīs** (fem abl pl); **simultatibus** (fem abl pl); **locīs** (masc abl pl).

(5.44.C): **hīs** (masc abl pl); **Pullo** (masc nom sing); **pugnaretur** (impers., impf pssv subjv 3 sing); **acerrime** (supl. of *acriter*); **munitiones** (fem acc pl); **inquit** (prsnt actv indic 3 sing); **quid** (neut acc sing); **dubitas** (prsnt actv indic 2 sing); **Vorene** (masc voc sing); **quem** (masc acc sing); **locum** (masc acc sing); **tuae** (fem gen sing); **virtutis** (fem gen sing); **probandae** (Gerundive; fut pssv prcpl, fem gen sing); **exspectas** (prsnt actv indic 2 sing); **hic** (masc nom sing); **dies** (masc nom sing); **iudicabit** (fut actv indic 3 sing); **nostrīs** (fem abl pl); **controversiīs** (fem abl pl).

(5.44.D): **dixisset** (pluperf actv subjv 3 sing); **haec** (neut acc pl); **procedit** (prsnt actv indic 3 sing); **munitiones** (fem acc pl); **quaeque** (fem nom sing); **pars** (fem nom sing); **hostium** (masc gen pl); **visa est** (perf pssv indic 3 sing; fem nom); **confertissima** (fem nom sing; supl. of *confertus*); **irrumpit** (prsnt actv indic 3 sing); **[eam]** (fem acc sing); **[partem]** (fem acc sing); **Vorenus** (masc nom sing); **continet** (prsnt actv indic 3 sing); **sese** (3 pers. reflxv. pron., masc acc sing); **vallō** (neut abl sing); **veritus** (dep., perf pssv prcpl, masc nom sing); **existimationem** (fem acc sing); **omnium** (masc gen pl); **[Romanorum]** (masc gen pl); **[militum]** (masc gen pl); **subsequitur** (dep., prsnt pssv indic 3 sing).

(5.44.E): **mediocrī** (neut abl sing); **spatiō** (neut abl sing); **relictō** (perf pssv prcpl, neut abl sing); **Pullo** (masc nom sing); **immittit** (prsnt actv indic 3 sing); **pilum** (neut acc sing); **hostes** (masc acc pl); **traicit** (prsnt actv indic 3 sing); **unum** (masc acc sing); **[virum]** (masc acc sing); **procurrentem** (prsnt actv prcpl, masc acc sing); **multitudine** (fem abl sing); **quō** (masc abl sing); **percussō** (perf pssv prcpl, masc abl sing); **exanimatō** (perf pssv prcpl, masc abl sing); **[hostes]** (masc nom pl); **universi** (masc nom pl); **protegunt** (prsnt actv indic 3 pl); **hunc** (masc acc sing); **scutīs** (neut abl pl); **coniciunt** (prsnt actv indic 3 pl); **tela** (neut acc pl); **hostem** (masc acc sing); **[Pullonem]** (masc acc sing); **dant** (prsnt actv indic 3 pl); **facultatem** (fem acc sing); **regrediendi** (Gerund; fut pssv prcpl, neut gen sing).

(5.44.F): **scutum** (neut nom sing); **Pulloni** (masc dat sing); **transfigitur** (prsnt pssv indic 3 sing); **verutum** (neut nom sing); **defigitur** (prsnt pssv indic 3 sing); **balteō** (masc abl sing); **hic** (masc nom sing); **casus** (masc nom sing); **avertit** (prsnt actv indic 3

___

Quick Reference, COMMON PRONOUNS: **hic**, haec, hoc (dem. pron.) - this; he, she, it | **ille**, illa, illud (dem. pron.) - that; that (famous) one (yonder); he, she, it | **ipse**, ipsa, ipsum (intnsv. pron.) - (one's own) self; very | **is**, ea, id (dem. pron.) - this, that; (of) such (a kind); he, she, it | **qui**, quae, quod (rel. pron.) - who, which; that

sing); **vaginam** (fem acc sing); **moratur** (dep., prsnt pssv indic 3 sing); **dextram** (fem acc sing); **manum** (fem acc sing); **[Pulloni]** (masc dat sing); **conanti** (dep., prsnt actv prcpl, masc dat sing); **educere** (prsnt actv infin); **gladium** (masc acc sing); **hostes** (masc nom pl); **circumsistunt** (prsnt actv indic 3 pl); **[eum]** (masc acc sing); **impeditum** (masc acc sing).

(5.44.G): **inimicus** (masc nom sing); **Vorenus** (masc nom sing); **succurrit** (prsnt actv indic 3 sing); **illi** (masc dat sing); **subvenit** (prsnt actv indic 3 sing); **[illi]** (masc dat sing); **laboranti** (prsnt actv prcpl, masc dat sing); **omnis** (fem nom sing); **multitudo** (fem nom sing); **convertit** (prsnt actv indic 3 sing); **se** (3 pers. reflxv. pron., fem acc sing); **Pullone** (masc abl sing); **hunc** (masc acc sing); **arbitrantur** (dep., prsnt pssv indic 3 pl); **illum** (masc acc sing); **occisum** (i.e., *occisum esse*, perf pssv infin; masc acc sing); **verutō** (neut abl sing).

(5.44.H): **Vorenus** (masc nom sing); **gerit** (prsnt actv indic 3 sing); **rem** (fem acc sing); **gladiō** (masc abl sing); **unō** (masc abl sing); **[virō]** (masc abl sing); **interfectō** (perf pssv prcpl, masc abl sing); **propellit** (prsnt actv indic 3 sing); **reliquos** (masc acc pl); **[hostes]** (masc acc pl); **deiectus** (perf pssv prcpl, masc nom sing); **inferiorem** (masc acc sing; comp. of *inferus*); **locum** (masc acc sing); **instat** (prsnt actv indic 3 sing); **cupidius** (comp. of *cupide*); **concidit** (prsnt actv indic 3 sing).

(5.44.I): **Pullo** (masc nom sing); **fert** (prsnt actv indic 3 sing); **subsidium** (neut acc sing); **huic** (masc dat sing); **circumvento** (perf pssv prcpl, masc dat sing); **compluribus** (masc abl pl); **interfectīs** (perf pssv prcpl, masc abl pl); **ambo** (masc nom pl); **recipiunt** (prsnt actv indic 3 pl); **sese** (3 pers. reflxv. pron., masc acc pl); **incolumes** (masc acc pl); **munitiones** (fem acc pl); **summā** (fem abl sing); **laude** (fem abl sing).

(5.44.J): **fortuna** (fem nom sing); **versavit** (perf actv indic 3 sing); **utrumque** (masc acc sing); **contentione** (fem abl sing); **certamine** (neut abl sing); **alter** (masc nom sing); **inimicus** (masc nom sing); **esset** (impf actv subjv 3 sing); **auxilio** (neut dat sing); **saluti** (fem dat sing); **alteri** (masc dat sing); **posset** (impers., impf actv subjv 3 sing); **diiudicari** (prsnt pssv infin); **uter** (masc nom sing); **videretur** (impf pssv subjv 3 sing); **anteferendus** (i.e., *anteferendus esse*, a Passive Periphrastic; fut pssv prcpl, masc nom sing *anteferendus* paired with prsnt actv infin *esse*); **utri** (masc dat sing); **virtute** (fem abl sing).

* * * * * * * * * * * * * * * * * * * *

Caesar's <u>**ORIGINAL TEXT (Book Five, Chapter 45)**</u>: **(A)** Quanto erat in dies gravior atque asperior oppugnatio, et maxime quod magna parte militum confecta vulneribus res ad paucitatem defensorum pervenerat, tanto crebriores litterae nuntiique ad Caesarem mittebantur; quorum pars deprehensa in conspectu nostrorum militum cum cruciatu necabatur. **(B)** Erat unus intus Nervius nomine Vertico, loco natus honesto, qui a prima obsidione ad Ciceronem perfugerat suamque ei fidem praestiterat. **(C)** Hic servo spe libertatis magnisque persuadet praemiis ut litteras ad Caesarem deferat. **(D)** Has ille in iaculo illigatas effert, et Gallus inter Gallos sine ulla suspicione versatus ad Caesarem pervenit. Ab eo de periculis Ciceronis legionisque cognoscitur.

> **SUGGESTED WORD ORDER (Book Five, Chapter 45)**. **(A)** <u>Quantō</u>[1] oppugnatio erat gravior atque asperior in dies et, <u>maxime quod magnā parte militum confectā vulneribus,</u>[2] res pervenerat ad paucitatem defensorum, crebriores <u>tantō</u>[3] [et] litterae [et] nuntii mittebantur ad Caesarem; pars quorum, deprehensa, necabatur in conspectū nostrorum militum cum cruciatū. **(B)** Erat unus Nervius intus, <u>Verticō nomine,</u>[4] natus <u>honestō locō,</u>[5] qui perfugerat ad Ciceronem a prīmā obsidione [et] praestiterat suam fidem ei. **(C)** Hic persuadet servō, <u>spē</u>[6] libertatis [et] <u>magnīs praemiīs,</u>[7] ut <u>deferat</u>[8] litteras ad Caesarem. **(D)** Ille effert has [litteras] illigatas in iaculō et <u>Gallus versatus inter Gallos</u>[9] sine ullā suspicione pervenit ad Caesarem; cognoscitur ab eō [servō] de periculīs Ciceronis [et] legionis.

5.45 <u>**VOCABULARY SECTIONS**</u>

(A) **quantus**, a, um - how great (Abl *quantō*, "by as much as...") / **oppugnatio**, onis (f) - attack / **gravis**, e - harsh, severe / **asper**, aspera, asperum - savage, violent / **in** (prep) - into (with Acc) / **dies**, ei (m) - day (*in dies*, "daily, day by day") / **maxime** (adv) - especially, particularly / **quod** (conj) - because, since / **magnus**, a, um - great, large / **pars**, partis (f) -

<u>Quick Reference, **COMMON PRONOUNS**</u>: **hic**, haec, hoc (dem. pron.) - this; he, she, it | **ille**, illa, illud (dem. pron.) - that; that (famous) one (yonder); he, she, it | **ipse**, ipsa, ipsum (intnsv. pron.) - (one's own) self; very | **is**, ea, id (dem. pron.) - this, that; (of) such (a kind); he, she, it | **qui**, quae, quod (rel. pron.) - who, which; that

part, portion / **miles**, itis (m) - soldier / **conficio**, conficere (3), confeci, confectus - exhaust, wear out / **vulnus**, eris (n) - wound / **res**, rei (f) - matter, situation / **pervenio**, pervenire (4), perveni, perventus - arrive at, reach (with *ad*, "reach the point of, result in") / **ad** (prep) - to (with Acc) / **paucitas**, atis (f) - scarcity, shortage / **defensor**, oris (m) - defender / **creber**, crebra, crebrum - frequent, often / **tantus**, a, um - such an amount (Abl *tantō*, "by far") / **litterae**, arum (f) - dispatches, letters / **nuntius**, i (m) - messenger / **mitto**, mittere (3), misi, missus - forward, send / **ad** *iterum* / **Caesar**, Caesaris (m) - Caius Iulius Caesar / **pars** *iterum* / **deprehendo**, deprehendere (3), deprehendi, deprehensus - intercept, seize / **neco** (1) - execute, kill / **in** (prep) - in (with Abl) / **conspectus**, us (m) - sight, view / **noster**, nostra, nostrum - our / **miles** *iterum* / **cum** (prep) - with (with Abl) / **cruciatus**, us (m) - torment, torture

(B) **unus**, a, um - one (single) / **Nervius**, i (m) - a Nervian (tribesman) / **intus** (adv) - inside, within / **Vertico**, onis (m) - Vertico (a high-ranking Nervian) / **nomen**, inis (n) - name / **nascor**, nasci (3), natus - be born, raised / **honestus**, a, um - distinguished, eminent / **locus**, i (m) - (social) position, rank / **perfugio**, perfugere (3), perfugi - desert, flee for refuge / **ad** (prep) - to, toward (with Acc) / **Cicero**, onis (m) - Quintus Tullius Cicero (pr. 62 BC) / **a** (prep) - from (with Abl) / **primus**, a, um - at the beginning (of), earliest (period of) / **obsidio**, onis (f) - blockade, siege / **praesto**, praestare (1), praestiti, praestitus - demonstrate, prove / **suus**, a, um - (one's) own / **fides**, ei (f) - loyalty, trustworthiness

(C) **persuadeo**, persuadēre (2), persuasi, persuasus - persuade (with Dat) / **servus**, i (m) - slave / **spes**, ei (f) - expectation, hope / **libertas**, atis (f) - freedom, liberty / **magnus**, a, um - great, large / **praemium**, i (n) - reward / **defero**, deferre, detuli, delatus - bear, take / **litterae**, arum (f) - dispatches, letters / **ad** (prep) - to (with Acc) / **Caesar**, Caesaris (m) - Caius Iulius Caesar

(D) **effero**, efferre, extuli, elatus - bear, carry / [**litterae**, arum (f) - dispatches, letters] / **illigo** (1) - bind, fasten / **in** (prep) - on (with Abl) / **iaculum**, i (n) - javelin / **Gallus**, i (m) - a Gaul / **versor**, versari (1), versatus - conduct one's business / **inter** (prep) - among (with Acc) / **Galli**, orum (m) - the Gauls / **sine** (prep) - without (with Abl) / **ullus**, a, um - any / **suspicio**, onis (f) - suspicion, mistrust / **pervenio**, pervenire (4), perveni, perventus - arrive at, make one's way, reach / **ad** (prep) - to (with Acc) / **Caesar**, Caesaris (m) - Caius Iulius Caesar / **cognosco**, cognoscere (3), cognovi, cognitus - discover, learn / **ab** (prep) - by, from (with Abl) / [**servus**, i (m) - slave] / **de** (prep) - about, concerning (with Abl) / **periculum**, i (n) - danger, peril / **Cicero**, onis (m) - Quintus Tullius Cicero (pr. 62 BC) / **legio**, onis (f) - legion

GRAMMATICAL NOTES: **1.** *quantō* (Abl of Degree of Difference after Comparatives, "by as much as, to the degree that." Note that *quantus...tantus* are correlatives, thus "by as much as the attack was harsher and more savage day by day, ... more frequent by far were [both] dispatches [and] messengers sent..."); **2.** *maxime quod magnā parte militum confectā vulneribus* (Abl Absol containing *vulneribus* as an Abl of Cause, "especially because a great portion of the soldiers had been worn out by wounds"); **3.** *tantō* (Abl of Degree of Difference after a Comparative, "by far"); **4.** *Verticō nomine* (Abl of Respect, "Vertico with respect to his name," i.e., "named Vertico"); **5.** *honestō locō* (Abl of Source, "born of a distinguished rank"); **6-7.** *spē...magnīs praemiīs* (Ablatives of Means); **8.** *deferat* (Subjunctive in an Indirect Command, "that he should bear"); **9.** *Gallus versatus inter Gallos* ("as a Gaul conducting his business among Gauls").

FULLY PARSED _____

(5.45.A): **quantō** (neut abl sing); **oppugnatio** (fem nom sing); **erat** (impf actv indic 3 sing); **gravior** (fem nom sing; comp. of *gravis*); **asperior** (fem nom sing; comp. of *asper*); **dies** (masc acc pl); **maxime** (supl. of *magnopere*); **magnā** (fem abl sing); **parte** (fem abl sing); **militum** (masc gen pl); **confectā** (perf pssv prcpl, fem abl sing); **vulneribus** (neut abl pl); **res** (fem nom sing); **pervenerat** (pluperf actv indic 3 sing); **paucitatem** (fem acc sing); **defensorum** (masc gen pl); **crebriores** (masc nom pl; comp. of *creber*); **tantō** (neut abl sing); **litterae** (fem nom pl); **nuntii** (masc nom pl); **mittebantur** (impf pssv indic 3 pl); **Caesarem** (masc acc sing); **pars** (fem nom sing); **quorum** (masc gen pl); **deprehensa** (perf pssv prcpl, fem nom sing); **necabatur** (impf pssv indic 3 sing); **conspectū** (masc abl sing); **nostrorum** (masc gen pl); **militum** (masc gen pl); **cruciatū** (masc abl sing).

Quick Reference, COMMON PRONOUNS: **hic**, haec, hoc (dem. pron.) - this; he, she, it | **ille**, illa, illud (dem. pron.) - that; that (famous) one (yonder); he, she, it | **ipse**, ipsa, ipsum (intnsv. pron.) - (one's own) self; very | **is**, ea, id (dem. pron.) - this, that; (of) such (a kind); he, she, it | **qui**, quae, quod (rel. pron.) - who, which; that

(5.45.B): **erat** (impf actv indic 3 sing); **unus** (masc nom sing); **Nervius** (masc nom sing); **Verticō** (masc abl sing); **nomine** (neut abl sing); **natus** (dep., perf pssv prcpl, masc nom sing); **honestō** (masc nom sing); **locō** (masc abl sing); **qui** (masc nom sing); **perfugerat** (pluperf actv indic 3 sing); **Ciceronem** (masc acc sing); **primā** (fem abl sing); **obsidione** (fem abl sing); **praestiterat** (pluperf actv indic 3 sing); **suam** (fem acc sing); **fidem** (fem acc sing); **ei** (masc dat sing).

(5.45.C): **hic** (masc nom sing); **persuadet** (prsnt actv indic 3 sing); **servō** (masc dat sing); **spē** (fem abl sing); **libertatis** (fem gen sing); **magnīs** (neut abl pl); **praemiīs** (neut abl pl); **deferat** (prsnt actv subjv 3 sing); **litteras** (fem acc pl); **Caesarem** (masc acc sing).

(5.45.D): **ille** (masc nom sing); **effert** (prsnt actv indic 3 sing); **has** (fem acc pl); **[litteras]** (fem acc pl); **illigatas** (perf pssv prcpl, fem acc pl); **iaculō** (neut abl sing); **Gallus** (masc nom sing); **versatus** (dep., perf pssv prcpl, masc nom sing); **Gallos** (masc acc pl); **ullā** (fem abl sing); **suspicione** (fem abl sing); **pervenit** (prsnt actv indic 3 sing); **Caesarem** (masc acc sing); **cognoscitur** (impers., prsnt pssv indic 3 sing); **eō** (masc abl sing); **[servō]** (masc abl sing); **periculīs** (neut abl pl); **Ciceronis** (masc gen sing); **legionis** (fem gen sing).

* * * * * * * * * * * * * * * * * * *

Caesar's **ORIGINAL TEXT (Book Five, Chapter 46)**: **(A)** Caesar acceptis litteris hora circiter XI diei, statim nuntium in Bellovacos ad M. Crassum quaestorem mittit, cuius hiberna aberant ab eo milia passuum XXV; iubet media nocte legionem proficisci celeriterque ad se venire. **(B)** Exit cum nuntio Crassus. Alterum ad Caium Fabium legatum mittit, ut in Atrebatium fines legionem adducat, qua sibi iter faciendum sciebat. **(C)** Scribit Labieno, si rei publicae commodo facere posset, cum legione ad fines Nerviorum veniat. **(D)** Reliquam partem exercitus, quod paulo aberat longius, non putat exspectandam; equites circiter quadringentos ex proximis hibernis colligit.

SUGGESTED WORD ORDER (Book Five, Chapter 46). **(A)** Litterīs acceptīs[1] circiter undecimā horā diei,[2] Caesar statim mittit nuntium in Bellovacos ad quaestorem,[3] M[arcum] Crassum, cuius hiberna aberant XXV milia passuum[4] ab eō [locō]; iubet legionem proficisci mediā nocte[5] [et] venire ad se celeriter. **(B)** Crassus exit cum nuntiō.[6] [Caesar] mittit alterum [nuntium] ad legatum,[7] Caium Fabium, ut adducat[8] legionem in fines Atrebatium, quā sciebat iter faciendum [i.e., faciendum esse][9] sibi.[10] **(C)** Scribit Labieno: si posset[11] facere [id] commodō[12] publicae rei, veniat[13] ad fines Nerviorum cum legione. **(D)** Non putat reliquam partem exercitus exspectandam [i.e., exspectandam esse][14] quod aberat longius paulō,[15] [tamen] colligit circiter quadringentos equites ex proximīs hibernīs.

5.46 **VOCABULARY SECTIONS**

(A) **litterae**, arum (f) - dispatches, letters / **accipio**, accipere (3), accepi, acceptus - accept, receive / **circiter** (adv) - about, near / **undecimus**, a, um - eleventh / **hora**, ae (f) - hour / **dies**, ei (m) - day / **Caesar**, Caesaris (m) - Caius Iulius Caesar / **statim** (adv) - immediately / **mitto**, mittere (3), misi, missus - send / **nuntius**, i (m) - messenger / **in** (prep) - into (the territory of) (with Acc) / **Bellovaci**, orum (m) - the Bellovaci (a Gallic tribe) / **ad** (prep) - to (with Acc) / **quaestor**, oris (m) - quaestor / **M. Crassus**, i (m) - Marcus Licinius Crassus (quaest. 54 BC) / **hiberna**, orum (n) - winter quarters / **absum**, abesse, afui, afuturus - be away, distant (from) / **XXV** - 25 / **milia**, ium (n) - thousands / **passus**, us (m) - pace (i.e., 5 Roman ft.; 1000 *passus* to a Roman mile) / **ab** (prep) - from (with Abl) / **[locus**, i (m) - location, place**]** / **iubeo**, iubēre (2), iussi, iussus - command, order / **legio**, onis (f) - legion / **proficiscor**, proficisci (3), profectus - depart, set out / **medius**, a, um - the middle (of) / **nox**, noctis (f) - night / **venio**, venire (4), veni, ventus - arrive, come / **ad** *iterum* / **celeriter** (adv) - quickly

(B) **Crassus**, i (m) - Marcus Licinius Crassus (quaest. 54 BC) / **exeo**, exire, exii, exitus - depart, march out / **cum** (prep) - with (with Abl) / **nuntius**, i (m) - messenger / **[Caesar**, Caesaris (m) - Caius Iulius Caesar**]** / **mitto**, mittere (3), misi, missus - send / **alter**, altera, alterum - another / **[nuntius** *iterum***]** / **ad** (prep) - to (with Acc) / **legatus**, i (m) - legate /

Quick Reference, COMMON PRONOUNS: **hic**, haec, hoc (dem. pron.) - this; he, she, it | **ille**, illa, illud (dem. pron.) - that; that (famous) one (yonder); he, she, it | **ipse**, ipsa, ipsum (intnsv. pron.) - (one's own) self; very | **is**, ea, id (dem. pron.) - this, that; (of) such (a kind); he, she, it | **qui**, quae, quod (rel. pron.) - who, which; that

Caius Fabius, i (m) - Caius Fabius / **adduco**, adducere (3), adduxi, adductus - bring, lead / **legio**, onis (f) - legion / **in** (prep) - into (with Acc) / **finis**, is (m) - border; (pl) territory / **Atrebates**, ium (m) - the Atrebates (a Gallic tribe) / **quā** (adv) - by which route, whereby / **scio**, scire (4), scivi, scitus - know / **iter**, itineris (n) - (line of) march, route / **facio**, facere (3), feci, factus - make, undertake

(C)   **scribo**, scribere (3), scripsi, scriptus - write / **Labienus**, i (m) - Titus Attius Labienus / **si** (conj) - if / **possum**, posse, potui - be able, possible / **facio**, facere (3), feci, factus - perform, undertake / **commodum**, i (n) - advantage, interest / **publicus**, a, um - public / **res**, ei (f) - state (with *publica*, "the state, the Republic") / **venio**, venire (4), veni, ventus - come / **ad** (prep) - to (with Acc) / **finis**, is (m) - border; (pl) land, territory / **Nervii**, orum (m) - the Nervii (a Gallic tribe) / **cum** (prep) - with (with Abl) / **legio**, onis (f) - legion

(D)   **puto** (1) - believe, think / **reliquus**, a, um - the remaining / **pars**, partis (f) - part, portion / **exercitus**, us (m) - army / **exspecto** (1) - await, look for / **quod** (conj) - because, since / **absum**, abesse, afui, afuturus - be away, distant (from) / **longius** (adv) - farther distant / **paulus**, a, um - little, small (Abl *paulō* as adv., "by a little, somewhat") / [**tamen** (adv) - nevertheless] / **colligo**, colligere (3), collegi, collectus - assemble, gather (together) / **circiter** (prep) - about (with Acc) / **quadringenti**, ae, a (num. adj.) - four hundred / **eques**, itis (m) - cavalryman / **ex** (prep) - from (with Abl) / **proximus**, a, um - nearest / **hiberna**, orum (n) - winter quarters

GRAMMATICAL NOTES: **1**. *litterīs acceptīs* (Abl Absol, "with the dispatches having been received"); **2**. *circiter undecimā horā diei* (Abl of Time When); **4**. *XXV milia passuum* (Acc of Extent of Space); **5**. *mediā nocte* (Abl of Time When); **6**. *cum nuntiō* (i.e., "upon the arrival of the messenger"); **8**. *adducat* (Subjunctive in an Indirect Command, "so that he might lead"); **9**. *faciendum [esse]* (Passive Periphrastic as an Infinitive in Indirect Speech, "would have to be undertaken"); **10**. *sibi* (Dat of Agent after *faciendum esse*, "by [Caesar] himself"); **11**. *posset* (Subjunctive as the Protasis of a Simple Future Condition in Indirect Speech, "if he were able"); **12**. *commodo* (Dat of Purpose, "to the advantage, for the benefit"); **13**. *veniat* (Subjunctive in an Indirect Command serving as the Apodosis of a Simple Future Condition, "that he should come"); **14**. *exspectandam [esse]* (Passive Periphrastic as an Infinitive in Indirect Speech, "ought to be awaited"); **15**. *paulō* (Abl of Degree of Difference after the Comparative *longius*, "by a little way"). |
HISTORICAL NOTES: **2**. The Romans divided the perioid of daylight into twelve hours, with noon as the sixth and sunset as the twelfth; note that it may have already been growing dark at the eleventh hour with dusk coming earlier during the fall (i.e., about the beginning of November). | **3**. On the Roman *quaestor*, see 5.24 (note 6). | **7**. On the Roman *legatus*, see 5.24 (note 5).

FULLY PARSED _____

(5.46.A): **litterīs** (fem abl pl); **acceptīs** (perf pssv prcpl, fem abl pl); **undecimā** (fem abl sing); **horā** (fem abl sing); **diei** (masc gen sing); **Caesar** (masc nom sing); **mittit** (prsnt actv indic 3 sing); **nuntium** (masc acc sing); **Bellovacos** (masc acc pl); **quaestorem** (masc acc sing); **M[arcum]** (masc acc sing); **Crassum** (masc acc sing); **cuius** (masc gen sing); **hiberna** (neut nom pl); **aberant** (impf actv indic 3 pl); **milia** (neut nom pl); **passuum** (masc gen pl); **eō** (masc abl sing); **[locō]** (masc abl sing); **iubet** (prsnt actv indic 3 sing); **legionem** (fem acc sing); **proficisci** (dep., prsnt pssv infin); **mediā** (fem abl sing); **nocte** (fem abl sing); **venire** (prsnt actv infin); **se** (3 pers. reflxv. pron., masc acc sing).

(5.46.B): **Crassus** (masc nom sing); **exit** (prsnt actv indic 3 sing); **nuntiō** (masc abl sing); **[Caesar]** (masc nom sing); **mittit** (prsnt actv indic 3 sing); **alterum** (masc acc sing); **[nuntium]** (masc acc sing); **legatum** (masc acc sing); **Caium** (masc acc sing); **Fabium** (masc acc sing); **adducat** (prsnt actv subjv 3 sing); **legionem** (fem acc sing); **fines** (masc acc pl); **Atrebatium** (masc gen pl); **sciebat** (impf actv indic 3 sing); **iter** (neut acc sing); **faciendum** (i.e., *faciendum esse*, a Passive Periphrastic; fut pssv prcpl, neut acc sing *faciendum* paired with prsnt actv infin *esse*); **sibi** (3 pers. reflxv. pron., masc dat sing).

(5.46.C): **scribit** (prsnt actv indic 3 sing); **Labieno** (masc dat sing); **posset** (impf actv subjv 3 sing); **facere** (prsnt actv infin); **[id]** (neut acc sing); **commodo** (neut dat sing); **publicae** (fem gen sing); **rei** (fem gen sing); **veniat** (prsnt actv subjv 3 sing); **fines** (masc acc pl); **Nerviorum** (masc gen pl); **legione** (fem abl sing).

_____

Quick Reference, COMMON PRONOUNS: **hic**, haec, hoc (dem. pron.) - this; he, she, it | **ille**, illa, illud (dem. pron.) - that; that (famous) one (yonder); he, she, it | **ipse**, ipsa, ipsum (intnsv. pron.) - (one's own) self; very | **is**, ea, id (dem. pron.) - this, that; (of) such (a kind); he, she, it | **qui**, quae, quod (rel. pron.) - who, which; that

(5.46.D): **putat** (prsnt actv indic 3 sing); **reliquam** (fem acc sing); **partem** (fem acc sing); **exercitus** (masc gen sing); **exspectandam** (i.e., *exspectandam esse*, a Passive Periphrastic; fut pssv prcpl, fem acc sing *exspectandam* paired with prsnt actv infin *esse*); **aberat** (impf actv indic 3 sing); **longius** (comp. of *longe*); **paulō** (neut abl sing); **colligit** (prsnt actv indic 3 sing); **quadringentos** (masc acc pl); **equites** (masc acc pl); **proximīs** (neut abl pl); **hibernīs** (neut abl pl).

* * * * * * * * * * * * * * * * * *

Caesar's ORIGINAL TEXT (Book Five, Chapter 47): **(A)** Hora circiter tertia ab antecursoribus de Crassi adventu certior factus, eo die milia passuum XX procedit. **(B)** Crassum Samarobrivae praeficit legionemque attribuit, quod ibi impedimenta exercitus, obsides civitatum, litteras publicas, frumentumque omne quod eo tolerandae hiemis causa devexerat relinquebat. **(C)** Fabius, ut imperatum erat, non ita multum moratus in itinere cum legione occurrit. **(D)** Labienus, interitu Sabini et caede cohortium cognita, cum omnes ad eum Treverorum copiae venissent, veritus, si ex hibernis fugae similem profectionem fecisset, ut hostium impetum sustinere posset, praesertim quos recenti victoria efferri sciret, litteras Caesari remittit: **(E)** quanto cum periculo legionem ex hibernis educturus esset; rem gestam in Eburonibus perscribit; docet omnes equitatus peditatusque copias Treverorum tria milia passuum longe ab suis castris consedisse.

SUGGESTED WORD ORDER (Book Five, Chapter 47). **(A)** Factus certior ab antecursoribus de adventū Crassi circiter tertiā horā,¹ [Caesar] procedit XX milia passuum² eō diē.³ **(B)** Praeficit Crassum Samarobrivae [et] attribuit legionem [ei] quod relinquebat ibi impedimenta exercitus, obsides civitatum, publicas litteras⁴ [et] omne frumentum quod devexerat eo causā hiemis tolerandae.⁵ **(C)** Fabius, ut imperatum erat, non moratus ita multum occurrit [eum] in itinere cum legione. **(D)** Labienus, interitū Sabini et caede cohortium cognitā,⁶ cum omnes copiae Treverorum (quos sciret⁷ praesertim efferri recentī victoriā⁸) venissent⁹ ad eum, [et] veritus ut posset¹⁰ sustinere impetum hostium, si fecisset¹¹ profectionem similem fugae ex hibernīs, remittit litteras Caesari: **(E)** [demonstrat] cum quantō periculō¹² educturus esset¹³ legionem ex hibernīs; perscribit rem gestam in Eburonibus; [et] docet omnes copias Treverorum, [et] equitatus [et] peditatus, consedisse tria milia passuum¹⁴ longe ab suīs castrīs.

5.47 VOCABULARY SECTIONS

(A) **facio**, facere (3), feci, factus - make, render (with *certus*, "inform") / **certus**, a, um - certain, informed / **ab** (prep) - by (with Abl) / **antecursor**, oris (m) - (advance) scout / **de** (prep) - about, concerning (with Abl) / **adventus**, us (m) - approach, arrival / **Crassus**, i (m) - Marcus Licinius Crassus (quaest. 54 BC) / **circiter** (adv) - about / **tertius**, a, um - third / **hora**, ae (f) - hour / [**Caesar**, Caesaris (m) - Caius Iulius Caesar] / **procedo**, procedere (3), processi, processus - advance, march / **XX** - 20 / **milia**, ium (n) - thousands / **passus**, us (m) - pace (i.e., 5 Roman ft.; 1000 *passus* to a Roman mile) / **dies**, ei (m) - day

(B) **praeficio**, praeficere (3), praefeci, praefectus - "appoint (Acc) to command (Dat)" / **Crassus**, i (m) - Marcus Licinius Crassus (quaest. 54 BC) / **Samarobriva**, ae (f) - (town of) Samarobriva (mod. Amiens) / **attribuo**, attribuere (3), attribui, attributus - assign / **legio**, onis (f) - legion / **quod** (conj) - because / **relinquo**, relinquere (3), reliqui, relictus - deposit, leave behind / **ibi** (adv) - there / **impedimenta**, orum (n) - baggage, equipment / **exercitus**, us (m) - army / **obses**, idis (m) - hostage / **civitas**, atis (f) - community, tribe / **publicus**, a, um - public / **litterae**, arum (f) - documents, letters, documents / **omnis**, e - all / **frumentum**, i (n) - corn, grain (supply) / **deveho**, devehere (3), devexi, devectus - carry, convey / **eo** (adv) - thither / **causa**, ae (f) - cause, reason (with Gen, "for the sake of ___ ") / **hiems**, hiemis (f) - winter / **tolero** (1) - endure, hold out against

(C) **Fabius**, i (m) - Caius Fabius / **impero** (1) - command, order / **moror**, morari (1), moratus - delay, linger / **ita** (adv) - so, thus (with *non...multum*, "not particularly, not so very") / **multum** (adv) - much / **occurro**, occurrere (3), occurri, occursus - chance upon, fall in with / **in** (prep) - in (with Abl) / **iter**, itineris (n) - journey, march / **cum** (prep) - with (with Abl) / **legio**, onis (f) - legion

Quick Reference, COMMON PRONOUNS: **hic**, haec, hoc (dem. pron.) - this; he, she, it | **ille**, illa, illud (dem. pron.) - that; that (famous) one (yonder); he, she, it | **ipse**, ipsa, ipsum (intnsv. pron.) - (one's own) self; very | **is**, ea, id (dem. pron.) - this, that; (of) such (a kind); he, she, it | **qui**, quae, quod (rel. pron.) - who, which; that

(D)   **Labienus**, i (m) - Titus Attius Labienus / **interitus**, us (m) - death / **Sabinus**, i (m) - Quintus Titurius Sabinus / **caedes**, is (f) - slaughter / **cohors**, ortis (f) - (legionary) cohort / **cognosco**, cognoscere (3), cognovi, cognitus - discover, learn / **cum** (conj) - since / **omnis**, e - all / **copiae**, arum (f) - (armed) forces, might / **Treveri**, orum (m) - the Treveri (a Germanic tribe) / **scio**, scire (4), scivi, scitus - know / **praesertim** (adv) - especially, particularly / **effero**, efferre, extuli, elatus - elate, make haughty / **recens**, entis - fresh, recent / **victoria**, ae (f) - victory / **venio**, venire (4), veni, ventus - arrive, come / **ad** (prep) - against (with Acc) / **vereor**, vereri (2), veritus - be apprehensive, fear / **possum**, posse, potui - be able / **sustineo**, sustinēre (2), sustinui, sustentus - hold out (against), withstand / **impetus**, us (m) - assault, attack / **hostis**, is (m) - enemy / **si** (conj) - if / **facio**, facere (3), feci, factus - make, undertake / **profectio**, onis (f) - departure, withdrawal / **similis**, e - like, resembling (with Gen) / **fuga**, ae (f) - retreat / **ex** (prep) - from, out of (with Abl) / **hiberna**, orum (n) - winter quarters / **remitto**, remittere (3), remisi, remissus - send back / **litterae**, arum (f) - dispatches, letters / **Caesar**, Caesaris (m) - Caius Iulius Caesar

(E)   [**demomstro** (1) - explain, point out] / **cum** (prep) - with (with Abl) / **quantus**, a, um - how much / **periculum**, i (n) - danger, peril / **educo**, educere (3), eduxi, eductus - bring, lead out / **legio**, onis (f) - legion / **ex** (prep) - from, out of (with Abl) / **hiberna**, orum (n) - winter quarters / **perscribo**, perscribere (3), perscripsi, perscriptus - desribe fully, write a detailed report (about) / **res**, rei (f) - affair, matter (i.e., "the battle") / **gero**, gerere (3), gessi, gestus - carry on, wage / **in** (prep) - among, in (the territory of) (with Abl) / **Eburones**, um (m) - the Eburones (a Gallic tribe) / **doceo**, docēre (2), docui, doctus - explain, make known, relate / **omnis**, e - all / **copiae**, arum (f) - (armed) forces / **Treveri**, orum (m) - the Treveri (a Germanic tribe) / **equitatus**, us (m) - cavalry / **peditatus**, us (m) - infantry / **consido**, considere (3), consedi, consessus - encamp, take up a position / **tres**, tria (num. adj.) - three / **milia**, ium (n) - thousands / **passus**, us (m) - pace (i.e., 5 Roman ft.; 1000 *passus* to a Roman mile) / **longe** (adv) - at a distance, far (away) / **ab** (prep) - from (with Abl) / **suus**, a, um - (one's) own / **castra**, orum (n) - (military) camp

GRAMMATICAL NOTES: **1**. *tertiā horā* (Abl of Time When); **2**. *XX milia passuum* (Acc of Extent of Space); **3**. *eō diē* (Abl of Time When); **5**. *hiemis tolerandae* (Gerundive, "of enduring through the winter"); **6**. *interitū Sabini et caede cohortium cognitā* (Abl Absol, "with the death of Sabinus and the slaughter of the cohorts having been discovered"); **7**. *sciret* (Subjunctive in a Relative Clause of Characteristic, "whom he knew"); **8**. *recentī victoriā* (Abl of Means or Cause, "because of the recent victory"); **9**. *venissent* (Subjunctive in a *cum* Clause, "since all the forces ... had come"); **10**. *posset* (Subjunctive in a Negative Clause of Fearing in Indirect Speech, "that he would not be able"); **11**. *fecisset* (Subjunctive as the Protasis of a Mixed Contrary-to-Fact Condition, "if he had undertaken"); **12**. *cum quantō periculō* (Abl of Manner, "with how much danger"); **13**. *educturus esset* (Active Periphrastic with the Subjunctive since the Subordinate Clause follows secondary sequence in Indirect Speech, "would lead out"); **14**. *tria milia passuum* (Acc of Extent of Space). | **HISTORICAL NOTES**: **1**. The Romans divided the perioid of daylight into twelve hours, with noon as the sixth and sunset as the twelfth; thus, the third hour would fall mid-morning. | **4**. The *publicas litteras* deposited by Caesar for safekeeping at Samarobrivae would have consisted of official dispatches and documents relating to the legion's operations in the province such as quartermaster records, the quaestor's financial accounts, Caesar's correspondence with the Senate, etc.

FULLY PARSED _____

(5.47.A): **factus** (perf pssv prcpl, masc nom sing); **certior** (masc nom sing; comp. of *certus*); **antecursoribus** (masc abl pl); **adventū** (masc abl sing); **Crassi** (masc gen sing); **tertiā** (fem abl sing); **horā** (fem abl sing); **[Caesar]** (masc nom sing); **procedit** (prsnt actv indic 3 sing); **milia** (neut acc pl); **passuum** (masc gen pl); **eō** (masc abl sing); **diē** (masc abl sing).

(5.47.B): **praeficit** (prsnt actv indic 3 sing); **Crassum** (masc acc sing); **Samarobrivae** (fem dat sing); **attribuit** (prsnt actv indic 3 sing); **legionem** (fem acc sing); **[ei]** (masc dat sing); **relinquebat** (impf actv indic 3 sing); **impedimenta** (neut acc pl); **exercitus** (masc gen sing); **obsides** (masc acc pl); **civitatum** (fem gen pl); **publicas** (fem acc pl); **litteras** (fem acc pl); **omne** (neut acc sing); **frumentum** (neut acc sing); **quod** (neut acc sing); **devexerat** (pluperf actv indic 3 sing); **causā** (fem abl sing); **hiemis** (fem gen sing); **tolerandae** (Gerundive; fut pssv prcpl, fem gen sing).

Quick Reference, COMMON PRONOUNS: **hic**, haec, hoc (dem. pron.) - this; he, she, it | **ille**, illa, illud (dem. pron.) - that; that (famous) one (yonder); he, she, it | **ipse**, ipsa, ipsum (intnsv. pron.) - (one's own) self; very | **is**, ea, id (dem. pron.) - this, that; (of) such (a kind); he, she, it | **qui**, quae, quod (rel. pron.) - who, which; that

(5.47.C): **Fabius** (masc nom sing); **imperatum erat** (impers., pluperf pssv indic 3 sing; neut nom); **moratus** (dep., perf pssv prcpl, masc nom sing); **occurrit** (prsnt actv indic 3 sing); **[eum]** (masc acc sing); **itinere** (neut abl sing); **legione** (fem abl sing).

(5.47.D): **Labienus** (masc nom sing); **interitū** (masc abl sing); **Sabini** (masc abl sing); **caede** (fem abl sing); **cohortium** (fem gen pl); **cognitā** (perf pssv prcpl, fem abl sing); **omnes** (fem nom pl); **copiae** (fem nom pl); **Treverorum** (masc gen pl); **quos** (masc acc pl); **sciret** (impf actv subjv 3 sing); **efferri** (prsnt pssv infin); **recentī** (fem abl sing); **victoriā** (fem abl sing); **venissent** (pluperf actv subjv 3 pl); **eum** (masc acc sing); **veritus** (dep., perf pssv prcpl, masc nom sing); **posset** (impf actv subjv 3 sing); **sustinere** (prsnt actv infin); **impetum** (masc acc sing); **hostium** (masc gen pl); **fecisset** (pluperf actv subjv 3 pl); **profectionem** (fem acc sing); **similem** (fem acc sing); **fugae** (fem gen sing); **hibernīs** (neut abl pl); **remittit** (prsnt actv indic 3 sing); **litteras** (fem acc pl); **Caesari** (masc dat sing).

(5.47.E): **[demonstrat]** (prsnt actv indic 3 sing); **quantō** (neut abl sing); **periculō** (neut abl sing); **educturus esset** (Active Periphrastic; fut actv prcpl, masc nom sing *educturus* paired with impf actv subjv 3 sing *esset*); **legionem** (fem acc sing); **hibernīs** (neut abl pl); **perscribit** (prsnt actv indic 3 sing); **rem** (fem acc sing); **gestam** (perf pssv prcpl, fem acc sing); **Eburonibus** (masc abl pl); **docet** (prsnt actv indic 3 sing); **omnes** (fem acc pl); **copias** (fem acc pl); **Treverorum** (masc gen pl); **equitatus** (masc acc pl); **peditatus** (masc acc pl); **consedisse** (perf actv infin); **tria** (neut acc pl); **milia** (neut acc pl); **passuum** (masc gen pl); **suīs** (neut abl pl); **castrīs** (neut abl pl).

* * * * * * * * * * * * * * * * * * *

<u>Caesar's **ORIGINAL TEXT** (Book Five, Chapter 48)</u>: **(A)** Caesar, consilio eius probato, etsi opinione trium legionum deiectus ad duas redierat, tamen unum communis salutis auxilium in celeritate ponebat. Venit magnis itineribus in Nerviorum fines. **(B)** Ibi ex captivis cognoscit quae apud Ciceronem gerantur quantoque in periculo res sit. **(C)** Tum cuidam ex equitibus Gallis magnis praemiis persuadet uti ad Ciceronem epistolam deferat. **(D)** Hanc Graecis conscriptam litteris mittit, ne intercepta epistola nostra ab hostibus consilia cognoscantur. **(E)** Si adire non possit, monet ut tragulam cum epistola ad amentum deligata intra munitionem castrorum abiciat. **(F)** In litteris scribit se cum legionibus profectum celeriter adfore; hortatur ut pristinam virtutem retineat. **(G)** Gallus periculum veritus, ut erat praeceptum, tragulam mittit. Haec casu ad turrim adhaesit neque ab nostris biduo animadversa tertio die a quodam milite conspicitur, dempta ad Ciceronem defertur. **(H)** Ille perlectam in conventu militum recitat, maximaque omnes laetitia adficit. **(I)** Tum fumi incendiorum procul videbantur, quae res omnem dubitationem adventus legionum expulit.

> **SUGGESTED WORD ORDER (Book Five, Chapter 48)**. **(A)** Etsi Caesar, deiectus <u>opinione</u>[1] trium legionum, <u>consiliō eius probatō</u>,[2] redierat ad duas [legiones], tamen ponebat unum auxilium communis salutis in celeritate; venit in fines Nerviorum <u>magnīs itineribus</u>.[3] **(B)** Ibi cognoscit ex captivīs [ea] quae <u>gerantur</u>[4] apud Ciceronem [et] in quantō periculō res <u>sit</u>.[5] **(C)** Tum persuadet cuidam ex Gallīs equitibus <u>magnīs praemiīs</u>[6] uti <u>deferat</u>[7] epistolam ad Ciceronem. **(D)** Mittit hanc [epistolam] conscriptam <u>Graecīs litterīs</u>,[8] ne <u>epistolā interceptā</u>[9] nostra consilia <u>cognoscantur</u>[10] ab hostibus. **(E)** Si [Gallus] non <u>possit</u>[11] adire, [Caesar] monet ut <u>abiciat</u>[12] tragulam cum epistolā deligatā ad amentum intra munitionem castrorum. **(F)** Scribit in litterīs se profectum cum legionibus adfore [i.e., adfuturum esse] celeriter, [et] hortatur [Ciceronem] ut <u>retineat</u>[13] pristinam virtutem. **(G)** Gallus, veritus periculum, mittit tragulam ut praeceptum erat; <u>casū</u>,[14] haec [tragula] adhaesit ad turrim, neque animadversa ab nostrīs [militibus] <u>biduō</u>,[15] conspicitur a quōdam milite <u>tertiō diē</u>;[16] dempta, defertur ad Ciceronem. **(H)** Ille recitat [epistolam], <u>perlectam</u>,[17] in conventū militum [et] adficit omnes [milites] <u>maximā laetitiā</u>.[18] **(I)** Tum fumi incendiorum videbantur procul, res quae expulit omnem dubitationem adventus legionum.

5.48   <u>VOCABULARY SECTIONS</u>

(A)   **etsi** (conj) - although, even if / **Caesar**, Caesaris (m) - Caius Iulius Caesar / **deicio**, deicere (3), deieci, deiectus - cast down (with *opinio*, "be disappointed in the hope of") / **opinio**, onis (f) - expectation, hope / **tres**, tria (num. adj.) - three / **legio**, onis (f) - legion / **consilium**, i (n) - decision, plan, resolution / **probo** (1) - approve of, consider acceptable / **redeo**, redire, redii, reditus - be reduced to / **ad** (prep) - to (with Acc) / **duo**, ae, o (num. adj.) - two / [**legio** *iterum*] /

<u>Quick Reference, COMMON PRONOUNS</u>: **hic**, haec, hoc (dem. pron.) - this; he, she, it | **ille**, illa, illud (dem. pron.) - that; that (famous) one (yonder); he, she, it | **ipse**, ipsa, ipsum (intnsv. pron.) - (one's own) self; very | **is**, ea, id (dem. pron.) - this, that; (of) such (a kind); he, she, it | **qui**, quae, quod (rel. pron.) - who, which; that

tamen (adv) - nevertheless / **pono**, ponere (3), posui, positus - place, put (i.e., "regard") / **unus**, a, um - only, a single / **auxilium**, i (n) - (source of) aid, help / **communis**, e - common / **salus**, salutis (f) - (means of) deliverance, safety / **in** (prep) - in (with Abl) / **celeritas**, atis (f) - speed / **venio**, venire (4), veni, ventus - arrive, come / **in** (prep) - into (with Acc) / **finis**, is (m) - border; (pl) land, territory / **Nervii**, orum (m) - the Nervii (a Gallic tribe) / **magnus**, a, um - great, large / **iter**, itineris (n) - journey, march (with *magnus*, "forced march")

(B) **ibi** (adv) - there / **cognosco**, cognoscere (3), cognovi, cognitus - discover, learn / **ex** (prep) - from (with Abl) / **captivus**, i (m) - captive, prisoner / **gero**, gerere (3), gessi, gestus - carry on, wage / **apud** (prep) - in the vicinity of, near (with Acc) / **Cicero**, onis (m) - Quintus Tullius Cicero (pr. 62 BC) / **in** (prep) - in (with Abl) / **quantus**, a, um - how great, much / **periculum**, i (n) - danger, peril / **res**, rei (f) - matter, situation

(C) **tum** (adv) - then / **persuadeo**, persuadēre (2), persuasi, persuasus - persuade (with Dat) / **quidam**, quaedam, quiddam - a certain / **ex** (prep) - from (with Abl) / **Gallus**, a, um - Gallic / **eques**, itis (m) - cavalryman / **magnus**, a, um - great (many), large / **praemium**, i (n) - reward / **defero**, deferre, detuli, delatus - bear, carry, deliver / **epistola**, ae (f) - letter, message / **ad** (prep) - to (with Acc) / **Cicero**, onis (m) - Quintus Tullius Cicero (pr. 62 BC)

(D) **mitto**, mittere (3), misi, missus - send / [**epistola**, ae (f) - letter, message] / **conscribo**, conscribere (3), conscripsi, conscriptus - compose, write / **Graecus**, a, um - Greek / **littera**, ae (f) - (alphabetic) character, letter / **epistola** *iterum* / **intercipio**, intercipere (3), intercepi, interceptus - intercept / **noster**, nostra, nostrum - our / **consilium**, i (n) - measure, plan / **cognosco**, cognoscere (3), cognovi, cognitus - discover, learn / **ab** (prep) - by (with Abl) / **hostis**, is (m) - enemy

(E) **si** (conj) - if / [**Gallus**, i (m) - a Gaul] / **possum**, posse, potui - be able / **adeo**, adire (4), adii, aditus - approach, draw near / [**Caesar**, Caesaris (m) - Caius Iulius Caesar] / **moneo**, monēre (2), monui, monitus - advise, instruct, recommend / **abicio**, abicere (3), abieci, abiectus - cast, discharge, throw / **tragula**, ae (f) - (Gallic) dart, javelin / **cum** (prep) - with (with Abl) / **epistola**, ae (f) - letter, message / **deligo** (1) - bind fast / **ad** (prep) - to (with Acc) / **amentum**, i (n) - (leather) strap, thong (i.e., used for giving force to a spear cast) / **intra** (prep) - inside, within (with Acc) / **munitio**, onis (f) - fortification, rampart / **castra**, orum (n) - (military) camp

(F) **scribo**, scribere (3), scripsi, scriptus - write / **in** (prep) - in, within (with Abl) / **litterae**, arum (f) - dispatches, letters / **proficiscor**, proficisci (3), profectus - depart, set out / **cum** (prep) - with (with Abl) / **legio**, onis (f) - legion / **adsum**, adesse, adfui - arrive, be at hand, present / **celeriter** (adv) - quickly / **hortor**, hortari (1), hortatus - entreat, urge / [**Cicero**, onis (m) - Quintus Tullius Cicero (pr. 62 BC)] / **retineo**, retinēre (2), retinui, retentus - exemplify, maintain / **pristinus**, a, um - accustomed, former, previous / **virtus**, us (f) - courage, fortitude

(G) **Gallus**, i (m) - a Gaul / **vereor**, vereri (2), veritus - be apprehensive (about), fear / **periculum**, i (n) - danger, risk / **mitto**, mittere (3), misi, missus - cast, hurl, throw / **tragula**, ae (f) - (Gallic) dart, javelin / **praecipio**, praecipere (3), praecepi, praeceptis - admonish, instruct, warn / **casus**, us (m) - accident, chance (Abl, "by chance") / [**tragula** *iterum*] / **adhaereo**, adhaerēre (2), adhaesi, adhaesus - adhere, stick to (i.e., "embed itself") / **ad** (prep) - by, close to (with Acc) / **turris**, is (f) - (siege) tower / **animadverto**, animadvertere (3), animadverti, animadversus - notice, observe / **a** or **ab** (prep) - by (with Abl) / **noster**, nostra, nostrum - our / [**miles**, itis (m) - soldier] / **biduum**, i (n) - (period of) two days / **conspicio**, conspicere (3), conspexi, conspectus - observe, see / **a** *iterum* / **quidam**, quaedam, quiddam - a certain / **miles** *iterum* / **tertius**, a, um - third / **dies**, ei (m) - day / **demo**, demere (3), dempsi, demptus - take down, withdraw / **defero**, deferre, detuli, delatus - bear, carry, deliver / **ad** *iterum* / **Caesar**, Caesaris (m) - Caius Iulius Caesar

(H) **recito** (1) - read out (aloud) / [**epistola**, ae (f) - letter, message] / **perlego**, perlegere (3), perlegi, perlectus - read through (completely) / **in** (prep) - in (with Abl) / **conventus**, us (m) - assembly, (formal) gathering / **miles**, itis (m) - soldier / **adficio**, adficere (3), adfeci, adfectus - endow, imbue with / **omnis**, e - all / [**miles**, itis (m) - soldier] / **maximus**, a, um - greatest / **laetitia**, ae (f) - exultation, gladness, (joyous) relief

---

Quick Reference, COMMON PRONOUNS: **hic**, haec, hoc (dem. pron.) - this; he, she, it | **ille**, illa, illud (dem. pron.) - that; that (famous) one (yonder); he, she, it | **ipse**, ipsa, ipsum (intnsv. pron.) - (one's own) self; very | **is**, ea, id (dem. pron.) - this, that; (of) such (a kind); he, she, it | **qui**, quae, quod (rel. pron.) - who, which; that

(I) **tum** (adv) - then, thereupon / **fumus**, i (m) - smoke (column) / **incendium**, i (n) - fire / **video**, vidēre (2), vidi, visus - see (Pssv, "appear, be seen") / **procul** (adv) - at a distance, from afar / **res**, rei (f) - event, matter / **expello**, expellere (3), expuli, expulsus - drive away, expel / **omnis**, e - all, every / **dubitio**, onis (f) - doubt, uncertainty / **adventus**, us (m) - approach, arrival / **legio**, onis (f) - legion

GRAMMATICAL NOTES: 1. *opinione* (Abl of Separation, "from the expectation of"); 2. *consiliō eius probātō* (Abl Absol, "with his [i.e., Labienus'] decision having been considered appropriate"); 3. *magnīs itineribus* (Abl of Means); 4. *gerantur* (Subjunctive in an Indirect Question, "what things were taking place"); 5. *sit* (Subjunctive in an Indirect Question, "was"); 6. *magnīs praemiīs* (Abl of Means); 7. *deferat* (Subjunctive in an Indirect Command, "that he should deliver"); 8. *Graecīs litterīs* (Abl of Means); 9. *epistolā interceptā* (Abl Absol, "with the message having been intercepted"); 10. *cognoscantur* (Subjunctive in a Negative Clause of Purpose, "so that our plans would not be discovered"); 11. *possit* (Subjunctive in Indirect Speech, "if [the Gaul] was not able"); 12. *abiciat* (Subjunctive in an Indirect Command, "that he should throw"); 13. *retineat* (Subjunctive in an Indirect Command, "that he should maintain"); 14. *casū* (Abl of Manner, "by chance"); 15. *biduō* (Abl of Time When or Within Which); 16. *tertiō diē* (Abl of Time When); 17. *perlectam* (lit., "having already been read through" best read as if *ille perlegit [epistolam] et recitat*, "he read through the letter and then read it aloud..."); 18. *maximā laetitiā* (Abl of Means).

FULLY PARSED _____

(5.48.A): **Caesar** (masc nom sing); **deiectus** (perf pssv prcpl, masc nom sing); **opinione** (fem abl sing); **trium** (fem gen pl); **legionum** (fem gen pl); **consiliō** (neut abl sing); **eius** (masc gen sing); **probātō** (perf pssv prcpl, neut abl sing); **redierat** (pluperf actv indic 3 sing); **duas** (fem acc pl); **[legiones]** (fem acc pl); **ponebat** (impf actv indic 3 sing); **unum** (neut acc sing); **auxilium** (neut acc sing); **communis** (fem gen sing); **salutis** (fem gen sing); **celeritate** (fem abl sing); **venit** (perf actv indic 3 sing); **fines** (masc acc pl); **Nerviorum** (masc gen pl); **magnīs** (neut abl pl); **itineribus** (neut abl pl).

(5.48.B): **cognoscit** (prsnt actv indic 3 sing); **captivīs** (masc abl pl); **[ea]** (neut acc pl); **quae** (neut nom pl); **gerantur** (prsnt pssv subjv 3 pl); **Ciceronem** (masc acc sing); **quantō** (neut abl sing); **periculō** (neut abl sing); **res** (fem nom sing); **sit** (prsnt actv indic 3 sing).

(5.48.C): **persuadet** (prsnt actv indic 3 sing); **cuidam** (masc dat sing); **Gallīs** (masc abl pl); **equitibus** (masc abl pl); **magnīs** (neut abl pl); **praemiīs** (neut abl pl); **deferat** (prsnt actv subjv 3 sing); **epistolam** (fem acc sing); **Ciceronem** (masc acc sing).

(5.48.D): **mittit** (prsnt actv indic 3 sing); **hanc** (fem acc sing); **[epistolam]** (fem acc sing); **conscriptam** (perf pssv prcpl, fem acc sing); **Graecīs** (fem abl pl); **litterīs** (fem abl pl); **epistolā** (fem abl sing); **interceptā** (perf pssv prcpl, fem abl sing); **nostra** (neut nom pl); **consilia** (neut nom pl); **cognoscantur** (prsnt pssv subjv 3 pl); **hostibus** (masc abl pl).

(5.48.E): **[Gallus]** (masc nom sing); **possit** (prsnt actv subjv 3 sing); **adire** (prsnt actv infin); **[Caesar]** (masc nom sing); **monet** (prsnt actv indic 3 sing); **abiciat** (prsnt actv subjv 3 sing); **tragulam** (fem acc sing); **epistolā** (fem abl sing); **deligatā** (perf pssv prcpl, fem abl sing); **amentum** (neut acc sing); **munitionem** (fem acc sing); **castrorum** (neut gen pl).

(5.48.F): **scribit** (prsnt actv indic 3 sing); **litterīs** (fem abl pl); **se** (3 pers. reflxv. pron., masc acc sing); **profectum** (dep., perf pssv prcpl, masc acc sing); **legionibus** (fem abl pl); **adfore** (i.e., *adfuturum esse*, fut actv infin; masc acc sing); **hortatur** (dep., prsnt pssv indic 3 sing); **[Ciceronem]** (masc acc sing); **retineat** (prsnt actv subjv 3 sing); **pristinam** (fem acc sing); **virtutem** (fem acc sing).

(5.48.G): **Gallus** (masc nom sing); **veritus** (dep., perf pssv prcpl, masc nom sing); **periculum** (neut acc sing); **mittit** (prsnt actv indic 3 sing); **tragulam** (fem acc sing); **praeceptum erat** (impers., pluperf pssv indic 3 sing; neut acc); **casū** (masc abl sing); **haec** (fem nom sing); **[tragula]** (fem nom sing); **adhaesit** (perf actv indic 3 sing); **turrim** (fem acc sing); **animadversa** (perf pssv prcpl, fem nom sing); **nostrīs** (masc abl pl); **[militibus]** (masc abl pl); **biduō** (neut abl sing); **conspicitur** (prsnt pssv indic 3 sing); **quōdam** (masc abl sing); **milite** (masc abl sing); **tertiō** (masc abl sing); **diē** (masc abl sing); **dempta** (perf pssv prcpl, fem nom sing); **defertur** (prsnt pssv indic 3 sing); **Ciceronem** (masc acc sing).

Quick Reference, COMMON PRONOUNS: **hic**, haec, hoc (dem. pron.) - this; he, she, it | **ille**, illa, illud (dem. pron.) - that; that (famous) one (yonder); he, she, it | **ipse**, ipsa, ipsum (intnsv. pron.) - (one's own) self; very | **is**, ea, id (dem. pron.) - this, that; (of) such (a kind); he, she, it | **qui**, quae, quod (rel. pron.) - who, which; that

(5.48.H): **ille** (masc nom sing); **recitat** (prsnt actv indic 3 sing); **[epistolam]** (fem acc sing); **perlectam** (perf pssv prcpl, fem acc sing); **conventū** (masc abl sing); **militum** (masc gen pl); **adficit** (prsnt actv indic 3 sing); **omnes** (masc acc pl); **[milites]** (masc acc pl); **maximā** (fem abl sing); **laetitiā** (fem abl sing).

(5.48.I): **fumi** (masc nom pl); **incendiorum** (neut gen pl); **videbantur** (impf pssv indic 3 pl); **res** (fem nom sing); **quae** (fem nom sing); **expulit** (perf actv indic 3 sing); **omnem** (fem acc sing); **dubitationem** (fem acc sing); **adventus** (masc gen sing); **legionum** (fem gen pl).

* * * * * * * * * * * * * * * * * *

Quick Reference, COMMON PRONOUNS: **hic**, haec, hoc (dem. pron.) - this; he, she, it | **ille**, illa, illud (dem. pron.) - that; that (famous) one (yonder); he, she, it | **ipse**, ipsa, ipsum (intnsv. pron.) - (one's own) self; very | **is**, ea, id (dem. pron.) - this, that; (of) such (a kind); he, she, it | **qui**, quae, quod (rel. pron.) - who, which; that

Book Six

(Chapters 13-20)

Caesar's ORIGINAL TEXT (Book Six, Chapter 13): **(A)** In omni Gallia eorum hominum, qui aliquo sunt numero atque honore, genera sunt duo. **(B)** Nam plebes paene servorum habetur loco, quae nihil audet per se, nullo adhibetur consilio. **(C)** Plerique, cum aut aere alieno aut magnitudine tributorum aut iniuria potentiorum premuntur, sese in servitutem dicant nobilibus: in hos eadem omnia sunt iura, quae dominis in servos. **(D)** Sed de his duobus generibus alterum est druidum, alterum equitum. **(E)** Illi rebus divinis intersunt, sacrificia publica ac privata procurant, religiones interpretantur: ad hos magnus adulescentium numerus disciplinae causa concurrit, magnoque hi sunt apud eos honore. **(F)** Nam fere de omnibus controversiis publicis privatisque constituunt, et, si quod est admissum facinus, si caedes facta, si de hereditate, de finibus controversia est, idem decernunt, praemia poenasque constituunt; **(G)** si qui aut privatus aut populus eorum decreto non stetit, sacrificiis interdicunt. Haec poena apud eos est gravissima. **(H)** Quibus ita est interdictum, hi numero impiorum ac sceleratorum habentur, his omnes decedunt, aditum sermonemque defugiunt, ne quid ex contagione incommodi accipiant, neque his petentibus ius redditur neque honos ullus communicatur. **(I)** His autem omnibus druidibus praeest unus, qui summam inter eos habet auctoritatem. **(J)** Hoc mortuo aut si qui ex reliquis excellit dignitate succedit, aut, si sunt plures pares, suffragio druidum, nonnumquam etiam armis de principatu contendunt. **(K)** Hi certo anni tempore in finibus Carnutum, quae regio totius Galliae media habetur, considunt in loco consecrato. **(L)** Huc omnes undique, qui controversias habent, conveniunt eorumque decretis iudiciisque parent. **(M)** Disciplina in Britannia reperta atque inde in Galliam translata esse existimatur, et nunc, qui diligentius eam rem cognoscere volunt, plerumque illo discendi causa proficiscuntur.

SUGGESTED WORD ORDER (Book Six, Chapter 13). **(A)** In omnī Galliā sunt duo genera eorum hominum qui sunt aliquō numerō atque honore.[1] **(B)** Nam plebes, quae audet [facere] nihil per se, habetur paene [in] locō servorum [et] adhibetur nullo consilio.[2] **(C)** Plerique, cum premuntur aut alienō aere[3] aut magnitudine[4] tributorum aut iniuriā[5] potentiorum [virorum], dicant sese in servitutem nobilibus [viris]: sunt [eis nobilibus][6] omnia eadem iura in hos [plerosque], quae [sunt] dominis[7] in servos. **(D)** Sed de hīs duobus generibus [hominum]: alterum [genus] Druidum, alterum [genus] equitum. **(E)** Illi intersunt divinis rebus, procurant publica ac privata sacrificia, [et] interpretantur religiones; magnus numerus adulescentium concurrit ad hos causā disciplinae [et] hi sunt magnō honore[8] apud eos. **(F)** Nam constituunt de fere omnibus publicīs [et] privatīs controversiīs, et si quod facinus admissum est, si caedes facta [i.e., facta est], si est controversia de hereditate [aut] de finibus, idem[9] decernunt [et] constituunt praemia [et] poenas. **(G)** Si qui eorum aut privatus aut publicus non stetit decretō, interdicunt [eos] sacrificiīs;[10] haec est gravissima poena apud eos. **(H)** Ita hi [viri], quibus interdictum est,[11] habentur [esse in] numerō impiorum ac sceleratorum: omnes decedunt hīs[12] [et] defugiunt aditum [et] sermonem ne accipiant[13] quid incommodi[14] ex contagione, neque ius redditur his petentibus neque ullus honos communicatur [his]. **(I)** Autem unus praeest omnibus his Druidibus, qui habet summam auctoritatem inter eos. **(J)** Hōc mortuō,[15] aut si qui ex reliquīs excellit dignitate,[16] succedit, aut si plures sunt pares, [diliguntur] suffragiō[17] Druidum; nonnumquam etiam contendunt de principatū armīs.[18] **(K)** Hi considunt certō tempore[19] anni in consecratō loco in finibus Carnutum, regio quae habetur [esse] media totius Galliae. **(L)** Huc omnes qui habent controversias conveniunt undique [et] parent decretis [et] iudiciis eorum. **(M)** Disciplina [Druidum] exisimatur reperta [i.e., reperta esse] in Brittaniā atque inde translata esse in Galliam; et nunc qui volunt cognoscere eam rem diligentius plerumque proficiscuntur illo causā discendi.[20]

6.13 VOCABULARY SECTIONS

(A)   **in** (prep) - in (with Abl) / **omnis**, e - all / **Gallia**, ae (f) - Gaul / **duo**, ae, o (num. adj.) - two / **genus**, eris (n) - class, order / **homo**, inis (m) - man / **aliqui**, aliqua, aliquod - any, some / **numerus**, i (m) - position (of influence), rank / **honos**, oris (m) - dignity, esteem, honor

(B)   **plebes**, ei (f) - (common) populace (i.e., "the masses") / **audeo**, audēre (2), ausus sum (defect.) - dare, presume / [**facio**, facere (3), feci, factus - do, undertake] / **nihil** (indecl., n) - nothing / **per** (prep) - by, through (with Acc) / **habeo**, habēre (2), habui, habitus - have, hold; regard / **paene** (adv) - almost, nearly / [**in** (prep) - in (with Abl)] / **locus**, i (m) - (social) position, status / **servus**, i (m) - slave / **adhibeo**, adhibēre (2), adhibui, adhibitus - admit, invite, summon to (with Dat) / **nullus**, a, um - no, not any / **consilium**, i (n) - council, (formal) meeting

---

Quick Reference, COMMON PRONOUNS: **hic**, haec, hoc (dem. pron.) - this; he, she, it | **ille**, illa, illud (dem. pron.) - that; that (famous) one (yonder); he, she, it | **ipse**, ipsa, ipsum (intnsv. pron.) - (one's own) self; very | **is**, ea, id (dem. pron.) - this, that; (of) such (a kind); he, she, it | **qui**, quae, quod (rel. pron.) - who, which; that

(C) **plerique**, pleraeque, pleraque - most (i.e., "the majority") / **cum** (conj) - when / **premo**, premere (3), pressi, pressus - oppress, overburden / **alienus**, a, um - belonging to another, unfavorable / **aes**, aeris (n) - bronze (with *alienum*, "debt") / **magnitudo**, inis (f) - great size, large quantity / **tributum**, i (n) - tax (payment) / **iniuria**, ae (f) - injustice, oppression / **potens**, entis - mighty, powerful / [**vir**, viri (m) - man] / **dico** (1) - dedicate, devote / **in** (prep) - into (with Acc) / **servitus**, utis (f) - (state of) serfdom, vassalage / **nobilis**, e - noble / [**vir** *iterum*] / **omnis**, e - all / **idem**, eadem, idem - same / **ius**, iuris (n) - (legal) right / **in** (prep) - over, with regard to (with Acc) / [**plerique** *iterum*] / **dominus**, i (m) - master, owner / **in** *iterum* / **servus**, i (m) - slave

(D) **de** (prep) - about, concerning (with Abl) / **duo**, ae, o (num. adj.) - two / **genus**, eris (n) - class, order / [**homo**, inis (m) - man] / **alter**, altera, alterum - the other (*alterum...alterum*, "the one...the other") / [**genus** *iterum*] / **Druides**, um (m) - the Druids / **alter** *iterum* / [**genus** *iterum*] / **eques**, itis (m) - knights (used here to denote the Gallic warrior caste)

(E) **ille**, illa, illud - the former (i.e., "the Druids") / **intersum**, interesse, interfui, interfuturus - attend to, be concerned with (with Dat) / **divinus**, a, um - divine, religious / **res**, rei (f) - affair, matter / **procuro** (1) - take charge of, tend (to) / **publicus**, a, um - general, public / **privatus**, a, um - private / **sacrificium**, i (n) - sacrifice / **interpretor**, interpretari (1), interpretatus - explain, expound / **religio**, onis (f) - ceremony, ritual / **magnus**, a, um - great, large / **numerus**, i (m) - number / **adulescens**, entis (m) - young man / **concurro**, concurrere (3), concurri, concursus - attend (upon), gather / **ad** (prep) - to (with Acc) / **causa**, ae (f) - cause, reason (with Gen, "for the sake of ___") / **disciplina**, ae (f) - learning, training / **magnus** *iterum* / **honos**, oris (m) - dignity, esteem, honor / **apud** (prep) - among (with Acc)

(F) **constituo**, constituere (3), constitui, constitutus - resolve, settle (with *de*, "decide upon") / **de** (prep) - about, concerning (with Abl) / **fere** (adv) - almost, nearly / **omnis**, e - all / **publicus**, a, um - general, public / **privatus**, a, um - private / **controversia**, ae (f) - dispute, litigation / **si** (conj) - if / **qui**, qua, quod (indef. adj.) - any / **facinus**, oris (n) - crime, (villainous) act / **admitto**, admittere (3), admisi, admissus - commit / **si** *iterum* / **caedes**, is (f) - slaughter / **facio**, facere (3), feci, factus - do, perform / **si** *iterum* / **controversia** *iterum* / **de** *iterum* / **hereditas**, atis (f) - inheritance / **de** *iterum* / **finis**, is (m) - boundary / **idem**, eadem, idem - same / **decerno**, decernere, (3), decrevi, decretus - decide, judge / **constituo** *iterum* / **praemium**, i (n) - reward / **poena**, ae (f) - compensation, penalty

(G) **si** (conj) - if / **qui**, qua, quod (indef. pron.) - anyone, anything / **privatus**, a, um - private / **publicus**, a, um - public / **sto**, stare (1), steti, status - abide by (with Abl) / **decretum**, i (n) - decree, decision / **interdico**, interdicere (3), interdixi, interdictus - "exclude, prohibit (Acc of Person) from (Abl of Thing)" / **sacrificium**, i (n) - sacrifice / **gravis**, e - serious, severe / **poena**, ae (f) - penalty, punishment / **apud** (prep) - among (with Acc)

(H) **ita** (adv) - consequently, thus / [**vir**, viri (m) - man] / **interdico**, interdicere (3), interdixi, interdictus - exclude, prohibit / **habeo**, habēre (2), habui, habitus - have, hold; regard / [**in** (prep) - among, in (with Abl)] / **numerus**, i (m) - number (i.e., "category, class") / **impius**, a, um - impious, wicked / **sceleratus**, a, um - accursed, criminal, outlawed / **omnis**, e - all / **decedo**, decedere (3), decessi, decessus - shrink, withdraw from (with Abl) / **defugio**, defugere (3), defugi - avoid, shun / **aditus**, us (m) - approach (i.e., "social encounter") / **sermo**, onis (m) - conversation / **accipio**, accipere (3), accepi, acceptus - experience, receive, suffer / **qui**, qua, quid (indef. pron.) - anyone, anything / **incommodium**, i (n) - disaster, (harmful) loss, trouble / **ex** (prep) - from (with Abl) / **contagio**, onis (f) - association, contact / **ius**, iuris (n) - justice / **reddo**, reddere (3), reddidi, redditus - deliver, render / **peto**, petere (3), petivi, petitus - seek (to obtain), solicit / **ullus**, a, um - any / **honos**, oris (m) - dignity, honor / **communico** (1) - impart, share

(I) **autem** (conj) - moreover / **unus**, a, um - (one) single / **praesum**, praeesse, praefui - have command of, preside over (with Dat) / **omnis**, e - all / **Druides**, um (m) - the Druids / **habeo**, habēre (2), habui, habitus - have, hold / **summus**, a, um - greatest, highest / **auctoritas**, atis (f) - authority, prestige / **inter** (prep) - among (with Acc)

(J) **morior**, mori (3), mortuus - die / **si** (conj) - if / **qui**, qua, quid (indef. pron.) - anyone, anything / **ex** (prep) - from (among), out of (with Abl) / **reliquus**, a, um - the (other) remaining, the rest (of) / **excello**, excellere (3) - distinguish

---

Quick Reference, COMMON PRONOUNS: **hic**, haec, hoc (dem. pron.) - this; he, she, it | **ille**, illa, illud (dem. pron.) - that; that (famous) one (yonder); he, she, it | **ipse**, ipsa, ipsum (intnsv. pron.) - (one's own) self; very | **is**, ea, id (dem. pron.) - this, that; (of) such (a kind); he, she, it | **qui**, quae, quod (rel. pron.) - who, which; that

oneself, excel, stand out / **dignitas**, atis (f) - (dignity of) merit, rank / **succedo**, succedere (3), successi, successus - follow (in succession), succeed / *si iterum* / **plus**, pluris - more (i.e., "many, several") / **par**, paris - equal, similar / [**deligo**, deligere (3), delegi, delectus - choose, select] / **suffragium**, i (n) - decision, vote / **Druides**, um (m) - the Druids / **nonnumquam** (adv) - sometimes / **etiam** (conj) - also, even / **contendo**, contendere (3), contendi, contentus - fight, struggle / **de** (prep) - about, concerning (with Abl) / **principatus**, us (m) - (position of) leadership / **arma**, orum (n) - (feats of) arms, weapons

(K) **consido**, considere (3), consedi, consessus - assemble / **certus**, a, um - appointed, fixed / **tempus**, oris (n) - (period of) time / **annus**, i (m) - year / **in** (prep) - in (with Abl) / **consecro** (1) - consecrate, dedicate (to a deity) / **locus**, i (m) - place / **in** *iterum* / **finis**, is (m) - border; (pl) land, territory / **Carnutes**, ium (m) - the Carnutes (a Gallic tribe) / **regio**, onis (f) - region / **habeo**, habēre (2), habui, habitus - have, hold; regard / **medius**, a, um - the middle (of) / **totus**, a, um - all, entire / **Gallia**, ae (f) - Gaul

(L) **huc** (adv) - hither, to this place / **omnis**, e - all / **habeo**, habēre (2), habui, habitus - have, hold / **controversia**, ae (f) - dispute, litigation / **convenio**, convenire (4), conveni, conventus - assemble, gather / **undique** (adv) - from every place / **pareo**, parēre (2), parui, paritus - obey, submit to (with Dat) / **decretum**, i (n) - decree, decision / **iudicium**, i (n) - decision, judgment

(M) **disciplina**, ae (f) - culture, (educational) tradition / [**Druides**, um (m) - the Druids] / **existimo** (1) - believe, suppose / **reperio**, reperire (4), repperi, repertus - originate / **in** (prep) - in (with Abl) / **Brittania**, ae (f) - Britain / **inde** (adv) - thence, thereupon / **transfero**, transferre, transtuli, translatus - bring over, carry across / **in** (prep) - into (with Acc) / **Gallia**, ae (f) - Gaul / **nunc** (adv) - now / **volo**, velle, volui - be willing, wish / **cognosco**, cognoscere (3), cognovi, cognitus - discover, learn / **res**, rei (f) - area (of knowledge), subject (of study) / **diligenter** (adv) - accurately / **plerumque** (adv) - frequently, generally / **proficiscor**, proficisci (3), profectus - depart, set out / **illo** (adv) - thither, to that place / **causa**, ae (f) - cause, reason (with Gen, "for the sake of ____") / **disco**, discere (3), didici - learn

GRAMMATICAL NOTES: 1. *aliquō numerō atque honore* (Ablatives of Description, "of any rank and honor"); 2. *nullo consilio* (Dative Objects; here, Caesar uses the rare form *nullo* rather than the usual *nulli*); 3-5. *alienō aere ... magnitudine ... iniuriā* (Ablatives of Means); 6-7. *[eis nobilibus] ... dominis* (Datives of Possession; read clause as "there are [for these nobles] all the same legal rights with regard to those [who constitute the many], which [there are] for masters with regard to slaves"); 8. *magnō honore* (Abl of Quality, "held in great honor, with great esteem"); 9. *idem* (this emphatic pronoun has adverbial force, "these very same men likewise"); 10. *sacrificiīs* (Abl of Separation); 11. *quibus interdictum est* ("for whom it has been prohibited"); 12. *hīs* (Abl of Separation); 13. *accipiant* (Subjunctive in a Negative Clause of Purpose, "lest they suffer"); 14. *incommodi* (Partitive Genitive after *quid*, "anything of trouble," i.e., "any trouble"); 15. *hōc mortuō* (Abl Absol, "with this one having died"); 16. *dignitate* (Abl of Respect, "in dignity of rank"); 17. *suffragiō* (Abl of Means); 18. *armīs* (Abl of Means); 19. *certō tempore* (Abl of Time When); 20. *discendi* (Gerund, "of learning").

FULLY PARSED

(6.13.A): **omnī** (fem abl sing); **Galliā** (fem abl sing); **sunt** (prsnt actv indic 3 pl); **duo** (neut nom pl); **genera** (neut nom pl); **eorum** (masc gen pl); **hominum** (masc gen pl); **qui** (masc nom pl); **sunt** (prsnt actv indic 3 pl); **aliquō** (masc anl sing); **numerō** (masc abl sing); **honore** (masc abl sing).

(6.13.B): **plebes** (fem nom sing); **quae** (fem nom sing); **audet** (prsnt actv indic 3 sing); **[facere]** (prsnt actv infin); **nihil** (indecl., read as neut acc sing); **se** (3 pers. reflxv. pron., fem acc sing); **habetur** (prsnt pssv indic 3 sing); **locō** (masc abl sing); **servorum** (masc gen pl); **adhibetur** (prsnt pssv indic 3 sing); **nullo** (i.e., *nulli*, neut dat sing); **consilio** (neut dat sing).

(6.13.C): **plerique** (masc nom pl); **premuntur** (prsnt pssv indic 3 pl); **alienō** (neut abl sing); **aere** (neut abl sing); **magnitudine** (fem abl sing); **tributorum** (neut gen pl); **iniuriā** (fem abl sing); **potentiorum** (masc gen pl; comp. of *potens*); **[virorum]** (masc gen pl);

Quick Reference, COMMON PRONOUNS: **hic**, haec, hoc (dem. pron.) - this; he, she, it | **ille**, illa, illud (dem. pron.) - that; that (famous) one (yonder); he, she, it | **ipse**, ipsa, ipsum (intnsv. pron.) - (one's own) self; very | **is**, ea, id (dem. pron.) - this, that; (of) such (a kind); he, she, it | **qui**, quae, quod (rel. pron.) - who, which; that

dicant (prsnt actv indic 3 pl); **sese** (3 pers. reflxv. pron., masc acc pl); **servitutem** (fem acc sing); **nobilibus** (masc dat pl); **[viris]** (masc dat pl); **sunt** (prsnt actv indic 3 pl); **[eis]** (masc dat pl); **[nobilibus]** (masc dat pl); **omnia** (neut nom pl); **eadem** (neut nom pl); **iura** (neut nom pl); **hos** (masc acc pl); **[plerosque]** (masc acc pl); **quae** (neut nom pl); **[sunt]** (prsnt actv indic 3 pl); **dominis** (masc dat pl); **servos** (masc acc pl).

(6.13.D): **hīs** (neut abl pl); **duobus** (neut abl pl); **generibus** (neut abl pl); **[hominum]** (masc gen pl); **alterum** (neut nom sing); **[genus]** (neut nom sing); **Druidum** (masc gen pl); **alterum** (neut nom sing); **[genus]** (neut nom sing); **equitum** (masc gen pl).

(6.13.E): **illi** (masc nom pl); **intersunt** (prsnt actv indic 3 pl); **divinis** (fem dat pl); **rebus** (fem dat pl); **procurant** (prsnt actv indic 3 pl); **publica** (neut acc pl); **privata** (neut acc pl); **sacrificia** (neut acc pl); **interpretantur** (dep., prsnt pssv indic 3 pl); **religiones** (fem acc pl); **magnus** (masc nom sing); **numerus** (masc nom sing); **adulescentium** (masc gen pl); **concurrit** (prsnt actv indic 3 sing); **hos** (masc acc pl); **causā** (fem abl sing); **disciplinae** (fem gen sing); **hi** (masc nom pl); **sunt** (prsnt actv indic 3 pl); **magnō** (masc abl sing); **honore** (masc abl sing); **eos** (masc acc pl).

(6.13.F): **constituunt** (prsnt actv indic 3 pl); **omnibus** (fem abl pl); **publicīs** (fem abl pl); **privatīs** (fem abl pl); **controversiīs** (fem abl pl); **quod** (neut nom sing); **facinus** (neut nom sing); **admissum est** (perf pssv indic 3 sing; neut nom); **caedes** (fem nom sing); **facta** (i.e., *facta est*, perf pssv indic 3 sing; fem nom); **est** (prsnt actv indic 3 sing); **controversia** (fem nom sing); **hereditate** (fem abl sing); **finibus** (masc abl pl); **idem** (masc nom pl); **decernunt** (prsnt actv indic 3 pl); **constituunt** (prsnt actv indic 3 pl); **praemia** (neut acc pl); **poenas** (fem acc pl).

(6.13.G): **qui** (masc nom sing); **eorum** (masc gen pl); **privatus** (masc nom sing); **publicus** (masc nom sing); **stetit** (perf actv indic 3 sing); **decretō** (neut abl sing); **interdicunt** (prsnt actv indic 3 pl); **[eos]** (masc acc pl); **sacrificiīs** (neut abl pl); **haec** (fem nom sing); **est** (prsnt actv indic 3 sing); **gravissima** (fem nom sing; supl. of *gravis*); **poena** (fem nom sing); **eos** (masc acc pl).

(6.13.H): **hi** (masc nom pl); **[viri]** (masc nom pl); **quibus** (masc dat pl); **interdictum est** (impers., perf pssv indic 3 sing; neut nom); **habentur** (prsnt pssv indic 3 pl); **[esse]** (prsnt actv infin); **numerō** (masc abl sing); **impiorum** (masc gen pl); **sceleratorum** (masc gen pl); **omnes** (masc nom pl); **decedunt** (prsnt actv indic 3 pl); **hīs** (masc abl pl); **defugiunt** (prsnt actv indic 3 pl); **aditum** (masc acc sing); **sermonem** (masc acc sing); **accipiant** (prsnt actv subjv 3 pl); **quid** (neut acc sing); **incommodi** (neut gen sing); **contagione** (fem abl sing); **ius** (neut nom sing); **redditur** (prsnt pssv indic 3 sing); **his** (masc dat pl); **petentibus** (prsnt actv prcpl, masc dat pl); **ullus** (masc nom sing); **honos** (masc nom sing); **communicatur** (prsnt pssv indic 3 sing); **[his]** (masc dat pl).

(6.13.I): **unus** (masc nom sing); **praeest** (prsnt actv indic 3 sing); **omnibus** (masc dat pl); **his** (masc dat pl); **Druidibus** (masc dat pl); **qui** (masc nom sing); **habet** (prsnt actv indic 3 sing); **summam** (fem acc sing); **auctoritatem** (fem acc sing); **eos** (masc acc pl).

(6.13.J): **hōc** (masc abl sing); **mortuō** (dep., perf pssv prcpl, masc abl sing); **qui** (masc nom sing); **reliquīs** (masc abl pl); **excellit** (prsnt actv indic 3 sing); **dignitate** (fem abl sing); **succedit** (prsnt actv indic 3 sing); **plures** (masc nom pl; comp. of *multus*); **sunt** (prsnt actv indic 3 pl); **pares** (masc nom pl); **[diliguntur]** (prsnt pssv indic 3 pl); **suffragiō** (neut abl sing); **Druidum** (masc gen pl); **contendunt** (prsnt actv indic 3 pl); **principatū** (masc abl sing); **armīs** (neut abl pl).

(6.13.K): **hi** (masc nom pl); **considunt** (prsnt actv indic 3 pl); **certō** (neut abl sing); **tempore** (neut abl sing); **anni** (masc gen sing); **consecratō** (perf pssv prcpl, masc abl sing); **locō** (masc abl sing); **finibus** (masc abl pl); **Carnutum** (masc gen pl); **regio** (fem nom sing); **quae** (fem nom sing); **habetur** (prsnt pssv indic 3 sing); **[esse]** (prsnt actv infin); **media** (fem nom sing); **totius** (fem gen sing); **Galliae** (fem gen sing).

(6.13.L): **omnes** (masc nom pl); **qui** (masc nom pl); **habent** (prsnt actv indic 3 pl); **controversias** (fem acc pl); **conveniunt** (prsnt actv indic 3 pl); **parent** (prsnt actv indic 3 pl); **decretis** (neut dat pl); **iudiciis** (neut dat pl); **eorum** (masc gen pl).

(6.13.M): **disciplina** (fem nom sing); **[Druidum]** (masc gen pl); **exisimatur** (prsnt pssv indic 3 sing); **reperta** (i.e., *reperta esse*, perf pssv infin; fem nom sing); **Brittaniā** (fem abl sing); **translata esse** (perf pssv infin; fem nom sing); **Galliam** (fem acc sing); **qui**

Quick Reference, COMMON PRONOUNS: **hic**, haec, hoc (dem. pron.) - this; he, she, it | **ille**, illa, illud (dem. pron.) - that; that (famous) one (yonder); he, she, it | **ipse**, ipsa, ipsum (intnsv. pron.) - (one's own) self; very | **is**, ea, id (dem. pron.) - this, that; (of) such (a kind); he, she, it | **qui**, quae, quod (rel. pron.) - who, which; that

(masc nom pl); **volunt** (prsnt actv indic 3 pl); **cognoscere** (prsnt actv infin); **eam** (fem acc sing); **rem** (fem acc sing); **diligentius** (comp. of *diligenter*); **proficiscuntur** (dep., prsnt pssv indic 3 pl); **causā** (fem abl sing); **discendi** (Gerund; fut pssv prcpl, neut gen sing).

* * * * * * * * * * * * * * * * * * *

<u>Caesar's **ORIGINAL TEXT (Book Six, Chapter 14)**</u>: **(A)** Druides a bello abesse consuerunt neque tributa una cum reliquis pendunt; militiae vacationem omniumque rerum habent immunitatem. **(B)** Tantis excitati praemiis et sua sponte multi in disciplinam conveniunt et a parentibus propinquisque mittuntur. **(C)** Magnum ibi numerum versuum ediscere dicuntur. Itaque annos nonnulli vicenos in disciplina permanent. **(D)** Neque fas esse existimant ea litteris mandare, cum in reliquis fere rebus, publicis privatisque rationibus Graecis litteris utantur. **(E)** Id mihi duabus de causis instituisse videntur, quod neque in vulgum disciplinam efferri velint neque eos, qui discunt, litteris confisos minus memoriae studere: quod fere plerisque accidit, ut praesidio litterarum diligentiam in perdiscendo ac memoriam remittant. **(F)** In primis hoc volunt persuadere, non interire animas, sed ab aliis post mortem transire ad alios, atque hoc maxime ad virtutem excitari putant metu mortis neglecto. **(G)** Multa praeterea de sideribus atque eorum motu, de mundi ac terrarum magnitudine, de rerum natura, de deorum immortalium vi ac potestate disputant et iuventuti tradunt.

SUGGESTED WORD ORDER (Book Six, Chapter 14). **(A)** Druides consuerunt [i.e., consueverunt] abesse a bellō neque pendunt tributa una cum reliquīs; habent vacationem militiae [et] immunitatem omnium rerum. **(B)** Excitati <u>tantīs praemiīs</u>,[1] multi et conveniunt in disciplinam suā sponte et mittuntur a parentibus [et] propinquīs. **(C)** Ibi <u>dicuntur</u>[2] ediscere magnum numerum versuum; itaque nonnulli permanent in disciplinā <u>vicenos annos</u>.[3] **(D)** Neque existimant esse fas mandare ea litteris, cum fere <u>utantur</u>[4] Graecīs litterīs in reliquīs rebus, [et] publicīs [et] privatīs rationibus. **(E)** Videntur mihi instituisse id de duabus causīs, quod neque <u>velint</u>[5] disciplinam efferri in vulgum neque eos qui discunt, confisos litteris, studere minus memoriae; quod fere accidit plerisque ut <u>remittant</u>[6] diligentiam <u>in perdiscendō</u>[7] ac memoriam <u>praesidiō</u>[8] litterarum. **(F)** Volunt persuadere hoc in primīs: animas non interire sed transire post mortem ab aliīs ad alios, atque putant [viros] excitari maxime ad virtutem <u>hōc</u>,[9] <u>metū mortis neglectō</u>.[10] **(G)** Praeterea disputant et tradunt multa iuventuti de sideribus atque motū eorum, de magnitudine mundi ac terrarum, de naturā rerum, de vī ac potestate immortalium deorum.

6.14 <u>VOCABULARY SECTIONS</u>

(A) **Druides**, um (m) - the Druids / **consuesco**, consuescere (3), consuevi, consuetus - be accustomed / **absum**, abesse, afui, afuturus - keep aloof, refrain / **a** (prep) - from (with Abl) / **bellum**, i (n) - war / **pendo**, pendere (3), pependi, pensus - pay / **tributum**, i (n) - tax (payment), tribute / **una** (adv) - together / **cum** (prep) - with (with Abl) / **reliquus**, a, um - the remaining, the rest (of) / **habeo**, habēre (2), habui, habitus - have, hold / **vacatio**, onis (f) - dispensation (with Gen, "exemption from ___") / **militia**, ae (f) - military service / **immunitas**, atis (f) - immunity (with Gen, "freedom from ___") / **omnis**, e - all, every / **res**, rei (f) - affair, duty, service

(B) **excito** (1) - encourage, induce / **tantus**, a, um - so great, such / **praemium**, i (n) - benefit, reward / **multus**, a, um - much; (pl) many / **convenio**, convenire (4), conveni, conventus - assemble, gather / **in** (prep) - into (with Acc) / **disciplina**, ae (f) - (course of) learning, training / **suus**, a, um - (one's) own / **spons**, spontis (f) - free will (adverbial Abl with *suā*, "by one's own accord, voluntarily") / **mitto**, mittere (3), misi, missus - send / **a** (prep) - by (with Abl) / **parens**, entis (m and f) - parent / **propinquus**, i (m) - kinsman, (family) relation

(C) **ibi** (adv) - there / **dico**, dicere (3), dixi, dictus - assert, say / **edisco**, ediscere (3), edidici - commit to memory, learn thoroughly / **magnus**, a, um - great, large / **numerus**, i (m) - number / **versus**, us (m) - line (of poetry), verse / **itaque** (conj) - accordingly, and so / **nonnullus**, a, um - some; (pl) several / **permaneo**, permanēre (2), permansi, permansus - continue, persist, remain / **in** (prep) - in (with Abl) / **disciplina**, ae (f) - (course of) learning, training / **viceni**, ae, a - twenty / **annus**, i (m) - year

---

<u>Quick Reference, **COMMON PRONOUNS**</u>: **hic**, haec, hoc (dem. pron.) - this; he, she, it | **ille**, illa, illud (dem. pron.) - that; that (famous) one (yonder); he, she, it | **ipse**, ipsa, ipsum (intnsv. pron.) - (one's own) self; very | **is**, ea, id (dem. pron.) - this, that; (of) such (a kind); he, she, it | **qui**, quae, quod (rel. pron.) - who, which; that

(D) **existimo** (1) - believe, reckon, think / **fas** (indecl., n) - lawful, right / **mando** (1) - commit, entrust / **littera**, ae (f) - (alphabetic) letter; (pl) writing / **cum** (conj) - although / **fere** (adv) - for the most part, generally / **utor**, uti (3), usus - adopt, employ, use (with Abl) / **Graecus**, a, um - Greek / **littera** *iterum* / **in** (prep) - in (with Abl) / **reliquus**, a, um - remaining, the rest (of) / **res**, rei (f) - affair, matter / / **publicus**, a, um - general, public / **privatus**, a, um - private / **ratio**, onis (f) - (business) matter; (pl) affairs, interests

(E) **video**, vidēre (2), vidi, visus - see (Pssv, "appear, seem") / **instituo**, instituere (3), institui, institutus - establish, institute / **de** (prep) - for, on account of (with Abl) / **duo**, ae, o (num. adj.) - two / **causa**, ae (f) - cause, reason / **quod** (conj) - because / **volo**, velle, volui - be willing, wish / **disciplina**, ae (f) - (course of) learning, training / **effero**, efferre, extuli, elatus - disclose, divulge / **in** (prep) - among (with Acc) / **vulgus**, i (n) - (common) people / **disco**, discere (3), didici - learn / **confido**, confidere (3), confisus sum (defect.) - rely upon (with Dat) / **littera**, ae (f) - (alphabetic) letter; (pl) writing / **studeo**, studēre (2), studui - make use of, pay attention to (with Dat) / **minus** (adv) - less / **memoria**, ae (f) - (art of) memory / **quod** *iterum* / **fere** (adv) - generally / **accido**, accidere (3), accidi - befall, happen to (with Dat) / **plerique**, pleraeque, pleraque - the majority (of people), (very) many / **remitto**, remittere (3), remisi, remissus - diminish, weaken / **diligentia**, ae (f) - attentiveness, diligence / **in** (prep) - in (with Abl) / **perdisco**, perdiscere (3), perdidici - learn thoroughly, master / **memoria** *iterum* / **praesidium**, i (n) - assistance / **littera** *iterum*

(F) **volo**, velle, volui - want, wish / **persuadeo**, persuadēre (2), persuasi, persuasus - inculcate, propound / **in** (prep) - among, in (with Abl) / **primus**, a, um - foremost, principal (with *in*, "among the main tenets" or perhaps "in particular") / **anima**, ae (f) - soul / **intereo**, interire, interivi, interitus - die, perish / **transeo**, transire, transii, transitus - cross, pass over / **post** (prep) - after (with Acc) / **mors**, mortis (f) - death / **ab** (prep) - from (with Abl) / **alius**, alia, aliud - another, other / **ad** (prep) - to (with Acc) / **alius** *iterum* / **puto** (1) - conclude, reckon, think / [**vir**, viri (m) - man] / **excito** (1) - arouse, encourage, inspire / **maxime** (adv) - especially, particularly / **ad** *iterum* / **virtus**, utis (f) - courage / **metus**, us (m) - dread, fear / **mors** *iterum* / **neglego**, neglegere (3), neglexi, neglectus - despise, disregard

(G) **praeterea** (adv) - besides, moreover / **disputo** (1) - discuss, examine / **trado**, tradere (3), tradidi, traditus - convey, impart / **multus**, a, um - much; (pl) many / **iuventus**, utis (f) - youth (i.e., "young men of military age") / **de** (prep) - about, concerning (with Abl) / **sidus**, eris (n) - constellation, heavenly body / **motus**, us (m) - motion, movement / **de** *iterum* / **magnitudo**, inis (f) - great size, extent / **mundus**, i (m) - universe, world / **terra**, ae (f) - earth, land / **de** *iterum* / **natura**, ae (f) - nature / **res**, rei (f) - thing / **de** *iterum* / **vis**, vis (f) - power / **potestas**, atis (f) - majesty, sovereignty / **immortalis**, e - immortal / **deus**, i (m) - god

<u>GRAMMATICAL NOTES</u>: **1.** *tantīs praemiīs* (Abl of Means or Cause, "by such great rewards"); **2.** *dicuntur* (lit., "they are said... ," i.e., "rumor has it that they..."); **3.** *vicenos annos* (Acc of Extent of Time); **4.** *utantur* (Subjunctive in a *cum* Clause, "although they make use of"); **5.** *velint* (Subjunctive in a Causal Clause denoting an Alleged Cause, "because they do not wish"); **6.** *remittant* (Subjunctive in a Clause of Result, "that they weaken"); **7.** *in perdiscendō* (Gerund, "in learning thoroughly"); **8.** *praesidiō* (Abl of Means); **9.** *hōc* (Abl of Cause, "because of this"); **10.** *metū mortis neglectō* (Abl Absol, "with the fear of death having been disregarded").

<u>**FULLY PARSED**</u>

(6.14.A): **Druides** (masc nom pl); **consuerunt** (i.e., *consueverunt*, perf actv indic 3 pl); **abesse** (prsnt actv infin); **bellō** (neut abl sing); **pendunt** (prsnt actv indic 3 pl); **tributa** (neut acc pl); **reliquīs** (masc abl pl); **habent** (prsnt actv indic 3 pl); **vacationem** (fem acc sing); **militiae** (fem gen sing); **immunitatem** (fem acc sing); **omnium** (fem gen pl); **rerum** (fem gen pl).

(6.14.B): **excitati** (perf pssv prcpl, masc nom pl); **tantīs** (neut abl pl); **praemiīs** (neut abl pl); **multi** (masc nom pl); **conveniunt** (prsnt actv indic 3 pl); **disciplinam** (fem acc sing); **suā** (fem abl sing); **sponte** (fem abl sing); **mittuntur** (prsnt pssv indic 3 pl); **parentibus** (masc abl pl); **propinquīs** (masc abl pl).

<u>Quick Reference</u>, **COMMON PRONOUNS**: **hic**, haec, hoc (dem. pron.) - this; he, she, it | **ille**, illa, illud (dem. pron.) - that; that (famous) one (yonder); he, she, it | **ipse**, ipsa, ipsum (intnsv. pron.) - (one's own) self; very | **is**, ea, id (dem. pron.) - this, that; (of) such (a kind); he, she, it | **qui**, quae, quod (rel. pron.) - who, which; that

(6.14.C): **dicuntur** (prsnt pssv indic 3 pl); **ediscere** (prsnt actv infin); **magnum** (masc acc sing); **numerum** (masc acc sing); **versuum** (masc gen pl); **nonnulli** (masc nom pl); **permanent** (prsnt actv indic 3 pl); **disciplinā** (fem abl sing); **vicenos** (masc acc pl); **annos** (masc acc pl).

(6.14.D): **existimant** (prsnt actv indic 3 pl); **esse** (prsnt actv infin); **fas** (indecl., read as neut acc sing); **mandare** (prsnt actv infin); **ea** (neut acc pl); **litteris** (fem dat pl); **utantur** (dep., prsnt pssv subjv 3 pl); **Graecīs** (fem abl pl); **litterīs** (fem abl pl); **reliquīs** (fem abl pl); **rebus** (fem abl pl); **publicīs** (fem abl pl); **privatīs** (fem abl pl); **rationibus** (fem abl pl).

(6.14.E): **videntur** (prsnt pssv indic 3 pl); **mihi** (1 pers. pron., masc dat sing); **instituisse** (perf actv infin); **id** (neut acc sing); **duabus** (fem abl pl); **causīs** (fem abl pl); **velint** (prsnt actv subjv 3 pl); **disciplinam** (fem acc sing); **efferri** (prsnt pssv infin); **vulgum** (neut acc sing); **eos** (masc acc pl); **qui** (masc nom pl); **discunt** (prsnt actv indic 3 pl); **confisos** (defect., perf pssv prcpl, masc acc pl); **litteris** (fem dat pl); **studere** (prsnt actv infin); **minus** (comp. of *paulum*); **memoriae** (fem dat sing); **accidit** (impers., prsnt actv indic 3 sing); **plerisque** (masc dat pl); **remittant** (prsnt actv subjv 3 pl); **diligentiam** (fem acc sing); **perdiscendō** (Gerund; fut pssv prcpl, neut abl sing); **memoriam** (fem acc sing); **praesidiō** (neut abl sing); **litterarum** (fem gen pl).

(6.14.F): **volunt** (prsnt actv indic 3 pl); **persuadere** (prsnt actv infin); **hoc** (neut acc sing); **primīs** (neut abl pl); **animas** (fem acc pl); **interire** (prsnt actv infin); **transire** (prsnt actv infin); **mortem** (fem acc sing); **aliīs** (masc abl pl); **alios** (masc acc pl); **putant** (prsnt actv indic 3 pl); **[viros]** (masc acc pl); **excitari** (prsnt pssv infin); **maxime** (supl. of *magnopere*); **virtutem** (fem acc sing); **hōc** (neut abl sing); **metū** (masc abl sing); **mortis** (fem gen sing); **neglectō** (perf pssv prcpl, masc abl sing).

(6.14.G): **disputant** (prsnt actv indic 3 pl); **tradunt** (prsnt actv indic 3 pl); **multa** (neut acc pl); **iuventuti** (fem dat sing); **sideribus** (neut abl pl); **motū** (masc abl sing); **eorum** (masc gen pl); **magnitudine** (fem abl sing); **mundi** (masc gen sing); **terrarum** (fem gen pl); **naturā** (fem abl sing); **rerum** (fem gen pl); **vī** (fem abl sing); **potestate** (fem abl sing); **immortalium** (masc gen pl); **deorum** (masc gen pl).

* * * * * * * * * * * * * * * * * * *

Caesar's **ORIGINAL TEXT (Book Six, Chapter 15)**: **(A)** Alterum genus est equitum. Hi, cum est usus atque aliquod bellum incidit (quod fere ante Caesaris adventum quotannis accidere solebat, uti aut ipsi iniurias inferrent aut inlatas propulsarent), omnes in bello versantur, atque eorum ut quisque est genere copiisque amplissimus, ita plurimos circum se ambactos clientesque habet. Hanc unam gratiam potentiamque noverunt.

> **SUGGESTED WORD ORDER (Book Six, Chapter 15)**. **(A)** Alterum genus est equitum. Cum est usus atque aliquod bellum incidit (quod solebat accidere fere quotannis ante adventum Caesaris, uti aut ipsi inferrent iniurias aut propulsarent [iniurias] inlatas), omnes hi versantur in bellō atque ut[1] quisque eorum est amplissimus genere[2] [et] copiīs[3] ita[1] habet plurimos ambactos [et] clientes circum se; noverunt hanc unam gratiam [et] potentiam.

6.15   VOCABULARY SECTIONS

(A)   **alter**, altera, alterum - the other kind (of two) / **genus**, eris (n) - class, order / **eques**, itis (m) - knights (used here to denote the Gallic warrior caste) / **cum** (conj) - when / **usus**, us (m) - necessity, need (with *esse*, "there comes an opportunity") / **aliqui**, aliqua, aliquod - any, some / **bellum**, i (n) - war / **incido**, incidere (3), incidi, incasus - arise, happen, occur / **soleo**, solēre (2), solitus sum (defect.) - be accustomed, in the habit / **accido**, accidere (3), accidi - come to pass, happen / **fere** (adv) - almost, nearly / **quotannis** (adv) - every single year / **ante** (prep) - before (with Acc) / **adventus**, us (m) - arrival / **Caesar**, Caesaris (m) - Caius Iulius Caesar / **infero**, inferre, intuli, inlatus - cause, inflict / **iniuria**, ae (f) - damage, harm, injury / **propulso** (1) - drive off, keep at bay, repel / **[iniuria** *iterum*] / **infero** *iterum* / **omnis**, e - all / **versor**, versari (1), versatus - be engaged in, occupied with / **in** (prep) - in (with Abl) / **bellum** *iterum* / **quisque**, quaeque, quidque (indef. pron.) - each, every (one) / **amplus**, a, um - distinguished, powerful / **genus**, eris (n) -

---

Quick Reference, COMMON PRONOUNS: **hic**, haec, hoc (dem. pron.) - this; he, she, it | **ille**, illa, illud (dem. pron.) - that; that (famous) one (yonder); he, she, it | **ipse**, ipsa, ipsum (intnsv. pron.) - (one's own) self; very | **is**, ea, id (dem. pron.) - this, that; (of) such (a kind); he, she, it | **qui**, quae, quod (rel. pron.) - who, which; that

birth, family (i.e., "social rank") / **copia**, ae (f) - abundance; (pl) property, wealth / **ita** (adv) - consequently, so / **habeo**, habēre (2), habui, habitus - have, hold, possess / **plurimus**, a, um - greatest, largest (amount) / **ambactus**, i (m) - vassal / **cliens**, entis (m) - client, retainer / **circum** (prep) - about, all around (with Acc) / **nosco**, noscere (3), novi, notus - be acquainted with, know / **unus**, a, um - one, single, only / **gratia**, ae (f) - (form of) influence / **potentia**, ae (f) - power

GRAMMATICAL NOTES: 1. *ut ... ita* (Correlatives, "so according to the extent that ... so"); 2-3. *genere [et] copiīs* (Ablatives of Respect, "with respect to birth and wealth").

FULLY PARSED _____

(6.15.A): **alterum** (neut nom sing); **genus** (neut nom sing); **est** (prsnt actv indic 3 sing); **equitum** (masc gen pl); **est** (prsnt actv indic 3 sing); **usus** (masc nom sing); **aliquod** (neut nom sing); **bellum** (neut nom sing); **incidit** (prsnt actv indic 3 sing); **quod** (neut nom sing); **solebat** (impf actv indic 3 sing); **accidere** (prsnt actv infin); **adventum** (masc acc sing); **Caesaris** (masc gen sing); **ipsi** (masc nom pl); **inferrent** (prsnt actv subjv 3 pl); **iniurias** (fem acc pl); **propulsarent** (prsnt actv subjv 3 pl); **[iniurias]** (fem acc pl); **inlatas** (perf pssv prcpl, fem acc pl); **omnes** (masc nom pl); **hi** (masc nom pl); **versantur** (dep., prsnt pssv indic 3 pl); **bellō** (neut abl sing); **quisque** (masc nom sing); **eorum** (masc gen pl); **est** (prsnt actv indic 3 sing); **amplissimus** (masc nom sing; supl. of *amplus*); **genere** (neut abl sing); **copiīs** (fem abl pl); **habet** (prsnt actv indic 3 pl); **plurimos** (masc acc pl); **ambactos** (masc acc pl); **clientes** (masc acc pl); **se** (3 pers. reflxv. pron., masc acc pl); **noverunt** (perf actv indic 3 pl); **hanc** (fem acc sing); **unam** (fem acc sing); **gratiam** (fem acc sing); **potentiam** (fem acc sing).

* * * * * * * * * * * * * * * * * * *

Caesar's **ORIGINAL TEXT (Book Six, Chapter 16)**: **(A)** Natio est omnis Gallorum admodum dedita religionibus, atque ob eam causam, qui sunt adfecti gravioribus morbis quique in proeliis periculisque versantur, aut pro victimis homines immolant aut se immolaturos vovent administrisque ad ea sacrificia druidibus utuntur, **(B)** quod, pro vita hominis nisi hominis vita reddatur, non posse deorum immortalium numen placari arbitrantur, publiceque eiusdem generis habent instituta sacrificia. **(C)** Alii immani magnitudine simulacra habent, quorum contexta viminibus membra vivis hominibus complent; quibus succensis circumventi flamma exanimantur homines. **(D)** Supplicia eorum qui in furto aut in latrocinio aut aliqua noxia sint comprehensi gratiora dis immortalibus esse arbitrantur; sed, cum eius generis copia defecit, etiam ad innocentium supplicia descendunt.

SUGGESTED WORD ORDER (Book Six, Chapter 16). **(A)** Omnis natio Gallorum dedita est admodum religionibus atque ob eam causam qui adfecti sunt gravioribus morbīs¹ [et] qui versantur in proeliīs [et] periculīs aut immolant homines pro victimīs aut vovent se immolaturos [eos, et] utuntur Druidibus administrīs ad ea sacrificia; **(B)** quod arbitrantur numen immortalium deorum non posse placari nisi vita hominis reddatur² pro vitā hominis, [et] habent sacrificia eiusdem generis instituta publice. **(C)** Alii habent simulacra immanī magnitudine³ quorum membra, contexta viminibus,⁴ complent vivīs hominibus;⁵ quibus succensīs,⁶ homines circumventi flammā⁷ exanimantur. **(D)** Arbitrantur supplicia eorum qui comprehensi sint⁸ in furtō aut in latrociniō aut [in] aliquā noxiā esse gratiora immortalibus dīs; sed, cum copia eius generis defecit, etiam descendunt ad supplicia innocentium.

6.16 **VOCABULARY SECTIONS**

(A) **omnis**, e - all, whole / **natio**, onis (f) - nation, race / **Galli**, orum (m) - the Gauls / **dedo**, dedere (3), dedidi, deditus - devote / **admodum** (adv) - completely, fully / **religio**, onis (f) - ceremony, ritual, (divine) service / **ob** (prep) - on account of (with Acc) / **causa**, ae (f) - cause, reason / **adficio**, adficere (3), adfeci, adfectus - affect, distress, trouble / **gravis**, e - noxious, severe / **morbus**, i (m) - disease, sickness / **versor**, versari (1), versatus - be engaged in / **in** (prep) - in (with Abl) / **proelium**, i (n) - battle / **periculum**, i (n) - danger, peril / **immolo** (1) - immolate, sacrifice / **homo**, inis (m) - man / **pro** (prep) - in the place of, instead of (with Abl) / **victima**, ae (f) - (sacrificial) offering, victim / **voveo**, vovēre (2), vovi, votus - promise, vow / **immolo** *iterum* / **utor**, uti (3), usus - employ, make use of (with Abl) / **Druides**, um (m) - the Druids / **administer**, tri (m) - attendant (i.e., "sacral agent") / **ad** (prep) - for (with Acc) /

Quick Reference, COMMON PRONOUNS: **hic**, haec, hoc (dem. pron.) - this; he, she, it | **ille**, illa, illud (dem. pron.) - that; that (famous) one (yonder); he, she, it | **ipse**, ipsa, ipsum (intnsv. pron.) - (one's own) self; very | **is**, ea, id (dem. pron.) - this, that; (of) such (a kind); he, she, it | **qui**, quae, quod (rel. pron.) - who, which; that

sacrificium, i (n) - sacrifice

(B) **quod** (conj) - because / **arbitror**, arbitrari (1), arbitratus - believe, suppose / **numen**, inis (n) - divine power, will / **immortalis**, e - immortal / **deus**, i (m) - god / **possum**, posse, potui - be able / **placo** (1) - appease, calm / **nisi** (conj) - unless / **vita**, ae (f) - life / **homo**, inis (m) - man / **reddo**, reddere (3), reddidi, redditus - give (back), pay, render / **pro** (prep) - in return for (with Abl) / **vita** *iterum* / **homo** *iterum* / **habeo**, habēre (2), habui, habitus - have, hold / **sacrificium**, i (n) - sacrifice / **idem**, eadem, idem - same / **genus**, eris (n) - kind, sort / **instituo**, instituere (3), institui, institutus - establish, ordain / **publice** (adv) - on behalf of the nation

(C) **alius**, alia, aliud - other / **habeo**, habēre (2), habui, habitus - have / **simulacrum**, i (n) - figure, image / **immanis**, e - enormous, immense / **magnitudo**, inis (f) - great bulk, size / **membrum**, i (n) - (bodily) limb, member / **contexo**, contexo (3), contexui, contextus - join, plait, weave together / **vimen**, inis (n) - willow (branch or twig), wickerwork / **compleo**, complēre (2), complevi, completus - fill up / **vivus**, a, um - alive, living / **homo**, inis (m) - man / **succendo**, succendere (3), succendi, succensus - burn, set on fire (from below) / **homo** *iterum* / **circumvenio**, circumvenire (4), circumveni, circumventus - encircle, surround / **flamma**, ae (f) - blaze, fire, flame / **exanimo** (1) - kill

(D) **arbitror**, arbitrari (1), arbitratus - believe, suppose / **supplicium**, i (n) - execution / **comprehendo**, comprehendere (3), comprehendi, comprehensus - catch (in the act), seize / **in** (prep) - in (with Abl) / **furtum**, i (n) - deceit, fraud, theft / **in** *iterum* / **latrocinium**, i (n) - banditry, robbery / [**in** *iterum*] / **aliqui**, aliqua, aliquod - any, some / **noxia**, ae (f) - crime, (act of) wrongdoing / **gratus**, a, um - pleasing, welcome / **immortalis**, e - immortal / **deus**, i (m) - god / **cum** (conj) - when / **copia**, ae (f) - abundance, (available) supply / **genus**, eris (n) - kind, sort / **deficio**, deficere (3), defeci, defectus - be depleted, fail, run short / **etiam** (conj) - also, even / **descendo**, descendere (3), descendi, descensus - lower oneself, resort to / **ad** (prep) - to (with Acc) / **supplicium** *iterum* / **innocens**, entis - guiltless, innocent

<u>GRAMMATICAL NOTES</u>: **1.** *gravioribus morbīs* (Abl of Means); **2.** *reddatur* (Subjunctive after *nisi* in Indirect Speech, "unless the life of a man be paid"); **3.** *immanī magnitudine* (Abl of Quality, "of immense size"); **4.** *viminibus* (Abl of Means); **5.** *vivīs hominibus* (Abl of Means); **6.** *quibus succensīs* (Abl Absol, "which [images] having been set afire"); **7.** *flammā* (Abl of Means); **8.** *comprehensi sint* (Subjunctive in a Relative Clause of Characteristic in Indirect Speech, "who have been caught").

<u>FULLY PARSED</u>

(6.16.A): **omnis** (fem nom sing); **natio** (fem nom sing); **Gallorum** (masc gen pl); **dedita est** (perf pssv indic 3 sing; fem nom); **religionibus** (fem dat pl); **eam** (fem acc sing); **causam** (fem acc sing); **qui** (masc nom pl); **adfecti sunt** (perf pssv indic 3 pl; masc nom); **gravioribus** (masc abl pl; comp. of *gravis*); **morbīs** (masc abl pl); **qui** (masc nom pl); **versantur** (dep., prsnt pssv indic 3 pl); **proeliīs** (neut abl pl); **periculīs** (neut abl pl); **immolant** (prsnt actv indic 3 pl); **homines** (masc acc pl); **victimīs** (fem abl pl); **vovent** (prsnt actv indic 3 pl); **se** (3 pers. reflxv. pron., masc acc pl); **immolaturos** (fut actv prcpl, masc acc pl); [**eos**] (masc acc pl); **utuntur** (dep., prsnt pssv indic 3 pl); **Druidibus** (masc abl pl); **administrīs** (masc abl pl); **ea** (neut acc pl); **sacrificia** (neut acc pl).

(6.16.B): **arbitrantur** (dep., prsnt pssv indic 3 pl); **numen** (neut acc sing); **immortalium** (masc gen pl); **deorum** (masc gen pl); **posse** (prsnt actv infin); **placari** (prsnt pssv infin); **vita** (fem nom sing); **hominis** (masc gen sing); **reddatur** (prsnt pssv subjv 3 sing); **vitā** (fem abl sing); **hominis** (masc gen sing); **habent** (prsnt actv indic 3 pl); **sacrificia** (neut acc pl); **eiusdem** (neut gen sing); **generis** (neut gen sing); **instituta** (perf pssv prcpl, neut acc pl).

(6.16.C): **alii** (masc nom pl); **habent** (prsnt actv indic 3 pl); **simulacra** (neut acc pl); **immanī** (fem abl sing); **magnitudine** (fem abl sing); **quorum** (neut gen pl); **membra** (neut acc pl); **contexta** (perf pssv prcpl, neut acc pl); **viminibus** (neut abl pl); **complent** (prsnt actv indic 3 pl); **vivīs** (masc abl pl); **hominibus** (masc abl pl); **quibus** (neut abl pl); **succensīs** (perf pssv prcpl, neut abl pl); **homines** (masc nom pl); **circumventi** (perf pssv prcpl, masc nom pl); **flammā** (fem abl sing); **exanimantur** (prsnt pssv indic 3 pl).

<u>Quick Reference, COMMON PRONOUNS</u>: **hic**, haec, hoc (dem. pron.) - this; he, she, it | **ille**, illa, illud (dem. pron.) - that; that (famous) one (yonder); he, she, it | **ipse**, ipsa, ipsum (intnsv. pron.) - (one's own) self; very | **is**, ea, id (dem. pron.) - this, that; (of) such (a kind); he, she, it | **qui**, quae, quod (rel. pron.) - who, which; that

(6.16.D): **arbitrantur** (dep., prsnt pssv indic 3 pl); **supplicia** (neut acc pl); **eorum** (masc gen pl); **qui** (masc nom pl); **comprehensi sint** (perf pssv subjv 3 pl; masc nom); **furtō** (neut abl sing); **latrociniō** (neut abl sing); **aliquā** (fem abl sing); **noxiā** (fem abl sing); **esse** (prsnt actv infin); **gratiora** (neut acc pl; comp. of *gratus*); **immortalibus** (masc dat pl); **dīs** (masc dat pl); **copia** (fem nom sing); **eius** (neut gen sing); **generis** (neut gen sing); **defecit** (perf actv indic 3 sing); **descendunt** (prsnt actv indic 3 pl); **supplicia** (neut acc pl); **innocentium** (masc gen pl).

* * * * * * * * * * * * * * * * * * *

Caesar's ORIGINAL TEXT (Book Six, Chapter 17): **(A)** Deum maxime Mercurium colunt. Huius sunt plurima simulacra: hunc omnium inventorem artium ferunt, hunc viarum atque itinerum ducem, hunc ad quaestus pecuniae mercaturasque habere vim maximam arbitrantur. **(B)** Post hunc Apollinem et Martem et Iovem et Minervam. De his eandem fere, quam reliquae gentes, habent opinionem: Apollinem morbos depellere, Minervam operum atque artificiorum initia tradere, Iovem imperium caelestium tenere, Martem bella regere. **(C)** Huic, cum proelio dimicare constituerunt, ea quae bello ceperint plerumque devovent: cum superaverunt, animalia capta immolant reliquasque res in unum locum conferunt. **(D)** Multis in civitatibus harum rerum exstructos tumulos locis consecratis conspicari licet; neque saepe accidit, ut neglecta quispiam religione aut capta apud se occultare aut posita tollere auderet, gravissimumque ei rei supplicium cum cruciatu constitutum est.

SUGGESTED WORD ORDER (Book Six, Chapter 17). **(A)** Colunt deum Mercurium maxime [et] sunt plurima simulacra huius: ferunt hunc [esse] inventorem omnium artium [et] arbitrantur hunc [esse] ducem viarum atque itinerum [et] hunc habere maximam vim ad quaestus pecuniae [et] mercaturas. **(B)** Post hunc, [colunt] Apollinem et Martem et Iovem et Minervam. Habent fere eandem opinionem de hīs quam reliquae gentes: Apollinem depellere morbos, Minervam tradere initia operum atque artificiorum, Iovem tenere imperium caelestium, Martem regere bella. **(C)** Huic, cum constituerunt dimicare [in] proeliō, plerumque devovent ea quae ceperint[1] [in] bellō; cum superaverunt [hostem], immolant capta animalia [et] conferunt reliquas res in unum locum. **(D)** In multīs civitatibus licet conspicari tumulos harum rerum exstructos [in] consecratīs locīs; neque saepe accidit ut, religione neglectā,[2] quispiam auderet[3] aut occultare [ea] capta apud se aut tollere [ea] posita, [et] gravissimum supplicium cum cruciatū constitutum est ei rei.

6.17   VOCABULARY SECTIONS

(A)   **colo**, colere (3), colui, cultus - honor, worship / **deus**, i (m) - god / **Mercurius**, i (m) - Mercury / **maxime** (adv) - especially, particularly / **plurimus**, a, um - (very) many / **simulacrum**, i (n) - figure, image / **fero**, ferre, tuli, latus - assert, declare / **inventor**, oris (m) - discoverer, inventor / **omnis**, e - all, every / **ars**, artis (f) - art, (skilled) craft / **arbitror**, arbitrari (1), arbitratus - believe, suppose / **dux**, ducis (m) - guide, leader / **via**, ae (f) - journey, path / **iter**, itineris (n) - march, route / **habeo**, habēre (2), habui, habitus - have, hold / **maximus**, a, um - greatest / **vis**, vis (f) - influence (Acc *vim*) / **ad** (prep) - for, with regard to (with Acc) / **quaestus**, us (m) - acquisition / **pecunia**, ae (f) money, wealth / **mercatura**, ae (f) - business, trade

(B)   **post** (prep) - after (with Acc) / [**colo**, colere (3), colui, cultus - honor, worship] / **Apollo**, inis (m) - Apollo / **Mars**, Martis (m) - Mars / **Iuppiter**, Iovis (m) - Jupiter / **Minerva**, ae (f) - Minerva / **habeo**, habēre (2), habui, habitus - have, hold / **fere** (adv) - almost, nearly / **idem**, eadem, idem - same / **opinio**, onis (f) - notion, opinion / **de** (prep) - about, concerning (with Abl) / **quam** (adv) - as / **reliquus**, a, um - remaining, the rest (of) / **gens**, gentis (f) - nation, people / **Apollo** *iterum* / **depello**, depellere (3), depuli, depulsus - avert, drive off / **morbus**, i (m) - disease, sickness / **Minerva** *iterum* / **trado**, tradere (3), tradidi, traditus - hand down, impart, teach / **initium**, i (n) - origin; (pl) mysteries, (sacred) rites / **opus**, operis (n) - (manual) skill, tradecraft / **artificium**, i (n) - (artistic) profession, (skilled) workmanship / **Iuppiter** *iterum* / **teneo**, tenēre (2), tenui, tentus - hold, maintain, possess / **imperium**, i (n) - dominion, sovereignty / **caelestis**, e - celestial (as subst., "heavenly objects") / **Mars** *iterum* / **rego**, regere (3), rexi, rectus - have dominion over, rule / **bellum**, i (n) - war

---

Quick Reference, COMMON PRONOUNS: **hic**, haec, hoc (dem. pron.) - this; he, she, it | **ille**, illa, illud (dem. pron.) - that; that (famous) one (yonder); he, she, it | **ipse**, ipsa, ipsum (intnsv. pron.) - (one's own) self; very | **is**, ea, id (dem. pron.) - this, that; (of) such (a kind); he, she, it | **qui**, quae, quod (rel. pron.) - who, which; that

(C)   **cum** (conj) - when / **constituo**, constituere (3), constitui, constitutus - decide, resolve / **dimico** (1) - fight / [**in** (prep) - in (with Abl)] / **proelium**, i (n) - battle / **plerumque** (adv) - for the most part, generally / **devoveo**, devovēre (2), devovi, devotus - dedicate, vow / **capio**, capere (3), cepi, captus - capture, seize, take / **in** *iterum* / **bellum**, i (n) - war / **cum** *iterum* / **supero** (1) - conquer, overcome / [**hostis**, is (m) - enemy] / **immolo** (1) - immolate, sacrifice / **capio** *iterum* / **animal**, animalis (n) - animal / **confero**, conferre, contuli, conlatus - bring together, collect / **reliquus**, a, um - the (other) remaining, the rest (of) / **res**, rei (f) - object, thing / **in** (prep) - into (with Acc) / **unus**, a, um - one (single) / **locus**, i (m) - location, place

(D)   **in** (prep) - in (with Abl) / **multus**, a, um - much; (pl) many / **civitas**, atis (f) - community, tribe / **licet**, licēre (2), licuit, licitum est (impers.) - "one may be able" / **conspicor**, conspicari (1), conspicatus - notice, see / **tumulus**, i (m) - barrow, (raised) mound / **res**, rei (f) - object, thing / **exstruo**, exstruere (3), exstruxi, exstructus - heap up, pile / [**in** *iterum*] / **consecro** (1) - consecrate, hallow / **locus**, i (m) - location, place / **saepe** (adv) - often / **accido**, accidere (3), accidi - come to pass, happen, occur / **religio**, onis (f) - (religious) scruple, (sacred) obligation / **neglego**, neglegere (3), neglexi, neglectus - disregard, neglect / **quispiam**, quae**piam**, quod**piam** (indef. pron.) - anyone, anything / **audeo**, audēre (2), ausus sum (defect.) - dare, presume / **occulto** (1) - conceal, hide / **capio**, capere (3), cepi, captus - seize, take / **apud** (prep) - among, at (with Acc; with *se*, "at one's own house") / **tollo**, tollere (3), sustuli, sublatus - remove, take away / **pono**, ponere (3), posui, positus - deposit, place, set (aside) / **gravis**, e - harsh, severe / **supplicium**, i (n) - punishment / **cum** (prep) - with (with Abl) / **cruciatus**, us (m) - torture / **constituo**, constituere (3), constitui, constitutus - appoint, ordain / **res**, rei (f) - (wrongful) deed, (criminal) matter, offence

GRAMMATICAL NOTES: 1. *ceperint* (Subjunctive in a Relative Clause of Characteristic, "which they seize"); 2. *religione neglectā* (Abl Absol, "with religious scruple having been neglected"); 3. *auderet* (Subjunctive in a Clause of Result, "that anyone dares").

FULLY PARSED

(6.17.A): **colunt** (prsnt actv indic 3 pl); **deum** (masc acc sing); **Mercurium** (masc acc sing); **maxime** (supl. of *magnopere*); **sunt** (prsnt actv indic 3 pl); **plurima** (neut nom pl); **simulacra** (neut nom pl); **huius** (masc gen sing); **ferunt** (prsnt actv indic 3 pl); **hunc** (masc acc sing); **[esse]** (prsnt actv infin): **inventorem** (masc acc sing); **omnium** (fem gen pl); **artium** (fem gen pl); **arbitrantur** (dep., prsnt pssv indic 3 pl); **hunc** (masc acc sing); **[esse]** (prsnt actv infin); **ducem** (masc acc sing); **viarum** (fem gen pl); **itinerum** (neut gen pl); **hunc** (masc acc sing); **habere** (prsnt actv infin); **maximam** (fem acc sing); **vim** (fem acc sing); **quaestus** (masc acc pl); **pecuniae** (fem gen sing); **mercaturas** (fem acc pl).

(6.17.B): **hunc** (masc acc sing); **[colunt]** (prsnt actv indic 3 pl); **Apollinem** (masc acc sing); **Martem** (masc acc sing); **Iovem** (masc acc sing); **Minervam** (fem acc sing); **habent** (prsnt actv indic 3 pl); **eandem** (fem acc sing); **opinionem** (fem acc sing); **hīs** (masc abl pl); **reliquae** (fem nom pl); **gentes** (fem nom pl); **Apollinem** (masc acc sing); **depellere** (prsnt actv infin); **morbos** (masc acc pl); **Minervam** (fem acc sing); **tradere** (prsnt actv infin); **initia** (neut acc pl); **operum** (neut gen pl); **artificiorum** (neut gen pl); **Iovem** (masc acc sing); **tenere** (prsnt actv infin); **imperium** (neut acc sing); **caelestium** (neut gen pl); **Martem** (masc acc sing); **regere** (prsnt actv infin); **bella** (neut acc pl).

(6.17.C): **huic** (masc dat sing); **constituerunt** (perf actv indic 3 pl); **dimicare** (prsnt actv infin); **proeliō** (neut abl sing); **devovent** (prsnt actv indic 3 pl); **ea** (neut acc pl); **quae** (neut acc pl); **ceperint** (perf actv subjv 3 pl); **bellō** (neut abl sing); **superaverunt** (perf actv indic 3 pl); **[hostem]** (masc acc sing): **immolant** (prsnt actv indic 3 pl); **capta** (perf pssv prcpl, neut acc pl); **animalia** (neut acc pl); **conferunt** (prsnt actv indic 3 pl); **reliquas** (fem acc pl); **res** (fem acc pl); **unum** (masc acc sing); **locum** (masc acc sing).

(6.17.D): **multīs** (fem abl pl); **civitatibus** (fem abl pl); **licet** (impers., prsnt actv indic 3 sing); **conspicari** (dep., prsnt pssv infin); **tumulos** (masc acc pl); **harum** (fem gen pl); **rerum** (fem gen pl); **exstructos** (perf pssv prcpl, masc acc pl); **consecratīs** (perf pssv prcpl, masc abl pl); **locīs** (masc abl pl); **accidit** (impers., prsnt actv indic 3 sing); **religione** (fem abl sing); **neglectā** (perf pssv prcpl, fem abl sing); **quispiam** (masc nom sing); **auderet** (impf actv subjv 3 sing); **occultare** (prsnt actv infin); **[ea]** (neut acc pl); **capta** (perf pssv ptcpl, neut acc pl); **se** (3 pers. reflxv. pron., masc acc sing); **tollere** (prsnt actv infin); **[ea]** (neut acc pl); **posita** (perf pssv

Quick Reference, COMMON PRONOUNS: **hic**, haec, hoc (dem. pron.) - this; he, she, it | **ille**, illa, illud (dem. pron.) - that; that (famous) one (yonder); he, she, it | **ipse**, ipsa, ipsum (intnsv. pron.) - (one's own) self; very | **is**, ea, id (dem. pron.) - this, that; (of) such (a kind); he, she, it | **qui**, quae, quod (rel. pron.) - who, which; that

ptcpl, neut acc pl); **gravissimum** (neut nom sing; supl. of *gravis*); **supplicium** (neut nom sing); **cruciatū** (masc abl sing); **constitutum est** (perf pssv indic 3 sing; neut nom); **ei** (fem dat sing); **rei** (fem dat sing).

* * * * * * * * * * * * * * * * * * *

<u>Caesar's **ORIGINAL TEXT (Book Six, Chapter 18)**</u>: **(A)** Galli se omnes ab Dite patre prognatos praedicant idque ab druidibus proditum dicunt. **(B)** Ob eam causam spatia omnis temporis non numero dierum sed noctium finiunt; dies natales et mensum et annorum initia sic observant ut noctem dies subsequatur. **(C)** In reliquis vitae institutis hoc fere ab reliquis differunt, quod suos liberos, nisi cum adoleverunt, ut munus militiae sustinere possint, palam ad se adire non patiuntur filiumque puerili aetate in publico in conspectu patris adsistere turpe ducunt.

SUGGESTED WORD ORDER (Book Six, Chapter 18). **(A)** Omnes Galli praedicunt se [esse] prognatos ab patre Dite [et] dicunt id proditum [i.e., proditum esse] ab Druidibus. **(B)** Ob eam causam, finiunt spatia omnis temporis non <u>numerō</u>[1] dierum sed noctium; sic observant natales dies et initia mensum et annorum ut dies <u>subsequatur</u>[2] noctem. **(C)** In reliquīs institutīs vitae, fere differunt ab reliquīs [gentibus] <u>hōc</u>,[3] quod non patiuntur suos liberos adire ad se palam nisi cum adoloverunt ut <u>possint</u>[4] sustinere munus militiae, [et] ducunt [hoc esse] turpe [ut] filium <u>puerilī aetate</u>[5] adsistere in conspectū patris in publicō [locō].

6.18   <u>VOCABULARY SECTIONS</u>

(A)   **omnis**, e - all / **Galli**, orum (m) - the Gauls / **praedico** (1) - assert, declare / **prognatus**, a, um - born, descended from / **ab** (prep) - from (with Abl) / **pater**, patris (m) - father / **Dis**, Ditis (m) - Dis (another name for Pluto) / **dico**, dicere (3), dixi, dictus - report, say / **prodo**, prodere (3), prodidi, proditus - hand down, transmit / **ab** (prep) - by (with Abl) / **Druides**, um (m) - the Druids

(B)   **ob** (prep) - on account of (with Acc) / **causa**, ae (f) - cause, reason / **finio**, finire (4), finivi, finitus - define, mark / **spatium**, i (n) - interval, period (of time) / **omnis**, e - all, every / **tempus**, oris (n) - (period of) time / **numerus**, i (m) - number / **dies**, ei (m) - day / **nox**, noctis (f) - night / **sic** (adv) - in this manner, thus / **observo** (1) - observe, take note of / **natalis**, e - of birth (with *dies*, "birthday") / **dies** *iterum* / **initium**, i (n) - beginning / **mensis**, is (m) - month / **annus**, i (m) - year / **dies** *iterum* / **subsequor**, subsequi (3), subsecutus - follow / **nox** *iterum*

(C)   **in** (prep) - in (with Abl) / **reliquus**, a, um - the (other) remaining, the rest (of) / **institutum**, i (n) - custom, practice / **vita**, ae (f) - life / **fere** (adv) - as a rule, generally / **differo**, differre, distuli, dilatum - be different, distinguished from / **ab** (prep) - from (with Abl) / **reliquus** *iterum* / [**gens**, gentis (f) - nation, people] / **quod** (conj) - because, in that / **patior**, pati (3), passus - allow, permit / **suus**, a, um - (one's) own / **liberi**, orum (m) - (male) children / **adeo**, adire (4), adii, aditus - approach, go to / **ad** (prep) - to, toward (with Acc) / **palam** (adv) - openly, publicly / **nisi** (conj) - except, save only / **cum** (conj) - when / **adolesco**, adolescere (3), adolevi - grow up, mature / **possum**, posse, potui - be able, possible / **sustineo**, sustinēre (2), sustinui, sustentus - bear, endure, support / **munus**, eris (n) - duty, performance / **militia**, ae (f) - (military) service / **duco**, ducere (3), duxi, ductus - consider, regard / **turpis**, e - shameful, unseemly / **filius**, i (m) - son / **puerilis**, e - childish, youthful / **aetas**, atis (f) - age / **adsisto**, adsistere (3), adstiti - stand by, near / **in** *iterum* / **conspectus**, us (m) - sight, view / **pater**, patris (m) - father / **in** *iterum* / **publicus**, a, um - public / **locus**, i (m) - location, place

<u>**GRAMMATICAL NOTES**</u>: **1.** *numerō* (Abl of Means); **2.** *subsequatur* (Subjunctive in a Clause of Result, "that the day follows the night"); **3.** *hōc* (Abl of Respect, "in this respect"); **4.** *possint* (Subjunctive in a Clause of Result, "that they are able"); **5.** *puerilī aetate* (Abl of Quality, "of a youthful age").

<u>**Quick Reference, COMMON PRONOUNS**</u>: **hic**, haec, hoc (dem. pron.) - this; he, she, it | **ille**, illa, illud (dem. pron.) - that; that (famous) one (yonder); he, she, it | **ipse**, ipsa, ipsum (intnsv. pron.) - (one's own) self; very | **is**, ea, id (dem. pron.) - this, that; (of) such (a kind); he, she, it | **qui**, quae, quod (rel. pron.) - who, which; that

FULLY PARSED

(6.18.A): **omnes** (masc nom pl); **Galli** (masc nom pl); **praedicunt** (prsnt actv indic 3 pl); **se** (3 pers. reflxv. pron., masc acc pl); **[esse]** (prsnt actv infin); **prognatos** (masc acc pl); **patre** (masc abl sing); **Dite** (masc abl sing); **dicunt** (prsnt actv indic 3 pl); **id** (neut acc sing); **proditum** (i.e., *proditum esse*, perf pssv infin; neut acc sing); **Druidibus** (masc abl pl).

(6.18.B): **eam** (fem acc sing); **causam** (fem acc sing); **finiunt** (prsnt actv indic 3 pl); **spatia** (neut acc pl); **omnis** (neut gen sing); **temporis** (neut gen sing); **numerō** (masc abl sing); **dierum** (masc gen pl); **noctium** (fem gen pl); **observant** (prsnt actv indic 3 pl); **natales** (masc acc pl); **dies** (masc acc pl); **initia** (neut acc pl); **mensum** (masc gen pl); **annorum** (masc gen pl); **dies** (masc nom sing); **subsequatur** (dep., prsnt pssv subjv 3 sing); **noctem** (fem acc sing).

(6.18.C): **reliquīs** (neut abl pl); **institutīs** (neut abl pl); **vitae** (fem gen sing); **differunt** (prsnt actv indic 3 pl); **reliquīs** (fem abl pl); **[gentibus]** (fem abl pl); **hōc** (neut abl sing); **patiuntur** (dep., prsnt pssv indic 3 pl); **suos** (masc acc pl); **liberos** (masc acc pl); **adire** (prsnt actv infin); **se** (3 pers. reflxv. pron., masc acc pl); **adoloverunt** (perf actv indic 3 pl); **possint** (prsnt actv subjv 3 pl); **sustinere** (prsnt actv infin); **munus** (neut acc sing); **militiae** (fem gen sing); **ducunt** (prsnt actv indic 3 pl); **[hoc]** (neut acc sing); **[esse]** (prsnt actv infin); **filium** (masc acc sing); **puerilī** (fem abl sing); **aetate** (fem abl sing); **adsistere** (prsnt actv infin); **conspectū** (masc abl sing); **patris** (masc gen sing); **publicō** (masc abl sing); **[locō]** (masc abl sing).

* * * * * * * * * * * * * * * * * *

<u>Caesar's **ORIGINAL TEXT** (Book Six, Chapter 19)</u>: **(A)** Viri, quantas pecunias ab uxoribus dotis nomine acceperunt, tantas ex suis bonis aestimatione facta cum dotibus communicant. **(B)** Huius omnis pecuniae coniunctim ratio habetur fructusque servantur: uter eorum vita superarit, ad eum pars utriusque cum fructibus superiorum temporum pervenit. **(C)** Viri in uxores, sicuti in liberos, vitae necisque habent potestatem; et cum paterfamiliae illustriore loco natus decessit, eius propinqui conveniunt et, de morte si res in suspicionem venit, de uxoribus in servilem modum quaestionem habent et, si compertum est, igni atque omnibus tormentis excruciatas interficiunt. **(D)** Funera sunt pro cultu Gallorum magnifica et sumptuosa; omniaque quae vivis cordi fuisse arbitrantur in ignem inferunt, etiam animalia, ac paulo supra hanc memoriam servi et clientes, quos ab eis dilectos esse constabat, iustis funeribus confectis una cremabantur.

> **SUGGESTED WORD ORDER (Book Six, Chapter 19)**. **(A)** <u>Quantas</u>[1] pecunias acceperunt <u>nomine dotis</u>[2] ab uxoribus, <u>aestimatione factā</u>,[3] viri communicant <u>tantas</u>[1] ex suīs bonīs cum dotibus. **(B)** Ratio omnis huius pecuniae habetur coniunctim [et] fructus servantur; uter eorum [qui] <u>superarit</u> [i.e., <u>superaverit</u>][4] <u>vitā</u>,[5] pars utriusque pervenit ad eum cum fructibus superiorum temporum. **(C)** Viri habent potestatem vitae [et] necis in uxores sicuti in liberos; et cum paterfamiliae, natus <u>illustriore locō</u>,[6] decessit, propinqui eius conveniunt et, si res de morte venit in suspicionem, habent quaestionem de uxoribus <u>in modum servilem</u>[7] et, si [scelus] compertum est, interficiunt [eas] excruciatas <u>ignī</u>[8] atque <u>omnibus tormentīs</u>.[9] **(D)** Pro cultū Gallorum, funera sunt magnifica et sumptuosa; [et] inferunt omnia, etiam animalia, in ignem quae arbitrantur fuisse <u>cordi</u>[10] <u>vivis</u>,[11] ac <u>paulō</u>[12] supra hanc memoriam servi et clientes, quos constabat dilectos esse ab <u>eīs</u>,[13] cremabantur una, <u>iustīs funeribus confectīs</u>.[14]

6.19 **<u>VOCABULARY SECTIONS</u>**

(A) **quantus**, a, um - however much, whatever (amount of) / **pecunia**, ae (f) - money, wealth / **accipio**, accipere (3), accepi, acceptus - accept, receive / **nomen**, inis (n) - (designated) purpose, sake / **dos**, dotis (f) - (marriage) dowry / **ab** (prep) - from (with Abl) / **uxor**, oris (f) - wife / **aestimatio**, onis (f) - (property) assessment, valuation / **facio**, facere (3), feci, factus - make, perform / **vir**, viri (m) - husband / **communico** (1) - deposit, put into a common fund / **tantus**, a, um - so much, such (an amount) / **ex** (prep) - from, out of (with Abl) / **suus**, a, um - (one's) own / **bonus**, a, um - good (neut. subst., "property") / **cum** (prep) - with (with Abl) / **dos** *iterum*

<u>Quick Reference, **COMMON PRONOUNS**</u>: **hic**, haec, hoc (dem. pron.) - this; he, she, it | **ille**, illa, illud (dem. pron.) - that; that (famous) one (yonder); he, she, it | **ipse**, ipsa, ipsum (intnsv. pron.) - (one's own) self; very | **is**, ea, id (dem. pron.) - this, that; (of) such (a kind); he, she, it | **qui**, quae, quod (rel. pron.) - who, which; that

(B) ratio, onis (f) - account / **omnis**, e- all / **pecunia**, ae (f) - money, wealth / **habeo**, habēre (2), habui, habitus - have, hold / **coniunctim** (adv) - jointly / **fructus**, us (m) - income, profit / **servo** (1) - keep (in reserve), retain, save / **uter**, utra, utrum - whichsoever one (of two) / **supero** (1) - survive (with Abl of Respect *vitā*, "outlives another") / **vita**, ae (f) - life / **pars**, partis (f) - part, portion / **uterque**, utraque, utrumque - both, each / **pervenio**, pervenire (4), perveni, perventus - come into one's possession ("legally belong *ad* ... ") / **ad** (prep) - to (with Acc) / **cum** (prep) - with (with Abl) / **fructus** *iterum* / **superior**, ius - former, previous / **tempus**, oris (n) - (period of) time

(C) vir, viri (m) - husband / **habeo**, habēre (2), habui, habitus - have, hold / **potestas**, atis (f) - power / **vita**, ae (f) - life / **nex**, necis (f) - death / **in** (prep) - as regards, over (with Acc) / **uxor**, oris (f) - wife / **sicuti** (adv) - just as / **in** *iterum* / **liberi**, orum (m) - children / **cum** (conj) - when / **pater**, patris (m) - father (with *familiae*, "head of the household") / **familia**, ae (f) - family, household / **nascor**, nasci (3), natus - be born / **illustris**, e - distinguished, noble / **locus**, i (m) - (social) position, rank / **decedo**, decedere (3), decessi, decessus - depart (i.e., "die") / **propinquus**, i (m) - kinsman, (family) relation / **convenio**, convenire (4), conveni, conventus - assemble, gather / **si** (conj) - if / **res**, rei (f) - set of circumstances / **de** (prep) - about, concerning (with Abl) / **mors**, mortis (f) - death / **venio**, venire (4), veni, ventus - come (with *in suspicionem*, "arouses suspicion") / **in** (prep) - into (with Acc) / **suspicio**, onis (f) - suspicion / **habeo** *iterum* / **quaestio**, onis (f) - examination, investigation / **de** (prep) - of (with Abl) / **uxor** *iterum* / **in** (prep) - as, in (with Acc) / **modus**, i (m) - manner (with *in servilem*, "as in the manner of a slave") / **servilis**, e - of (or pertaining to) a slave / **si** *iterum* / [**scelus**, eris (n) - crime] / **comperio**, comperire (4), comperi, compertus - ascertain, discover / **interficio**, interficere (3), interfeci, interfectus - kill, put to death / **excrucio** (1) - torment, torture / **ignis**, is (m) - fire, flame / **omnis**, e - all, every / **tormentum**, i (n) - (form of) torture

(D) pro (prep) - according to (with Abl) / **cultus**, us (m) - (degree of) civilization, culture / **Galli**, orum (m) - the Gauls / **funus**, eris (n) - burial (ceremony), funeral / **magnificus**, a, um - grand, splendid / **sumptuosus**, a, um - costly, lavish / **infero**, inferre, intuli, inlatus - cast, fling, throw / **omnis**, e - all, every / **etiam** (conj) - even / **animal**, animalis (n) - animal, (living) being / **in** (prep) - into, onto (with Acc) / **ignis**, is (m) - fire, flame / **arbitror**, arbitrari (1), arbitratus - believe, suppose / **cor**, cordis (n) - heart (Dat with *sum*, "to be dear to") / **vivus**, a, um - alive, living / **paulus**, a, um - little (Abl *paulō* as adv., "a little while") / **supra** (prep) - before (with Acc) / **memoria**, ae (f) - (recent) memory, (period of) recollection (i.e., "the present age, generation") / **servus**, i (m) - slave / **cliens**, entis (m) - retainer, vassal / **consto**, constare (1), constiti, constaturus - ascertain, determine (impers., "be well known, established") / **diligo**, diligere (3), dilexi, dilectus - cherish, value / **ab** (prep) - by (with Abl) / **cremo** (1) - burn, cremate / **una** (adv) - at the same time, together / **iustus**, a, um - lawful, proper / **funus** *iterum* / **conficio**, conficere (3), confeci, confectus - complete

GRAMMATICAL NOTES: **1**. *quantas pecunias ... tantas* (Correlatives, "however much money ... (the same) such amount"); **2**. *nomine dotis* (Abl of Respect, lit., "for the sake of a dowry," thus "by way of a dowry"); **3**. *aestimatione factā* (Abl Absol, "a financial assessment having been made"); **4**. *supera[ve]rit* (Subjunctive in a Relative Clause of Characteristic with Abl of Respect *vitā*, "whichsoever one has survived [the other] in life"); **5**. *vitā* (Abl of Respect, "in life"); **6**. *illustriore locō* (Abl of Quality, "of a more distinguished rank"); **8-9**. *ignī atque omnibus tormentīs* (Ablatives of Means); **10**. *cordi* (Predicative Dative with Infinitive of *sum*, "to have been dear ..."); **11**. *vivis* (Dat of Interest, "to the living"); **12**. *paulō* (Abl of Degree of Difference with *supra hanc memoriam*, "a short time before the present generation"); **13**. *eīs* (i.e., "the dead men"); **14**. *iustīs funeribus confectīs* (Abl Absol, "upon the proper funeral rites having been completed"). | **HISTORICAL NOTE**: **7**. The Romans employed the practice of *quaestio in modum servilem* by which slaves might be tortured in order to obtain confessions of personal guilt as well as evidentiary information against others in legal proceedings; one should note that evidence exacted from slaves could not be used against their own masters (except in cases involving conspiracy, sacrilege, and treason). Here, Caesar reports that the Gauls similarly tortured the wives of men who died under suspicious circumstances.

Quick Reference, COMMON PRONOUNS: **hic**, haec, hoc (dem. pron.) - this; he, she, it | **ille**, illa, illud (dem. pron.) - that; that (famous) one (yonder); he, she, it | **ipse**, ipsa, ipsum (intnsv. pron.) - (one's own) self; very | **is**, ea, id (dem. pron.) - this, that; (of) such (a kind); he, she, it | **qui**, quae, quod (rel. pron.) - who, which; that

FULLY PARSED

(6.19.A): **quantas** (fem acc pl); **pecunias** (fem acc pl); **acceperunt** (perf actv indic 3 pl); **nomine** (neut abl sing); **dotis** (fem gen sing); **uxoribus** (fem abl pl); **aestimatione** (fem abl sing); **factā** (perf pssv prcpl, fem abl sing); **viri** (masc nom pl); **communicant** (prsnt actv indic 3 pl); **tantas** (fem acc pl); **suīs** (neut abl pl); **bonīs** (neut abl pl); **dotibus** (fem abl pl).

(6.19.B): **ratio** (fem nom sing); **omnis** (fem gen sing); **huius** (fem gen sing); **pecuniae** (fem gen sing); **habetur** (prsnt pssv indic 3 sing); **fructus** (masc nom pl); **servantur** (prsnt pssv indic 3 pl); **uter** (masc nom sing); **eorum** (masc gen pl); **[qui]** (masc nom sing); **superarit** (i.e., *superaverit*, perf actv subjv 3 sing); **vitā** (fem abl sing); **pars** (fem nom sing); **utriusque** (masc gen sing); **pervenit** (prsnt actv indic 3 sing); **eum** (masc acc sing); **fructibus** (masc abl pl); **superiorum** (neut gen pl; comp. of *superus*); **temporum** (neut gen pl).

(6.19.C): **viri** (masc nom pl); **habent** (prsnt actv indic 3 pl); **potestatem** (fem acc sing); **vitae** (fem gen sing); **necis** (fem gen sing); **uxores** (fem acc pl); **liberos** (masc acc pl); **pater** (masc nom sing); **familiae** (fem gen sing); **natus** (dep., perf pssv prcpl, masc nom sing); **illustriore** (masc abl sing; comp. of *illustris*); **locō** (masc abl sing); **decessit** (perf actv indic 3 sing); **propinqui** (masc nom pl); **eius** (masc gen sing); **conveniunt** (prsnt actv indic 3 pl); **res** (fem nom sing); **morte** (fem abl sing); **venit** (prsnt actv indic 3 sing); **suspicionem** (fem acc sing); **habent** (prsnt actv indic 3 pl); **quaestionem** (fem acc sing); **uxoribus** (fem abl pl); **modum** (masc acc sing); **servilem** (masc acc sing); **[scelus]** (neut nom sing); **compertum est** (perf pssv indic 3 sing; neut nom); **interficiunt** (prsnt actv indic 3 pl); **[eas]** (fem acc pl); **excruciatas** (perf pssv prcpl, fem acc pl); **ignī** (masc abl sing); **omnibus** (neut abl pl); **tormentīs** (neut abl pl).

(6.19.D): **cultū** (masc abl sing); **Gallorum** (masc gen pl); **funera** (neut nom pl); **sunt** (prsnt actv indic 3 pl); **magnifica** (neut nom pl); **sumptuosa** (neut nom pl); **inferunt** (prsnt actv indic 3 pl); **omnia** (neut acc pl); **animalia** (neut acc pl); **ignem** (masc acc sing); **quae** (neut nom pl); **arbitrantur** (dep., prsnt pssv indic 3 pl); **fuisse** (perf actv infin); **cordi** (neut dat sing); **vivis** (masc dat pl); **paulō** (neut abl sing); **hanc** (fem acc sing); **memoriam** (fem acc sing); **servi** (masc nom pl); **clientes** (masc nom pl); **quos** (masc acc pl); **constabat** (impers., impf actv indic 3 sing); **dilectos esse** (perf pssv infin; masc acc pl); **eīs** (masc abl pl); **cremabantur** (impf pssv indic 3 pl); **iustīs** (neut abl pl); **funeribus** (neut abl pl); **confectīs** (perf pssv prcpl, neut abl pl).

* * * * * * * * * * * * * * * * * *

<u>Caesar's **ORIGINAL TEXT** (Book Six, Chapter 20)</u>: **(A)** Quae civitates commodius suam rem publicam administrare existimantur, habent legibus sanctum, si quis quid de re publica a finitimis rumore aut fama acceperit, uti ad magistratum deferat neve cum quo alio communicet, **(B)** quod saepe homines temerarios atque imperitos falsis rumoribus terreri et ad facinus impelli et de summis rebus consilium capere cognitum est. **(C)** Magistratus quae visa sunt occultant quaeque esse ex usu iudicaverunt multitudini produnt. **(D)** De re publica nisi per concilium loqui non conceditur.

<u>**SUGGESTED WORD ORDER** (Book Six, Chapter 20)</u>. **(A)** Civitates quae existimantur administrare suam publicam rem commodius <u>habent sanctum</u>¹ <u>legibus</u>,² si quis <u>acceperit</u>³ quid de publicā rē a finitimīs [aut] <u>rumore</u>⁴ aut <u>famā</u>,⁵ uti <u>deferat</u>⁶ ad magistratum ne-ve <u>communicet</u>⁷ cum <u>quō aliō</u>,⁸ **(B)** quod cognitum est temerarios atque imperitos homines saepe terreri <u>falsīs rumoribus</u>⁹ et impelli ad facinus et capere consilium de summīs rebus. **(C)** Magistratus occultant [ea] quae visa sunt, [et] produnt [ea] quae iudicaverunt esse ex usū multitudini. **(D)** Non conceditur loqui de publicā rē nisi per concilium.

6.20 VOCABULARY SECTIONS

(A)   **civitas**, atis (f) - community, tribe / **existimo** (1) - believe, consider / **administro** (1) - direct, manage / **suus, a, um** - (one's) own / **publicus, a, um** - public / **res**, ei (f) - affair, matter (with *publica*, "the state, matters of state") / **commode** (adv) - effectively, properly / **habeo**, habēre (2), habui, habitus - have / **sanctus, a, um** - consecrated, made inviolable / **lex**, legis (f) - law / **si** (conj) - if / **quis**, qua, quid (indef. pron.) - anyone, anything / **accipio**, accipere (3), accepi,

<u>Quick Reference, **COMMON PRONOUNS**</u>: **hic**, haec, hoc (dem. pron.) - this; he, she, it | **ille**, illa, illud (dem. pron.) - that; that (famous) one (yonder); he, she, it | **ipse**, ipsa, ipsum (intnsv. pron.) - (one's own) self; very | **is**, ea, id (dem. pron.) - this, that; (of) such (a kind); he, she, it | **qui**, quae, quod (rel. pron.) - who, which; that

acceptus - hear (about), learn, perceive / **quis** *iterum* / **de** (prep) - about, concerning (with Abl) / **publicus** *iterum* / **res** *iterum* / **a** (prep) - from (with Abl) / **finitimi**, orum (m) - neighbors / **rumor**, oris (m) - rumor / **fama**, ae (f) - report, rumor / **defero**, deferre, detuli, delatus - deliver, report / **ad** (prep) - to (with Acc) / **magistratus**, us (m) - magistrate / **communico** (1) - communicate, share / **cum** (prep) - with (with Abl) / **quis** *iterum* / **alius**, alia, aliud - another, other (with *quis*, "anyone else")

(B) **quod** (conj) - because / **cognosco**, cognoscere (3), cognovi, cognitus - learn, recognize, understand / **temerarius**, a, um - hasty, rash, thoughtless / **imperitus**, a, um - ignorant, inexperienced / **homo**, inis (m) - man / **saepe** (adv) - often / **terreo**, terrēre (2), terrui, territus - frighten, terrify / **falsus**, a, um - erroneous, false / **rumor**, oris (m) - rumor / **impello**, impellere (3), impuli, impulsus - compel, drive / **ad** (prep) - to (with Acc) / **facinus**, oris (n) - (rash) act, crime, villainy / **capio**, capere (3), cepi, captus - take (with *consilium*, "adopt a plan, make a decision") / **consilium**, i (n) - advice, plan / **de** (prep) - about, concerning (with Abl) / **summus**, a, um - most important, highly significant / **res**, rei (f) - affair, matter

(C) **magistratus**, us (m) - magistrate / **occulto** (1) - conceal, hide / **video**, vidēre (2), vidi, visus - see (Pssv, "appear proper, seem best") / **prodo**, prodere (3), prodidi, proditus - make known, report / **iudico** (1) - decide, judge / **ex** (prep) - from, out of (with Abl) / **usus**, us (m) - advantage, benefit (*ex usū* with *esse*, "to be expedient, useful") / **multitudo**, inis (f) - (common) populace

(D) **concedo**, concedere (3), concessi, concessus - allow, permit (with Infin) / **loquor**, loqui (3), locutus - speak / **de** (prep) - about, concerning (with Abl) / **publicus**, a, um - public / **res**, ei (f) - affair, matter (with *publica*, "the state, matters of state") / **nisi** (conj) - except, unless / **per** (prep) - by means of, through (with Acc) / **concilium**, i (n) - assembly, council

GRAMMATICAL NOTES: **1.** *habent sanctum* (The verb *habēre* with a Perfect Participle often translates as a Perfect Active and denotes continued effect, "have made it inviolable..."); **2.** *legibus* (Abl of Means); **3.** *acceperit* (Subjunctive as the Protasis of a Condition in Indirect Speech, "if anyone learns"); **4-5.** *rumore aut famā* (Ablatives of Means); **6-7.** *deferat ... communicet* (Subjunctives in a Substantive Clause of Purpose replacing an Implied Command in Indirect Speech, "that he deliver ... that he not reveal"); **8.** *cum quō aliō* ("with anyone else"); **9.** *falsīs rumoribus* (Abl of Means).

FULLY PARSED _____

(6.20.A): **civitates** (fem nom pl); **quae** (fem nom pl); **existimantur** (prsnt pssv indic 3 pl); **administrare** (prsnt actv infin); **suam** (fem acc sing); **publicam** (fem acc sing); **rem** (fem acc sing); **commodius** (comp. of *commode*); **habent** (prsnt actv indic 3 pl); **sanctum** (neut acc sing); **legibus** (fem abl pl); **quis** (masc nom sing); **acceperit** (perf actv subjv 3 sing); **quid** (neut acc sing); **publicā** (fem abl sing); **rē** (fem abl sing); **finitimīs** (masc abl pl); **rumore** (masc abl sing); **famā** (fem abl sing); **deferat** (prsnt actv subjv 3 sing); **magistratum** (masc acc sing); **communicet** (prsnt actv subjv 3 sing); **quō** (masc abl sing); **aliō** (masc abl sing).

(6.20.B): **cognitum est** (impers., perf pssv indic 3 sing; neut nom); **temerarios** (masc acc pl); **imperitos** (masc acc pl); **homines** (masc acc pl); **terreri** (prsnt pssv infin); **falsīs** (masc abl pl); **rumoribus** (masc abl pl); **impelli** (prsnt pssv infin); **facinus** (neut acc sing); **capere** (prsnt actv infin); **consilium** (neut acc sing); **summīs** (fem abl pl); **rebus** (fem abl pl).

(6.20.C): **magistratus** (masc nom pl); **occultant** (prsnt actv indic 3 pl); **[ea]** (neut acc pl); **quae** (neut nom pl); **visa sunt** (perf pssv indic 3 pl; neut nom); **produnt** (prsnt actv indic 3 pl); **[ea]** (neut acc pl); **quae** (neut acc pl); **iudicaverunt** (perf actv indic 3 pl); **esse** (prsnt actv infin); **usū** (masc abl sing); **multitudini** (fem dat sing).

(6.20.D): **conceditur** (impers., prsnt pssv indic 3 sing); **loqui** (prsnt pssv infin); **publicā** (fem abl sing); **rē** (fem abl sing); **concilium** (neut acc sing).

* * * * * * * * * * * * * * * * * * *

_____

Quick Reference, COMMON PRONOUNS: **hic**, haec, hoc (dem. pron.) - this; he, she, it | **ille**, illa, illud (dem. pron.) - that; that (famous) one (yonder); he, she, it | **ipse**, ipsa, ipsum (intnsv. pron.) - (one's own) self; very | **is**, ea, id (dem. pron.) - this, that; (of) such (a kind); he, she, it | **qui**, quae, quod (rel. pron.) - who, which; that

Quick Reference, COMMON PRONOUNS: **hic**, haec, hoc (dem. pron.) - this; he, she, it | **ille**, illa, illud (dem. pron.) - that; that (famous) one (yonder); he, she, it | **ipse**, ipsa, ipsum (intnsv. pron.) - (one's own) self; very | **is**, ea, id (dem. pron.) - this, that; (of) such (a kind); he, she, it | **qui**, quae, quod (rel. pron.) - who, which; that

Forthcoming Titles from THE ANCIENT LIBRARY (2016-17)

Latin Vocabulary Guides

Catullus, *Carmina*
Cicero, *Dream of Scipio*
Cicero, *In Catilinam, 1-2*
Cicero, *Pro Archiā*
Cicero, *Pro Caeliō*
Cicero, *Pro Lege Maniliā*
Cornelius Nepos, *Life of Atticus*
Eutropius, *Breviarium* (Book 6)
Historia Apollonii Regis Tyri
Res Gestae Divi Augusti
Sallust, *Conspiracy of Catiline*
Seneca, *Apocolocyntosis*
Suetonius, *Life of Augustus*
Suetonius, *Life of Claudius*
Tacitus, *Agricola*
Vergil, *Aeneid* (Books 1-6)

Greek Vocabulary Guides

Aristotle, *Athenian Constitution*
Gorgias, *Encomium of Helen*
New Testament, *Gospel of Mark*
Plato, *Apology of Socrates*
Plato, *Crito*
Plutarch, *Themistocles*
Thucydides, *Peloponnesian War* (Book 1)
Xenophon, *Apology of Socrates*

Guide for Barbour's *Selections From Herodotus*
Guide for Mather and Hewitt's *Xenophon's Anabasis, I-IV*

Vocabulary Guides for the AP Latin Exam Syllabus | Currently Available

Caesar's *Gallic War*, A Fully Parsed Vocabulary Guide for the AP Latin Exam (Books 1, 4, 5, 6)
Vergil's *Aeneid*, A Fully Parsed Vocabulary Guide for the AP Latin Exam (Books 1-2, 4, 6)

Current and Forthcoming Titles Available at Amazon.com and CreateSpace.com

Sample Excerpt

"Vergil's *Aeneid*, A Fully Parsed Vocabulary Guide for the AP Latin Exam"

Book One

(Lines 1-209, 418-440, 494-578)

<u>Vergil's **ORIGINAL TEXT (1.1-11)**</u>. **(1)** Arma virumque cano, Troiae qui primus ab oris | **(2)** Italiam fato profugus Lavinaque venit | **(3)** litora, multum ille et terris iactatus et alto | **(4)** vi superum, saevae memorem Iunonis ob iram, | **(5)** multa quoque et bello passus, dum conderet urbem | **(6)** inferretque deos Latio; genus unde Latinum | **(7)** Albanique patres atque altae moenia Romae. | **(8)** Musa, mihi causas memora, quo numine laeso | **(9)** quidve dolens regina deum tot volvere casus | **(10)** insignem pietate virum, tot adire labores | **(11)** impulerit. Tantaene animis caelestibus irae?

SUGGESTED WORD ORDER (1.1-11). **(A)** Cano arma [et] virum, qui, profugus <u>fatō</u>,[1] primus venit ab orīs Troiae [ad] <u>Italiam</u>[2] [et] <u>Lavinia litora</u>.[3] **(B)** Ille iactatus multum <u>vī</u>[4] super[or]um [in] <u>terrīs</u>[5] et <u>altō</u>[6] ob memorem iram saevae Iunonis, et quoque passus multa [in] <u>bellō</u>,[7] **(C)** dum <u>conderet</u>[8] urbem [et] <u>inferret</u>[9] deos Latio,[10] unde [sunt] Latinum genus [et] <u>Albani patres</u>[11] atque moenia altae Romae. **(D)** <u>Musa</u>,[12] memora causas mihi, <u>quō numine laesō</u>[13] dolens-ve quid, regina de[or]um <u>impulerit</u>[14] virum insignem <u>pietate</u>[15] volvere tot casus [et] adire tot labores. **(E)** [Sunt]-ne tantae <u>irae</u>[16] caelestibus animis?[17]

1.1   VOCABULARY SECTIONS (1.1-11)

(A)   **cano**, canere (3), cecini, cantus - praise (in song), sing (of) / **arma**, orum (n) - (feats of) arms, weapons / **vir**, viri (m) - man / **profugus**, a, um - banished, exiled / **fatum**, i (n) - destiny, fate / **primus**, a, um - first / **venio**, venire (4), veni, ventus - arrive, come / **ab** (prep) - from (with Abl) / **ora**, ae (f) - coast, shore / **Troia**, ae (f) - Troy / [**ad** (prep) - to (with Acc)] / **Italia**, ae (f) - Italy / **Lavinius**, a, um - Lavinian / **litus**, litoris (n) - coast, shore

(B)   **iacto** (1) - drive (hither and thither), toss (about) / **multum** (adv) - greatly, often / **vis**, vis (f) - power, violence / **superus**, a, um - higher, upper (as subst., "the gods above") / [**in** (prep) - in, on (with Abl)] / **terra**, ae (f) - land / **altum**, i (n) - sea (lit., "the deep") / **ob** (prep) - on account of (with Acc) / **memor**, oris - relentless, unforgetting, vindictive / **ira**, ae (f) - anger, rage, wrath / **saevus**, a, um - cruel, fierce / **Iuno**, Iunonis (f) - Juno / **quoque** (conj) - also / **patior**, pati (3), passus - endure, suffer / **multus**, a, um - much; (pl) many / [**in** *iterum*] / **bellum**, i (n) - war

(C)   **dum** (conj) - until / **condo**, condere (3), condidi, conditus - establish, found / **urbs**, urbis (f) - city / **infero**, inferre, intuli, inlatus - bring in, introduce / **deus**, i (m) - god / **Latium**, i (n) - Latium / **unde** (adv) - whence / **Latinus**, a, um - Latin / **genus**, generis (n) - nation, people, race / **Albanus**, a, um - Alban / **pater**, patris (m) - ancestor, father / **moenia**, ium (n) - ramparts, walls / **altus**, a, um - high, lofty / **Roma**, ae (f) - Rome

(D)   **Musa**, ae (f) - Muse / **memoro** (1) - recount, relate / **causa**, ae (f) - cause, reason / **quis**, quid (interrog. adj.) - who? what? / **numen**, inis (n) - (sense of) divine majesty, power / **laedo**, laedere (3), laesi, laesus - injure, offend, thwart / **doleo**, dolēre (2), dolui - deplore, resent / **quis** *iterum* / **regina**, ae (f) - queen / **deus**, i (m) - god / **impello**, impellere (3), impuli, impulsus - compel, drive / **vir**, viri (m) - man / **insignis**, e - distinguished by, remarkable for (with Abl) / **pietas**, atis (f) - devotion (to duty), loyalty, virtue / **volvo**, volvere (3), volvi, volutus - experience, pass through, undergo / **tot** (indecl. num.) - so many / **casus**, us (m) - calamity, misfortune / **adeo**, adire (4), adii, aditus - encounter, submit to, undertake / **tot** *iterum* / **labor**, oris (m) - hardship, struggle, trouble

(E)   **tantus**, a, um - so much, such (great) / **ira**, ae (f) - anger, rage, wrath / **caelestis**, e - divine, heavenly / **anima**, ae (f) - mind, soul

GRAMMATICAL NOTES: **1.** *fatō* (Abl of Cause or Means); **2-3.** *Italiam* and *Lavinia litora* (Acc of Place to Which); **4.** *vī* (Abl of Cause or Means); **5-6.** *terrīs et altō* (Ablatives of Place Where); **7.** *bellō* (Abl of Place Where); **8-9.** *conderet...inferret* (Subjunctives with *dum* for anticipated action); **10.** *Latio* (Dat of Direction, Place to Which); **13.** *quō numine laesō* (Abl Absol, "by what injured sense of majesty"); **14.** *impulerit* (Subjunctive in Indirect Question); **15.** *pietate* (Abl of Respect after *insignem*); **16.** *irae* (Poetic Plural; transl. as Singular); **17.** *caelestibus animis* (Dat of Possession). | **HISTORICAL AND MYTHOLOGICAL NOTES**: **3.** Lavinium, a city of Latium (the original district governed by Rome in central Italy) located near Laurentum on the western Italian coast, derived its name from Aeneas' Italian bride Lavinia (daughter of King Latinus) and was traditionally the first Trojan settlement established by Aeneas in Italy. | **11.** Built by Aeneas' son Ascanius on Albanus Mons, Alba Longa founded other Latin communities including Rome; though never rebuilt following its destruction by Tullus Hostilius (Rome's sixth king, trad. 672-641; see Liv. 1.29-30), the city retained a significant role in Roman society throughout the republican period: certain important families (e.g., the Iulii, Tullii, et al.) traced their lineage from Alba Longa, the consuls celebrated the annual *feriae Latinae* in the sanctuary of Jupiter Latiaris atop Albanus Mons, and several generals celebrated ovations therein. | **12.** Daughters of Jupiter and Mnemosyne, the Muses were patronesses of literature and the arts; Calliope was the Muse of Epic Poetry.

FULLY PARSED (1.1-11)

(A) cano (prsnt actv indic 1 sing); **arma** (neut acc pl); **virum** (masc acc sing); **qui** (masc nom sing); **profugus** (masc nom sing); **fatō** (neut abl sing); **primus** (masc nom sing); **venit** (perf actv indic 3 sing); **orīs** (fem abl pl); **Troiae** (fem gen sing); **Italiam** (fem acc sing); **Lavinia** (neut acc pl); **litora** (neut acc pl).

(B) ille (masc nom sing); **iactatus** (perf pssv prcpl, masc nom sing); **vī** (fem abl sing); **super[or]um** (masc gen pl); **terrīs** (fem abl pl); **altō** (neut abl sing); **memorem** (fem acc sing); **iram** (fem acc sing); **saevae** (fem gen sing); **Iunonis** (fem gen sing); **passus** (dep., perf pssv prcpl, masc nom sing); **multa** (neut acc pl); **bellō** (neut abl sing).

(C) conderet (impf actv subjv 3 sing); **urbem** (fem acc sing); **inferret** (impf actv subjv 3 sing); **deos** (masc acc pl); **Latio** (neut dat sing); **[sunt]** (prsnt actv indic 3 pl; read as "arose, came forth"); **Latinum** (neut nom sing); **genus** (neut nom sing); **Albani** (masc nom pl); **patres** (masc nom pl); **moenia** (neut nom pl); **altae** (fem gen sing); **Romae** (fem gen sing).

(D) Musa (fem voc sing); **memora** (prsnt actv imper 2 sing); **causas** (fem acc pl); **mihi** (1 pers. pron., masc dat sing); **quō** (neut abl sing); **numine** (neut abl sing); **laesō** (perf pssv prcpl, neut abl sing); **dolens** (prsnt actv prcpl, fem nom sing); **quid** (neut acc sing); **regina** (fem nom sing); **de[or]um** (masc gen pl); **impulerit** (perf actv subjv 3 sing); **virum** (masc acc sing); **insignem** (masc acc sing); **pietate** (fem abl sing); **volvere** (prsnt actv infin); **casus** (masc acc pl); **adire** (prsnt actv infin); **labores** (masc acc pl).

(E) [sunt] (prsnt actv indic 3 pl); **tantae** (fem nom pl); **irae** (fem nom pl); **caelestibus** (fem dat pl); **animis** (fem dat pl).

Currently Available from Amazon.com and CreateSpace.com

Made in the USA
Columbia, SC
13 July 2021